电器维修二合一

电动自行车 电动三轮车 维修

从入门到精通

数码维修工程师鉴定指导中心　组织编写

韩雪涛　主　编

吴瑛　韩广兴　副主编

化学工业出版社

·北京·

《电动自行车·电动三轮车维修从入门到精通》一书集电动自行车和电动三轮车维修于一体，内容依据国家相关职业技能的要求和标准，结合电动自行车和电动三轮车的维修特点和维修行业要求编写而成。

学习一本书而掌握两种产品的维修是本书的特色，本书内容丰富、知识含量大、技能实用、图解维修，对每一种产品的维修都进行了详细而系统的讲解，即使是零基础的读者也能通过学习本书循序渐进地掌握电动自行车和电动三轮车的维修技能。

本书可供电动自行车和电动三轮车维修人员学习使用，也可作为职业院校相关专业的教材使用。

图书在版编目（CIP）数据

电动自行车·电动三轮车维修从入门到精通/韩雪涛主编．—北京：化学工业出版社，2016.1(2023.7重印)
（电器维修二合一）
ISBN 978-7-122-25620-1

Ⅰ.①电⋯ Ⅱ.①韩⋯ Ⅲ.①电动自行车-维修②电动控制-机动三轮车-维修 Ⅳ.①U484.07②U483.07

中国版本图书馆CIP数据核字（2015）第264870号

责任编辑：李军亮　　　　　　　　文字编辑：孙凤英
责任校对：王素芹　　　　　　　　装帧设计：尹琳琳

出版发行：化学工业出版社（北京市东城区青年湖南街13号　邮政编码100011）
印　　装：涿州市般润文化传播有限公司
787mm×1092mm　1/16　印张34　字数892千字　2023年7月北京第1版第16次印刷

购书咨询：010-64518888　　　　　售后服务：010-64518899
网　　址：http://www.cip.com.cn
凡购买本书，如有缺损质量问题，本社销售中心负责调换。

定　　价：98.00元　　　　　　　　　　　　　　　　　　　　　　版权所有　违者必究

前言

随着新能源、新技术的发展，电动自行车、电动三轮车已经成为人们日常生活中非常重要的交通代步工具。它以其便利、节能、环保、快捷、高效等诸多优点越来越受到广大消费者的青睐。市场上各种品牌、各种型号的电动自行车和三轮车不断推出，极大地推动了整个电动自行车和三轮车生产、销售、维修产业链的发展。由此也带来了电动自行车和三轮车维修的就业空间。

然而，面对社会上极大的维修岗位需求，如何能够在短时间内掌握电动自行车和三轮车维修专业知识和维修技能，这是每一个从事或希望从事电动自行车和三轮车维修人员所面临的难题。特别是这些年，电动自行车和三轮车的技术越来越高，结构也越来越复杂，如何能够运用专业知识指导维修，解决实际的工作难题成为电动自行车和三轮车维修从业人员难以逾越的障碍。

针对上述情况，我们专门编写了《电动自行车·电动三轮车维修从入门到精通》一书。本书以国家相关的职业标准作为主导，从社会实际岗位就业需求出发，将专业技能培训的理念融入到图书中。即针对目前电动自行车、电动三轮车维修的行业特性，我们对许多电动自行车、电动三轮车生产制造企业和专业维修机构进行了调研，将行业的需求进行汇总，将岗位实用的知识技能进行归纳和整理，并结合行业特色和从业人员的学习习惯，按照维修技能点进行章节的编排。

本书在内容的讲解上采用模块化讲解与图解演示相结合的表现方式，运用大量实际案例进行演示教学。

为了达到良好的培训效果，本书尽可能运用大量的实际工作图片与结构、原理示意图，将繁琐、难以表达的知识技能全部依托"图解"的方式进行诠释，使读者通过读图就能轻松、直观、准确地了解电动自行车、电动三轮车维修技术的知识点和技能操作的流程和细节。

电动自行车、电动三轮车的维修重在技能的培养，本书所介绍的全部知识技能都来源于实际的维修案例，力求做到学习与实际维修的无缝对接，书中涉及的检测案例和测量数据可作为资料供读者在日后工作学习中查询使用。

书中所引用的原厂图纸资料中不符合国家规定标准的图形及符号未做修改，以便读者在学习和工作中能够将实际产品与电路进行对照，方便查找，在此特别加以说明。

为了使图书更具职业技能特色，本书特聘全国电子行业资深专家韩广兴教授担任顾问，由数码维修工程师鉴定指导中心组织编写。编写人员由行业资深工程师、高级技师和一线教师组成。书中无处不渗透着专业团队在电动自行车、电动三轮车维修中的经验和智慧。

电动自行车、电动三轮车维修是一个长期的、循序渐进的过程，同时需要在实际工作中不断摸索、不断积累经验。各种各样的维修难题会在学习工作中时常遇到，能够在后期为读者提供更加完备的服务是本书的另一大亮点。

为了更好地满足读者的需求，达到最佳的学习效果，本书得到了数码维修工程师鉴定指导中心的大力支持。读者除可获得免费的专业技术咨询外，每本图书都附赠50积分的数码维修工程师远程培训基金（培训基金以"学习卡"的形式提供），读者可凭借此卡登录数码维修工程师的官方网站（www.chinadse.org）获得超值技术服务。网站提供有最新的行业信息，大量的视频教学资源、图纸手册等学习资料以及技术论坛。用户凭借学习卡可随时了解最新的数码维修工程师考核培训信息，知晓电子电气领域的业界动态，实现远程在线视频学习，下载需要的图纸、技术手册等学习资料。此外，读者还可通过网站的技术交流平台进行技术的交流与咨询。

学员通过学习与实践还可参加相关资质的国家职业资格或工程师资格认证，可获得相应等级的国家职业资格或数码维修工程师资格证书。如果读者在学习和考核认证方面有什么问题，可通过以下方式与我们联系。联系电话：022-83718162/83715667/13114807267。E-mail：chinadse@163.com。网址：http://www.chinadse.org。地址：天津市南开区榕苑路4号天发科技园8-1-401。邮编：300384。

本书由数码维修工程师鉴定指导中心组织编写，由韩雪涛任主编，吴瑛、韩广兴任副主编，参加编写的人员还有张丽梅、梁明、宋明芳、王丹、王露君、张湘萍、吴鹏飞、吴玮、高瑞征、唐秀鸾、韩雪冬、吴惠英、周洋、周文静、王新霞等。

编者

第1章 电动自行车、三轮车的结构原理 / 001

1.1 电动自行车、三轮车的结构组成 …………………………………… 001
1.1.1 机械系统的构成 …………………………………………………… 002
1.1.2 电气系统的构成 …………………………………………………… 004
1.2 电动自行车、三轮车的工作原理 ………………………………… 013
1.2.1 电动自行车、三轮车的整机控制过程 …………………………… 014
1.2.2 电动自行车、三轮车的调速控制关系 …………………………… 015

第2章 电动自行车、三轮车维修工具的使用方法 / 022

2.1 拆装工具的功能与使用特点 ……………………………………… 022
2.1.1 螺丝刀的功能与应用 ……………………………………………… 025
2.1.2 扳手的功能与应用 ………………………………………………… 025
2.1.3 钳子的功能与应用 ………………………………………………… 026
2.2 焊接工具的种类与功能特点 ……………………………………… 026
2.2.1 电烙铁的功能与应用 ……………………………………………… 026
2.2.2 热风焊机的功能与应用 …………………………………………… 026
2.2.3 吸锡器的功能与应用 ……………………………………………… 027
2.3 专用维修仪表的种类与功能特点 ………………………………… 029
2.3.1 万用表的功能与应用 ……………………………………………… 030
2.3.2 示波器的功能与应用 ……………………………………………… 031
2.3.3 电动机检修专用检测仪的功能与应用 …………………………… 033
2.3.4 蓄电池检测修复仪的功能与应用 ………………………………… 034
2.4 辅助工具的种类与功能特点 ……………………………………… 035
2.4.1 保养工具的功能与应用 …………………………………………… 035
2.4.2 清洁工具的功能与应用 …………………………………………… 036
2.4.3 电动自行车维修辅助材料 ………………………………………… 037

第3章 电动自行车、三轮车的拆装技能训练 / 039

3.1 转把的拆装训练 …………………………………………………… 039
3.1.1 转把的拆装要领 …………………………………………………… 039
3.1.2 转把的拆装操作 …………………………………………………… 045

3.2 闸把的拆装训练 046
　3.2.1 闸把的拆装要领 046
　3.2.2 闸把的拆装操作 047
3.3 电源锁的拆装训练 049
　3.3.1 电源锁的拆装要领 049
　3.3.2 电源锁的拆装操作 050
3.4 助力传感器的拆装训练 051
　3.4.1 助力传感器的拆装要领 051
　3.4.2 助力传感器的拆装操作 052
3.5 控制器的拆装训练 055
　3.5.1 控制器的拆装要领 055
　3.5.2 控制器的拆装操作 056
3.6 电动机的拆装训练 059
　3.6.1 电动机的拆装要领 059
　3.6.2 电动机的拆装操作 062
3.7 蓄电池的拆装训练 070
　3.7.1 蓄电池的拆装要领 070
　3.7.2 蓄电池的拆装操作 072

第4章 电动自行车、三轮车的选购与日常保养维护 076

4.1 电动自行车、三轮车的选购 076
　4.1.1 电动自行车、三轮车的选购参考因素 076
　4.1.2 电动自行车、三轮车的主要性能参数 080
4.2 电动自行车、三轮车的使用注意事项 087
　4.2.1 电动自行车、三轮车的正确使用方法 088
　4.2.2 电动自行车、三轮车使用过程中的应急处理方法 089
4.3 电动自行车、三轮车主要部件的日常维护 091
　4.3.1 充电器的日常维护 091
　4.3.2 电动机的日常维护 093
　4.3.3 控制器的日常维护 096
　4.3.4 蓄电池的日常维护 099

第5章 电动自行车、三轮车的故障特点与检修分析 103

5.1 电动自行车、三轮车的故障特点 103
　5.1.1 电动自行车、三轮车常见的机械类故障 103
　5.1.2 电动自行车、三轮车常见的电气类故障 103
5.2 电动自行车、三轮车常见故障的基本检修流程 110

5.2.1　电动自行车、三轮车机械部件的故障检修流程 …………… 110
　　5.2.2　电动自行车、三轮车机械系统的故障检修流程 …………… 113
　　5.2.3　电动自行车、三轮车电气系统的故障检修流程 …………… 117

第6章　电动自行车、三轮车中常用电子元器件的识别与检测技能训练　124

6.1　电阻器的识别与检测技能训练 ……………………………………… 124
　　6.1.1　电阻器的功能特点 …………………………………………… 124
　　6.1.2　电阻器的检测方法 …………………………………………… 128
6.2　电容器的识别与检测技能训练 ……………………………………… 129
　　6.2.1　电容器的功能特点 …………………………………………… 129
　　6.2.2　电容器的检测方法 …………………………………………… 131
6.3　二极管的识别与检测技能训练 ……………………………………… 132
　　6.3.1　二极管的功能特点 …………………………………………… 132
　　6.3.2　二极管的检测方法 …………………………………………… 132
6.4　晶体管的识别与检测技能训练 ……………………………………… 135
　　6.4.1　晶体管的功能特点 …………………………………………… 135
　　6.4.2　晶体管的检测方法 …………………………………………… 135
6.5　场效应管的识别与检测技能训练 …………………………………… 138
　　6.5.1　场效应管的功能特点 ………………………………………… 138
　　6.5.2　场效应管的检测方法 ………………………………………… 138
6.6　三端稳压器的识别与检测技能训练 ………………………………… 140
　　6.6.1　三端稳压器的功能特点 ……………………………………… 140
　　6.6.2　三端稳压器的检测方法 ……………………………………… 140
6.7　集成电路的识别与检测技能训练 …………………………………… 142
　　6.7.1　集成电路的功能特点 ………………………………………… 142
　　6.7.2　集成电路的检测方法 ………………………………………… 150

第7章　电动自行车、三轮车的电路识读技能训练　154

7.1　整机接线图的识读技能训练 ………………………………………… 154
　　7.1.1　整机接线图的识读要领 ……………………………………… 154
　　7.1.2　整机接线图的识读分析 ……………………………………… 155
7.2　控制器电路的识读技能训练 ………………………………………… 160
　　7.2.1　控制器电路的识读要领 ……………………………………… 160
　　7.2.2　控制器电路的识读分析 ……………………………………… 164
7.3　充电器电路的识读技能训练 ………………………………………… 174
　　7.3.1　充电器电路的识读要领 ……………………………………… 174
　　7.3.2　充电器电路的识读分析 ……………………………………… 176

第 8 章 蓄电池的检测与修复技能训练 … 180

- 8.1 蓄电池的结构原理 … 180
  - 8.1.1 蓄电池的功能特点 … 180
  - 8.1.2 蓄电池的工作原理 … 192
- 8.2 蓄电池的故障特点与检修分析 … 195
  - 8.2.1 蓄电池的故障特点 … 195
  - 8.2.2 蓄电池的检修分析 … 195
- 8.3 蓄电池的检测与修复 … 203
  - 8.3.1 蓄电池的检测方法 … 203
  - 8.3.2 蓄电池的修复方法 … 212

第 9 章 电动机的检测与代换技能训练 … 223

- 9.1 电动机的结构原理 … 223
  - 9.1.1 电动机的功能特点 … 223
  - 9.1.2 电动机的工作原理 … 224
- 9.2 电动机的故障特点与检修分析 … 228
  - 9.2.1 电动机的故障特点 … 228
  - 9.2.2 电动机的检修分析 … 228
- 9.3 电动机的检测与代换 … 232
  - 9.3.1 电动机的检测方法 … 232
  - 9.3.2 电动机的代换方法 … 243

第 10 章 控制电路的检修技能训练 … 248

- 10.1 控制器的结构原理 … 248
  - 10.1.1 控制器的功能特点 … 248
  - 10.1.2 控制器的工作原理 … 259
- 10.2 控制器的检修技能训练 … 267
  - 10.2.1 控制器的检修分析 … 267
  - 10.2.2 控制器的检修方法 … 271
- 10.3 操作部件的检修技能训练 … 278
  - 10.3.1 操作部件的检修分析 … 278
  - 10.3.2 操作部件的检修方法 … 278
- 10.4 指示部件的检修技能训练 … 283
  - 10.4.1 指示部件的检修分析 … 283

10.4.2 指示部件的检修方法 …………………………………………… 284

第11章 充电器的检测与代换技能训练　289

- 11.1 充电器的结构原理 …………………………………………… 289
  - 11.1.1 充电器的结构特点 ……………………………………… 289
  - 11.1.2 充电器的工作原理 ……………………………………… 298
- 11.2 充电器的故障特点与检修分析 ……………………………… 302
  - 11.2.1 充电器的故障特点 ……………………………………… 302
  - 11.2.2 充电器的检修分析 ……………………………………… 303
- 11.3 充电器的检测与代换 ………………………………………… 304
  - 11.3.1 充电器的检测方法 ……………………………………… 304
  - 11.3.2 充电器的代换方法 ……………………………………… 314

第12章 部分功能失灵的检修实例精选　320

- 12.1 电动自行车、三轮车喇叭故障的检修实例 ………………… 320
  - 12.1.1 安琪尔牌电动自行车喇叭不响的检修实例 …………… 320
  - 12.1.2 典型无刷电动自行车旋动转把引起喇叭发声的检修实例 …… 321
  - 12.1.3 无刷电动自行车喇叭嘶哑的检修实例 ………………… 324
  - 12.1.4 福田牌电动三轮车喇叭不响的检修实例 ……………… 325
- 12.2 电动自行车、三轮车转向灯故障的检修实例 ……………… 329
  - 12.2.1 飞科牌电动自行车转向灯不闪烁的检修实例 ………… 329
  - 12.2.2 尼克尼亚牌电动自行车转向灯不亮的检修实例 ……… 330
  - 12.2.3 宝岛牌电动自行车转向灯亮度不一致的检修实例 …… 333
- 12.3 电动自行车、三轮车控速故障的检修实例 ………………… 335
  - 12.3.1 新日牌有刷电动自行车巡航失常的检修实例 ………… 335
  - 12.3.2 小鸟牌电动自行车调速不稳的检修实例 ……………… 336
- 12.4 电动自行车、三轮车指示及照明故障的检修实例 ………… 338
  - 12.4.1 都市风牌电动自行车仪表盘无显示的检修实例 ……… 338
  - 12.4.2 小刀牌电动自行车照明失常的检修实例 ……………… 342
  - 12.4.3 世纪星牌典型电动自行车照明灯暗的检修实例 ……… 344
  - 12.4.4 典型有刷电动三轮车仪表无显示、电动机运转正常的检修实例 …………………………………………………… 345
  - 12.4.5 典型无刷电动三轮车前大灯不亮的检修实例 ………… 346
  - 12.4.6 小鸟牌电动三轮车转向灯不亮的检修实例 …………… 347
- 12.5 电动自行车、三轮车机械故障的检修实例 ………………… 348
  - 12.5.1 飞鸽牌电动自行车骑行掉链的检修实例 ……………… 348
  - 12.5.2 宝岛牌电动自行车刹车不灵的检修实例 ……………… 350

第13章 控制功能失常的检修实例精选　　354

13.1 控制故障的检修实例 …… 354
13.1.1 无刷电动自行车控制功能全无的检修实例 …… 354
13.1.2 飞鸽牌有刷电动自行车速度失控的检修实例 …… 355
13.1.3 钱江牌电动自行车刹车失灵的检修实例 …… 360
13.1.4 有刷电动自行车不制动的检修实例 …… 360
13.1.5 飞鸽牌有刷电动自行车启动突跳的检修实例 …… 366
13.1.6 宝岛牌电动自行车全车没电无反应的检修实例 …… 367
13.1.7 典型有刷电动三轮车飞车故障的检修实例 …… 369
13.1.8 悍马牌有刷电动三轮车倒车功能失效的检修实例 …… 369
13.1.9 金奥牌无刷电动三轮车屡烧熔断器的检修实例 …… 371

13.2 启动故障的检修实例 …… 375
13.2.1 邦德牌电动自行车加电不启动的检修实例 …… 375
13.2.2 无刷电动自行车加电不启动的检修实例 …… 378
13.2.3 都市风牌电动自行车加电不启动的检修实例 …… 381
13.2.4 新日牌有刷电动自行车加电不启动的检修实例 …… 388
13.2.5 捷安特牌电动自行车加电不启动的检修实例 …… 391
13.2.6 雅迪牌电动自行车加电不启动的检修实例 …… 395
13.2.7 无刷电动自行车加电不启动的检修实例 …… 397
13.2.8 都市风牌有刷电动自行车加电不启动的检修实例 …… 400
13.2.9 有刷电动自行车加电不启动的检修实例 …… 403
13.2.10 奥文牌电动自行车加电不启动的检修实例 …… 405
13.2.11 爱玛牌电动三轮车仪表显示正常、电动机不转的检修实例 …… 411
13.2.12 金夕阳牌电动三轮车仪表无显示、电动机不转的检修实例 …… 415

第14章 行驶及动力故障的检修实例精选　　417

14.1 行驶异常的检修实例 …… 417
14.1.1 爱玛牌电动自行车行驶速度慢的检修实例 …… 417
14.1.2 爱玛牌电动自行车骑行时间短的检修实例 …… 423
14.1.3 有刷电动自行车转速异常的检修实例 …… 424
14.1.4 邦德·富士达牌无刷电动自行车电动机过热的检修实例 …… 428
14.1.5 飞鸽牌电动自行车动力异常的检修实例 …… 431
14.1.6 比德文牌电动自行车行驶有停顿感的检修实例 …… 437
14.1.7 踏浪牌无刷电动自行车行驶抖动的检修实例 …… 439

14.1.8 宗申牌电动三轮车仪表无显示、电动机时转时停的
检修实例 ·· 442
14.2 动力不足的检修实例 ·· 444
14.2.1 宝岛牌电动自行车速度不稳的检修实例 ················ 444
14.2.2 阿米尼牌电动自行车行驶缓慢无力的检修实例 ········ 446
14.2.3 赛克牌电动自行车起步困难的检修实例 ················ 448
14.2.4 爱玛牌电动自行车电动机运转无力的检修实例 ········ 453
14.2.5 都市风牌电动自行车电动机启动无力的检修实例 ····· 457

第15章 蓄电池及充电器故障的检修实例精选　461

15.1 充电故障的检修实例 ·· 461
15.1.1 博宇牌电动自行车充电器不能充电的检修实例 ········ 461
15.1.2 博宇牌电动自行车充电器充电指示灯异常的检修实例 ········ 466
15.1.3 邦德·富士达牌电动自行车充电器不能浮充的检修实例 ····· 467
15.1.4 南京西普尔 SP362.PCB 牌电动自行车充电器充电无
反应的检修实例 ·· 471
15.1.5 顺泰牌电动自行车充电器温度过高的检修实例 ········ 475
15.1.6 奔达牌电动自行车充电器不能浮充的检修实例 ········ 479
15.1.7 塞克牌电动自行车充电器不能浮充的检修实例 ········ 482
15.2 蓄电池故障的检修实例 ·· 485
15.2.1 有刷电动自行车蓄电池续航能力差的检修实例 ········ 485
15.2.2 有刷电动自行车蓄电池存电能力差的检修实例 ········ 489
15.2.3 永盛牌电动三轮车仪表无显示、电动机不转的检修实例 ····· 491
15.2.4 美嘉牌无刷电动三轮车电动机转速慢、行车无力的检修
实例 ·· 492
15.2.5 宇峰牌电动三轮车充满电后启动时电量下降过快的检修
实例 ·· 493

第16章 电动自行车突发故障的检修实例精选　495

16.1 淋雨后突发故障的检修实例 ····································· 495
16.1.1 阿米尼牌电动自行车淋雨后无法行驶的检修实例 ····· 495
16.1.2 塞克牌电动自行车雨中骑行突然停转的检修实例 ····· 500
16.2 正常行驶中突发故障的检修实例 ······························· 503
16.2.1 津·阳光牌电动自行车突然停转的检修实例 ··········· 503
16.2.2 塞克牌电动自行车突然停转的检修实例 ················ 506
16.2.3 金狮牌电动自行车突然停转的检修实例 ················ 509
16.2.4 新日牌电动自行车突然断电的检修实例 ················ 511

16.2.5 富士达牌电动自行车突然断电的检修实例 …………………… 514
16.2.6 爱玛牌电动自行车转把失灵的检修实例 ……………………… 518
16.2.7 百事利牌电动三轮车行车时电动机突然停转的检修实例 …… 522
16.3 颠簸后突发故障的检修实例 ……………………………………………… 522
16.3.1 雅马哈牌电动自行车颠簸后突然飞车的检修实例 …………… 522
16.3.2 富士达牌电动自行车颠簸后突然降速的检修实例 …………… 525
16.3.3 捷马牌电动自行车颠簸后通电异常的检修实例 ……………… 526

第1章 电动自行车、三轮车的结构原理

1.1 电动自行车、三轮车的结构组成

电动自行车、三轮车是指以蓄电池等电能储存装置作为能源,以电动机作为驱动动力,实现电力驱动、电力助动或骑行等功能的新型交通(或运输)工具。图 1-1 所示为典型电动自行车、三轮车的实物外形。

(a) 典型电动自行车的实物外形

(b) 典型电动三轮车的实物外形

图 1-1 典型电动自行车、三轮车的实物外形

结合电动自行车、三轮车的外形和功能特点,这两种电动车均是在普通自行车、三轮车基础上增加了电气部件(如蓄电池、电动机、操控及显示部件),以实现节省人力的目的。

由此，这两种电动车从整车结构上均可分为机械系统和电气系统两大部分。

1.1.1 机械系统的构成

机械系统是指实现机械支撑和联动功能的部分，主要包括车架、车把、车梯、鞍座、前叉、脚蹬、链条、飞轮、前后轮、车筐、前后挡泥板、车闸、抱闸等机械部件。

例如，图1-2所示为典型电动自行车的机械系统。

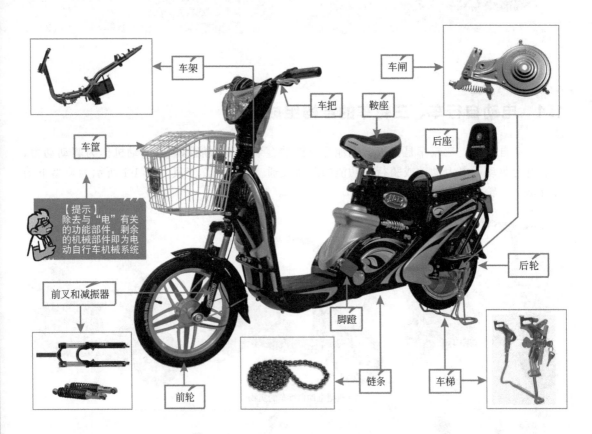

【提示】除去与"电"有关的功能部件，剩余的机械部件即为电动自行车机械系统。

图1-2 典型电动自行车的机械系统

相关资料

电动三轮车的机械系统与电动自行车机械系统基本相同，也基本是由车架、车把、车梯、鞍座、前叉、脚蹬、链条、飞轮、前后轮、车筐、前后挡泥板、车闸、抱闸等部分构成的，如图1-3所示。

将上述机械部件按照功能进行划分，主要可分为机械承重、机械传动和机械制动三部分。

（1）机械承重部分 机械承重部分主要包括车把、车架、车梯、鞍座和前叉，如图1-4所示。其中，车把用于操纵电动自行车的行驶方向，车架、车梯和鞍座用于支撑整个车体和骑行者的重量，并承载所有电动自行车的零部件；前叉除了用来固定前轮外，还安装有减振器，具有减振功能。

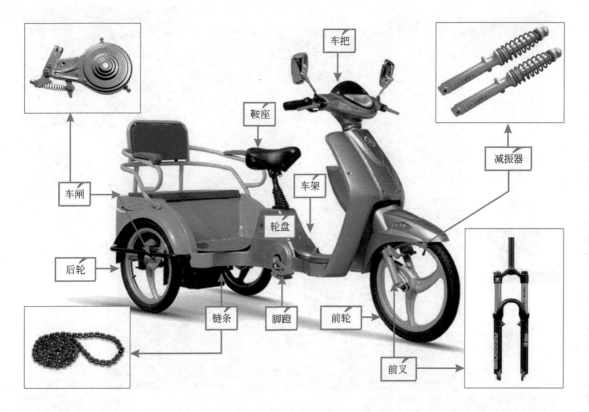

图 1-3 典型电动三轮车的机械系统

> **特别提示**
>
> 在电动自行车、三轮车中,机械承重部分构成了一个整体,不仅具有操纵、支撑作用,而且承受着电动自行车、三轮车在骑行过程中重力和冲击力等作用于车轮上的各种反力,保证电动自行车、三轮车的正常和安全行驶。

(2) **机械传动部分** 机械传动部分主要是指脚蹬、链条、飞轮和前后轮部分,如图 1-5 所示。骑行者通过踩踏脚蹬带动轮盘转动,轮盘带动链条使后轮处的飞轮转动,从而带动后轮转动,实现人力骑行。

> **特别提示**
>
> 在目前流行的电动自行车、三轮车中,一般只有在简易类车型中设有机械传动部分,一些中高档或豪华型、特定型的电动自行车、三轮车中都未设置人力驱动部分,如图 1-6 所示。

(3) **机械制动部分** 机械制动部分主要包括闸线和前后车闸,如图 1-7 所示。前后车闸受闸把控制,主要用来进行刹车制动,降低行驶速度,或实现停车功能。

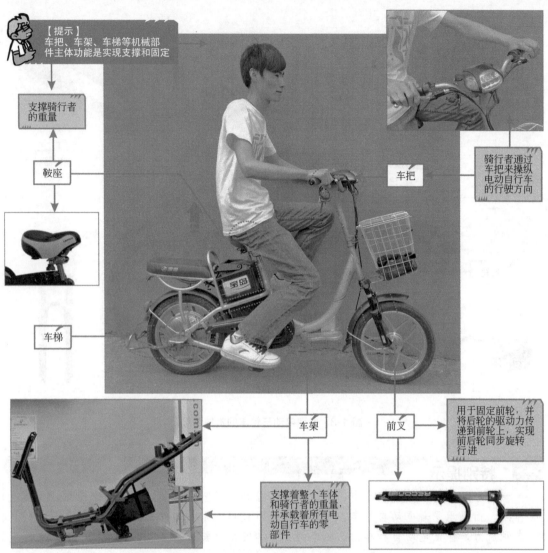

图 1-4 典型电动自行车的机械承重部分

1.1.2 电气系统的构成

电气系统主要是指与"电"相关的功能部件,具有控制、操作和执行功能的系统。例如,图 1-8 所示为典型电动自行车电气系统的结构组成,图 1-9 所示为其电气系统接线图。

 相关资料

电动三轮车的电气系统与电动自行车电气系统也比较相似,同样主要包括控制器、电动机、蓄电池、充电器、转把、闸把、仪表盘、车灯、喇叭等电气部件,如图 1-10 所示。

从上面电气系统结构可以看出,该系统大致包括控制器、电动机、蓄电池、转把、闸

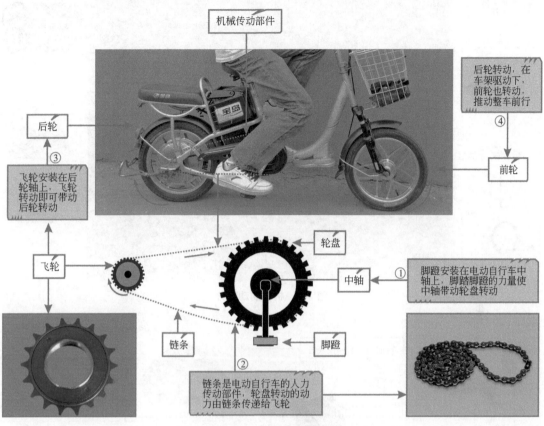

图 1-5 机械传动部分

图 1-6 未设置人力驱动部件的电动自行车、三轮车

图 1-7 机械制动部分

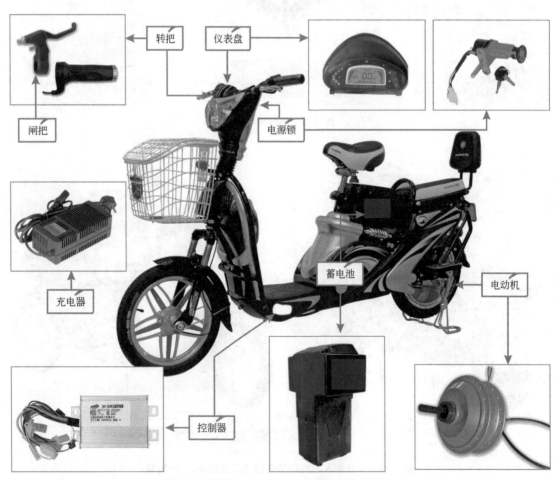

图 1-8 典型电动自行车电气系统的结构组成

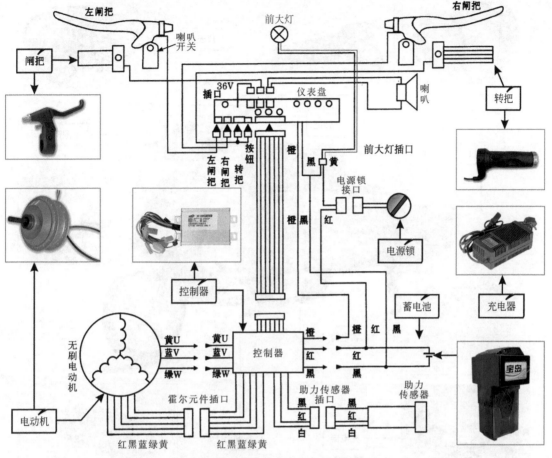

图 1-9 典型电动自行车电气系统接线图

把、显示仪表、电源锁、车灯和充电器等几部分。

将上述电气部件按照功能进行划分,主要可分为电气核心四大件、操作部件和指示部件三部分。

(1) 电气核心四大件　在电动自行车和电动三轮车中,电动机、控制器、蓄电池、充电器常统称为电气核心四大件,各部件既独立工作又相互协作,是实现整车电气功能的主要功能部件,也是维修过程中的检修重点。

例如,图 1-11 所示为典型电动自行车中的电动机、控制器、蓄电池、充电器及其相互关系。

① 电动机　电动机是将蓄电池的电能转换成机械能的动力设备,它的各种工作状态都是在控制器作用下实现的。

目前,根据电动机内部结构的区别,在电动自行车、三轮车中,主要有有刷电动机和无刷电动机两种,如图 1-12 所示。

② 控制器　控制器是一个将电动机的控制电路集中在一起制作,并具有一定控制功能的部件。控制器工作需要蓄电池为其提供基本的工作电压,在满足工作条件和输入指令信号时,输出控制电动机的各种信号。

根据所控制电动机类型的不同,控制器主要分为有刷控制器和无刷控制器两大类,如图 1-13 所示。

图 1-10 典型电动三轮车的电气系统

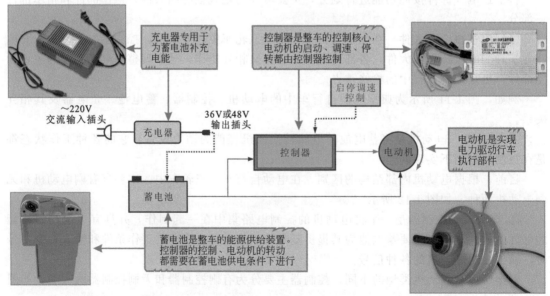

图 1-11 电动自行车中的控制器、电动机、蓄电池、充电器及部件关系

图 1-12 电动自行车、三轮车中的电动机

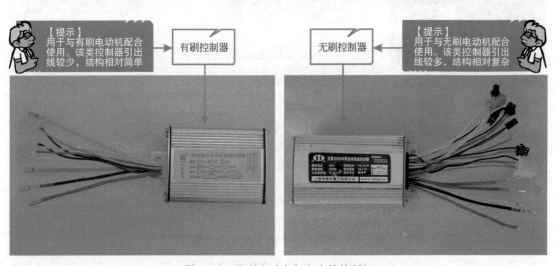

图 1-13 典型电动自行车中的控制器

相关资料

在电动三轮车中,控制器的类型、结构和工作原理与电动自行车控制器十分相似。相比较来说,电动三轮车中控制器的体积较大,比较容易识别,如图1-14所示。

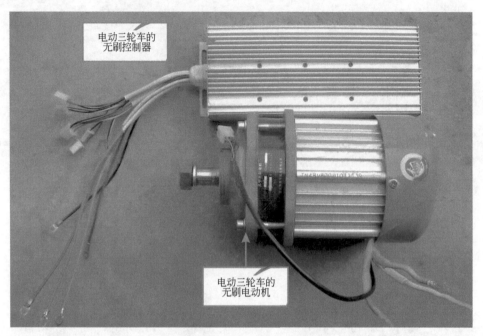

图1-14 电动三轮车中的控制器

③ 蓄电池 蓄电池俗称电瓶,是一种储电的专用装置,主要为整车的所有电气部件供电,如图1-15所示。

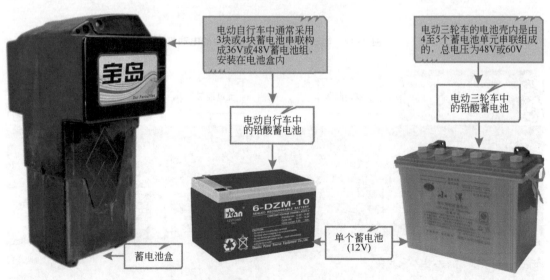

图1-15 电动自行车、三轮车中的蓄电池

④ 充电器 充电器是电动自行车、三轮车中的重要配套器件。通常在购买电动自行车或三轮车时,会根据蓄电池的型号进行配套附带充电器。

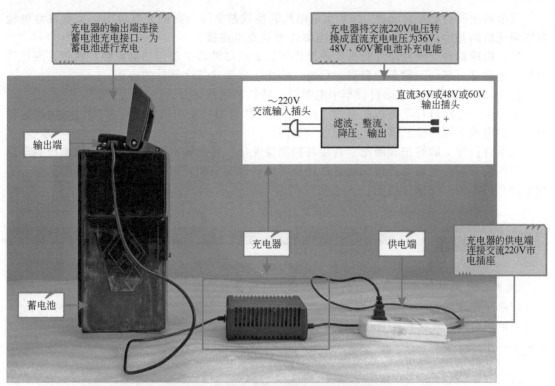

图 1-16 电动自行车中充电器的实物外形

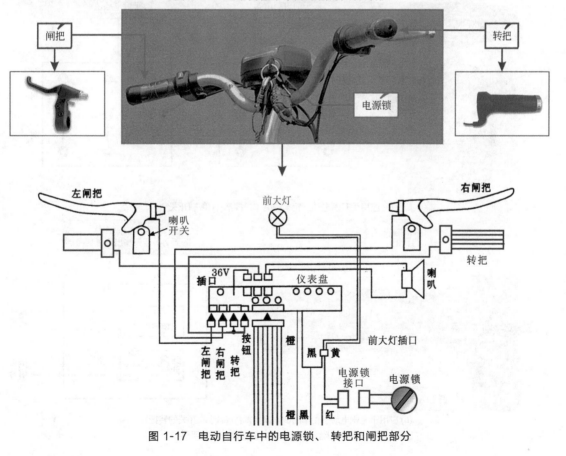

图 1-17 电动自行车中的电源锁、转把和闸把部分

充电器主要功能是将交流220V市电电压转换成蓄电池所需的充电电压，实现在蓄电池电能消耗后的补给。图1-16所示为充电器外形及充电连接。

（2）操控部件 操控部件是指实现操作和控制的部件，主要包括电源锁、转把、闸把等部分，电动自行车、三轮车的启动、行进、停止主要受这三个部件的控制。

图1-17所示为典型电动自行车中电源锁、转把和闸把部分。

电源锁是电动自行车整机供电的"闸门"。只有当用户使用电源锁配套的钥匙接通电源锁时，蓄电池才能为整机供电，实现电气功能。

电动自行车上的转把和闸把都直接与控制器连接。转把输出调速信号，闸把输出刹车信号，这些信号均由控制器进行识别、处理后向电动机输出相应的启动、运转和断电信号，实现电动自行车的电动操作功能。

> **特别提示**
>
> 值得注意的是，相对电动自行车来说，电动三轮车除具备电动自行车的基本电气性能外，还具有倒车功能，因此在操控部分还设有专门实现倒车功能的控制部件，如倒/顺开关（采用有刷电动机的电动三轮车中）、组合安装有倒/顺开关挡位的转把（采用无刷电动机的电动三轮车中）等，如图1-18所示。

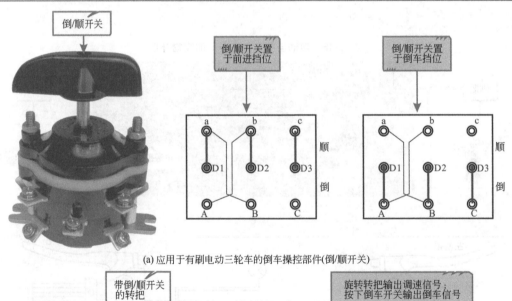

(a) 应用于有刷电动三轮车的倒车操控部件(倒/顺开关)

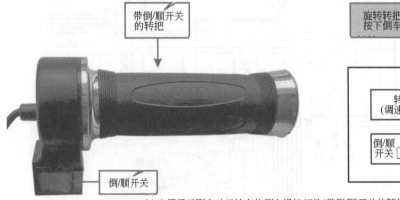

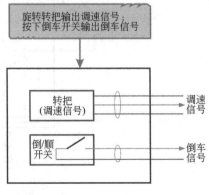

(b) 应用于无刷电动三轮车的倒车操控部件(带倒/顺开关的转把)

图1-18 电动三轮车中其他的操控部件

（3）**指示部件** 指示部件主要是指进行电量显示、提醒、照明、转向指示等功能的部件，包括仪表盘、喇叭、车灯等。图 1-19 所示为典型电动自行车中的指示部件。

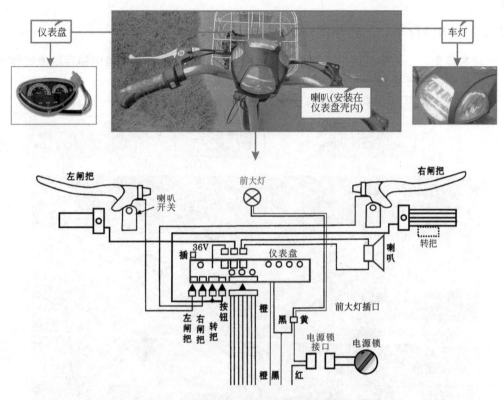

图 1-19 典型电动自行车中的仪表盘、喇叭、车灯

仪表盘用来指示剩余电量、行驶状态、行驶速度等信息；喇叭是一种电声器件，可发出警示声，用于在行车时提醒周围行人注意；车灯用于在黑暗环境下行驶时辅助照明或指示转向，车灯通常标识有额定功率和额定电压。

>>> **特别提示**

仪表盘、喇叭、车灯作为辅助电气部件，不参与主要的行车控制功能。因此若这些部件出现异常，不会影响电动自行车的基本"电动骑行"功能，但会为驾驶者造成一定的影响，如无法了解蓄电池电量状态、无法在换向时进行提醒等。在学习电动自行车维修时，应注意区分这些部件与前述主要电气部件的关系。

1.2 电动自行车、三轮车的工作原理

在了解了电动自行车、三轮车的基本结构后，在进行维修操作之前，应能够从整体上搞清楚电动自行车、三轮车的工作原理，了解其工作的基本流程和行车中的控制过程，为进行实际检修作好铺垫。

从实现功能看，电动自行车与电动三轮车整机控制过程基本相同。为了突出体现控制的

具体过程，下面主要从电动自行车的角度进行介绍，并穿插补充介绍电动三轮车特有的控制细节，读者可通过学习和理解，并以此作为理论基础，掌握电动自行车、三轮车的控制过程。

1.2.1 电动自行车、三轮车的整机控制过程

电动自行车、三轮车是用电力驱动行车的交通工具。它是将蓄电池中储存的电能作为主能源，由控制器进行控制、电动机进行驱动，来实现驱动行驶功能的。

例如，图 1-20 所示为典型电动自行车的整机控制过程示意图。

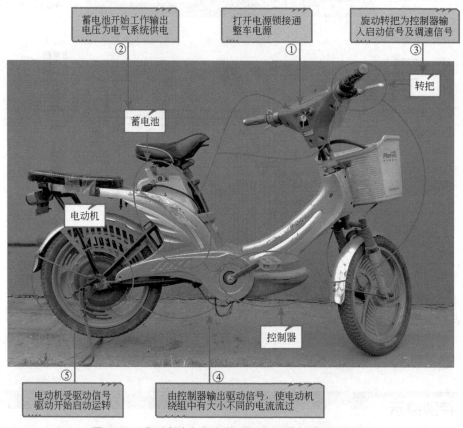

图 1-20　典型电动自行车实现自动行驶功能的基本过程

从电动自行车的结构上来说，它主要是由电气系统驱动机械系统工作的，图 1-21 所示为电动自行车行驶的基本控制过程。

其具体工作过程如下：当需要启动电动自行车时，首先使用钥匙打开电源锁，接通电源（蓄电池），控制器得电进入工作状态。

当转动转把时，转把输出调速信号送往控制器中，控制器根据接收到的调速信号输出相应的驱动信号，控制电动机旋转，电动机开始旋转并带动后轮转动，电动自行车启动行驶。

当行驶过程中按下闸把时，闸把通过信号线将断电信号送入控制器中，控制器收到信号后立即断开电动机的供电电源；同时闸把通过闸线控制电动自行车前、后轮的车闸动作，实现机械制动刹车。

当需要人力骑行电动自行车时，通过踩踏脚蹬带动主飞轮转动，主飞轮带动链条使后轮

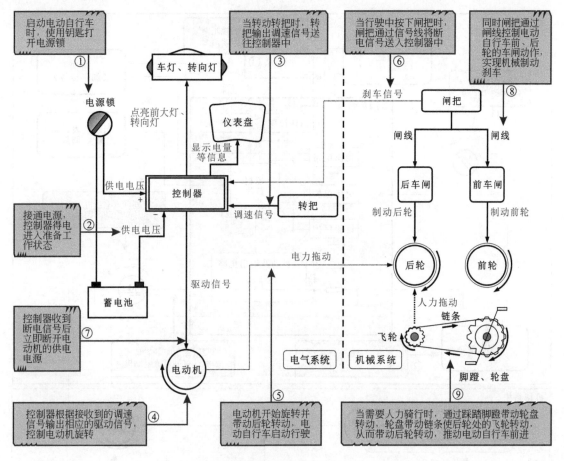

图 1-21 电动自行车实现电动行驶的基本工作流程

处的飞轮转动，从而带动后轮转动，推动电动自行车前进。

1.2.2 电动自行车、三轮车的调速控制关系

在电动自行车、三轮车驱动过程中，核心的控制即由控制器控制电动机的工作状态，实现整机行车、停车、变速行驶等调速控制。因此，控制器与电动机的控制关系和工作过程就是整机的调速控制过程。

然而，在目前市场上流行的电动自行车、三轮车中，根据采用的动力部件即电动机类型的不同，分为有刷电动机和无刷电动机两大类。采用不同类型电动机的电动自行车、三轮车，整机的控制过程基本相同，不同的是其驱动过程复杂程度、控制器与电动机之间的驱动关系及驱动原理。

（1）有刷电动自行车、三轮车的调速控制关系 图 1-22 所示为有刷电动自行车的调速控制关系框图。从图中可以看到，有刷电动自行车的速度由转把、控制器进行控制。

下面将速度控制的过程简化，即由转把、控制器和电动机构成的调速控制关系如图 1-23 所示。

图中，电动自行车控制器中的场效应管直接驱动有刷电动机。当来自转把的调速信号，经控制器内控制芯片识别和处理后，输出脉冲宽度不同的 PWM 信号，该信号控制场效应管

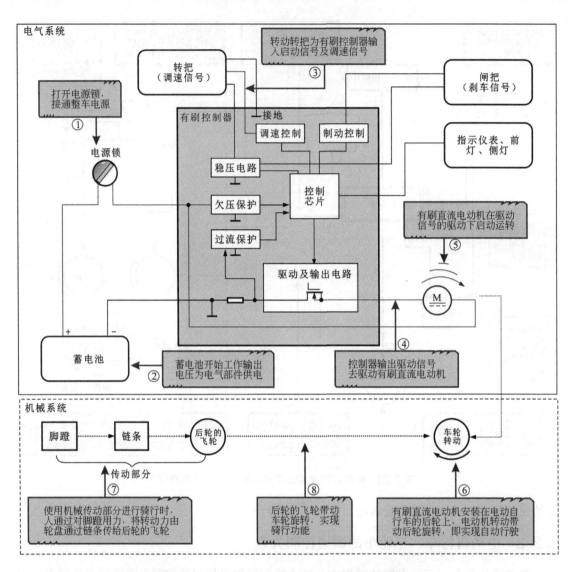

图 1-22 有刷电动自行车的调速控制关系框图

的导通周期，由此直流电压经场效应管后送入有刷电动机内的电流大小发生变化，进而实现调速控制，如图 1-24 所示。

可以看到，串接在有刷电动机电路中的场效应管受控制器中脉冲信号的控制，场效应管工作在开关状态，有刷电动机的转速与平均电压成正比。当脉冲信号的频率较低时，场效应管的电流会有波动，实现对直流电动机转速的调整。

相关资料

对电动机转速控制采用 PWM 控制方式（脉冲控制），即用速度的控制量去调制载波脉冲的宽度。图 1-25 所示是 PWM 方式的信号波形，每个脉冲的周期相等，但脉冲的宽度不等。这种信号脉冲的宽度越宽，平均电压则越高，则表示输出的能量越多。

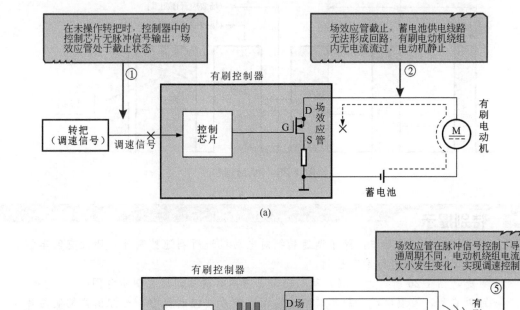

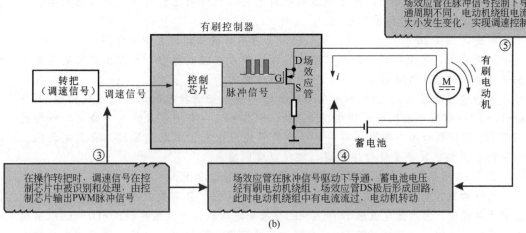

图 1-23 有刷电动自行车的调速控制过程

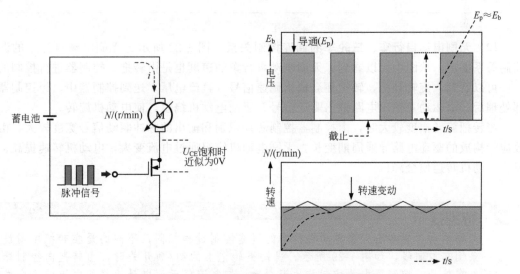

图 1-24 直流电动机脉冲控制方式的调速原理

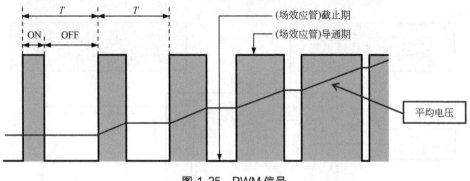

图 1-25 PWM 信号

>>> **特别提示**

在有刷电动三轮车中，除了调速转把对电动机进行调速控制外，还设有倒车控制部件，即倒/顺开关进行倒车控制。

首先，图 1-26 所示为有刷电动三轮车正方向行驶的调速控制示意图。

可以看到，有刷电动三轮车转把输出调速信号到控制器中，经控制器控制芯片识别处理后，输出 PWM 控制信号，控制场效应管的导通状态。

当场效应管导通，且倒/顺开关触点处于"顺"接通状态时，蓄电池电流经 D1→a→B→L1（有刷电动机转子绕组）→A→b→D2→L2（有刷电动机定子绕组）→场效应管 D、S 极到地形成回路，有刷电动机转子绕组中有正向电流流过，有刷电动机正向转动，并根据转把旋转程序不同，实现速度调整。

图 1-27 所示为有刷电动三轮车倒车的调速控制示意图。

可以看到，当倒/顺开关触点处于"倒"接通状态，且场效应管在转把、控制芯片控制下导通时，蓄电池电流经 D1→A→L1（有刷电动机转子绕组）→B→D2→L2（有刷电动机定子绕组）→场效应管 D、S 极到地形成回路，有刷电动机转子绕组中有反方向的电流流过，有刷电动机反向转动，并根据转把旋转程序不同，实现速度调整。

(2) 无刷电动自行车、三轮车的调速控制关系 图 1-28 所示为无刷电动自行车的调速控制关系框图。从图中可以看到，无刷电动自行车的速度也是由转把、控制器进行控制的。

可以看到，旋转转把，转把便会输出调速信号（直流电压）送到控制器中，经控制器内部处理后，由驱动及输出电路输出驱动信号，驱动电动机绕组，使电动机旋转。

当转把旋转幅度较大时，由控制器控制芯片识别和输出的脉冲驱动信号宽度较大，由场效应管构成的驱动电路导通周期变长，无刷电动机绕组通过电流变大，电动机转速提高；相反，电动机转速便会降低。

>>> **特别提示**

无刷电动三轮车与无刷电动自行车的调速控制过程相同，不同的是在转把中增设了一条倒车控制线，如图 1-29 所示。当按下转把上的倒/顺开关时，由转把向控制器发送倒车信号，控制器中的控制芯片识别后，控制流经无刷电动机绕组电流的方向发生变化，进而改变电动机的转动方向，此时在通过旋动转把输出调速信号，即可实现倒车速度控制。

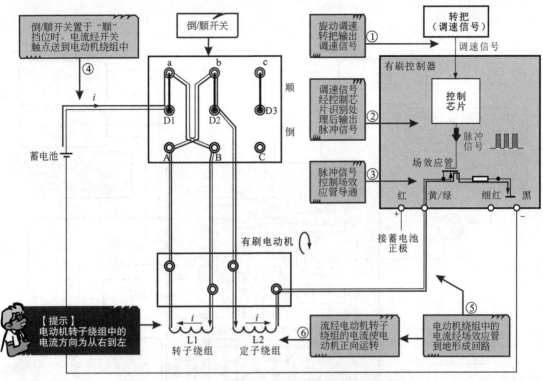

图 1-26 有刷电动三轮车正方向行驶的调速控制示意图

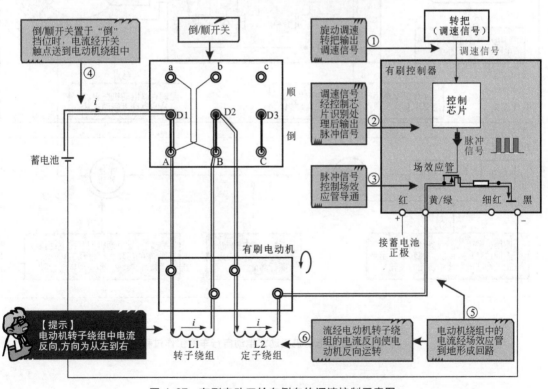

图 1-27 有刷电动三轮车倒车的调速控制示意图

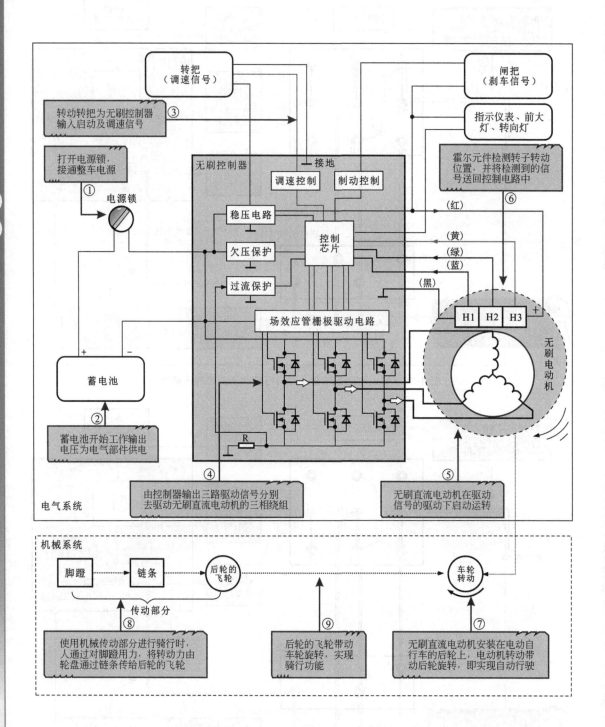

图 1-28 无刷电动机驱动式电动自行车的工作过程

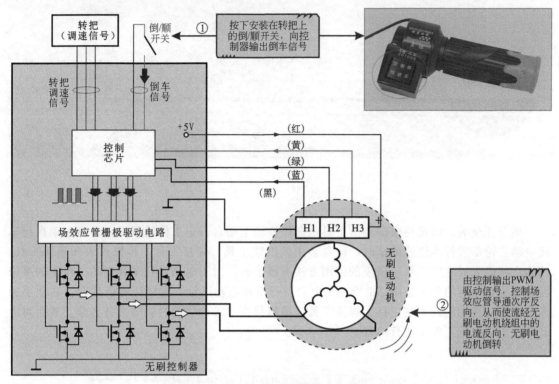

图 1-29 无刷电动三轮车倒车控制示意图

第 2 章 电动自行车、三轮车维修工具的使用方法

拥有齐全的、满足检修需要的工具是做好修理电动自行车工作的基础。在对电动自行车或电动三轮车进行维修或调试时,通常会用到拆装工具、焊接工具、检修仪表和辅助工具。检修之前应先对这些工具、仪表的使用方法有所了解,对于电动自行车和电动三轮车的维修设备也要有一定的要求。图 2-1 所示为电动自行车和电动三轮车维修环境场景图,在动手操作前应首先将相关的拆装工具、焊接工具、检修仪表、维修辅助材料等准备齐全,然后对电动自行车或电动三轮车进行检修。

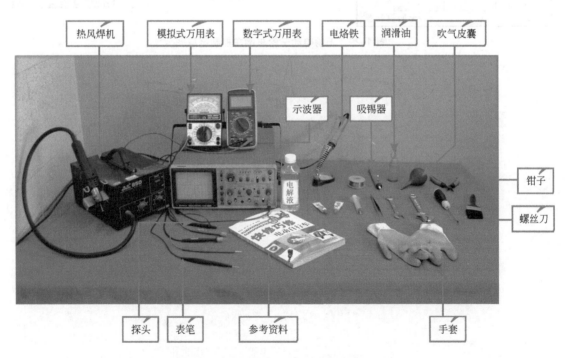

图 2-1 电动自行车、三轮车维修环境场景图

2.1 拆装工具的功能与使用特点

拆装电动自行车和三轮车时,常会用到螺丝刀、扳手、钳子等工具,这些工具是进行电动自行车和三轮车拆装时必备的基础工具。

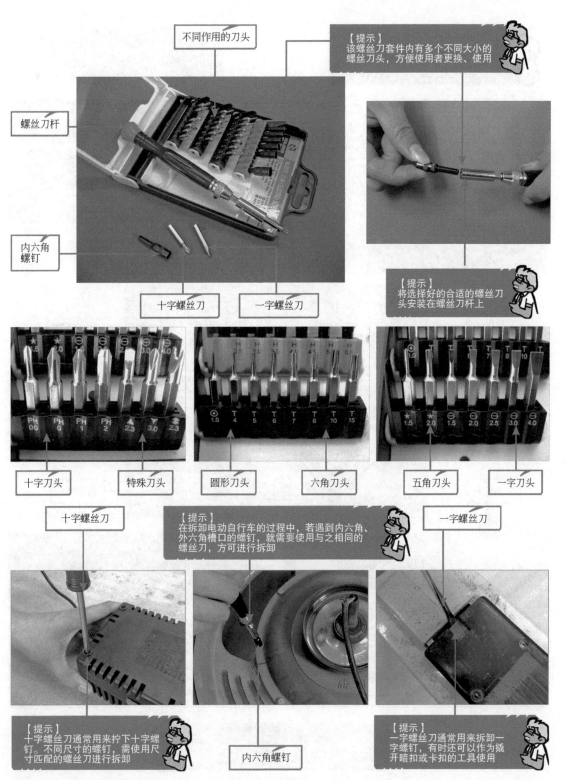

图 2-2　螺丝刀的实物外形及使用方法

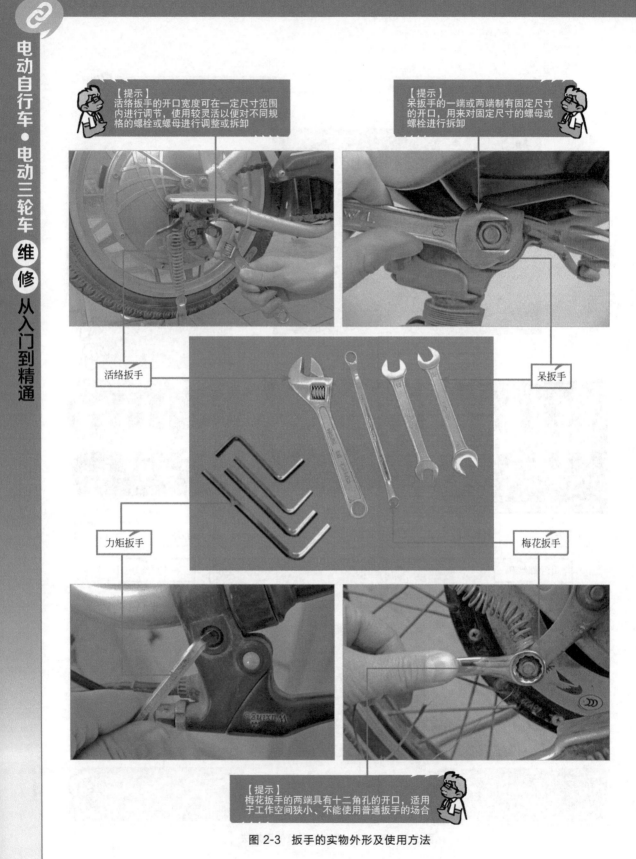

图 2-3 扳手的实物外形及使用方法

2.1.1 螺丝刀的功能与应用

螺丝刀主要用来拆装电动自行车和三轮车外壳、功能部件上的固定螺钉。图2-2所示为螺丝刀的实物外形及使用方法。电动自行车和三轮车维修中常用的螺丝刀有十字螺丝刀、一字螺丝刀和内六角螺丝刀。在拆卸电动自行车和三轮车外壳或功能部件时，应根据固定螺钉的类型、大小和位置，选择合适的螺丝刀。

> **特别提示**
>
> 在对电动自行车进行拆卸时，要尽量采用合适规格的螺丝刀来拆卸螺钉。若螺丝刀的大小尺寸不合适会损坏螺钉，给拆卸带来困难。需注意的是，尽量采用带有磁性的螺丝刀，以便于在拆卸和安装螺钉时方便使用。

2.1.2 扳手的功能与应用

拆卸电动自行车和三轮车的过程中，有些六角螺母需要使用扳手来拧下。图2-3所示为扳手的实物外形及使用方法。扳手的种类较多，而维修电动自行车和三轮车主要使用活络扳手、呆扳手、梅花扳手、力矩扳手（外六角扳手）等进行设备的拆装、固定等操作。在拆卸电动自行车和三轮车的功能部件时，应根据螺母的类型和大小，选择适合的扳手。

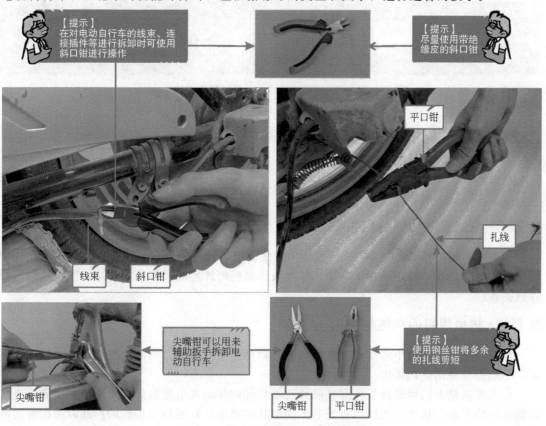

图2-4 钳子的实物外形及使用方法

2.1.3 钳子的功能与应用

拆装电动自行车和三轮车时，常会用钳子夹持机械部分的悬架弹簧、卡簧或微小部件等，也可用于拆卸或安装不易操作的部件。图2-4所示为钳子的实物外形及使用方法。电动自行车和三轮车维修中常用的钳子主要有尖嘴钳、钢丝钳（也称老虎钳）和斜口钳（也称断线钳或偏口钳）等几种。在拆卸电动自行车和三轮车外壳或功能部件时，应根据被拆部件的类型，选择适合的钳子。

相关资料

另外，剥线钳也是用于电动自行车和三轮车维修时使用的钳子，主要用来剥除电线头部的表面绝缘层。剥线钳的实物外形及使用方法见图2-5。

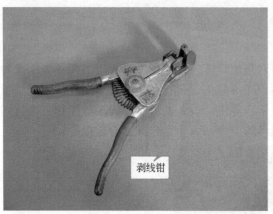
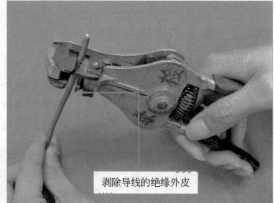

图2-5 剥线钳的实物外形及使用方法

2.2 焊接工具的种类与功能特点

对电动自行车和三轮车进行检修时，经常会遇到部件或元器件的拆卸与代换等问题，在此情况下，往往会用到焊接工具。

2.2.1 电烙铁的功能与应用

图2-6所示为电烙铁的实物外形及使用方法。电烙铁是手工焊接或拆焊的常用工具。使用时，利用电烙铁加热焊锡物质（如焊锡丝或焊锡凝固体）使其熔化，对待焊的引线进行焊接或拆焊。

2.2.2 热风焊机的功能与应用

电动自行车控制器中采用了很多贴片式元器件和集成电路。拆卸这类元器件和集成电路时，一般需要使用热风焊机。

热风焊机是专门用来拆焊、焊接贴片元器件和贴片集成电路的焊接工具，它主要由主机和热风焊枪等部分构成。热风焊机配有不同形状的喷嘴，在进行元器件的拆卸时根据焊接部位的大小选择适合的喷嘴即可。图2-7所示为热风焊机的实物外形及使用方法。

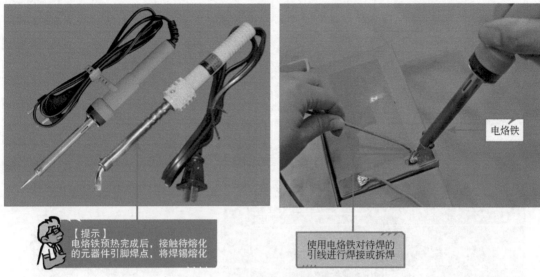

图 2-6　电烙铁的实物外形及使用方法

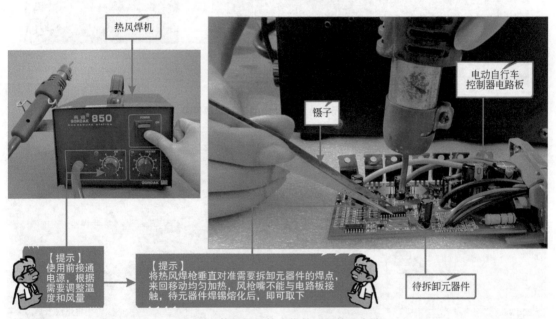

图 2-7　热风焊机的实物外形及使用方法

相关资料

使用热风焊机拆卸/焊接元器件时，不同类型的元器件，需设置不同的风量及温度挡位。例如拆卸/焊接贴片电阻时，一般将温度调节钮调至 5～6 挡，风量调节钮调至 1～2 挡，具体设置如图 2-8 所示。

2.2.3　吸锡器的功能与应用

吸锡器可用来吸除周围熔化的焊锡物质，以便焊接或拆焊。图 2-9 所示为吸锡器的实物外形及使用方法。

图 2-8 拆卸贴片元器件和贴片集成电路时温度及风量的设定

【提示】如果热风焊机暂时不使用时,可将热风风量旋钮(AIRCAPACITY)调至1挡,热风温度调节旋钮(HEATER)调至4挡,使加热器处在保温状态,再次使用时,调节热风风量旋钮和热风温度旋钮恢复至原值

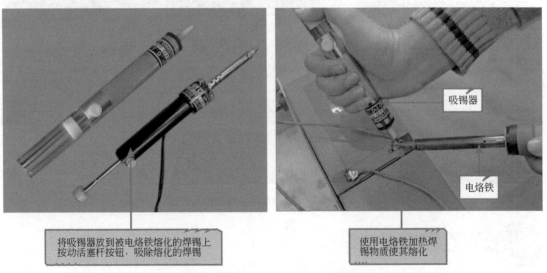

图 2-9 吸锡器的实物外形及使用方法

>>> **特别提示**

使用吸锡器时,先压下吸锡器的活塞杆,再将吸嘴放置到待拆解元器件的焊点上,用电烙铁加热焊点,待焊点熔化后,按下吸锡器上的按钮,活塞杆就会随之弹起,通过吸锡装置,将熔化的焊锡吸入吸锡器内。

相关资料

除了热风焊机、电烙铁及焊接辅助工具外,维修电动自行车时,可能还会用到热熔胶枪和塑料焊枪,如图 2-10 所示。

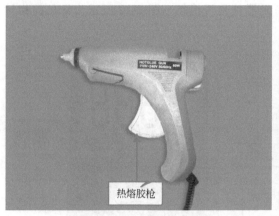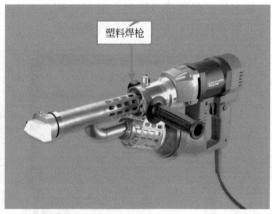

图 2-10 热熔胶枪和塑料焊枪

 相关资料

在对元器件进行焊接过程中,除了使用焊接工具外,还需使用一些辅助工具,如图2-11所示。其中焊锡丝在加热熔化后可覆盖在焊接部位上,形成牢固的焊点;而助焊剂可在焊接过程中使焊件上的金属氧化物或非金属杂质生成熔渣,并将所生成的熔渣覆盖在焊点表面以隔绝空气,从而增强焊接质量。

图 2-11 常用的辅助工具

2.3 专用维修仪表的种类与功能特点

检修电动自行车和三轮车时,主要会使用到万用表和示波器。万用表用来对元器件的电压、电阻值等进行测量,而示波器则用来对各种信号波形进行检测。

2.3.1 万用表的功能与应用

万用表是一种多功能、多量程的便携式仪表,是电动自行车和三轮车检测、维修过程中不可缺少的测量仪表之一。它可以通过对电路中电子元器件通断的检测,来判别电动自行车和三轮车的电路板中是否存在故障。在维修过程中,常使用万用表对电动自行车和三轮车电路板上的元器件进行检测,通过检测结果判断元器件是否损坏。图2-12所示为常见的指针式万用表和数字式万用表的实物外形。

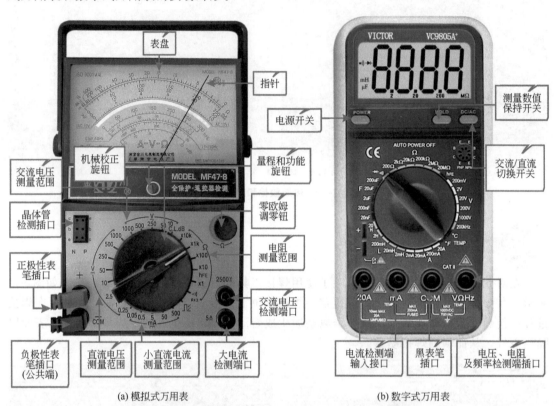

图 2-12 常见的指针式万用表和数字式万用表的实物外形

> **特别提示**
>
> 在待测情况下,指针式万用表的指针应始终指在左侧"0"刻度线处。如果指针位置偏移,可使用一字螺丝刀调整万用表的机械校正旋钮,进行机械调零操作,如图2-13所示。

如图2-14所示,使用指针式万用表检测元器件的电阻值时,应首先断开电动自行车和三轮车的电源,然后根据待测元器件的阻值选择万用表的量程,并进行调零校正,最后将红、黑表笔搭在元器件引脚上,检测元器件的阻值。

如图2-15所示,使用万用表检测蓄电池时,应首先根据待测电压的大小调整万用表的量程,然后将红、黑表笔按照极性分别搭在蓄电池电压输出端上,检测蓄电池的电压值。

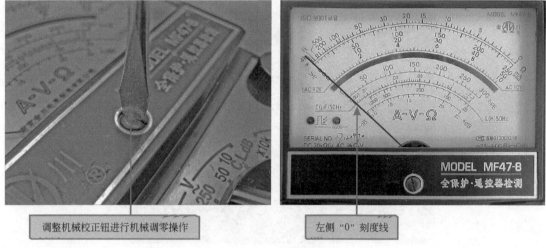

图 2-13 机械调零

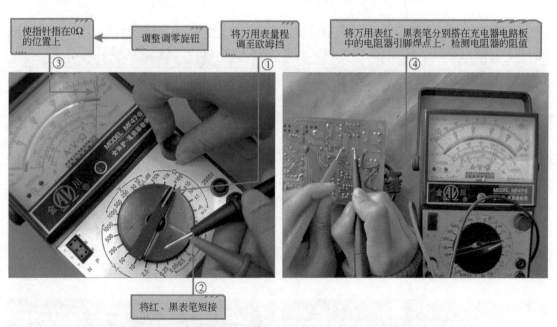

图 2-14 使用指针式万用表检测电动自行车中元器件的电阻值

2.3.2 示波器的功能与应用

在维修电动自行车时，人们也常使用示波器对电动自行车和三轮车内部关键测试点的检测来判断电动自行车和三轮车电路板中是否存在故障。图 2-16 所示为常见的模拟式示波器和数字式示波器的实物外形。

例如，使用示波器检测控制电路中的 PWM 输入信号波形，使用示波器检测充电器电路振荡信号波形。图 2-17 所示为示波器的使用方法。

使用示波器检测电动机自行车或电动三轮车充电器信号波形时，应将电动自行车或电动三轮车与信号源相连，由信号源传送音频、视频信号。使用示波器时接地夹接地，再将探头接触检测部位，观察示波器显示的波形。

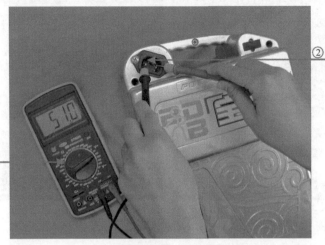

图 2-15 使用数字式万用表检测电压值

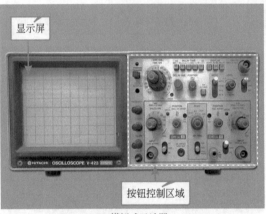
(a) 模拟式示波器

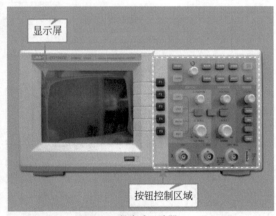
(b) 数字式示波器

图 2-16 模拟式示波器和数字式示波器的实物外形

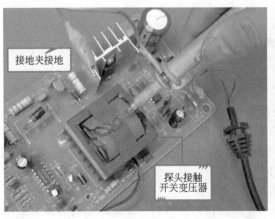
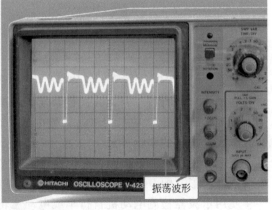

图 2-17 示波器的使用方法

>>> **特别提示**

测量波形时，若信号波形有些模糊，可以适当调整聚焦钮和亮度调节钮。通过调节这两个旋钮可使波形变得明亮清楚。当波形不同步时，可微调触发电平钮，使波形稳定。

2.3.3 电动机检修专用检测仪的功能与应用

电动自行车和三轮车多采用无刷电动机作为动力源，而无刷电动机的专用检测仪表也有很多种，其中较为常见的是无刷电动车配线仪和智能全方位检测仪。这两种仪表功能较多，可对电动自行车和三轮车的蓄电池、充电器、控制器、电动机、转把等进行检测。图2-18所示为无刷电动车配线仪和电动车智能全方位检测仪的实物外形。

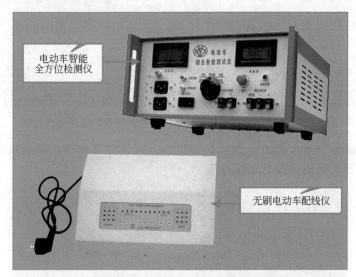

图 2-18 无刷电动车配线仪和电动车智能全方位检测仪的实物外形

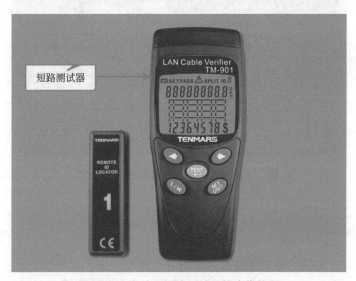

图 2-19 电动机短路测试器的实物外形

短路测试器是用来检测电动自行车中电动机定子绕组短路故障和转子笼形绕组的断条故障。图 2-19 所示为电动机短路测试器的实物外形。

2.3.4 蓄电池检测修复仪的功能与应用

目前，电动自行车和三轮车多采用铅酸蓄电池作为供电装置。铅酸蓄电池检测仪表种类繁多，常用的仪表有蓄电池容量检测仪、蓄电池修复仪、蓄电池综合参数测试仪等。图2-20所示为蓄电池常用检测仪表以及容量检测仪的连接测试方法。

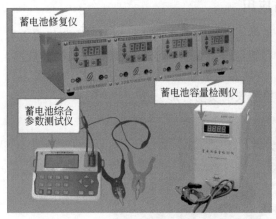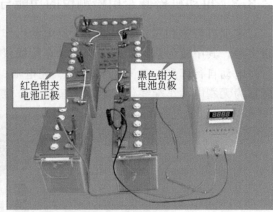

图 2-20　蓄电池常用检测仪表以及容量检测仪的连接测试方法

若想快速准确地检测出蓄电池性能是否良好，可使用蓄电池快速测试仪进行检测。图 2-21 所示为蓄电池快速测试仪的实物外形。

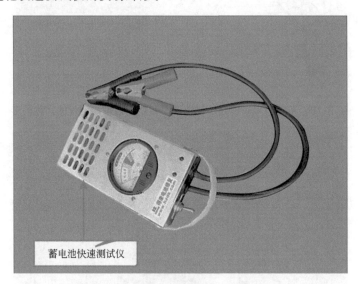

图 2-21　蓄电池快速测试仪的实物外形

 相关资料

目前，电动自行车和三轮车维修部门都配有电池充电站，可对蓄电池进行快速充电。该充电站投币 1 元，充电 10min，可骑行 15km 左右。这种充电站采用脉冲方式对蓄电池进行充电，对蓄电池有一定的修复作用。图 2-22 所示为电动车脉冲充电站的实物外形。

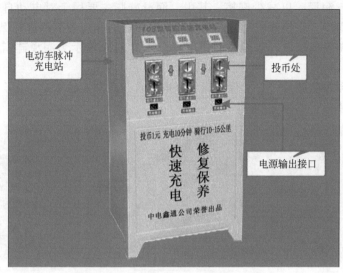

图 2-22 电动车脉冲充电站的实物外形

2.4 辅助工具的种类与功能特点

2.4.1 保养工具的功能与应用

电动自行车和三轮车在日常骑行过程中，应不定期地对电动自行车和三轮车进行保养。因此维修电动自行车和三轮车所使用的一些保养工具也需要提前准备好，以备不时之需。

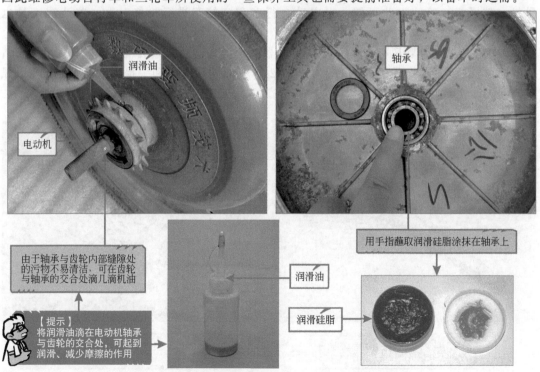

图 2-23 润滑硅脂和润滑油的实物外形及适用场合

(1) 润滑油和润滑脂 润滑硅脂和润滑油主要用于对电动自行车和三轮车齿轮、轴承、链条或交合处进行润滑，以减少摩擦。其中，润滑硅脂主要用于对电动自行车的齿轮、轴承、链条等进行润滑。在检修电动自行车之后，也可以对相应的部件进行保养，可防止其因缺少润滑油而出现磨损现象，从而影响使用寿命。图 2-23 所示为润滑硅脂和润滑油的实物外形及适用场合。

(2) 打气筒和车胎胶片 日常保养或维修电动自行车和三轮车时，还会用到打气筒、拔胎扳手和车胎胶片等，如图 2-24 所示。

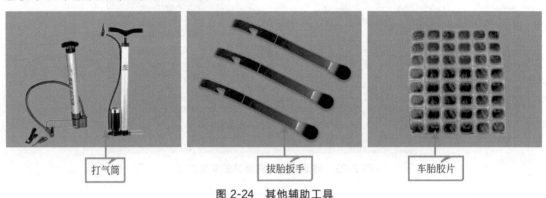

图 2-24 其他辅助工具

2.4.2 清洁工具的功能与应用

电动自行车和三轮车骑行使用时间过长，难免出现有泥土、灰尘、脏污的情况。遇此情况，就需使用清洁工具对电动自行车和三轮车进行清洁，保证其骑行正常。

维修电动自行车和三轮车常用的清洁工具主要有清洁刷和吹气皮囊、手提式电动吹风机（鼓风机）等。由此可知，对电动自行车和三轮车进行检修时，一些清洁工具也很重要。

(1) 手提式电动吹风机（鼓风机） 吸尘器和手提式电动吹风机（鼓风机）主要用于清理电动自行车和三轮车外围大量的灰尘。图 2-25 所示为吸尘器和手提式电动吹风机（鼓风机）的实物外形及适应场合。

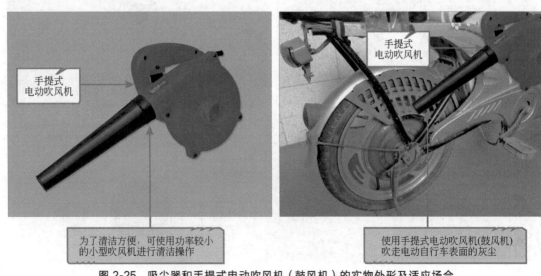

图 2-25 吸尘器和手提式电动吹风机（鼓风机）的实物外形及适应场合

(2) 清洁刷和吹气皮囊 清洁刷和吹气皮囊主要用于清理电动自行车和三轮车外围及部件内部轻微的灰尘,便于对内部的元器件或电路进行检修。图 2-26 所示为清洁刷和吹气皮囊的实物外形及使用场合。

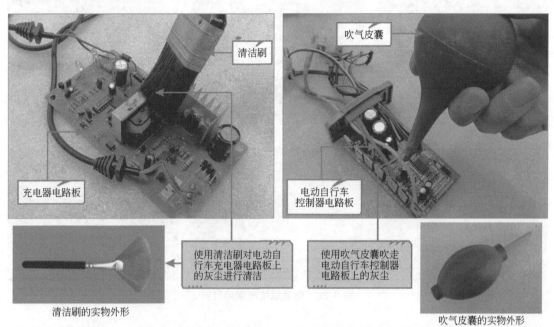

图 2-26 清洁刷和吹气皮囊的实物外形及使用场合

2.4.3 电动自行车维修辅助材料

电动自行车和三轮车维修辅助材料主要包括蓄电池修复辅助材料、电动机检修辅助材料、其他辅助材料。

(1) 蓄电池修复辅助材料 对铅酸蓄电池进行修复时,除了使用蓄电池修复仪外,有时还会用到铅酸蓄电池电解液、铅酸蓄电池修复液、蒸馏水、注射器、黏合剂、手套等蓄电池修复辅助材料,如图 2-27 所示。

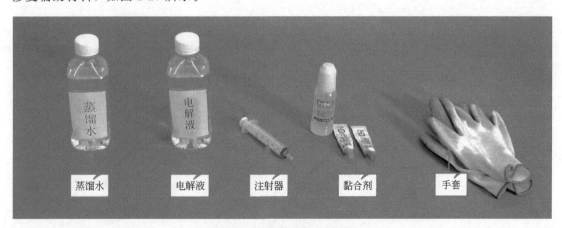

图 2-27 蓄电池修复辅助材料

(2) 电动机检修辅助材料 在维修电动自行车和三轮车的电动机的过程中常用的检修材料主要有导电材料、绝缘材料和清洁润滑材料等。其中,导电材料主要包括电动机绕组线圈所用的电磁线（漆包线）、电动机输出引线端的电源线等，绝缘材料包括绝缘布、绝缘漆、绝缘胶带等，清洗润滑材料包括汽油、润滑剂、润滑脂等，如图2-28所示。

润滑剂

电缆线

漆包线

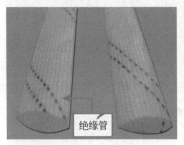
绝缘管

绝缘漆

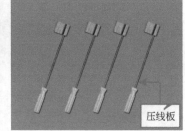
压线板

图2-28 电动机检修常用材料

第3章 电动自行车、三轮车的拆装技能训练

在对电动自行车和三轮车进行检修时，对电动自行车和三轮车进行拆卸是非常重要的操作环节，无论是对功能部件或对电路板进行检修，还是对各线路或制动装置的安装连接状态进行检查，都需要掌握电动自行车和三轮车的拆装技能。

3.1 转把的拆装训练

3.1.1 转把的拆装要领

(1) 转把的结构和功能 转把是电动自行车和三轮车控制、调节行驶速度的重要部件，所以又称为调速转把。转把旋转的角度不同，对应输出给控制器的调速信号也不同。控制器通过识别转把的调速信号，实现对电动机转速的控制。

电动自行车和三轮车的转把通常安装在右手边，可以方便用户在骑行过程中进行速度的调整，如图3-1所示。

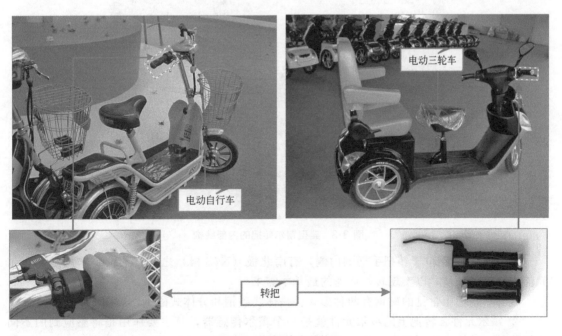

图 3-1 转把的安装位置

相关资料

通常在电动三轮车中，转把还会设置有倒/顺开关，如图 3-2 所示。

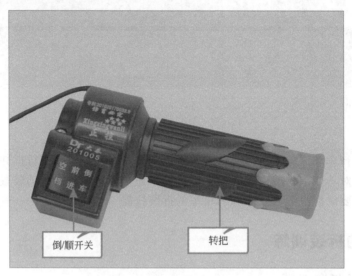

图 3-2 有倒/顺开关的调速转把

目前市场上多数转把采用霍尔元件作为传感器，图 3-3 所示为典型霍尔转把的内部结构。从图中可以看到，霍尔转把主要是由磁钢、霍尔元件、复位弹簧、传感线路和塑料外壳等构成的。

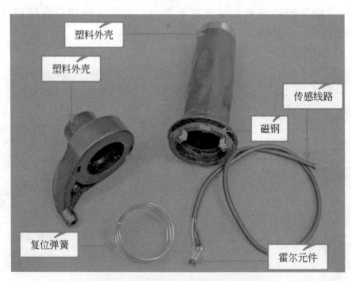

图 3-3 典型霍尔转把的内部结构

① 磁钢　磁钢位于转把手柄的内侧，有南北极（N/S极）之分，其主要作用是为霍尔元件提供磁场环境，以实现转把调速的最基本需求。

通常，转把中常见的磁钢有两种形式：一体式磁钢和分体式磁钢，如图 3-4 所示。

② 霍尔元件　转把上的霍尔元件就是一个霍尔传感器，其主要作用是将感应到的不同磁场信号，转换成不同的电压值或不同极性的信号，通过传感线路送至控制器中，再由控制

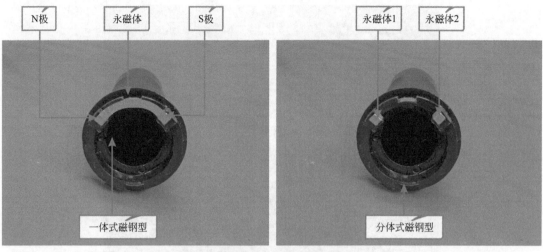

图 3-4 转把中的磁钢及结构形式

器实现对电动自行车和三轮车的速度控制。图 3-5 所示为典型转把中霍尔元件的实物外形。

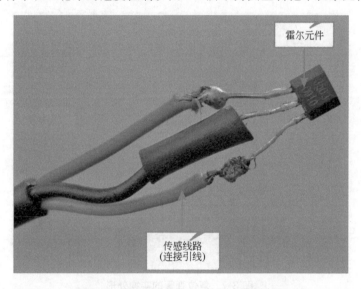

图 3-5 典型转把中霍尔元件的实物外形

 相关资料

转把中常用的霍尔元件型号有 3501、3503、3508、3515 等，图 3-6 所示为 3503 型霍尔元件的实物外形。

③ 复位弹簧 复位弹簧的主要作用是通过自身弹力实现复位。当旋动转把时，转把带动复位弹簧旋转；当松开转把时，复位弹簧利用自身弹性带动转把进行复位。

通常情况下，复位弹簧是由弹簧钢制成的，图 3-7 所示为复位弹簧的实物外形。

④ 传感线路（连接引线） 传感线路是霍尔元件与控制器的连接桥梁。根据转把功能的不同，有 3 根导线和 5 根导线之分。在 3 根导线的传感线路中：红线接霍尔元件的电源端，黑线为接地端，绿线为信号输出线。而 5 根导线的传感线路则比 3 根导线的传感线路多出蓝

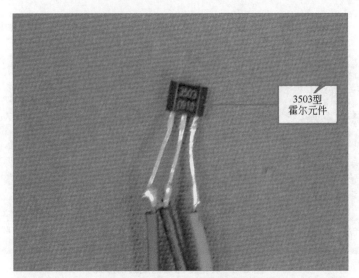

图 3-6 霍尔元件的实物外形

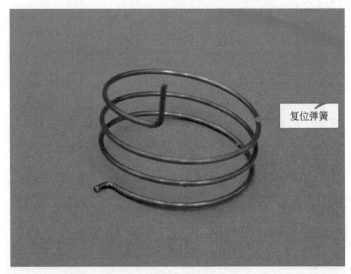

图 3-7 复位弹簧的实物外形

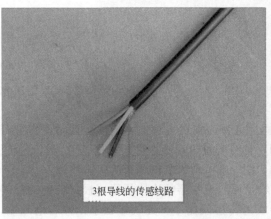
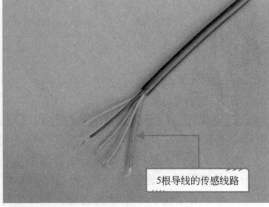

图 3-8 传感线路的实物外形

线和棕线,这两根导线用来与定速按钮进行连接,实现巡航定速功能。图3-8所示为传感线路的实物外形。

⑤ 塑料外壳　塑料外壳是转把的主要机械部件,其主要功能是用来固定和承载内部的相关元器件。图3-9所示为塑料外壳的实物外形。

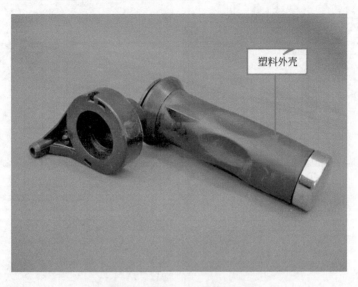

图 3-9　塑料外壳的实物外形

 相关资料

随着电动自行车和三轮车技术的不断发展,转把结构也比以往有了更新和完善,有些转把上设置有定速按钮,其主要作用是实现定速。按下该按钮后,即使松开转把,仍能够保持在一定速度下行驶,再次按下后,取消定速。图3-10所示为具有定速功能转把的实物外形。

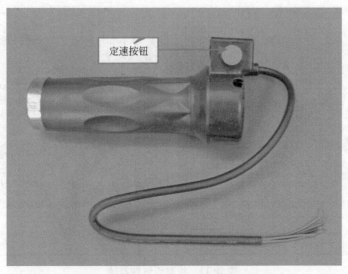

图 3-10　具有定速功能转把的实物外形

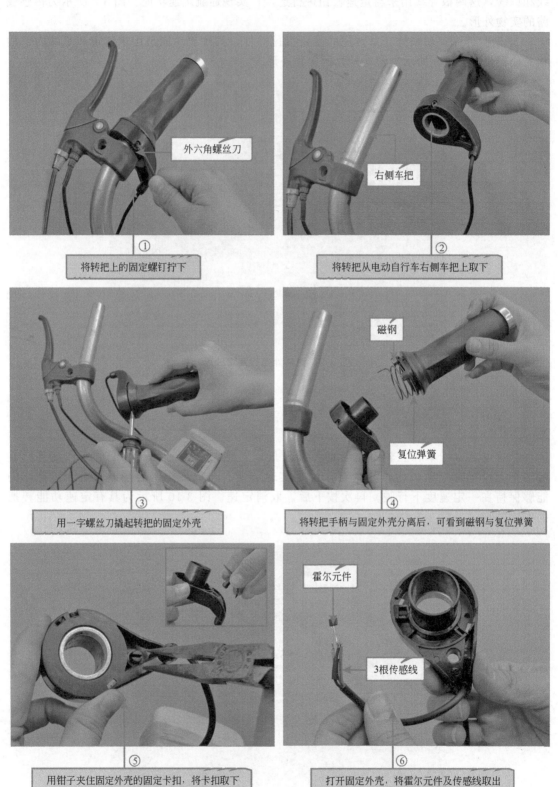

图 3-11 转把的拆卸方法

另外，还有一种转把具有自动定速功能，即在骑行过程中，将转把转到某一角度维持几秒后便可自动定速，即使松开转把，仍能够保持在一定速度下行驶，只有当再次旋动转把时，才会取消定速。

（2）转把拆装流程和注意事项 在对转把进行拆卸时，应首先确定该部件的固定方式，然后使用相应的工具进行拆卸。

在将转把重新进行组装时，首先将霍尔元件装回固定外壳中，并将护板与固定卡扣进行安装；然后将固定外壳安装回转把上，并将转把安装到右端的车把上，并使用固定螺钉进行固定。

3.1.2 转把的拆装操作

转把的拆卸方法如图3-11所示。

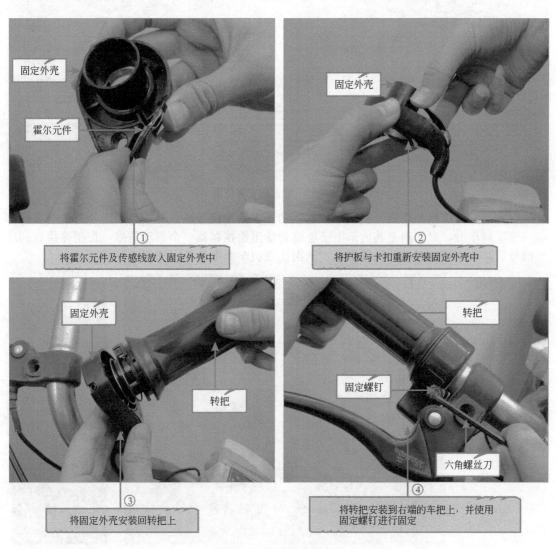

图3-12 转把的安装方法

演示图解

转把的安装方法如图 3-12 所示。

3.2 闸把的拆装训练

3.2.1 闸把的拆装要领

电动自行车和三轮车中使用的闸把是控制电动自行车车闸的操作部分，不论是哪种类型的电动自行车和三轮车其安装位置都是相同的。在通常情况下，闸把安装在前把上，左右各一个，如图 3-13 所示。

图 3-13　闸把的安装位置

（1）闸把的结构和功能　闸把是控制器的人工指令信号输入部件，当需要对电动自行车和三轮车刹车时，操作闸把其内部电子电路会输出给控制器一个制动信号，控制器接收到这个信号后，就会切断对电动机的供电，从而实现刹车断电功能，如图 3-14 所示。

图 3-14　闸把的功能特点

通常电动自行车和三轮车右侧的闸把负责控制前轮的制动，左侧的闸把控制后轮的制动。

闸把的种类多种多样，但其基本结构大致相同。目前，电动自行车和三轮车中采用较多的闸把为机械闸把。该类闸把主要是由闸把把座、闸把手柄、闸线固定孔、闸线、调节空心螺栓以及微动开关等组成的，如图3-15所示。

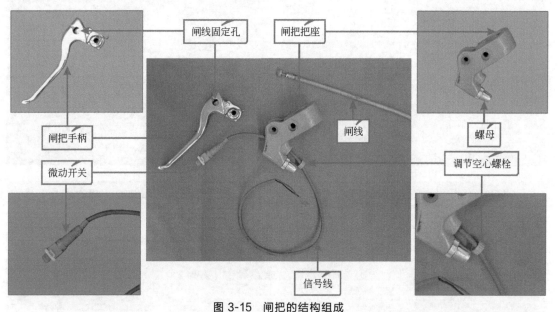

图 3-15 闸把的结构组成

（2）闸把的拆装流程和注意事项 拆卸闸把时，应首先取下闸把的固定螺钉，然后卸下闸把，将其内部闸线取出，拔开连接接头，最后将闸把固定把座取下。

特别提示

在对闸把进行拆卸时，应当注意闸把与控制器的连接插头轻轻拔开，而后取下闸把固定把座。注意不要用力过大，以免将内部连线扯断。

3.2.2 闸把的拆装操作

电动自行车和三轮车的两侧都设有闸把，在闸把内部一般设有传感器件。

演示图解

闸把的拆卸方法如图3-16所示。

特别提示

取下闸把固定把座后，即完成整个闸把的拆卸，再将其重新进行组装。首先，将固定把座安装到车把上，将制动传感器与控制器进行连接，并将闸线与闸把进行连接，重新插入闸把的把座中后，使用固定螺钉将闸把与把座进行固定。

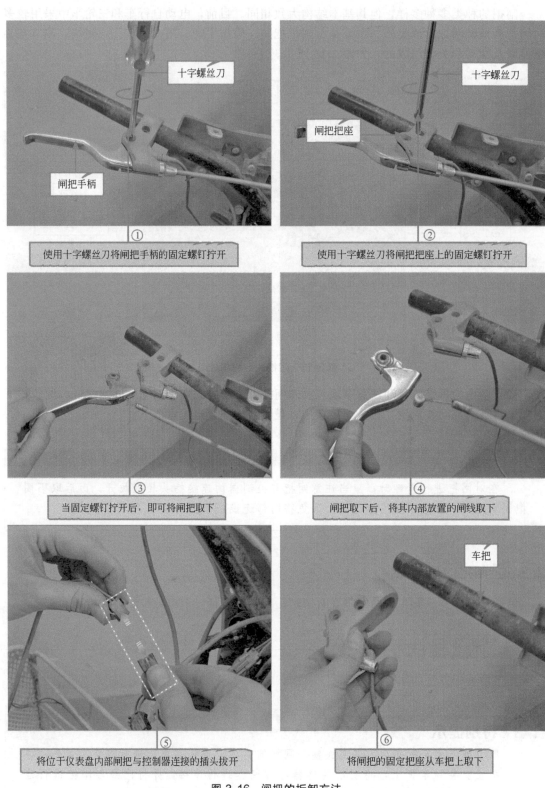

图 3-16 闸把的拆卸方法

3.3 电源锁的拆装训练

3.3.1 电源锁的拆装要领

(1) 电源锁的结构和功能 电源锁是电动自行车和三轮车带锁的电源开关,位于车头罩后部以及蓄电池或连接蓄电池的外壳上,主要用来控制电动自行车和三轮车的电源电路。此外,有的电源锁钥匙还可以用来控制存储箱。普通型电动自行车和三轮车,仅在车把附近设有电源锁。图 3-17 所示为典型电动自行车电源锁。

图 3-17 典型电动自行车电源锁

电动自行车电源锁的种类有很多,通常用一挡、二挡、三挡等几种,并且其输出线有两根和三根之分。图 3-18 所示为典型电源锁的实物外形。

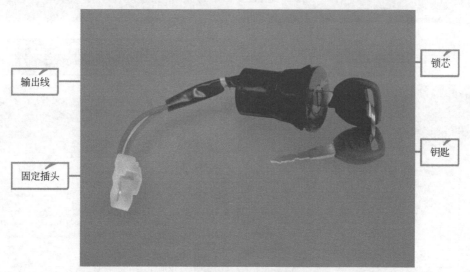

图 3-18 典型电源锁的实物外形

通常,对于三挡的电源锁,当钥匙向右旋转一下时为一挡,车处于电动模式状态;当钥匙向右旋转两下时为二挡,车处于助力模式状态;当钥匙向右旋转三下时为三挡,车处于前后灯开启状态。由于不同厂家设计不同,其挡位的设置也有所不同,应根据具体情况进行分析。

电动自行车和三轮车的电源锁工作原理很简单，即通过控制器控制电源电路。当电源在打开后，其电路处于闭合状态，蓄电池将直接为控制器输出的工作电压，使控制器开始工作。之后，再由控制器分别向其他电路输出控制电压。

（2）电源锁的拆装流程和注意事项 拆卸电动自行车和三轮车的电源锁时，首先应取下电源锁的固定螺钉，打开仪表盘的前盖，然后取下电源锁，最后拔开电源锁的连接插件。

>>> 特别提示

取下电源锁后轻轻拔开连接插件。

3.3.2 电源锁的拆装操作

 演示图解

电源锁的拆卸方法如图 3-19 所示。

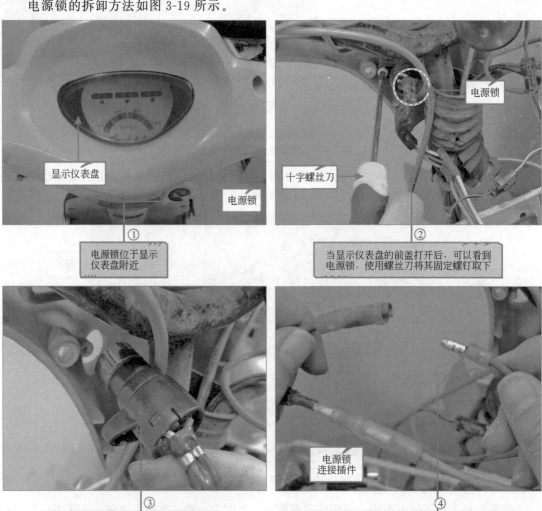

图 3-19 电源锁的拆卸方法

> **特别提示**
>
> 拔开连接插件取出电源锁后,即完成电源锁的拆卸,再将其重新进行组装。首先将电源锁放入电动自行车或三轮车中,然后拧上固定螺钉,最后连接插头接插,即可完成电源锁的安装。

3.4 助力传感器的拆装训练

3.4.1 助力传感器的拆装要领

(1) 助力传感器的结构和原理 电动自行车和三轮车的助力传感器(简称助力器)常采用感应器件,它是用来实现在电池电量不足、启动或上坡时进行骑行助力。助力传感器是由磁盘和磁场检测传感器构成的。磁盘是一个镶有多个永磁体的塑胶圆盘,该圆盘装在脚蹬轮轴上,磁场检测传感器安装在磁盘的侧面。当脚蹬转动时,磁盘随之转动,磁场检测传感器将变化的磁场转换成电信号,送到控制器,电动车则处于人力和电力双重驱动状态。图3-20所示为电动自行车的助力传感器及其位置。

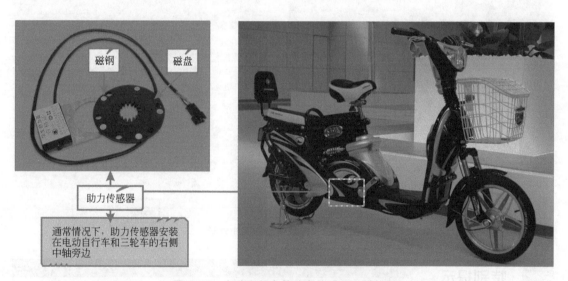

图 3-20 电动自行车的助力传感器及其位置

由图3-20可知,助力传感器主要是由传感器及磁盘等部分组成的。其中,磁盘上会有5个磁钢,而在助力传感器内部采用霍尔元件作为传感器件。

助力传感器的传感器器件通常以霍尔元件为主,其内部的电路板采用防水密封的方式封装成一个组件,主要用来检测磁盘在转动时的不同位置,然后将转动角度转换成相应的信号通过传感线路传送给控制器进行控制。图3-21所示为典型传感器的实物外形。

磁盘表面安装有5个磁钢,当跟随中轴旋转时,传感器上的霍尔元件输出电信号,控制器根据检测到的信号转换成控制电动机的信号,达到助力的功能。如图3-22所示为典型磁盘的实物外形。

(2) 助力传感器的拆装流程和注意事项 在对助力传感器进行拆卸时,应先将助力传感器与控制器相连的连接插件拔开,并取下相关的固定部件。

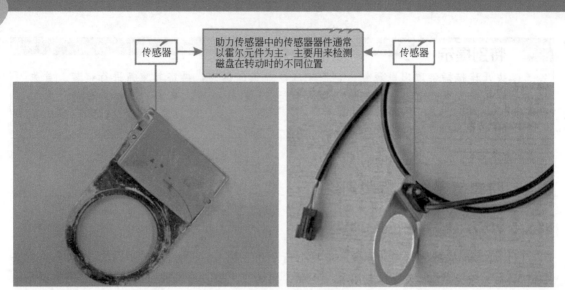

图 3-21　典型传感器的实物外形

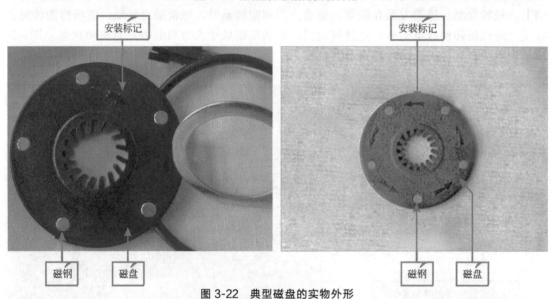

图 3-22　典型磁盘的实物外形

> **特别提示**
>
> 在安装磁盘时，应将有磁钢的一面靠近传感器，若安装错误将有可能导致助力传感器检测不到磁盘的信号；同时助力传感器与磁盘间的距离应保持在 1~5mm 之间，若距离过大，助力传感器也检测不到磁盘的信号；除此之外，磁盘上的箭头方向应和电动自行车行驶的方向相同，若安装相反，则只有反转时，助力传感器才会有助力。

3.4.2　助力传感器的拆装操作

演示图解

助力传感器的拆卸方法如图 3-23 所示。

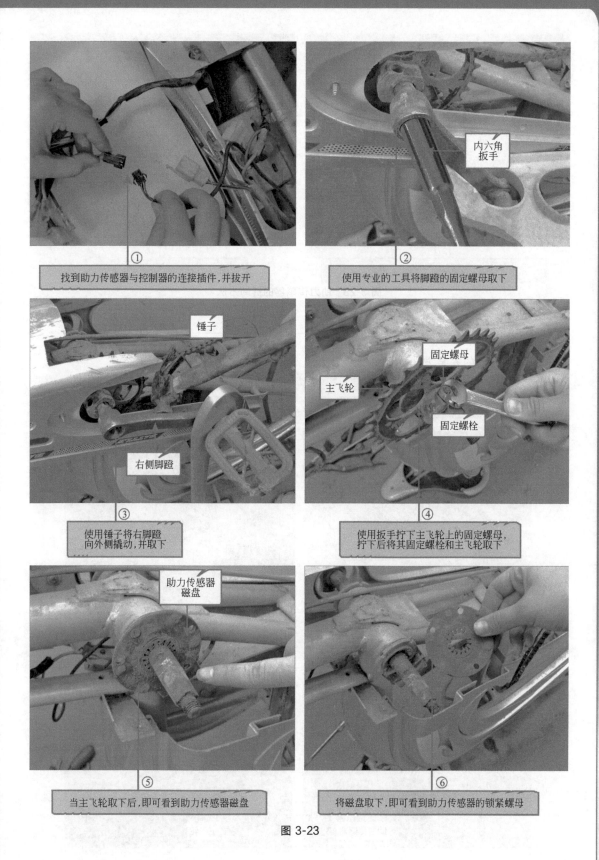

图 3-23

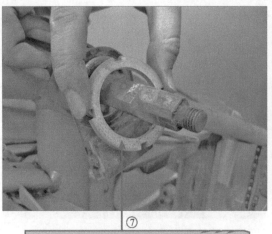
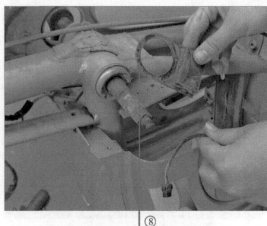

⑦ 用手拧松助力传感器的锁紧螺母,并将其取下

⑧ 将助力传感器从车的中轴上取下

图 3-23　助力传感器的拆卸方法

 演示图解

助力传感器的安装方法如图 3-24 所示。

① 将助力传感器安装到车的中轴上

② 将锁紧螺母拧固定在车的中轴上

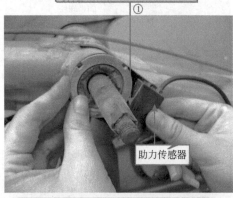

助力传感器

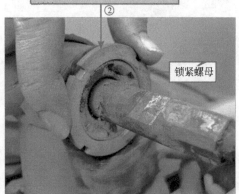

锁紧螺母

③ 将磁盘安装到车的中轴上,调整磁盘与助力传感器之间的距离,以免距离过大引起传感器内部的霍尔元件无法感应到磁钢的变化

④ 将主飞轮安装到原来的位置,在安装的过程中应保持主飞轮垂直向内安装

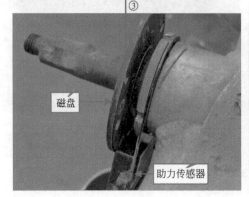

磁盘

助力传感器

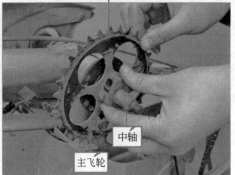

中轴

主飞轮

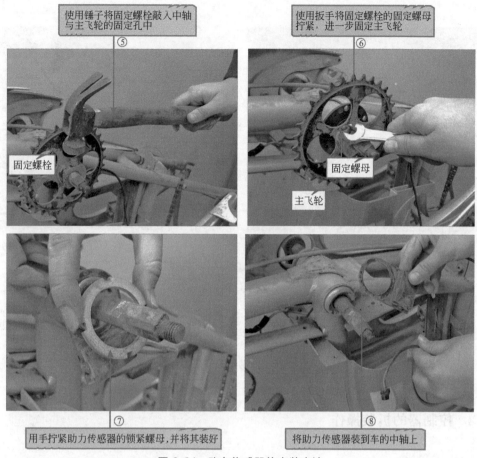

图 3-24 助力传感器的安装方法

3.5 控制器的拆装训练

3.5.1 控制器的拆装要领

(1) 控制器的结构和功能 控制器是电动自行车和三轮车中的主要电气部件之一,也是电动自行车和三轮车的动力源,电动机的旋转、变速、停止和制动控制都由专门的控制电路进行控制,如图 3-25 所示。

(2) 控制器的拆装流程和注意事项 在对控制器进行拆卸时,应首先找到控制器的位置,将其从电动自行车或三轮车中取下,然后拔下控制器与其他部件之间的连接引线即可。

从电动自行车或三轮车车身中取下控制器后,则可以根据检修的需要进一步对控制器自身进行拆卸。拆卸控制器时,应先找到控制器的固定方式,使用合适的工具对控制器进行拆卸。

在对控制器进行安装时,需将控制器与电动自行车或三轮车的各组引线相连,将电动自行车或三轮车通电,测试整车运行正常,安装完成。

> **特别提示**
>
> 应轻轻拔出控制器与其他部件之间的连接引线,并记录下连接引线的连接关系,以保证在回装控制器时能够一一对应连接,避免连接错误。

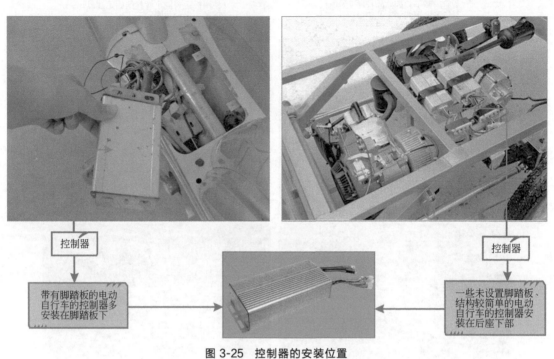

图 3-25 控制器的安装位置

3.5.2 控制器的拆装操作

演示图解

控制器与车身分离的拆卸方法如图 3-26 所示。

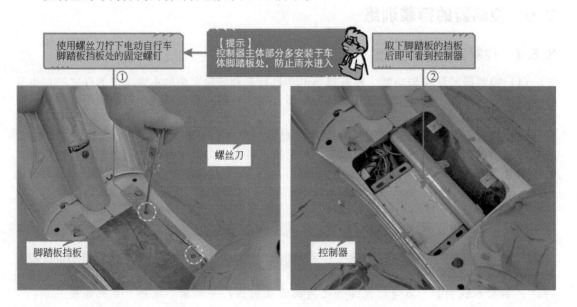

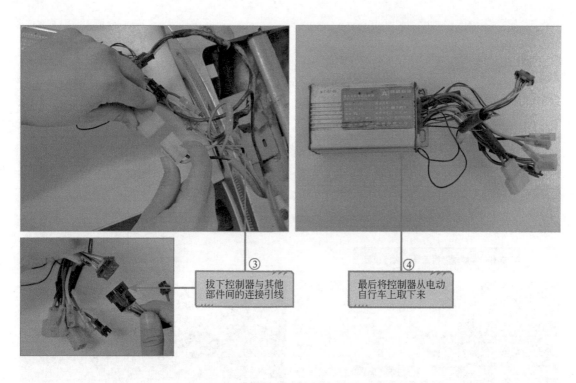

图 3-26 控制器与车身分离的拆卸方法

演示图解

控制器自身拆卸的方法如图 3-27 所示。

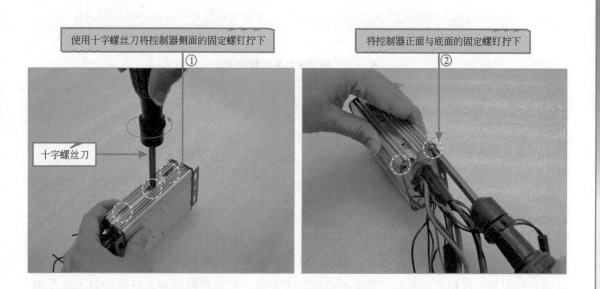

图 3-27

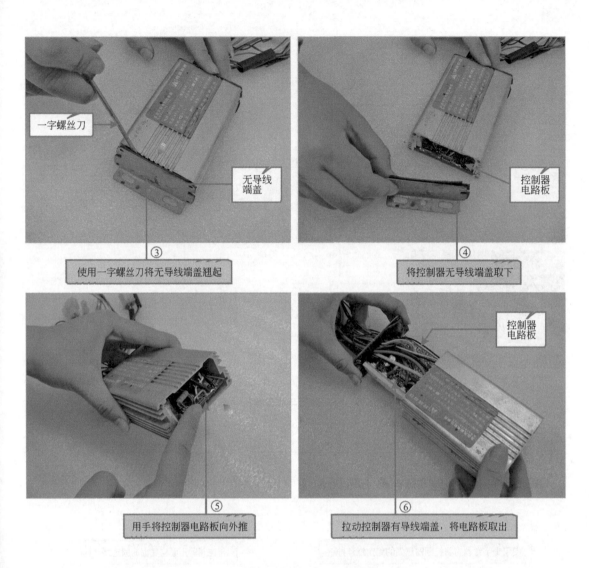

图 3-27　控制器自身拆卸的方法

控制器的安装方法如图 3-28 所示。

电动自行车和三轮车的控制器根据电动机的不同可分为有刷控制器和无刷控制器两种。这两种控制器对电动自行车和三轮车的控制方式不同，但在对控制器进行拆卸时大致类似，只是在拆卸连接引线时，有刷控制器的引线较少。

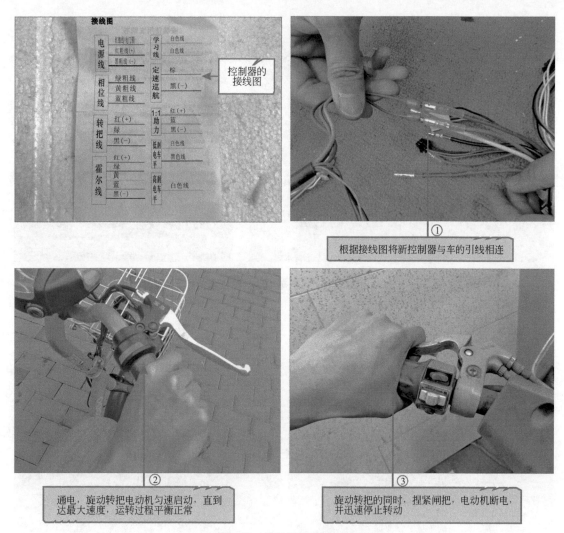

图 3-28 控制器的安装方法

3.6 电动机的拆装训练

3.6.1 电动机的拆装要领

(1) 电动机的结构和功能 电动自行车和三轮车中使用的电动机一般为直流电动机,其作用是将蓄电池的电能转化为驱动车轮转动的机械能,如图 3-29 所示。

在目前流行的电动自行车中,所采用的电动机分为有刷电动机和无刷电动机两种类型,如图 3-30 所示。不同类型电动机的具体结构组成也有所不同。

下面将分别以典型的有刷电动机和无刷电动机为例,细致了解电动自行车中不同类型电动机的结构组成。

① 有刷电动机的结构 图 3-31 所示为典型有刷电动机的内部结构。从图中可以看到,有刷电动机主要是由电刷组件、换向器、定子、转子、轴承和两侧端盖等构成的。

② 无刷电动机的结构 无刷电动机就是指无电刷和换向器的一类电动机,图 3-32 所示为典型无刷电动机的内部结构。从图中可以看到,无刷电动机主要是由定子、转子、霍尔元

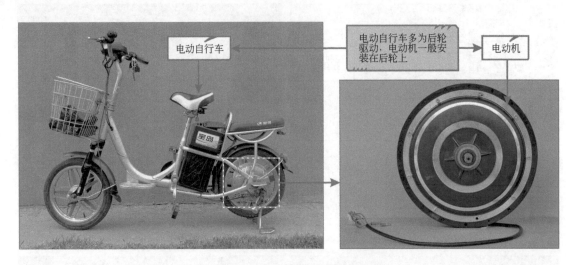

图 3-29 电动自行车电动机的安装位置

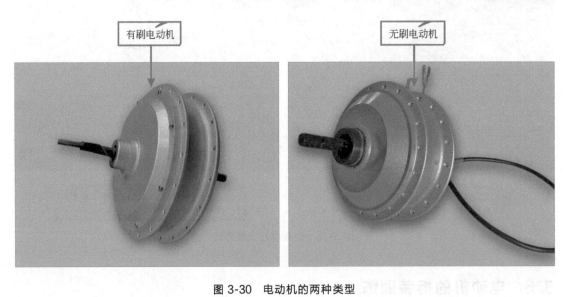

图 3-30 电动机的两种类型

件、轴承和两侧端盖等构成的。

（2）电动机的拆装流程和注意事项　由于电动自行车与电动三轮车的结构相似，所以以电动自行车为例，在对电动机进行拆卸时，应先找到电动机的安装位置。由于电动机一般安装在电动自行车的后轮上，所以应先对电动自行车的后轮进行拆卸，将电动机输出引线与插头分离，最后对电动机进行拆卸。电动机端盖的拆卸完成后，接下来对定子及转子进行拆卸。

 相关资料

另外，也有部分电动三轮车的无刷电动机安装在前轮，图 3-33 所示为无刷电动机安装在前轮的电动三轮车。

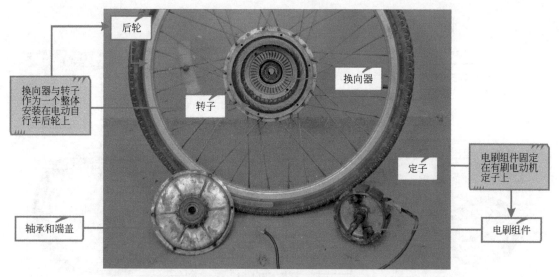

图 3-31　典型有刷电动机的内部结构

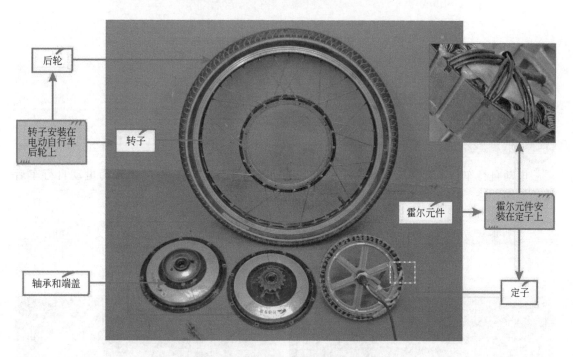

图 3-32　典型无刷电动机的内部结构

> **▶▶▶ 特别提示**
>
> 　　在对电动机的连接引线拆卸之前，应记录好连接引线的对应关系，以保证在回装电动机时能够一一对应连接，避免连接错误。
> 　　当对无刷电动机进行更换或检修完毕时，需一一将引线重装到塑料护套中，此时应确保压下去的弹卡与护套卡紧，否则插针在护套中无法固定牢固，容易引起与控制器之间脱线或接触不良的故障。

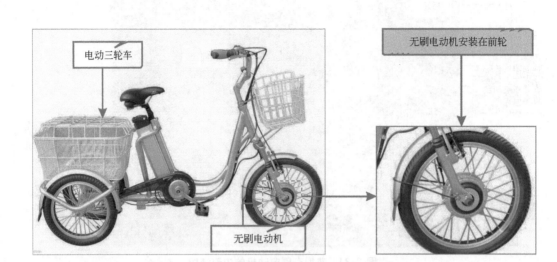

图 3-33　无刷电动机安装在前轮的电动三轮车

3.6.2　电动机的拆装操作

电动自行车与电动三轮车结构相似，以电动自行车为例，图 3-34 所示为电动自行车后轮的拆卸方法。

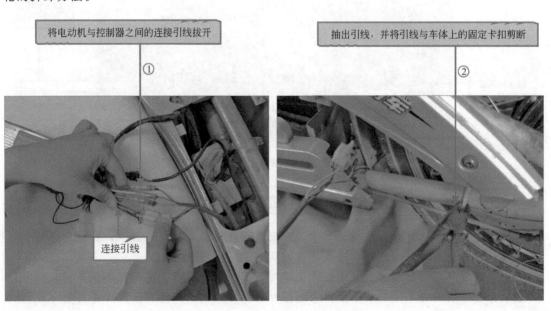

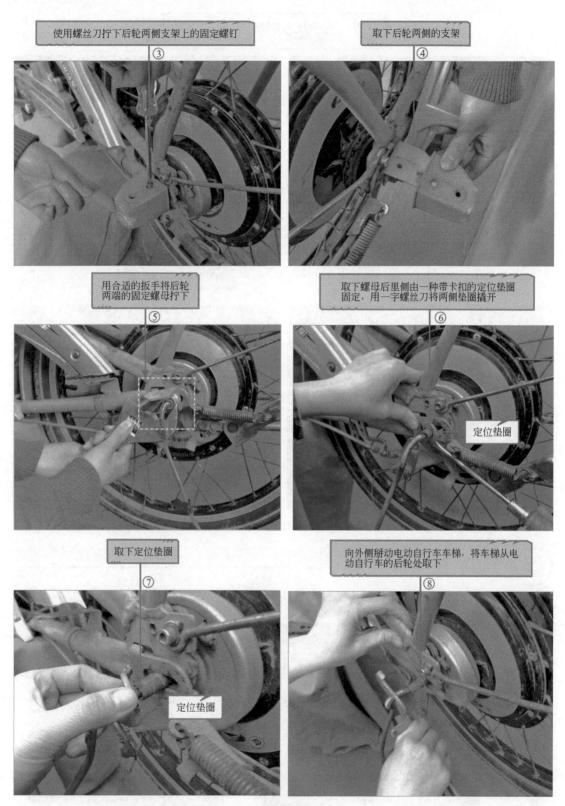

图 3-34

图 3-34　电动自行车后轮的拆卸方法

演示图解

图 3-35 所示为无刷电动机输出引线与插头分离的方法。

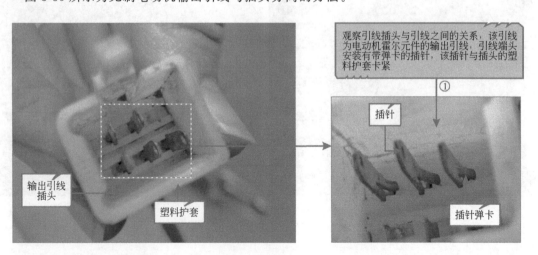

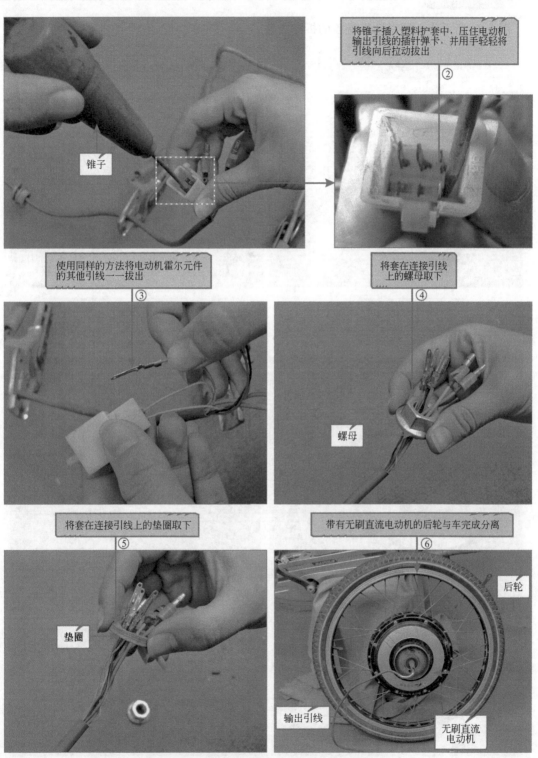

图 3-35　无刷电动机输出引线与插头分离的方法

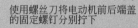

图 3-36 所示为无刷电动机端盖的拆卸方法。

① 使用记号笔在电动机的前后端盖上作好标记,以便重装时能够完全对应

② 使用螺丝刀将电动机前后端盖的固定螺钉分别拧下

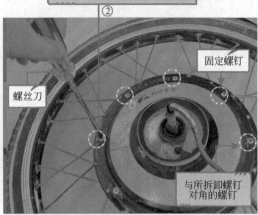

在拆卸螺钉时应对角拆卸,避免电动机外壳变形

③ 电动机端盖部分装配紧密,拆卸时在端盖与轴承的衔接处滴加适量润滑油,待一小段时间后再进行拆卸

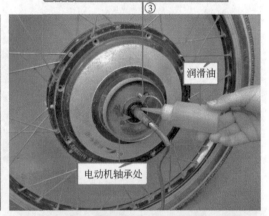

④ 使用一字螺丝刀轻轻撬动与电动机前端盖连接的组件,使电动机前端盖松动

⑤ 接着用一字螺丝刀插入电动机端盖缝隙,轻轻撬动

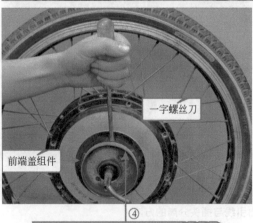

图 3-36 无刷电动机端盖的拆卸方法

演示图解

图 3-37 所示为无刷电动机定子及转子的拆卸方法。

特别提示

若不需要对无刷电动机内部进行检修或更换,应尽量避免对其内部的拆卸,防止重装不当引起损耗过多,降低电动机本身性能或使用寿命。另外,若怀疑无刷电动机损坏,可以直接更换整个电动机。

有刷电动机与无刷电动机基本相同,同样位于电动自行车和三轮车的后轮中,接收控制器的控制信号,由电刷与换向器控制有刷电动机换向工作。

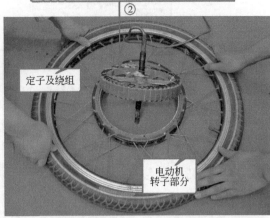

图 3-37　无刷电动机定子及转子部分的拆卸方法

演示图解

图 3-38 所示为有刷电动机的拆卸方法。

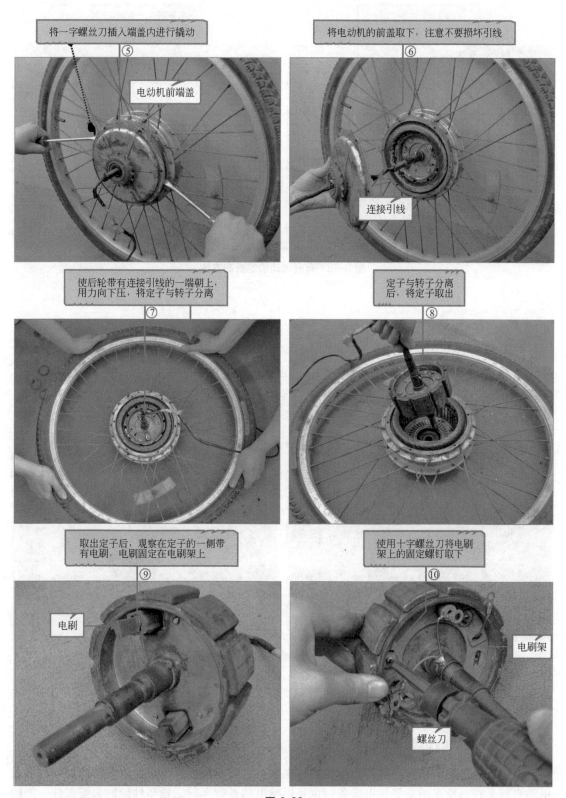

图 3-38

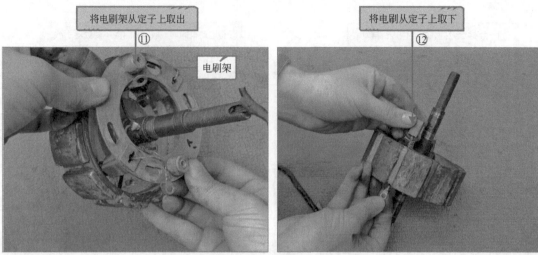

图 3-38 有刷电动机的拆卸方法

演示图解

图 3-39 所示为有刷电动机的安装方法。

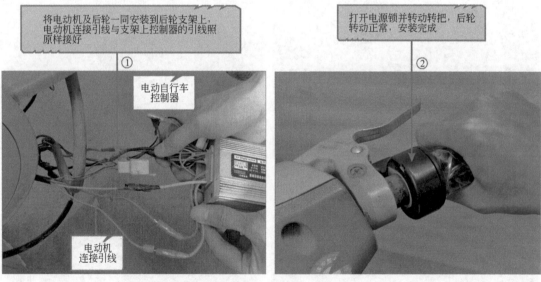

图 3-39 有刷电动机的安装方法

3.7 蓄电池的拆装训练

3.7.1 蓄电池的拆装要领

(1) 蓄电池的结构和功能 蓄电池俗称电瓶,它是一种可反复充、放电的储能部件,是电动自行车和三轮车的重要供电设备,也是影响电动自行车与三轮车性能的关键部件,如图 3-40 所示。

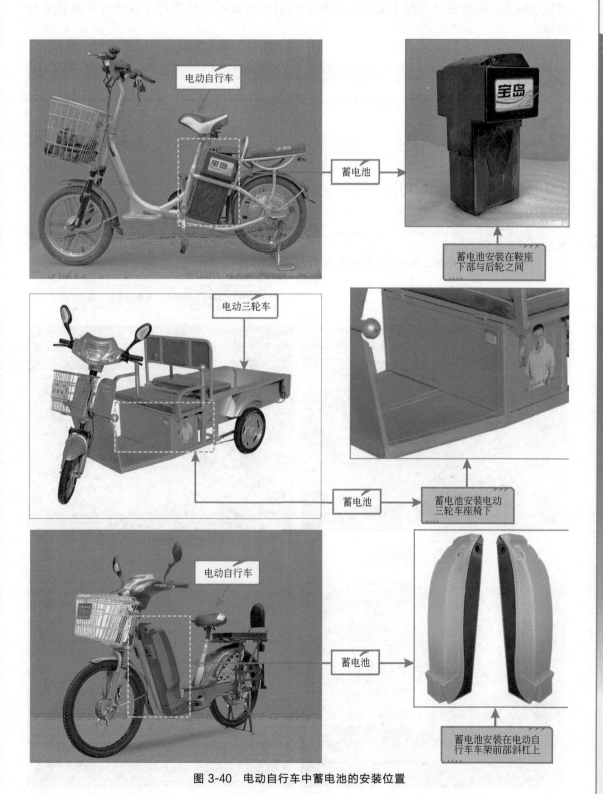

图 3-40 电动自行车中蓄电池的安装位置

（2）蓄电池的拆装流程和注意事项　　在对蓄电池进行拆卸时，应先关闭蓄电池电源，取出蓄电池后，使用螺丝刀拧下蓄电池的固定螺钉，将蓄电池外壳打开后即可看见蓄电池内部。

> **特别提示**
>
> 在打开蓄电池外壳时，应注意其内部的线路连接，不要用力过大，以免将内部连线扯断。

3.7.2　蓄电池的拆装操作

以电动自行车为例，图 3-41 为蓄电池的拆卸方法。

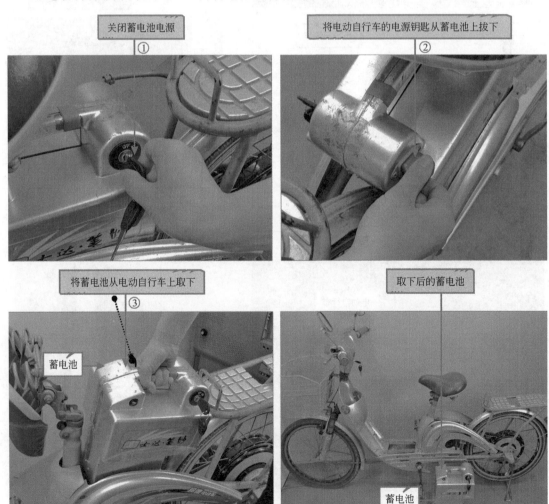

使用十字螺丝刀将蓄电池外壳上的固定螺钉拧下
④

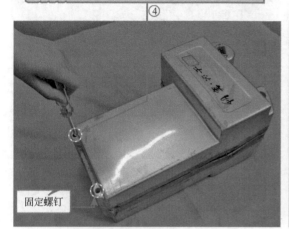

固定螺钉

将蓄电池外壳打开，此时即可看到内部的单体电池
⑤

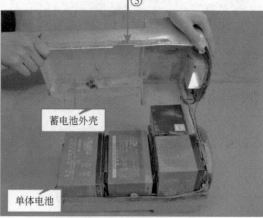

蓄电池外壳

单体电池

将单体电池从蓄电池的外壳中取出
⑥

蓄电池外壳

单体电池是由连接引线进行连接的，使用电烙铁对连接引线的焊点进行加热
⑦

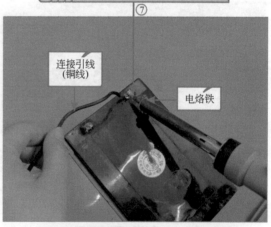

连接引线（铜线）

电烙铁

经加热焊锡熔化后，将连接引线与单体电池分离
⑧

连接引线（铜线）

使用一字螺丝刀将单体电池的护板翘起
⑨

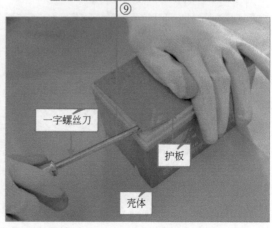

一字螺丝刀

护板

壳体

图 3-41

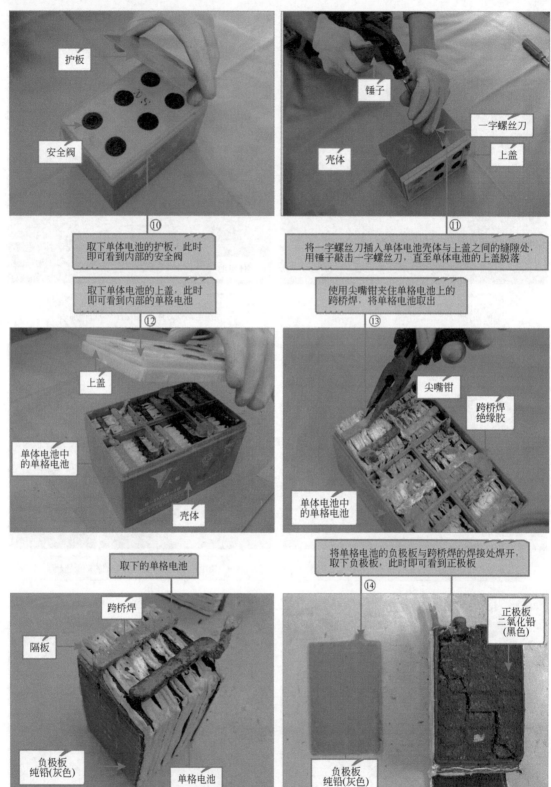

图 3-41 蓄电池的拆卸方法

演示图解

图 3-42 所示为蓄电池中电池组的安装方法。

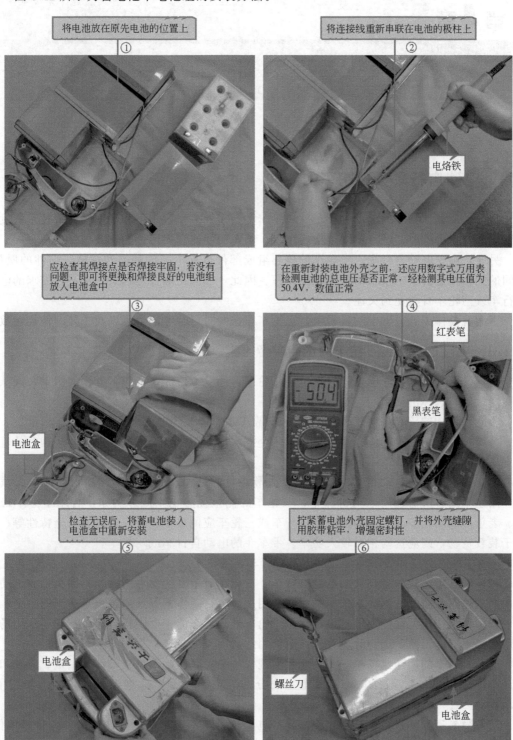

图 3-42　蓄电池中电池组的安装方法

第4章 电动自行车、三轮车的选购与日常保养维护

4.1 电动自行车、三轮车的选购

目前,市场上常见的电动自行车、三轮车类型多种多样,车型和性能也随着技术的发展不断更新。在选购时,选择不同规格或车型,整车的性能和实用性会有差异。

另外,由于电动自行车、三轮车的核心组成部件也有不同的种类和规格,部件的质量、之间的配合性也会影响整车的整体性能发挥。因此,如何正确合理选购一辆适合需求的电动自行车或三轮车日益受到关注。

下面就具体了解一下电动自行车、三轮车在选购时可参考的因素以及主要的性能参数。

4.1.1 电动自行车、三轮车的选购参考因素

正确、合理地选购一辆电动自行车、三轮车,一般需要综合考虑多方面的因素,即从多方面考量后,选择出最实用、最合适的产品。

因此,选购的核心是明确使用场合,按需选购。以此为主要原则从用途、载重量、车型、品牌、价格、配套部件、续行里程等几个方面作为主要参考因素,并了解选购时的基本注意事项。

(1) 用途 选购电动自行车、三轮车的最终目的是实现其相应的用途,如代步、载货等。用途不同,所需选用电动自行车、三轮车的侧重优势也不同。例如,若用于上下班代步、老年人休闲代步等,选购的电动自行车或三轮车应侧重于轻便、舒适、安全特性等;若用于装载货物,则应选购相对较大功率、带车斗的电动自行车或三轮车。

图 4-1 所示为应用于不同用途的电动自行车、三轮车。

(2) 载重量 载重量是选购电动自行车、三轮车时重要的参考因素。不同类型的电动自行车、三轮车的载重量不同,选购时应结合用途、骑行者体重等选购载重量适当的类型。

(3) 车型 车型是体现电动自行车、三轮车外观形态的主要因素。车型不同,适用场合和用途也不同。因此,选购时应首先在明确用途的前提下,选择适用的车型。

电动自行车的用途比较单一,主要是实现代步骑行,因此车型主要涉及重量、美观和功能几个方面,比如常见的电动自行车主要分为轻便简易型、标准型、豪华型,如图 4-2 所示。

轻便简易型电动自行车车型较小,具备电动自行车的基本功能,操作简便,价格偏低,最高时速约为 20km/h,适合行车距离较短、载重量低的个人使用。

标准型电动自行车的电动机功率一般为 150W,其特点是造型简洁流畅,最大行程为

图 4-1 应用于不同用途的电动自行车、三轮车

图 4-2 电动自行车常见车型

40~50km,最高时速约为 20km/h,价格适中,适合在日常代步、上下班距离较长情况下使用。

豪华型电动车的特点是外观比较新颖豪华、功能更全,通常在车把上增设有多功能仪表板,以显示速度、里程、电压、电量等,有的还装有转向灯、工具箱、安全网等,价格较贵。

对于电动三轮车来说,根据用途不同主要有家用型和货用型,如图 4-3 所示。

图 4-3 电动三轮车常见车型

家用型电动三轮车的车型偏小，且比较美观，载重量较小，一般在200kg左右；蓄电池多为36V、48V、60V，20A·h；电动机功率一般为350～500W。这种车型一般稳定性好、启动平稳，适合家用和老年代步工具。

货用型电动三轮车的车架较宽结实，外形比较规矩，载重量一般在300～600kg；电动机功率往往高于500W，主要用于拉载货物等。

(4) 品牌 电动自行车、三轮车主要用于载人或载物，对安全性要求较高。因此在选购时，应选择大品牌、信誉高的生产厂商。

选择品牌电动自行车、三轮车不仅质量有保障，售后服务也比较完善，有利于后期保养维修。

(5) 价格 价格是在选购电动自行车、三轮车时关注度比较高的一个因素。一般来说，相同性能、不同品牌的电动自行车或三轮车价格基本相差不多，关键应考虑在经济条件允许的范围内，选择能够承受的价位即可。

> **▶▶▶ 特别提示**
>
> 选购电动自行车、三轮车时，应避免贪图便宜，忽略质量；也不要一味追求昂贵，忽略性价比，最好能够货比三家，挑选性价比高、实用的类型。

(6) 配套部件 电动自行车、三轮车的标准配套部件除了基本的机械部件和辅助功能部件外，主要包括蓄电池、电动机、控制器、充电器等部分。选购时，需要了解这几种配套部件的类型、规格等。如蓄电池的额定电压有36V、48V、60V等；电动机的功率有低于200W、200～500W、高于500W等几种；电动机包括有刷和无刷两种，其中有刷电动机易磨损，无刷电动机较贵；控制器的输出功率与电动机额定功率配比应正确（电动机的额定功率应为控制器输出功率的75%为最佳）；等等。

> **▶▶▶ 特别提示**
>
> 一般情况下，一个完整的产品在出厂时，相应的配套部件已达到最佳配置状态，无需额外选配。对于电动自行车、三轮车来说，大部分配套部件也已经无需单独选配，需要特别注意的是蓄电池部分。由于蓄电池属于消耗类部件，也是决定整车性能的关键部件。大多电动自行车、三轮车销售商，特别是电动自行车类销售商，为确保产品全新状态，展示车辆蓄电池一般不是配套电池，当用户选定产品后，由销售商重新安装新的蓄电池。此时涉及蓄电池品牌的选购，用户需要了解当前市场口碑较高的品牌，要求和监督销售商装配性能最优的蓄电池。

(7) 续行里程 续行里程是指将新电池充满电，让重量（或配重质量）为75kg的骑行者在平坦的公路上（无强风条件下）骑行，当骑至电池电压小于10.5V/节时断电，得到的骑行里程称为电动自行车的续行里程。

续行里程的大小主要是由蓄电池额定容量的大小决定的。蓄电池的额定容量小，就会导致电动自行车的续行里程缩短。例如，一般36V/12A·h（安时）优质电池的典型电动自行车的续行里程标称为45～60km；48V/12A·h会更高一些。

同样，电动三轮车的续行里程也十分重要。电动三轮车的续行里程直接是对电动三轮车蓄电池使用寿命的体现。所以，在选购电动三轮车时，一定要详细了解电动三轮车的续行里程问题。

(8) 选购注意事项 在选购电动自行车、三轮车时，除了综合各方面因素进行选择外，还需要注意对选购产品进行整体外观、可操作性（灵敏性）、安装性、质保等方面的检查。

① 注意检查外观 选购电动自行车、三轮车时，需要对其外观进行检查，查看商标、贴花是否完好，油漆、电镀部分、塑料部件等表面是否完好，车架、车皮厚度是否符合要求，车架和前叉的焊接表面是否有缺陷、双支撑是否结实，轮胎是否选用名牌，紧固件是否防锈等，如图4-4所示。

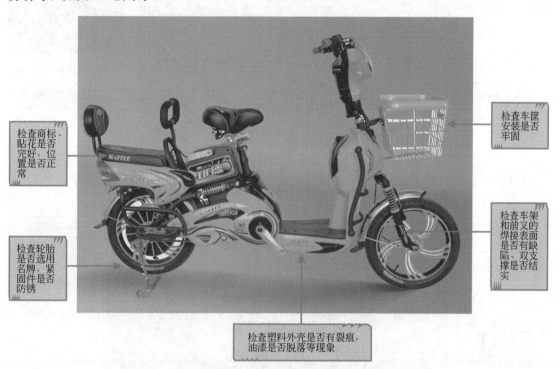

图4-4 选购时外观的检测

② 注意检查安全性 电动自行车、三轮车主要用于骑行，因此在选购时还应特别重点考虑安全性，即各机械部件之间的连接是否牢固，如固定螺钉是否安装到位、车把和支架等是否左右对称、刹车是否可靠等，如图4-5所示。

③ 注意检验灵敏性 电动自行车、三轮车是通过骑行者操作转把、闸把以及电动机等部件来配合完成启动、加速、制动以及倒车等工作，其中各部件的灵敏性也是尤为重要的，如图4-6所示。如打开电源锁后转动转把，检查变速；握下闸把后，检查制动效果；同时还需要检查电动机运转是否平稳、声音是否正常等。

>>> **特别提示**

检查灵敏性最好的办法是进行骑行试车，将操控部件一一试验，如接通电源锁检查仪表显示电量、速度、里程等是否正常；前大灯、转向灯指示是否正常，喇叭能否发出声响等；旋动转把，感受启动有无冲击感，调速是否平滑；轮毂转动是否灵活，无异响等。

图 4-5 注意电动自行车的安全性

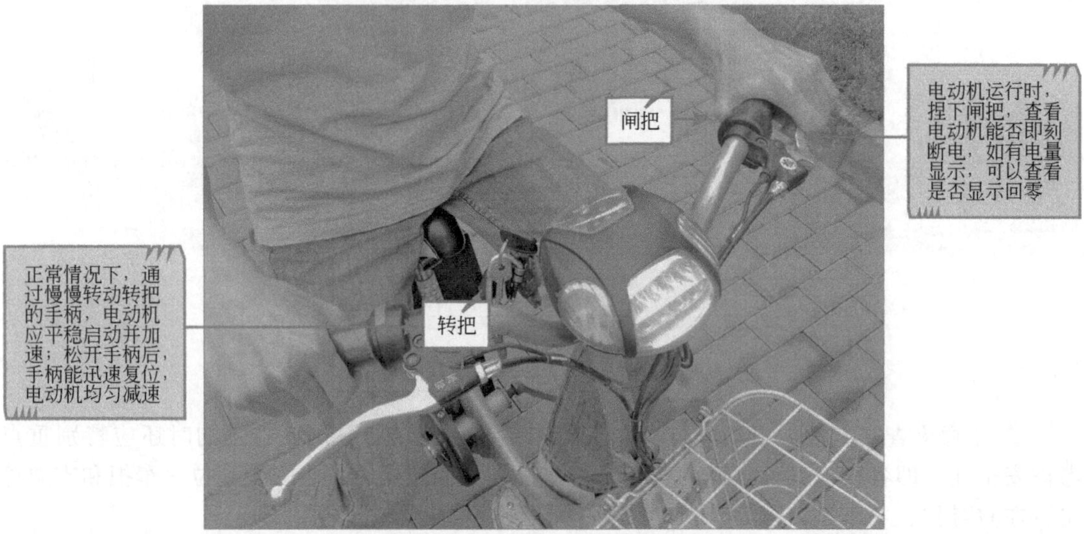

图 4-6 电动自行车灵敏性的检查

④ 明确质保 选购电动自行车、三轮车时,除了对车本身相关性能等进行检验外,还需要十分明确质保时间,清晰了解是整车质保还是某些部件质保等。一般情况下,整车质保时间多为一年,电动机为三年或五年不等,必须明确,为售后服务提供保证。

最后还需要注意检查各票具、配件是否齐全,如发票、合格证、说明书、维修三包卡以及充电器等,如图 4-7 所示。

4.1.2 电动自行车、三轮车的主要性能参数

在众多不同类型的电动自行车、三轮车中,性能参数决定了其不同的性能。在选购电动自行车或三轮车时,应从实际需求作为出发点,以性能参数作为主要参考依据进行选购。

电动自行车相关的技术参数

图 4-7　选购电动自行车时注意的其他事项

电动自行车、三轮车的主要性能参数包括整车性能参数和主要部件性能参数两个方面。

(1) 整车性能参数　目前，判断电动自行车、三轮车性能的依据主要是几个基本的性能参数，包括车速、续行里程、整车质量、电动机额定输出功率及最大输出功率、电动自行车效率和效率区间等。

① 车速　车速即单位时间内行驶的距离，单位为 km/h（千米/小时）。最高车速 v_{max} 是指骑行者质量（重量）为 75kg、风速不大于 3m/s 的标准条件下在平坦沥青或混凝土路面上所能达到的最高车速值。根据安全规范，电动自行车、三轮车的最高时速不得超过 20km/h。

② 续行里程　续行里程是指将新电池充满电，让重量（或配重质量）为 75kg 的骑行者在平坦公路上（无强风条件下）骑行，当骑至电池电压小于 10.5V/节时断电，得到的骑行里程称为电动自行车的续行里程。

续行里程的大小主要是由蓄电池额定容量的大小决定的。蓄电池的额定容量小，就会导致电动自行车的续行里程缩短。例如，一般 36V/12A·h（安时）优质电池的典型电动自行车的续行里程标称为 45~60km；48V/12A·h 会更高一些。

③ 整车质量　整车质量也是选购电动自行车时的一个重要参考数据，特别是电动自行车蓄电池的质量。国家标准规定，电动自行车的整车质量不应超过 40kg。

④ 电动机额定输出功率及最大输出功率　电动机的额定功率表示当电动机工作在这个功率点时，该电动机可以连续可靠地运行。一般电动自行车的电动机额定功率可以是 150W、180W 或 200W 以上。

电动机最大输出功率是衡量电动自行车输出转矩能力的关键指标。当外在负载较大时，电动自行车的工作电流达到最大值，输出功率也就达到最大值。

⑤ 电动自行车效率　电动自行车效率是电动轮毂效率、控制系统效率和机械转动损耗的综合体现，但主要取决于电动轮毂（电动机）的效率。它可以反映出相同的电池、相同的骑行负载条件下骑行里程的长短。效率高则骑行里程长，效率低则反之。

　相关资料

根据国家标准 GB 17761—1999《电动自行车通用技术条件》规定：电动自行车的最高

时速应不大于20km/h（目前大街上行驶的大部分电动自行车的速度都大于20km/h这个数值，主要因为部分生产厂家为迎合部分消费指对车速的要求，给电动自行车安装了限速器。限速器未拔下时，电动自行车的速度符合国家标准的规定；限速器拔下后，电动自行车的速度就会变快，大于国家标准的规定）；整车质量应不大于40kg；具有脚踏行驶能力，30min的脚踏行驶距离应不小于7km；一次充电后的续行里程应不小于25km；以最高车速作电动匀速骑行时的噪声应不大于62dB(A)；电动机额定连续输出功率应不大于240W；以最高车速电动骑行时（电助动以20km/h的车速骑行），其干态制动距离应不大于4m，湿态制动距离应不大于15m。

(2) 主要部件性能参数 电动自行车、三轮车中包含有蓄电池、电动机、控制器和充电器四大部件，这些部件的规格或性能参数也是影响整车性能的重要部分。

1) 蓄电池的规格参数 蓄电池的基本规格参数主要有蓄电池的容量、标称电压值、内阻、放电终止电压和充电终止电压等。

① 蓄电池容量 蓄电池容量就是蓄电池中可以使用的电量，它以放电电流（A）和放电时间（h）的乘积表示（A·h）。蓄电池容量是把充足电的蓄电池，以一定的电流放电到规定的停止电压，用放电电流乘以所用时间得出的。通过该数据，在相同的条件下，放电时间越长的电流其容量越大。目前，电动自行车的蓄电池容量一般是10A·h，以5A电流可放电2h。

另外，单元电池内活性物质的数量决定单元电池含有的电荷量，而活性物质的含量则由电池使用的材料和体积决定。因此，通常电池体积越大，容量越高。与蓄电池容量相关的一个参数是蓄电池的充电电流。蓄电池的充电电流通常用充电速率C表示，例如用2A电流对10A·h电池充电，充电速率就是$0.2C$；用2A电流对1A·h电池充电，充电速率就是$2C$。

图4-8所示为铅酸蓄电池外壳上的容量标识。

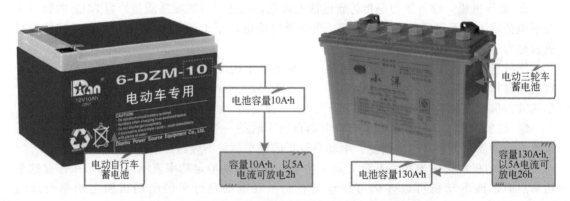

图4-8 电动自行车、三轮车铅酸蓄电池外壳上的容量标识

>>> **特别提示**

现在的国际标准规定，要用$0.5C$的电流对电池容量进行测试。例如，10A·h的蓄电池，就是用$10×0.5A=5A$的电流进行放电测试，2h放完。而有些企业用的是$0.2C$、$0.1C$、$0.05C$标准，这样测出来的容量要比国家标准高很多，然而蓄电池实际容量其实很低，在选购蓄电池时一定要注意。

② 标称电压值 标称电压值是指蓄电池正负极之间的电势差，该值由蓄电池内部极板

材料的电极电位和内部电解液的浓度决定。当环境温度、使用时间和工作状态变化时，单体蓄电池的输出电压略有变化。此外，蓄电池的输出电压与蓄电池的剩余电量也有一定关系。

通常，单格铅酸蓄电池的标称电压值约为 2.1V，单体镍镉蓄电池的标称电压约为 1.3V，单体镍氢蓄电池的标称电压为 1.2V，单体锂离子蓄电池的标称电压为 3.6V。

那么，如果将六个单格铅酸蓄电池串联后组合成一个单体铅酸蓄电池就得到 12.6V 的电压，三个这样的单体电池组便构成了人们常见的 37.8V 电动自行车用蓄电池（即常见的 36V 蓄电池）；同样，四个 12.6V 的蓄电池组便构成了一个 50.4V 的电动自行车用蓄电池（即常见的 48V 蓄电池）。图 4-9 所示为铅酸蓄电池外壳上的标称电压标识。

图 4-9 铅酸蓄电池外壳上的标称电压标识

③ 蓄电池内阻 如果蓄电池的开路电压为 U_0，当用电流 I 放电时其两端电压为 U，则蓄电池内阻为 $r=(U_0-U)/I$。该内阻是一个常数，它不但受到蓄电池工作状态和环境的影响，还受到测试方法和测试持续时间的影响。

④ 放电终止电压 放电终止电压是指蓄电池放电时允许的最低电压。如果电压低于放电终止电压后蓄电池继续放电，蓄电池两端电压会迅速下降，形成深度放电。这样，极板上形成的生成物在正常充电时就不易再恢复，从而影响蓄电池的寿命。放电终止电压和放电率有关。

放电时的电压与放电电流和蓄电池的内阻有关。放电电流越大，电压下降越大。放电电流的多少规定了相应的停止放电电压，避免放电电压过低损害蓄电池。

不同类型的蓄电池放电终止电压也不相同，上述的铅酸单体蓄电池放电终止电压为 1.75V，镍镉单体蓄电池放电终止电压根据放电速率不同在 0.9~1.1V 范围内，镍氢单体蓄电池放电终止电压为 1V，锂离子单体蓄电池的放电终止电压为 2.75~3V，了解这些参数信息对安全使用和有效维护以及检修蓄电池时都十分必要。

>>> **特别提示**

应用到电动自行车的蓄电池为单体蓄电池的串联组合，其放电终止电压则由串联单体蓄电池的不同而有所不同。在人们最常见的铅酸蓄电池中，36V 蓄电池内部为 3 个 12V 的电池组的组合，一个 12V 蓄电池组的放电终止电压为 10.5V，那么整个 36V 蓄电池的放电终止电压为 31.5V。在检测和修复中，应根据蓄电池放电终止电压值进行，否则可能引起过放电导致蓄电池损坏无法修复。

⑤ 充电终止电压　充电终止电压是指蓄电池充电时允许的最高电压。蓄电池充足电时，极板上的活性物质已达到饱和状态，再继续充电，蓄电池的电压也不会上升，此时的电压称为充电终止电压。

铅酸单体蓄电池充电终止电压为 2.45V，镍镉单体蓄电池充电终止电压为 1.4～1.55V，镍氢单体蓄电池充电终止电压为 1.5V，锂离子单体蓄电池的充电终止电压为 4.2V，了解这些参数信息对安全使用和有效维护以及检修蓄电池时都十分必要。

此外，放电循环寿命也通常作为衡量蓄电池性能的重要参数。放电循环寿命是指蓄电池进行充电、放电到蓄电池容量减小到额定容量 70% 时的循环次数。循环寿命越多，则电池寿命越长，一般电动自行车的循环寿命应不少于 350 次。根据骑行时间、里程等计算，电动自行车的蓄电池可使用 1～2 年。

相关资料

在上述几种主要规格参数中，有些参数直接标识在蓄电池外壳的型号中，因此了解蓄电池的规格型号是很重要的。图 4-10 所示为铅酸蓄电池的型号含义。

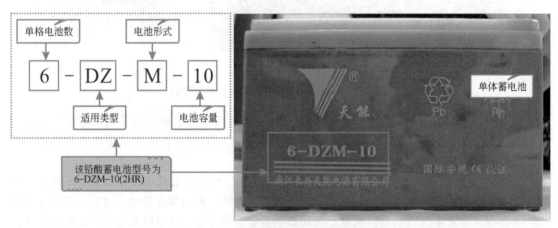

图 4-10　铅酸蓄电池的型号含义

在该型号中，第一部分表示单体蓄电池数量，6 表示该蓄电池由 6 个单格电池组成，额定电压为 12.6V（单格电池电压为 2.1V）。

第二部分表示蓄电池适用类型，DZ 为电动助力型。

第三部分表示蓄电池形式，M 为密封式，MJ 为胶体式。

第四部分表示蓄电池容量，10 表示电容量为 10Ah（安时）。

第五部分表示容量测量标准，2HR 表示国际标准，即根据 2h 率测量电容量。

铅酸蓄电池常见型号规格见表 4-1 所列。

表 4-1　铅酸蓄电池常见型号规格

型号	额定容量 /A·h	额定电压 /V	放电性能				质量/kg
			2h 率/终止电压 1.6V 每单格		大电流放电/终止电压 1.4V 每单格		
			电流/A	容量/A·h	电流/A	容量/A·h	
3-DZM(J)-6	6	6	3	6	9	5	1.4

续表

型号	额定容量/A·h	额定电压/V	放电性能				质量/kg
			2h率/终止电压 1.6V每单格		大电流放电/终止 电压1.4V每单格		
			电流/A	容量/A·h	电流/A	容量/A·h	
3-DZM(J)-10	10	6	5	10	15	5	2.1
6-DZM(J)-6	6	12	3	6	9	5	2.7
6-DZM(J)-10	10	12	5	10	15	5	4.1
6-DZM(J)-14	14	12	7	14	21	5	6.5
6-DZM(J)-20	20	12	10	20	30	5	9
6-DZM(J)-32	32	12	16	32	48	5	14
18-DZM(J)-12	12	36	6	12	18	5	14

相关资料

铅酸蓄电池、镍镉蓄电池、镍氢蓄电池和锂离子蓄电池各种参数的比较见表4-2所列。

表4-2 铅酸蓄电池、镍镉蓄电池、镍氢蓄电池和锂离子蓄电池中单体电池的参数比较

参数	铅酸蓄电池	镍镉蓄电池	镍氢蓄电池	锂离子蓄电池
额定电压/V	2	1.2	1.2	3.6
放电终止电压/V	1.75	0.9~1.1	1	2.75~3
充电终止电压/V	2.45	1.4~1.55	1.5	4.2
使用寿命/次	200~300	500	1000	500
放电温度/℃	0~45	−20~60	−10~45	−20~60
充电温度/℃	0~45	0~45	10~45	0~45
其他	一般电动自行车用蓄电池(它将6个2V串联成12V的电池组,再将3~4个电池组串联成36V和48V常用蓄电池)	耐过充能力较强	目前最高容量是2100mA·h左右	质量比镍氢蓄电池轻30%~40%,容量高出镍氢蓄电池60%以上。但是不耐过充,如果过充会造成温度过高而破坏结构,进而发生爆炸

2) 控制器的规格参数 控制器的规格参数一般均标识在其外壳铭牌上,主要包括额定电压、欠压保护值、过流保护值、输出功率、刹车电平、转把电压等,如图4-11所示。

① 额定电压 额定电压是指控制器正常工作时,允许从蓄电池输入给控制器的电源电压,单位为V。目前,控制器上标称的额定电压主要有36V和48V两种。

特别提示

控制器上标识的电压值通常表示该电动自行车蓄电池的额定电压值以及电动机的额定电压值。对于控制器来说,由于其内部包含有多种电子元件,不同电子元件所需的供电电压也不同,因此在控制器内部通常设有稳压电路。蓄电池送入的电压经稳压电路后输出不同的直流电压值,为控制器内部电子元件供电。

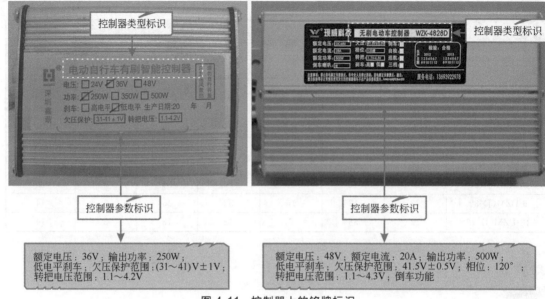

图 4-11 控制器上的铭牌标识

② 欠压保护值 欠压保护值是指控制器内欠压保护电路执行保护功能的最低数值。欠压保护电路一般是指控制器对蓄电池的保护。当蓄电池电压低于控制器允许的最低欠压保护值，控制器内欠压保护电路会使控制器停止工作，保护蓄电池不会欠压工作而损坏。

控制器的欠压保护值根据额定电压不同而不同。目前，大多采用 48V 蓄电池供电的控制器，其欠压值为 41.5V 左右；采用 36V 蓄电池供电的控制器，其欠压值为 31.5V 左右。

③ 过流保护值 过流保护值是指控制器内过流保护电路允许电动机工作的最大电流值。一旦超过这一数值，控制器将执行保护动作，停止输出，防止电动机过流运行引发故障。

控制器的过流保护值一般为 16A±1A。

④ 输出功率 输出功率是指控制器所能带动电动机的最大功率。该功率数值也是控制器连接电动机的额定功率。

⑤ 刹车电平 刹车电平是指控制器对闸把送来信号的识别类型，有些控制器为高电平刹车有效，有些控制器为低电平刹车有效。

⑥ 转把电压 转把电压是指控制器允许转把向其输入调速信号的电压值。目前，大多控制器输入端的转把电压在 0.8～4.2V 范围内。

3）电动机的规格参数 电动自行车电动机和控制器的各种性能参数信息一般可通过控制器的铭牌进行了解。其中，电动自行车中电动机的基本规格参数主要有额定电压、额定电流、相位角、额定功率等。

① 额定电压和额定电流 额定电压和额定电流是指电动机正常工作状态下允许送入电动机绕组的电源电压和电流值。目前，电动机的额定电压主要有 36V、48V 和 60V 三种，额定电流根据额定电压不同而不同。

② 相位角 相位角是无刷电动机的一个重要参数。无刷电动机的相位角是无刷电动机的相位代数角的简称，指无刷电动机各绕组在一个通电周期里绕组内部电流方向改变的角度。电动车用无刷电动机常见的相位角有 120°与 60°两种。

霍尔元件安装的空间位置直接体现了无刷电动机的相位角类型，一般当 3 个霍尔元件均为有型号的一面向上安装时，该无刷电动机相位角为 60°；若 3 个霍尔元件中间的一只型号面向下，两侧霍尔元件型号面向上，则该无刷电动机相位角为 120°。

另外，在不对电动机进行拆解时，可通过电动机运转状态判断其相位角，即拔掉（断开）霍尔插头，然后打开电源锁，缓慢拧动转把，若电动机有动静则表示电动机为60°相位角电动机，若一点动静也没有则表示电动机为120°相位角电动机。

③ 额定功率　额定功率是指电动机在额定工作条件下，长期运行所允许的输出机械功率，单位为W。目前市场上流行电动自行车电动机的额定功率多为250W、350W、500W，电动摩托车和电动三轮车的电动机额定功率要大一些。

4）充电器的规格参数　充电器的规格参数一般标识在其外壳上，主要包括额定输入电压、额定输出电压和额定输出电流等，如图4-12所示。

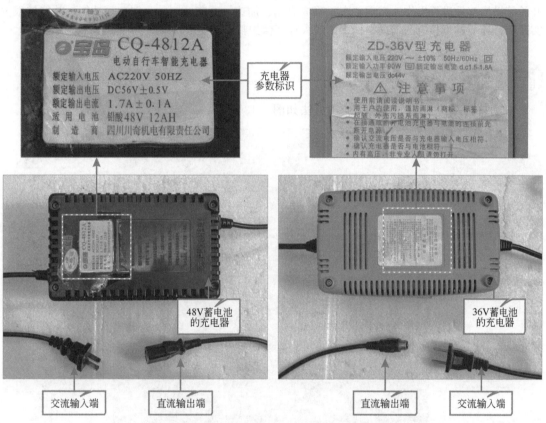

图4-12　充电器外壳上的规格参数

① 额定输入电压　额定输入电压是指充电器在连接蓄电池进行充电时，其输入端允许接入的市电电压值。在我国，充电器的额定输入电压一般为AC 220V/50Hz市电。

② 额定输出电压　额定输出电压是指充电器工作时所输出的额定电压值。一般48V蓄电池充电器的额定输出电压值为DC 56V±0.5V，36V蓄电池充电器的额定输出电压值为DC 44V±0.5V。

③ 额定输出电流　额定输出电流是指充电器工作时所输出的额定电流值。一般48V蓄电池充电器的额定输出电流值为1.7A±0.1A，36V蓄电池充电器的额定输出电流值为1.5～1.8A。

4.2　电动自行车、三轮车的使用注意事项

在电动自行车、三轮车使用过程中，若使用不当，会引起部件损耗过快、寿命提前终止

（以蓄电池最为常见）、功能部件异常，严重时还将导致整车功能失效或报废，不仅给用户造成经济损害，还有可能危及到人身安全。

因此，在日常使用中需要了解基本的使用注意事项，避免一些不良使用习惯所造成的损失。另外，正确使用电动自行车、三轮车是延长使用寿命最有效的方法。

4.2.1 电动自行车、三轮车的正确使用方法

电动自行车、三轮车作为与人们密切的辅助工具，采用正确的方法进行操作使用、存放、保养是保持良好车况、确保整车有效使用年限的有效手段。

(1) 正确骑行　正确骑行是指在骑行过程中，按照操作规范对电源锁、转把、闸把、倒/顺开关等操控部件进行操作，实现整车正确的启动、加速、减速、制动、倒车等功能，并能够根据实际骑行环境进行相应的辅助操作，以最大程序保护整车功能部件或降低功能部件的损耗。

演示图解

电动自行车、三轮车的正确使用方法如图 4-13 所示。

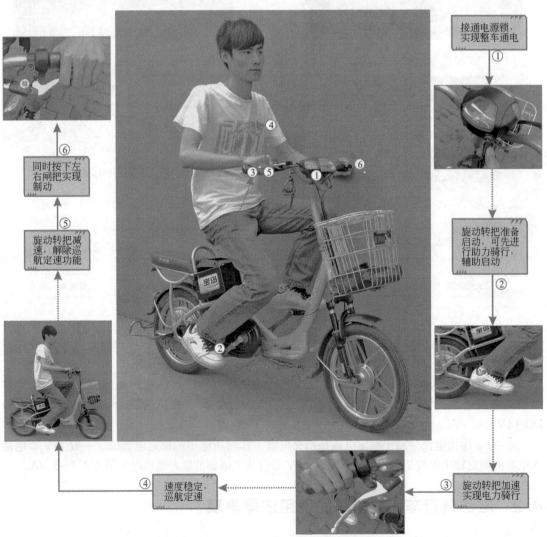

图 4-13　电动自行车、三轮车的正确使用方法

具体操作方法如下：

　　a. 接通电源锁，实现整车通电。操作时，拔插钥匙力度应适当，不可强力扭动。

　　b. 旋动转把准备启动。启动时，若电动自行车、三轮车具有助力功能，尽量先用助力骑行，在骑行过程中扭动转把实现电力启动。另外，上桥、上坡、逆风和重载行驶时也可以使用助力骑行，以避免对蓄电池造成冲击性伤害，影响蓄电池续行里程和使用寿命。

　　c. 旋动转把加速。加速过程应缓慢平稳进行，即旋动转把时应缓慢、匀速旋动，避免突然用力加速，造成冲击力过大，损耗控制器、电动机等，并影响安全。

　　d. 速度稳定，巡航定速。大多电动自行车、三轮车都具有巡航定速功能。当车速保持在一个速度十几秒后，松开转把可维持当前速度不变。此时松一下转把，使其复原到初始位置，为减速、启动做好准备。

　　e. 旋动转把减速。需要实现减速时，应先旋动一下转把，解除巡航状态，车速逐渐降低。

　　f. 按下闸把制动。需要制动停车时，应同时平稳按下左右闸把，实现前后轮同时制动。注意应尽量减少或避免突然制动，否则对电气系统损耗较大。

>>> **特别提示**

在使用电动自行车、三轮车过程中，除了采用正确的操作方法外，还应注意避免一些不当或错误的操作，例如：

　　a. 在骑行过程中，应避免转把与闸把同时使用，即旋动转把启动时，确保闸把处于未刹车状态；按下闸把刹车时，不要旋动转把，以免电动机过载而损坏其他部件。

　　b. 在大雨暴雨天气，路面积水超过车轮电动机外缘的最低位置时，不要在水中骑行，避免电动机和电路可能出现短路故障。

　　c. 电动自行车在行驶的过程中，经常会遇到减速、加速或刹车等问题。当刹车或是将转把归位后，都是将电源切断，这样就会涉及重新启动的问题，通常情况下，还是根据助力启动的标准，进行重启电动自行车。

　　d. 为了保证安全，电动自行车、三轮车的电源锁应在骑行时打开；停车或推行时应关闭电源锁，以防无意旋动转把，造成车辆突然启动而发生意外。

　　e. 电动自行车、三轮车不适合在凹凸不平或陡峭路面行驶，如果振动过大，会造成电气元件的接触不良。若遇到这种路面，应尽量减速或推行。

　　f. 冬天骑行时，因为低温使蓄电池的容量下降，相同的骑行距离，放电深度将加大。可用脚踏助力，以延长蓄电池的使用寿命。

（2）正确停放　　日常在停放电动自行车、三轮车时，应将其放在通风良好的车棚中，避免放在潮湿或高温暴晒的地方。图 4-14 所示为电动自行车、三轮车的存放环境。

（3）定期保养　　对电动自行车、三轮车进行定期保养是正确使用过程中的关键环节，即根据使用情况，对前轴、后轴、中轴、飞轮、前叉、减振器转动支点等部件每半年至一年进行一次擦洗和润滑，以减少零件之间的互相磨损和保护轻快，起到润滑和密封作用，以保证有效传动的灵活，如图 4-15 所示。

4.2.2　电动自行车、三轮车使用过程中的应急处理方法

电动自行车、三轮车作为一种交通工具或运输工具，骑行过程中难免发生一些突发情况，此时作为骑行者应冷静对待，在确保安全的前提下，寻找可行的应急处理方法，最终解决问题。

【提示】若电动自行车存放在接近热源的环境下,很容易使轮胎橡胶老化

电动自行车、三轮车的存放环境

车棚

图 4-14 电动自行车、三轮车停放位置的选择

使用软布进行清洁

补充润滑油进行润滑

图 4-15 擦洗和润滑

(1) **启动或骑行中出现飞车情况** 当启动或骑行时,接通电源锁即启动,或松开转把并解除巡航后车辆仍通电行驶。此时应立即关闭电源锁,切断整车供电。按下闸把,实现减速和停车,助力骑行或推行至专业维修部门检修。

(2) **骑行中突然停车,无法启动** 若在正常骑行中,整车突然断电或减速,停车后无法启动,多为电动机、控制器或蓄电池出现故障。此时尽量不要强行启动,可将车梯支起或垫起整车,使后轮离地,轻轻晃动或敲打接线部位,检查能否启动,并尽快送至专业维修部门检修。

(3) **刹车失控** 骑行中出现刹车失控,首先应立即关闭电源锁,切断整车电源,并在车辆减速过程中尽量转向行人、车辆少的路面,或适当用脚摩擦地面(注意安全)提供阻力,实现停车,并尽快送至专业维修部门检修。

(4)骑行中爆胎 骑行中爆胎多为轮胎损坏,出现这种情况不要继续骑行或推行,应立即下车检查轮胎外壳有无尖锐硬物,如铁丝、螺钉、玻璃等,应及时取下导致轮胎破损的硬物,防止继续骑行或推行导致轮胎外胎移位,硬物再次扎损内胎,导致多处漏洞无法修补。

(5)自燃 若电动自行车、三轮车在骑行或停放时冒烟、起火,应在条件允许和确保自身安全的前提下,立即断电。若附近有灭火设备,应及时采取灭火措施,并报警求助。

电动自行车、三轮车起火大多是由线路老化短路、蓄电池短路打火、蓄电池故障时整车连体充电等原因引起的。因此,在日程使用中,应定期到正规维修部门进行线路维护,充电时应在干燥通风的环境,充电时不要在充电器上覆盖影响散热的物品,蓄电池、控制器等做好防水防雨措施等。

> **特别提示**
>
> 电动自行车、三轮车发生自燃事故时需要特别注意,若蓄电池起火,在燃烧过程中有爆炸可能,一旦发生燃烧现象,千万不要触碰蓄电池,应尽量远离火源,并报警求助。

4.3 电动自行车、三轮车主要部件的日常维护

4.3.1 充电器的日常维护

电动自行车和三轮车的充电器主要是由晶体管和集成电路等构成的,如图 4-16 所示。

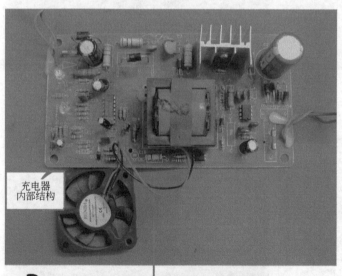

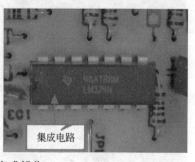

【提示】正确地使用充电器和日常对充电器进行维护,是延长其使用寿命和增强可靠性的重点

图 4-16 电动自行车和三轮车充电器的构成部分

由于充电器在充电的开始阶段,电流量很大,工作时散发热量也最多,所以要在通风良好的位置进行充电。而且充电器属于比较精密的电子装置,因此在使用中要注意防振动,尽量不要随车携带。如果确实需要携带,应做好防振的准备。

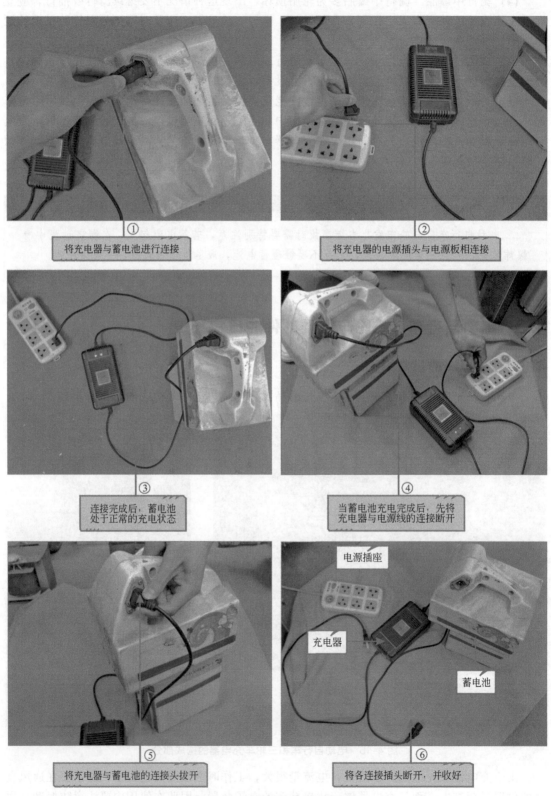

图 4-17　正常使用充电器的方法

 **演示图解**

图 4-17 所示为正确使用充电器的方法。

> **特别提示**
>
> 值得注意的是，充电器在充电时，指示灯呈"绿色"时表示蓄电池已经充满，此时蓄电池处于浮充的状态，不需要切断电源。若急于使用蓄电池，可以等到充电器的指示灯呈"橙色"状态时。

4.3.2 电动机的日常维护

电动自行车和三轮车的电动机日常维护主要是指在电动自行车和三轮车骑行过程中或存放过程中的一些注意事项，具体日常维护项目可以参考以下几点。

(1) 使用环境应保持干燥、清洁 电动自行车和三轮车骑行或存放环境应经常保持干燥，电动机表面应保持清洁，若电动机表面存有水滴、灰尘、纤维等应及时进行清洁，如图 4-18 所示。

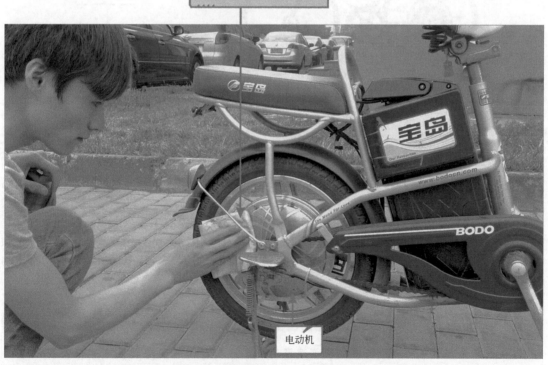

图 4-18 擦拭电动机表面的水滴、灰尘

(2) 骑行道路过于颠簸应减速 电动自行车和三轮车行驶到比较颠簸的道路时，应减速骑行，以免电动机在运行时振动幅度过大，如图 4-19 所示。

图 4-19 骑行道路过于颠簸应减速

(3) **尽量避免雨天骑行** 在日常使用电动自行车和三轮车时，应尽量避免雨天骑行。若无法避免，当路面积水超过车轮电动机外缘的最低位置时，也不要在水中骑行，避免电动机进水出现短路故障，如图 4-20 所示。

图 4-20 尽量避免雨天骑行

(4) **不要超负载运行** 在日常使用电动自行车和三轮车时，不要超负载运行。无论哪种电动机，超负载运行都会影响电动机的使用寿命，如图 4-21 所示。

(5) **无刷无霍尔电动机启动时应先助力骑行** 对于采用无刷无霍尔电动机的电动自行车和电动三轮车来说，其日常维护十分重要。起步时应先使用助力骑行，即（在电动自行车和三轮车有脚蹬的情况下）将电动自行车或电动三轮车用脚蹬起来，待电动机转动后，再扭动转把正常骑行，如图 4-22 所示。

> **特别提示**
>
> 无刷无霍尔电动机不能够实现零速度启动，启动时需先向电动机施加一个前行的动力，待电动机具有一定的旋转速度后，控制器才能够识别到电动机的相位，从而对电动机进行供电。在早期生产的电动自行车中多采用该类型电动机，而近期生产的电动自行车中较少使用，通常使用带有霍尔元件的电动机。

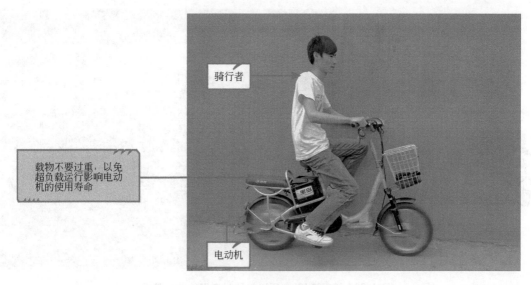

图 4-21 不要超负载运行

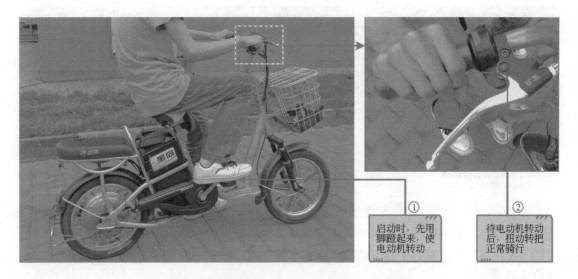

图 4-22 无刷无霍尔电动机启动时应先助力骑行

（6）**骑行道路、环境特殊时应借助助力骑行** 无论采用哪种类型电动机的电动自行车和三轮车，为了延长电动机的使用寿命，在启动、爬坡、逆风、重载行驶时，都应尽可能使用助力骑行，如图 4-23 所示。

（7）**电动机出现噪声应关闭电源进行检修** 无论电动自行车和三轮车采用何种类型的电动机，在运行过程中若产生过大的机械噪声、异常的振动和声响，应及时关闭电源锁对其进行检修，如图 4-24 所示。

（8）**电动机正向推行时阻力过大应关闭电源进行检修** 电动自行车向前推行时感觉阻力过大，应首先将电动自行车电源锁关闭，消除正向阻力，然后及时进行检修，如图 4-25 所示。而对于电动自行车和三轮车倒退时阻力过大，则属于正常现象。

（9）**保持蓄电池有足够的电压** 若蓄电池电压不足，骑行电动自行车和三轮车时，会引

图 4-23 骑行道路、环境特殊时应借助助力骑行

图 4-24 电动机出现噪声应关闭电源进行检修

起电动机发热，加速电动机的衰老，从而缩短电动机的使用寿命。因此在日常使用电动自行车和三轮车时，应注意经常为电动自行车和三轮车蓄电池充电，使蓄电池保持足够的电压，如图 4-26 所示。

（10）刹车时应松开转把 在电动自行车和三轮车骑行过程中需要进行刹车时，应将转把松开，再捏下闸把，以防止损坏电动机，如图 4-27 所示。

4.3.3 控制器的日常维护

电动自行车和三轮车的控制器与各电气部件都有连接，并控制相关的操作，所以在日常的使用过程中，应从以下几方面进行维护。

演示图解

（a）定期地检查控制器与各连接插件的连接情况，避免有脱落、松动或接触不良的情况发生，如图 4-28 所示。

图 4-25　电动机正向推行时阻力过大应关闭电源进行检修

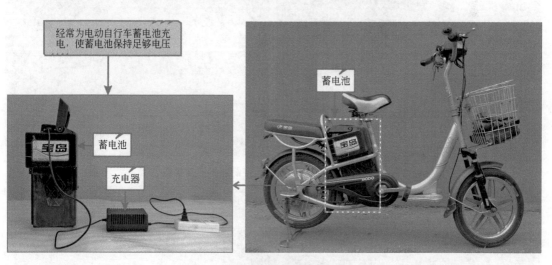

图 4-26　保持蓄电池有足够的电压

 演示图解

(b) 控制器进水后，其处理方法如图 4-29 所示。

 相关资料

目前，有些控制器采用了全密封的方式，这样在遇水行驶时，可以避免控制器进水的现象。但是因为控制器对周围的工作温度有所要求，尤其是在寒冷和多雨的季节，温度的急剧变化造成的膨胀和收缩，使密封的控制器产生呼吸现象，导致内外空气的对流，带有水分的

图 4-27 刹车时应松开转把

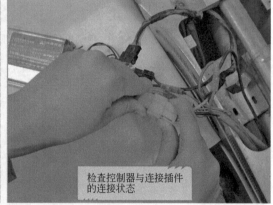

图 4-28 检测电动自行车控制器的连接状态

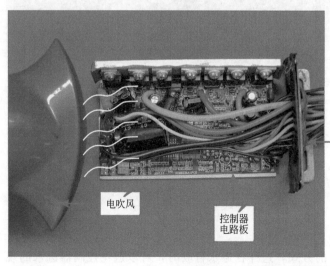

【提示】
在使用电动自行车和三轮车的过程中,若控制器不小心进水,首先应关闭电源锁,断开控制器内的电源;然后打开控制器的金属外壳,将水清除干净,并用酒精擦拭,把内部的电路板正、反面都擦干;最后将其放置通风处自然吹干或者使用电吹风将电路板烘干

图 4-29 处理进水控制器的方法

空气就会在电路板上结霜,使电路的密集结点处短路,将电子元器件烧毁,就可能引起一些不必要的故障。

4.3.4 蓄电池的日常维护

蓄电池主要为电动自行车和三轮车的驱动电动机及其电气部件提供工作电压。它在使用寿命中,可反复进行充、放电工作。蓄电池也是一种易耗品,购买时的价格也较高,因此在日常生活中对电动自行车和三轮车的蓄电池维护至关重要。蓄电池的日常维护是指对蓄电池充电、使用、保存等方面的维护操作,防止因使用不当、外界环境影响等造成蓄电池不良或损坏。在日常生活中应着重从以下几点进行蓄电池维护。

(1) 合理地进行充、放电 在骑行电动自行车和三轮车时,若仪表盘中只有低电压指示灯亮,其他电压指示灯熄灭(见图4-30),说明蓄电池电量即将耗尽,需要进行充电。切忌将电能消耗至控制器的保护电压(仪表盘"欠压"指示灯长时间点亮,然后熄灭)才开始充电,这样过度放电很容易缩短蓄电池的寿命。

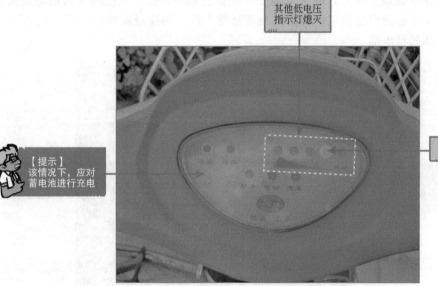

图4-30 仪表盘中显示蓄电池的状态

 相关资料

在蓄电池充电时,充电末期时保证在浮充状态即绿灯亮起时还要继续充2~3h,一般情况下蓄电池的平均充电时间控制在8h左右,以保证充足电量。尽量避免蓄电池的电量只用了很少一部分就充电的情况。

在为蓄电池充电时要用配套的充电器,在阴凉通风处进行,避免高温或潮湿,切勿让水进入充电器,并防止短路。

(2) 存放时需要充满电 蓄电池在长时间闲置不使用时,为了保持蓄电池的健康状态,应每月充电一次,而且每次充电时应将其充满,否则会引起蓄电池的亏电状态,即蓄电池使用后没有及时充电,容易出现硫酸盐化,硫酸铅结晶物附在极板上,堵塞电离子通道,造成充电不足,蓄电池的容量下降。在亏电状态闲置时间越长,蓄电池损坏越严重。

> **特别提示**
>
> 铅酸蓄电池的特性决定不能经常长时间放电，特别是亏电后存放时间过久，会导致铅酸蓄电池内的化学物质结晶，使蓄电池极板硫化而缩短蓄电池寿命，因此随用随充、半电状态下保存可延长铅酸蓄电池的寿命。
>
> 在对锂离子蓄电池进行充电时，不能使充电的电流过大，同时也不可以使其充电的速度过快，应防止内部产生大量的气体，导致外壳爆裂。

(3) 正确使用助力 电动自行车和三轮车在刚起步、载人（或货物）或上坡等超载状态下，蓄电池的瞬间电流可达到十几安，这样长时间的大电流供电会加重蓄电池的盐化（硫化反应），电池温度过高形成失水、极板变形等现象，从而使蓄电池的寿命缩短，所以通常在有脚蹬的情况下应用脚蹬助力，尽量减少反复启动或强行刹车。

(4) 避免存放在恶劣环境中 在高温暴晒的情况下，电动自行车和三轮车的蓄电池内部压力升高，会使壳体起鼓、变形，使蓄电池安全阀被迫自动开启，从而增加蓄电池的失水量。蓄电池过度失水必然引发蓄电池内活性物质活性下降，加速极板软化。图4-31所示为被高温暴晒后损坏的蓄电池。

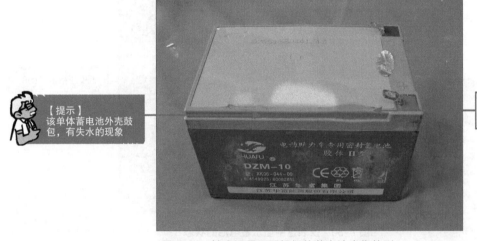

图 4-31 被高温暴晒后损坏的蓄电池实物外形

在雨天的情况下，为了避免蓄电池因雨水而引起的短路或漏电现象，通常在开关和接头处采取防雨措施，或禁止骑电动自行车和三轮车出行；在有积水的路面行驶时，积水的深度不可以超过电动自行车轮或电动三轮车中心。

(5) 蓄电池使用温度的范围 蓄电池温度（电解液温度）过高，蓄电池内部的活性物质有可能会变质并腐蚀正极板，进而缩短蓄电池寿命。若是蓄电池温度太低，会使蓄电池内活性物质活性下降，蓄电容量减少，容易过度放电，也会使蓄电池寿命缩短。

因此使用蓄电池时应遵守下列条件：放电温度范围为-15～55℃，充电温度范围为0～60℃，维持在15～55℃为理想使用状态。实际使用时，由于充电时温度会上升，因此放电终止时电解液温度维持在40℃以下为最理想值。

(6) 正确使用电源锁 电动自行车和三轮车的"欠压保护"是由控制器控制的，但是控制器以外的其他一些设备是由蓄电池直接供电的，其电源的供给一般不受控制器的控制。例如指示灯等耗电元件,电动自行车和三轮车的电源锁一旦闭合(开启)就开始用电,虽然电流很小,但是若长时间放电1~2周后,就会出现"过放电"现象,即蓄电池放电到终止电压后继续放电,这样就很容易引起蓄电池严重亏电,从而缩短其使用寿命。不使用电动自行车和三轮车时,要断开电源锁(关闭)。

(7) **保证蓄电池表面清洁** 每隔一段时间应清理蓄电池外壳的灰尘,避免安全阀的通气孔被异物堵塞。若发现极柱上出现固体氧化物,应及时用热水冲洗干净,以免影响极柱与接线柱之间的传导作用。清洗干净后,将蓄电池表面擦拭干净,在极柱及接线柱上抹上黄油,保证极柱不会被氧化,如图4-32所示。

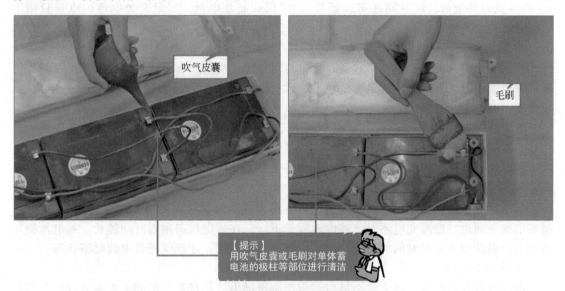

图4-32 清洁蓄电池的极柱并进行保养

(8) **使用蓄电池保护器** 蓄电池保护器也就是脉冲发生器,它输出脉冲电压不间断地消除蓄电池内的硫酸盐,使极板始终保持干净,从而延长蓄电池的使用寿命;此外,通常情况下也可以使用蓄电池保护器来维护蓄电池的性能并延长使用时间。图4-33所示为蓄电池保护器的实物外形。

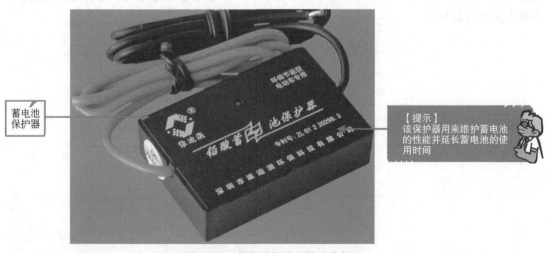

图4-33 蓄电池保护器的实物外形

相关资料

- 不良的充、放电习惯

正确地使用和维护是蓄电池保证较长寿命的关键,掌握电池组的充电、放电方法就更为重要了。直到显示仪表中最后一个电压低绿灯亮起才可以充电,这一点非常关键,保证了蓄电池内部到表层的绝大多数活性物质都参与电化学反映,使蓄电池始终保持一种高容量放电状态。充电时也有一个技巧值得一提,充电末期时保证在浮充状态即绿灯亮起时还要继续充2~3h(低温环境时持续时间还可以延长),以保证充足电量。尽量避免电池组电量只用了一部分就充电的情况。

- 蓄电池温度变化极端

蓄电池温度(电解液温度)过高,蓄电池内部的活性物质有可能会劣化,并腐蚀阳极格子,进而缩短蓄电池寿命。若是蓄电池温度太低,会使电池蓄电容量减少,容易过度放电,也会使蓄电池寿命缩短。

故应遵守下列之使用条件:放电时温度范围为-15~55℃,充电时温度范围为0~60℃,维持在15~55℃为理想使用状态。实际使用时,由于充电时温度会上升,因此放电终了时电解液温度以维持在40℃以下为最理想。

- 亏电存放

亏电状态指蓄电池使用后没及时充电,容易出现硫酸盐化,硫酸铅结晶物附在极板上,堵塞电离子通道,造成充电不足,蓄电池容量下降。在亏电状态闲置时间越长,蓄电池损坏越严重。因此蓄电池长时间闲置不用时,应每月充电一次,才能保持蓄电池健康状态。

- 大电流放电

电动自行车在起步、载人、上坡时,应用脚蹬助力,尽量避免瞬间大电流放电以免损伤蓄电池。

- 充电时间过长

一般情况下蓄电池的平均充电时间控制在8h左右,充电时间过长也会损伤蓄电池。

- 高温暴晒

高温暴晒会使蓄电池的壳体起鼓、变形,还会使蓄电池内部压力增加,使蓄电池限压阀被迫自动开启,直接后果就是增加蓄电池的失水量,而蓄电池过度失水必然引发蓄电池活性下降,加速极板软化。

第5章 电动自行车、三轮车的故障特点与检修分析

5.1 电动自行车、三轮车的故障特点

对于维修电动自行车和三轮车,由于其功能结构和工作原理上的特点,加之工作方式、工作场合因素的影响,使得电动自行车和三轮车的故障会明显区别于其他电子产品。因此,能够掌握电动自行车和三轮车的故障特点,辨别不同故障的表现,并能够根据故障对产生故障的原因进行分析,制订合理、正确的检修流程是非常有效的一项技能,这项技能将最终指导我们完成检修。

电动自行车和三轮车作为交通工具,最基本的功能是实现电动助力行驶和骑行,因此最常见的故障主要表现为行驶状态上。另外,由于机械与电气结合的结构特点,电动自行车和三轮车的故障又体现在机械和电气两个方面。

5.1.1 电动自行车、三轮车常见的机械类故障

电动自行车和三轮车的机械类故障,主要是指电动自行车和三轮车因机械系统异常引发的故障。

机械系统性能良好,便可确保电动自行车和三轮车能够正常的骑行。由于电动自行车和三轮车机械系统是由其车体部件组合安装而成的,因此电动自行车和三轮车的故障特点非常直观、明显(见图5-1),多表现为安装连接不当、润滑不良或机械部件损坏等。例如,车把转向不灵活、车闸失灵、链条松脱断裂、车轴磨损有异响等。

(1)电动自行车和三轮车车把晃动、转向不灵活故障 电动自行车和三轮车车把晃动、转向不灵活主要表现为电动自行车和三轮车在行驶过程中,车把出现明显晃动、转向时车把发轴、不灵活,如图5-2所示。

(2)电动自行车和三轮车中轴"咯吱"异响故障 踩动电动自行车或电动三轮车的脚蹬行驶时,中轴部分发出"咯吱"的噪声,并能明显感觉到晃动,如图5-3所示。

(3)电动自行车和三轮车前闸刹车不灵活故障 电动自行车和三轮车行驶过程中,捏前闸时感觉闸线过紧,刹车效果不明显,如图5-4所示。

5.1.2 电动自行车、三轮车常见的电气类故障

电动自行车和三轮车可以在蓄电池供电下实现自动行驶,用户可以通过车把处的转把控制电动自行车和三轮车行驶的速度,这些功能主要是由电动自行车和三轮车电气系统实现的。一旦电动自行车和三轮车电气系统出现故障,便会导致电动自行车和三轮车无法自动行

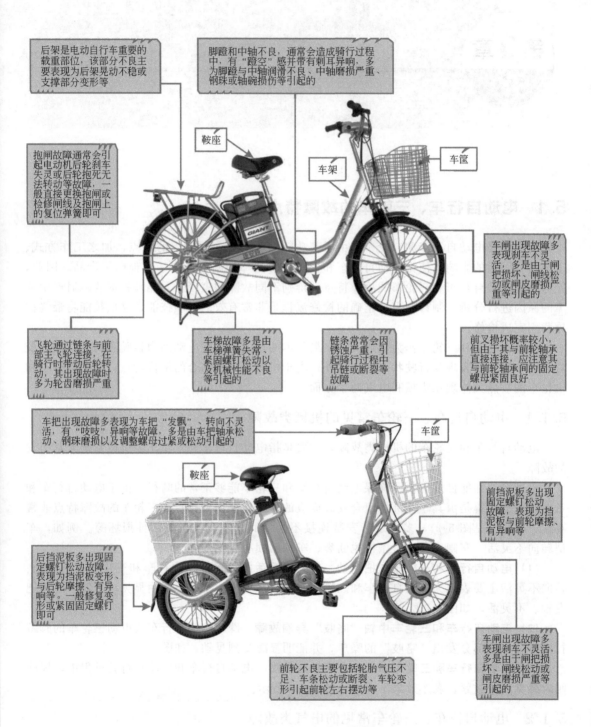

图 5-1 电动自行车和三轮车的机械系统部分

图 5-2 "车把晃动、转向不灵活"的故障表现

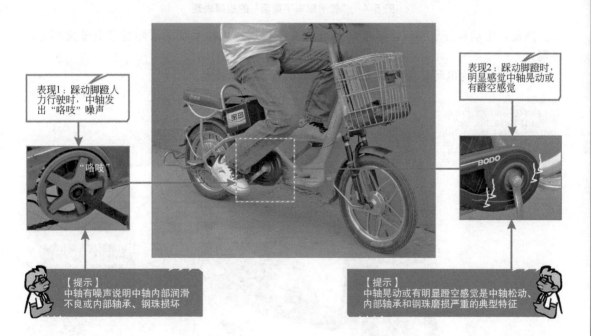

图 5-3 "中轴'咯吱'异响"的故障表现

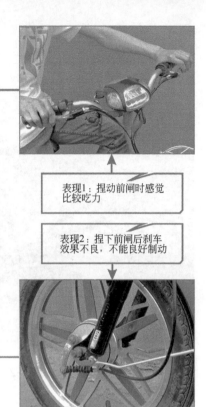

表现1：捏动前闸时感觉比较吃力

表现2：捏下前闸后刹车效果不良，不能良好制动

图 5-4 "前闸刹车不灵活"的故障表现

驶。因此，电动自行车和三轮车电气系统的故障特点与机械系统的故障特点有非常明显的区别。

图 5-5 所示为电动自行车和三轮车电气类故障的故障特点。

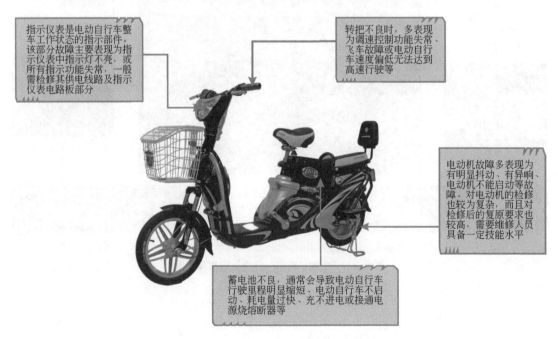

指示仪表是电动自行车整车工作状态的指示部件。该部分故障主要表现为指示仪表中指示灯不亮，或所有指示功能失常，一般需检修其供电线路及指示仪表电路板部分

转把不良时，多表现为调速控制功能失常、飞车故障或电动自行车速度偏低无法达到高速行驶等

电动机故障多表现为有明显抖动、有异响、电动机不能启动等故障。对电动机的检修也较为复杂，而且对检修后的复原要求也较高，需要维修人员具备一定技能水平

蓄电池不良，通常会导致电动自行车行驶里程明显缩短、电动自行车不启动、耗电量过快、充不进电或接通电源烧熔断器等

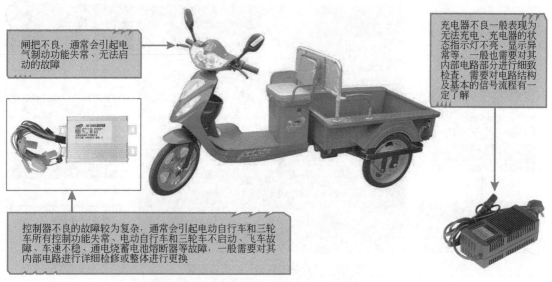

图 5-5 电动自行车和三轮车电气类故障的故障特点

(1) 不启动故障 电动自行车和三轮车不启动主要表现为打开电动自行车和三轮车电源锁后，旋动转把，电动自行车和三轮车不能启动，如图 5-6 所示。

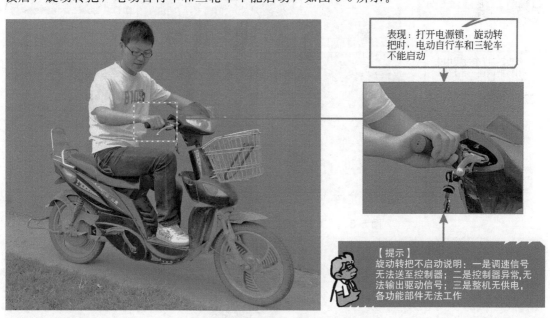

图 5-6 "不启动"的故障表现

(2) 行驶时抖动故障 电动自行车和三轮车行驶时抖动的故障主要表现为电动自行车和三轮车启动无力，并伴有抖动的现象，如图 5-7 所示。

(3) 飞车故障（高速失控） 电动自行车和三轮车出现飞车的故障较典型，主要体现在：当接通电动自行车或电动三轮车电源后，电动机便高速运转，不受转把的控制；或在行车过程中，未调整转把便进行突然加速等，如图 5-8 所示。

(4) 行驶里程严重缩短故障 电动自行车和三轮车的行驶里程严重缩短表现为，将蓄电池充满电或同等电量状态下，行驶里程或可持续行驶时间明显缩短，如图 5-9 所示。

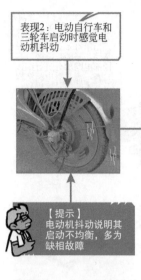

表现2：电动自行车和三轮车启动时感觉电动机抖动

【提示】电动机抖动说明其启动不均衡，多为缺相故障

【提示】启动无力，说明电动机的驱动信号异常

表现1：电量充足，但电动自行车和三轮车启动无力

图 5-7 "行驶时抖动"的故障表现

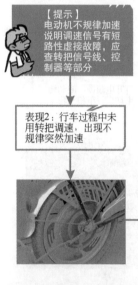

【提示】电动机不规律加速说明调速信号有短路性虚接故障，应查转把信号线、控制器等部分

表现2：行车过程中未用转把调速，出现不规律突然加速

【提示】未旋动转把电动机便旋转，说明此时控制器已接收启动信号，转把信号线可能短路

表现1：接通电源锁，未旋动转把时，车便向前"冲"

图 5-8 "飞车"的故障表现（高速失控）

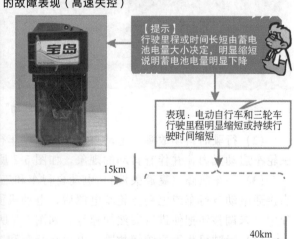

【提示】行驶里程或时间长短由蓄电池电量大小决定，明显缩短说明蓄电池电量明显下降

表现：电动自行车和三轮车行驶里程明显缩短或持续行驶时间缩短

15km

40km

图 5-9 "行驶里程严重缩短"的故障表现

(5) 蓄电池放置一段时间后存电不足或无电故障 电动自行车和三轮车在不使用放置一段时间后,原本电量充足的蓄电池出现电量不足甚至完全无电的情况,如图 5-10 所示。

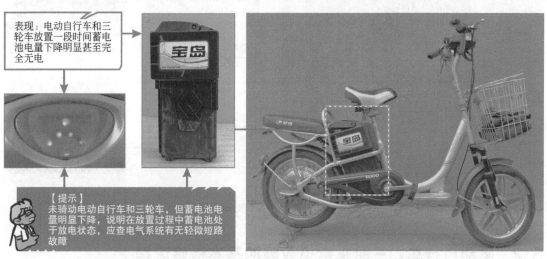

图 5-10 "蓄电池放置一段时间后存电不足或无电"的故障表现

(6) 蓄电池充电障碍 电动自行车和三轮车蓄电池充电障碍,通常表现为蓄电池不能充电、充电时间短且充电不足、充电充足但绿灯不亮、蓄电池鼓包漏液等情况,如图 5-11 所示。

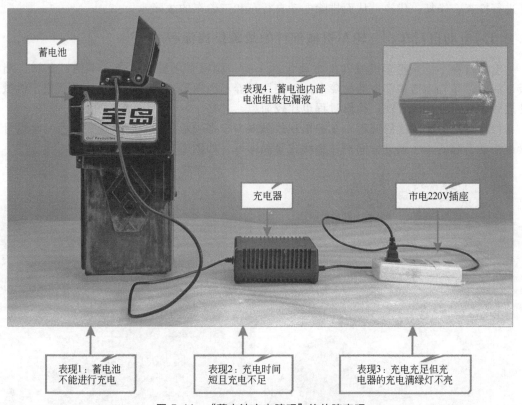

图 5-11 "蓄电池充电障碍"的故障表现

(7) 指示异常故障 电动自行车和三轮车出现指示故障,通常表现为仪表盘的指示灯不亮但电动机正常、仪表盘的指示灯不亮且电动机不正常等情况,如图 5-12 所示。

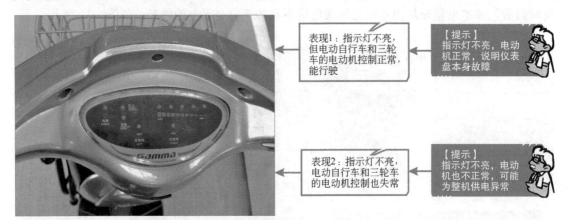

图 5-12 "指示异常"的故障表现

5.2 电动自行车、三轮车常见故障的基本检修流程

对电动自行车和三轮车的故障特点有所了解后,进行检修时,首先进行正确的检修分析,根据电动自行车和三轮车的故障特点,初步确立电动自行车和三轮车产生故障的原因及故障部位;然后根据先外部后内部、先易后难的原则进行检修;最后对其可能产生故障的部件进行检查、修复、代换,从而排除电动自行车和三轮车的故障。

5.2.1 电动自行车、三轮车机械部件的故障检修流程

电动自行车、三轮车机械部件主要包括车把、脚蹬和中轴、链条、车闸、车梯、挡泥板、后架、车轮,这些部件的故障多由于使用保养不当而造成部件本身老化或磨损。机械部件故障表现通常比较直观,检修过程也比较简单。

(1) 车把的故障检修流程 车把出现故障多为车把轴承松动、钢珠磨损以及调整螺母过紧或松动引起的,一般进行润滑、更换或紧固即可,如图 5-13 所示。

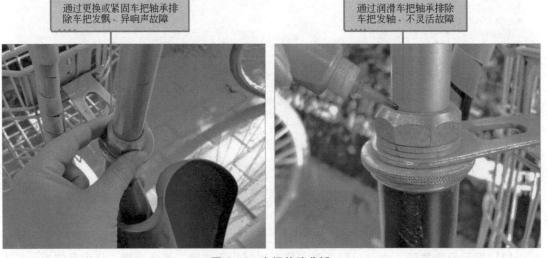

图 5-13 车把故障分析

（2）**脚蹬和中轴的故障检修流程** 脚蹬和中轴故障多为脚蹬与中轴润滑不良、中轴磨损严重、钢珠或轴碗损伤等引起的，通常进行更换或润滑即可，如图 5-14 所示。

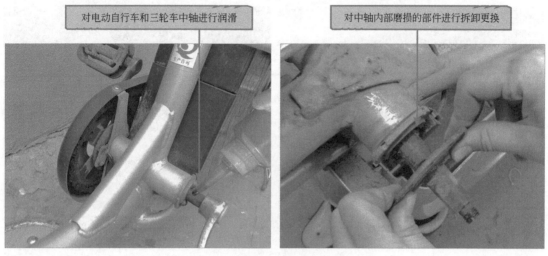

图 5-14 脚蹬和中轴故障分析

（3）**链条的故障检修流程** 链条出现故障一般进行润滑或重新连接即可排除，如图 5-15 所示。

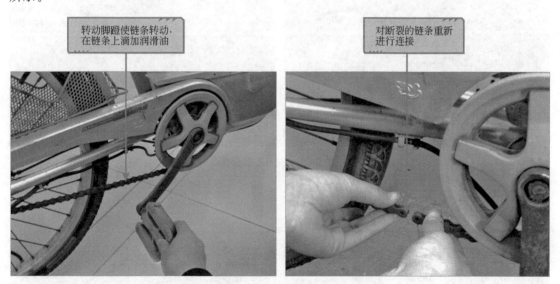

图 5-15 链条故障分析

（4）**车闸的故障检修流程** 车闸出现故障多是由于闸把损坏、闸线松动、闸皮磨损或车闸损坏严重等引起的，一般直接更换闸皮、车闸、闸把或检修闸线即可，如图 5-16 所示。

（5）**车梯的故障检修流程** 车梯故障多是由车梯弹簧失常、紧固螺钉松动以及机械性能不良等引起的，一般直接更换即可，如图 5-17 所示。

（6）**挡泥板的故障检修流程** 挡泥板故障多出现在挡泥板变形、断裂、固定螺钉松动等，一般修复变形或紧固固定螺钉即可排除故障，如图 5-18 所示。

（7）**后架的故障检修流程** 后架故障一般可通过紧固与后轴间的故障螺钉、更换质量良好的后架或对因载重或撞击变形的部位进行修复即可，如图 5-19 所示。

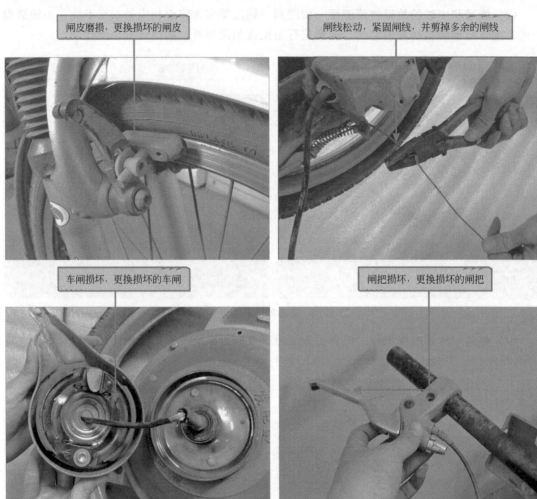

图 5-16 车闸故障分析

图 5-17 车梯故障分析

图 5-18 挡泥板故障分析

图 5-19 后架故障分析

（8）车轮的故障检修流程 车轮故障一般可通过为轮胎充气或修补、紧固车条或修复轮圈即可排除，如图 5-20 所示。

5.2.2 电动自行车、三轮车机械系统的故障检修流程

电动自行车和三轮车机械类故障不同于其他的电子产品，检修时没有具体的操作先后顺序。例如，当电动自行车和三轮车出现前刹车失灵故障时，很容易判断出可能是由闸线螺钉松动或闸皮部分磨损严重引起的，紧固螺钉或更换闸皮后即可排除故障。又如，在行车时车把不灵活，且出现"咯吱"的噪声，则多为车把转轴部分锈蚀严重，适当添加润滑油即可排除故障。

一般对电动自行车和三轮车机械类故障进行检修时，通常可按图 5-21 所示排除并解决故障。

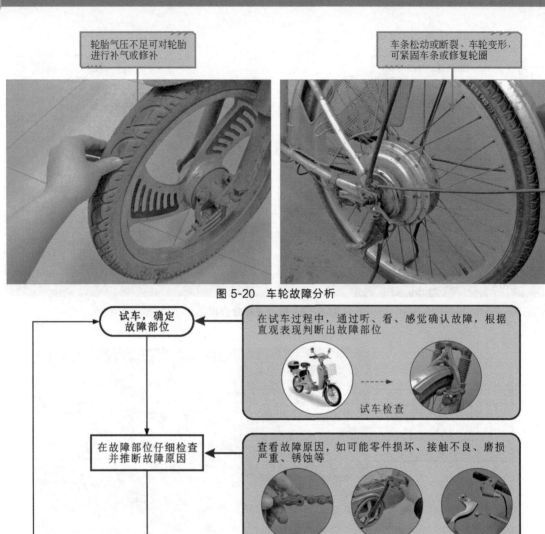

图 5-20 车轮故障分析

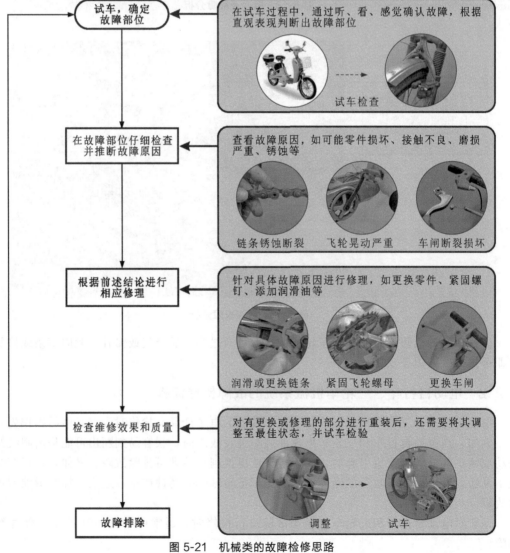

图 5-21 机械类的故障检修思路

下面针对上一节提出的机械类的几个常见故障部位进行简单的故障分析，维修人员应能从其中领悟分析的要领、规律，并灵活运用和扩展到其他故障检修中。

(1) 车把晃动、转向不灵活的故障检修流程　电动自行车和三轮车在使用过程中，车把常会出现晃动、转向不灵活的问题。该类故障可能是由前轮轮胎气压过低、前叉调整螺母过紧或松动、前叉轴承或钢珠磨损严重等引起的。车把晃动、转向不灵活的故障检修流程如图5-22所示。

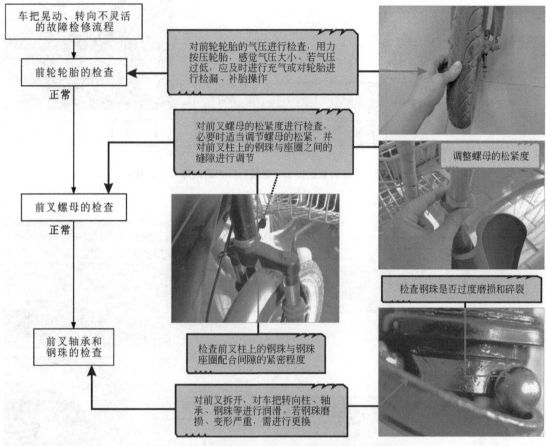

图 5-22　车把晃动、转向不灵活的故障检修流程

(2) 中轴转动时发出"咯吱"异响的故障检修流程　踩动电动自行车或电动三轮车的脚蹬行驶时，中轴部分发出"咯吱"的噪声，并能明显感觉到中轴被摩擦的感觉。该故障是由于中轴缺油以致磨损严重、钢珠损坏引起的。中轴转动时发出"咯吱"异响的故障检修流程如图5-23所示。

(3) 前车闸过紧、刹车不灵活的故障检修流程　电动自行车和三轮车行驶过程中，按动前闸把时感觉闸线过松，刹车效果不明显或按动闸把时车闸过紧，有明显的摩擦刹车声。该故障多是由前闸闸线、闸皮磨损严重引起的。前车闸过紧、不灵活的故障检修流程如图5-24所示。

　相关资料

目前很多新型电动自行车中，前闸部分得到了很大的改善，有些采用抱闸式，还有些采

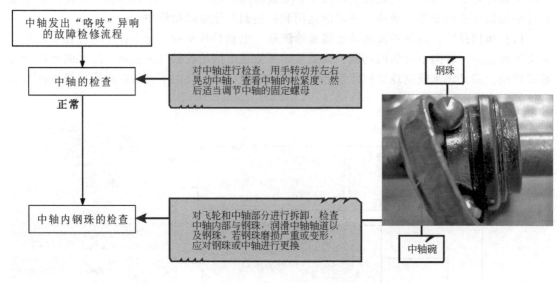

图 5-23　中轴转动时发出"咯吱"异响的故障检修流程

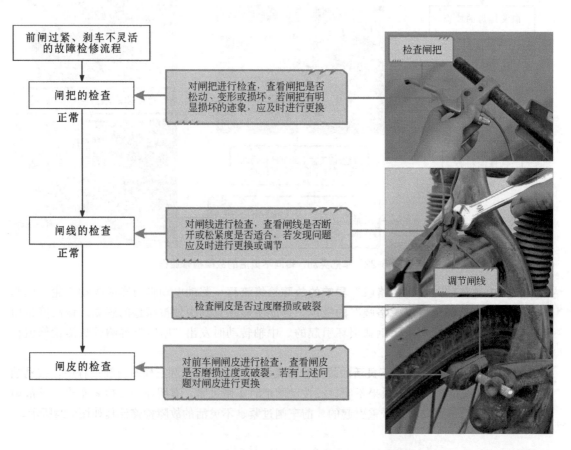

图 5-24　前车闸过紧、刹车不灵活的故障检修流程

用轮盘式车闸，如图 5-25 所示。对该类车闸故障进行检修时，了解其制动原理后，根据具体问题具体分析的原则进行检修，很多问题都可迎刃而解。

抱闸式前闸

轮盘式前闸

图 5-25 其他各种新型车闸

5.2.3 电动自行车、三轮车电气系统的故障检修流程

由于电动自行车和三轮车电气系统需要通过电路控制电动自行车和三轮车的机械系统动作，进而实现电动骑行的功能。电气系统中任何一个元器件不良或部分电路存在故障都可能导致电动自行车和三轮车无法正常工作。如果单从故障表现上，虽然很容易检查出故障，但是对于故障原因的排查、分析过程较为复杂，很难在第一时间锁定故障部位。例如，电动自行车和三轮车无法启动时，不仅要检查蓄电池，还要对控制器、电动机部分进行检查。另外，电源锁部分连接不良也会出现无法启动的故障。

可以看出，在电动自行车和三轮车电气系统中，一种故障表现可能对应多种故障原因，一个故障原因也可能出现不同故障表现。因此，在对该部分进行检修时，首先要了解其关键部件之间的信号关系，掌握其各部件的功能特点以及工作原理，并从故障表现寻找检修线索，是检修该类故障的一条捷径。

一般对电动自行车和三轮车电气类故障进行检修时，通常可按图 5-26 所示排除并解决故障。

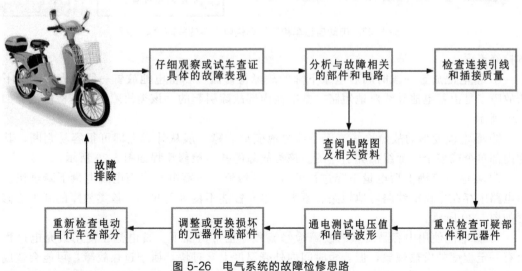

图 5-26 电气系统的故障检修思路

(1) 供电不良的故障检修流程 图 5-27 所示为电动自行车和三轮车供电不良的故障基

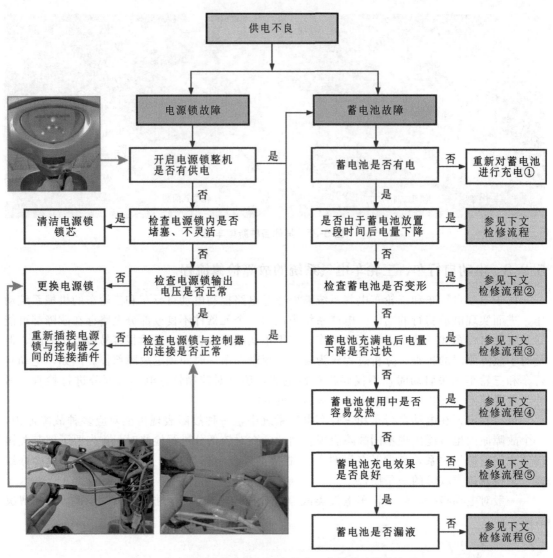

图 5-27 电动自行车和三轮车供电不良的故障检修流程

本检修流程。

① 蓄电池放置一段时间后电量下降的故障检修流程　蓄电池放置一段时间后电量下降的故障多是由蓄电池导线对地短路、蓄电池内部故障引起的。该类故障的基本检修流程如图 5-28 所示。

② 蓄电池变形的故障检修流程　蓄电池变形故障一般从外观上即可很容易判断，其多为内部单个或多个电池组损坏引起的。该类故障的基本检修流程如图 5-29 所示。

③ 蓄电池充满电后电量下降过快的故障检修流程　蓄电池充满电后电量下降过快多是由电路中存在主供电线路对地短路、蓄电池本身性能不良等引起的。该类故障的基本检修流程如图 5-30 所示。

④ 蓄电池使用中容易发热的故障检修流程　正常情况下，蓄电池在使用或充电过程中会有一定程度的发热现象，但若短时间内外壳温度上升过快，属于过热故障，可能会造成蓄电池内部电解液蒸发过快而引起电池内部电解液干涸；加速电池内部极板等氧化，最终导致蓄电池容量下降，性能不良。该故障多是由电动自行车和三轮车行车中机械部件不良引起的

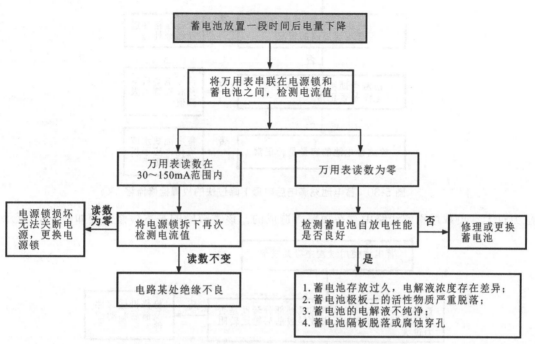

图 5-28 蓄电池放置一段时间后电量下降的故障检修流程

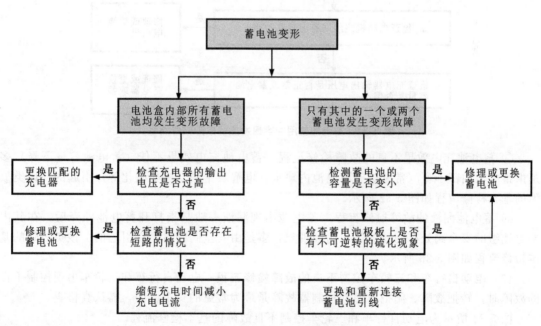

图 5-29 蓄电池变形的检修流程

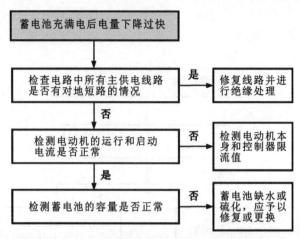

图 5-30 蓄电池充满电后电量下降过快的故障检修流程

阻力过大、负载过重或线路中存在短路等造成的。该类故障的基本检修流程如图 5-31 所示。

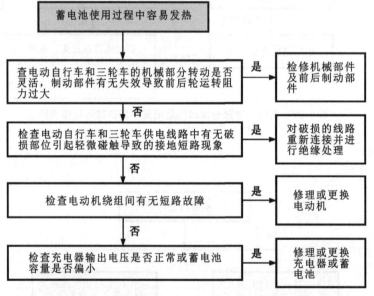

图 5-31 蓄电池使用中容易发热的故障检修流程

⑤ 蓄电池充电效果不良的故障检修流程　蓄电池充电效果不佳（蓄电池容量下降）多是由蓄电池内部不良（常见的有蓄电池内缺水、电解质干涸、极板硫化等）引起的。该类故障的基本检修流程如图 5-32 所示。

⑥ 蓄电池漏液的故障检修流程　蓄电池出现漏液一般是指打开蓄电池外壳后，在其内部电池组的安全阀处有明显的氧化腐蚀现象，多是由安全阀密封不良引起的。该类故障的基本检修流程如图 5-33 所示。

（2）电动自行车和三轮车控制不良的故障检修流程　电动自行车和三轮车出现控制不良的故障时，转把故障、闸把故障和控制器故障是最为常见的三个原因，需认真检查。

图 5-34 所示为电动自行车和三轮车控制不良故障的基本检修流程。

① 转动转把电动机不启动的检修流程　"转动转把电动机不启动"是指电动机正常的情况下，转动转把电动机不能够启动运转。该故障多是由转把损坏或控制器内部元件异常引

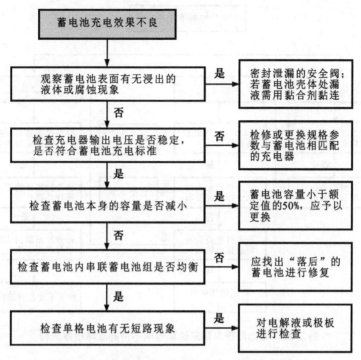

图 5-32 蓄电池充电效果不良的故障检修流程

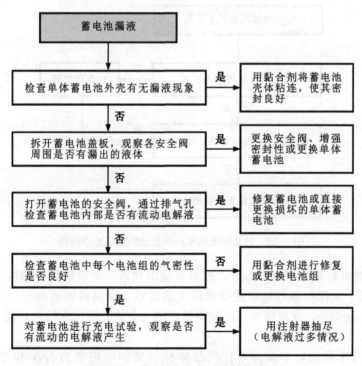

图 5-33 蓄电池漏液的故障检修流程

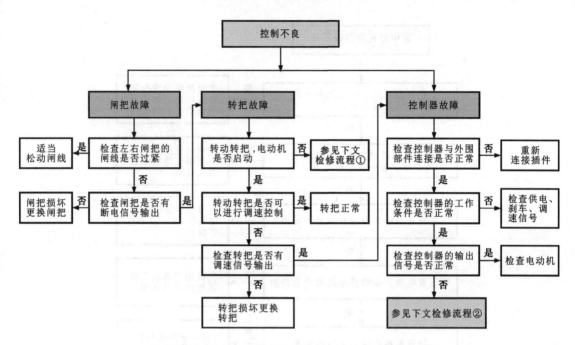

图 5-34　电动自行车和三轮车控制不良的故障检修流程

起的,其基本检修流程如图 5-35 所示。

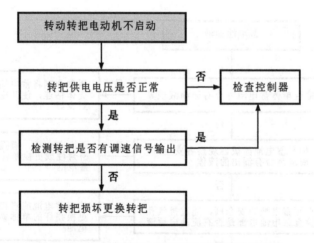

图 5-35　转动转把电动机不启动的故障检修流程

② 控制器输出异常的检修流程　"控制器输出异常"是指控制器的供电、刹车、调速信号均正常情况下,控制器的输出使电动机高速运转、控制器输出电压不稳、控制器无输出、控制器输出缺相等。该故障多是由控制器内部元器件异常引起的,其基本检修流程如图 5-36 所示。

③ 电动自行车和三轮车动力不良的故障检修流程　电动自行车和三轮车出现动力不良的故障时,转把故障、控制器故障和电动机故障是最为常见的三个原因,需认真检查。

图 5-37 所示为电动自行车和三轮车动力不良故障的基本检修流程。

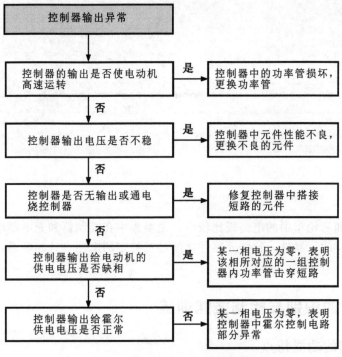

图 5-36 控制器输出异常的故障检修流程

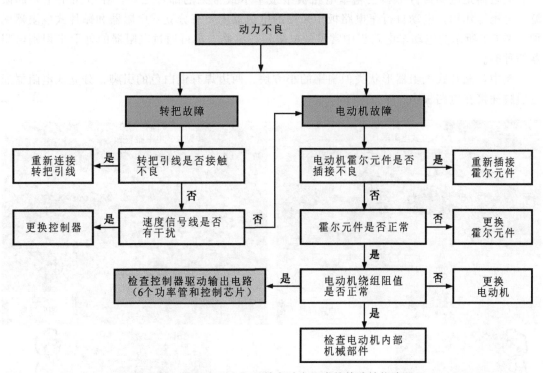

图 5-37 电动自行车和三轮车动力不良的故障检修流程

第 6 章 电动自行车、三轮车中常用电子元器件的识别与检测技能训练

电动自行车和三轮车中的电路板比较少，主要集中在控制器和充电器中。这两块电路板中安装有各种各样的元器件，这些元器件之间经过特定的电路设计相联系，并实现所构成电路的功能。

6.1 电阻器的识别与检测技能训练

6.1.1 电阻器的功能特点

电阻器是电动自行车和三轮车电路板中最基本最常见的部件之一，在电路中主要起限流、分压等作用。电动自行车电路板中采用的电阻器主要有分立式电阻器和贴片式电阻器两种。图 6-1 所示为电动车电路板中常见的电阻器。维修人员可通过电阻器的外形来识别电阻器的种类。

其中，贴片式电阻器形状类似扁平的小方块，两边焊有银白色的引脚；分立式电阻器通过引脚插接在电路板中。

图 6-1 电动自行车和三轮车电路板中常见的电阻器

（1）**贴片式电阻器** 贴片式电阻器的体积较小，它通常使用数字或字母对标称值进行标识。图 6-2 所示为电路板中贴片式电阻器的标识。

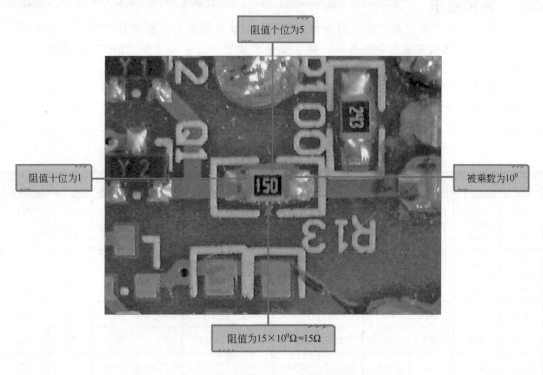

图 6-2 电路板中贴片式电阻器的标识

贴片式电阻器的阻值通常用 3 位数字标示，前两位为有效数字，第 3 位表示倍乘数，图 6-2 中所示的电阻器标有"150"，其中第一个有效数"1"表示其电阻值的十位数是 1；第二个有效数"5"表示其电阻值的个位数为 5；第三位"0"表示乘以 10^0，即图中所示电阻器的阻值为 15Ω。

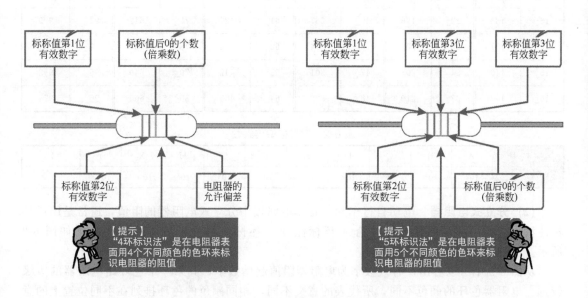

图 6-3 电阻器 4 色环标注和 5 色环标注的原则

> **特别提示**
>
> 有些贴片式电阻器的标识中含有字母R,如某电阻器上的标识为"2R2",这里的"R"表示该电阻阻值中的小数点,并占1位有效数字。由此可知"2R2"表示该电阻器的阻值为2.2Ω。
>
> 贴片式电阻器数字代码表示的含义以及字母标识倍乘数的含义见表6-1、表6-2。掌握这些数字对应的含义,便可顺利完成对直标电阻器的识别。

表6-1 数字代码表示的含义

代码	有效值	代码	有效值	代码	有效值	代码	有效值	代码	有效值	代码	有效值
01_	100	17_	147	33_	215	49_	316	65_	464	81_	681
02_	102	18_	150	34_	221	50_	324	66_	475	82_	698
03_	105	19_	154	35_	226	51_	332	67_	487	83_	715
04_	107	20_	158	36_	232	52_	340	68_	499	84_	732
05_	110	21_	162	37_	237	53_	348	69_	511	85_	750
06_	113	22_	165	38_	243	54_	357	70_	523	86_	768
07_	115	23_	169	39_	249	55_	365	71_	536	87_	787
08_	118	24_	174	40_	255	56_	374	72_	549	88_	806
09_	121	25_	178	41_	261	57_	383	73_	562	89_	852
10_	124	26_	182	42_	267	58_	392	74_	576	90_	845
11_	127	27_	187	43_	274	59_	402	75_	590	91_	866
12_	130	28_	191	44_	280	60_	412	76_	604	92_	887
13_	133	29_	196	45_	287	61_	422	77_	619	93_	909
14_	137	30_	200	46_	294	62_	432	78_	634	94_	931
15_	140	31_	205	47_	301	63_	442	79_	649	95_	953
16_	143	32_	210	48_	309	64_	453	80_	665	96_	976

表6-2 字母标识倍乘数

代码	A	B	C	D	E	F	G	H	X	Y	Z
倍乘数	10^0	10^1	10^2	10^3	10^4	10^5	10^6	10^7	10^{-1}	10^{-2}	10^{-3}

(2) 分立式电阻器 电动自行车和三轮车电路板中分立式电阻器的阻值,通常是用色环标注法标注的。常见的色环标注有4环标注和5环标注两种,具体的标注原则如图6-3所示。

从图6-3中可以看出,有效数字为电阻器阻值起始数字,其第一个色环距电阻器的边缘较远。电阻器色环的颜色不同,所代表的意义不同,相同颜色的色环排列在不同位置上的意义也不同。表6-3所列为色标法的含义。

表 6-3 色标法的含义

色环颜色	色环所处的排列位		
	有效数字	倍乘数	允许偏差/%
银色	—	10^{-2}	±10
金色	—	10^{-1}	±5
黑色	0	10^{0}	—
棕色	1	10^{1}	±1
红色	2	10^{2}	±2
橙色	3	10^{3}	—
黄色	4	10^{4}	—
绿色	5	10^{5}	±0.5
蓝色	6	10^{6}	±0.25
紫色	7	10^{7}	±0.1
灰色	8	10^{8}	—
白色	9	10^{9}	—
无色			±20

色环法是一般电阻器常见的标识方法，通过色环的不同颜色和不同位置标识电阻值。图 6-4 所示为典型电动自行车电路板中分立式电阻器的标识。

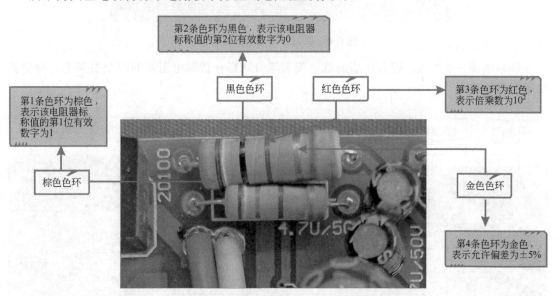

图 6-4 典型电动自行车电路板中分立式电阻器色环标注法

该电阻器有 4 条色环标识，并且色环颜色依次为"棕黑红金"。"棕色"表示有效数字 1，"黑色"表示有效数字 0，"红色"表示倍乘数 10^{2}，"金色"表示允许偏差±5%。因此该电阻器阻值标识为 1kΩ±5%。

了解电阻器的识别方法及标称阻值的识读方法，可为后面章节实际检测的测量结果提供比较参照值，来判断出元件的好坏。

6.1.2 电阻器的检测方法

对电阻器的检测,通常在不通电的状态下用万用表测量其电阻值。

演示图解

(a) 如图 6-5 所示,打开数字式万用表,调整万用表的挡位旋钮到欧姆挡(该万用表不用调整量程)。

图 6-5 调整万用表的挡位旋钮

(b) 如图 6-6 所示,将万用表的红、黑表笔分别搭在待测电阻器的两个引脚上,对待测电阻器进行检测。

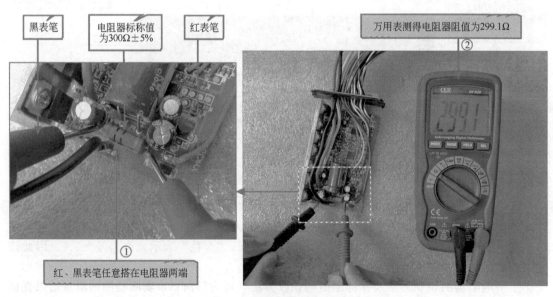

图 6-6 检测电阻器的电阻值

> **特别提示**
>
> 万用表读数为299.1Ω，该数值与其标称阻值接近，由此判断该电阻器基本正常。若阻值偏差较大，怀疑该元件损坏，可将其焊下再进行检测和判断。若经检测，实测数值与其标称阻值仍然偏差较大，则应选择阻值和类型相同的电阻器进行代换。

相关资料

使用带有量程的指针式万用表或数字式万用表时，在设置量程时要尽量选择与标称值相近的量程以保证测量值准确。此外若直接在电路板上进行检测，可能会受到电路中其他元器件的影响而导致测量结果出现偏差。如需要对电阻器进行精确的测量，应将其从电路板上焊下再进行检测。

电动自行车和三轮车中的电阻器有直立式和贴片式两种，若电阻器损坏可使用电烙铁等焊接工具对其进行代换。图6-7所示为贴片式电阻器的代换方法。

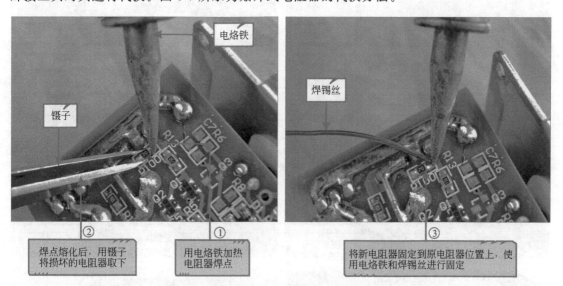

图6-7 更换贴片式电阻器

由于贴片式电阻器体积很小，在代换损坏电阻器时可首先用镊子夹持，然后用电烙铁将其引脚焊锡熔化，同时用镊子轻轻晃动电阻器，待焊锡完全熔化，用镊子将其取下即可。

接着，用镊子夹住新的电阻器，将其放置到原电阻器的焊接位置上，并用镊子固定，再用电烙铁和焊锡丝对其引脚进行焊接。焊接完成后，移开电烙铁和焊锡丝，并保持镊子固定几秒钟后再移开，最后检查焊接质量，至此电阻器的代换基本完成，如图6-7所示。

6.2 电容器的识别与检测技能训练

6.2.1 电容器的功能特点

电容器也是电动自行车和三轮车电路板中常见的部件之一，在电路中主要起平滑滤波、耦合等作用。电动自行车和三轮车电路板中采用的电容器主要有贴片式电容器和立式插脚电容器两种，图 6-8 所示为电动自行车和三轮车电路板中常见的电容器。电容器种类可分为无极性电容器和有极性电容器，电容器用字母"C"来标示。通常维修人员可通过电容器的外形来识别种类。

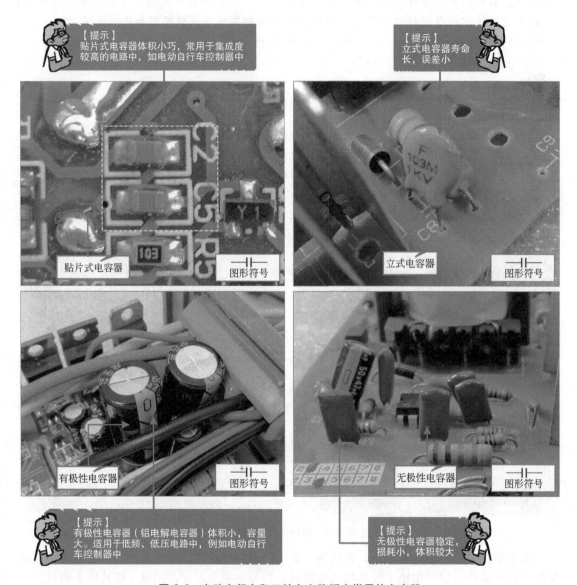

图 6-8 电动自行车和三轮车电路板中常见的电容器

电容器的容量值一般都标注在电容器的外壳上，如图 6-9 所示标注的"470V 63μ"和"103M 1kV"。电解电容器外壳上标有"—"的一侧为负极，另一侧为正极。

相关资料

电容器直标法中允许误差字母的含义见表 6-4。掌握这些符号对应的含义，便可顺利完成对直标电容器的识别。

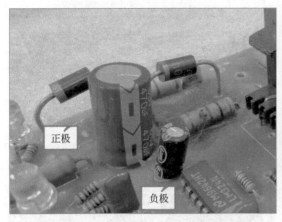

图 6-9 电容器的容量值

表 6-4 电容器直标法中允许误差字母的含义

符号	意义	符号	意义	符号	意义
Y	±0.001%	W	±0.05%	G	±2%
X	±0.002%	B	±0.1%	J	±5%
E	±0.005%	C	±0.25%	K	±10%
L	±0.01%	D	±0.5%	M	±20%
P	±0.02%	F	±1%	N	±30%
H	+100% −0%	T	+50% −10%	S	+50% −20%
R	+100% −10%	Q	+30% −10%	Z	+80% −20%

6.2.2 电容器的检测方法

检测电容器是否良好,可使用指针式万用表检测其充放电过程来判断。

如图 6-10 所示,将指针式万用表调至欧姆挡,对电容器的充放电过程进行检测。

特别提示

在万用表表笔接通的瞬间可以看到指针摆动接近 0Ω 处又回摆,可以判断该电容器正常;若在表笔接通的瞬间指针有一个很大的摆动并停在电阻较小的位置,可以断定该电容器已击穿或严重漏电;若表盘指针几乎没有摆动,可以断定该电容器已开路。

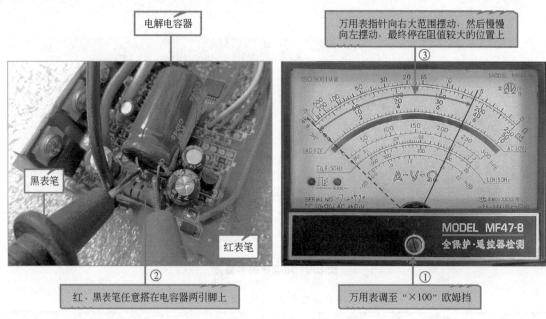

图 6-10 检测电容器的充放电过程

相关资料

检测时，根据电容器电容量的大小选择欧姆挡量程。100μF 以上的电容器可选择"×100"欧姆挡，1~100μF 的电容器用"×1k"欧姆挡，1μF 以下的电容器用"×10k"欧姆挡。值得注意的是，由于受外围元器件的影响，例如电容器并联有电阻器等，将无法观察到其充放电过程，因此若怀疑某电容器损坏，可先将其从电路板焊下后，再进行测量，检测电容器的电容量应使用数字式万用表。

对于电容器的代换，其基本方法与电阻器相同。在代换有极性电容器时，应注意其正负极方向，不要出现反接现象。

6.3 二极管的识别与检测技能训练

6.3.1 二极管的功能特点

二极管是电动自行车和三轮车电路板中常见的半导体部件之一，在电路中主要起整流、稳压、检波等作用。二极管的功能种类较多，外形以及图形符号有很大差别，维修人员可通过外形及图形符号来识别种类。图 6-11 所示为电动自行车和三轮车电路板中常见的二极管。

二极管的正、负极，一般是通过外壳标识或电路板上的图形符号来判断，如外壳上有标记一侧为二极管的负极，另一侧为正极，如图 6-12 所示。另外有些电路板上，二极管的旁边标有二极管的图形符号，其中标有横线的一侧为其负极，另一侧为其正极。

6.3.2 二极管的检测方法

二极管具有间向导电性，即正向导通、反向截止的特性。正向导通是指在电路中，将二极管的正极接在高电位端、负极接在低电位端，二极管才会导通。反向截止是指在电路中，

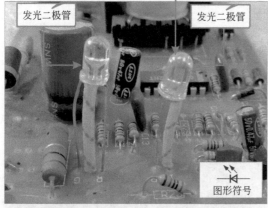

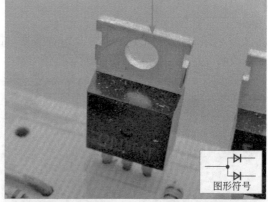

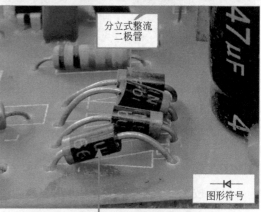

图 6-11　电动自行车和三轮车电路板中常见的二极管

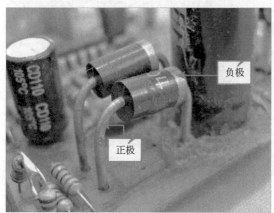

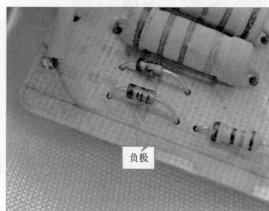

图 6-12　二极管的正、负极

将二极管的正极接在低电位端、负极接在高电位端，二极管中几乎没有电流流过，此时其处于截止状态。因此对二极管的检测，通常使用万用表测量其正、反向电阻值来判断好坏。

演示图解

（a）如图 6-13 所示，使用万用表检测二极管的正向阻抗。

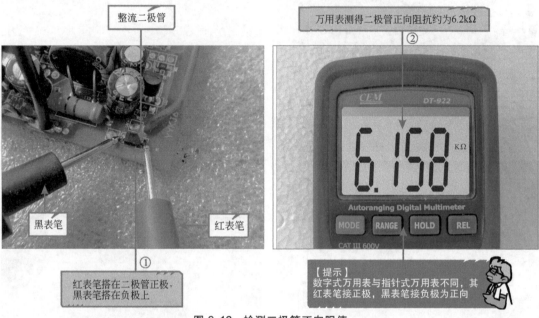

图 6-13　检测二极管正向阻值

（b）按图 6-14 所示，使用万用表检测二极管的反向阻抗。

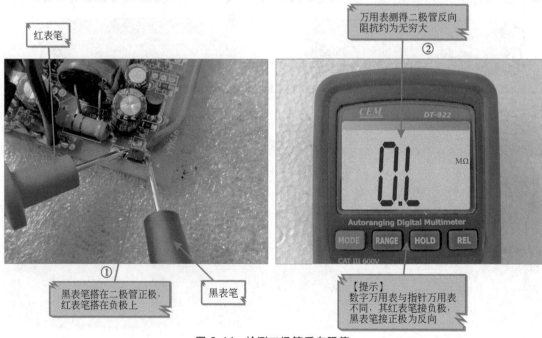

图 6-14　检测二极管反向阻值

相关资料

通常，二极管的正向阻值有一固定值，而反向阻值趋于无穷大，说明该二极管良好；若正向阻值和反向阻值均趋于无穷大，说明二极管存在断路故障；若正向阻值和反向阻值均趋于零，说明二极管已被击穿；若正向阻值和反向阻值相近，此时并不能确定二极管是否损坏，其有可能受到了其他元器件的影响，必须拆下来进行开路检测。

6.4 晶体管的识别与检测技能训练

6.4.1 晶体管的功能特点

晶体管（又称半导体三极管，简称三极管）是电动自行车和三轮车电路中的重要器件，在电路中主要起放大、开关等作用。在电动自行车和三轮车电路板中晶体管主要分为直立式晶体管和贴片式晶体管两种，常用字母"VT"或"Q"标识。图 6-15 所示为电动自行车和三轮车电路板中常见的晶体管。

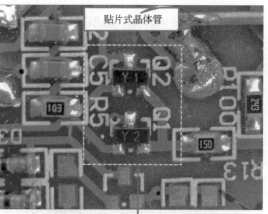

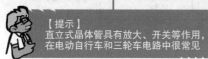
【提示】
直立式晶体管具有放大、开关等作用，在电动自行车和三轮车电路中很常见

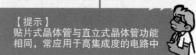
【提示】
贴片式晶体管与直立式晶体管功能相同，常应用于高集成度的电路中

图 6-15 电动自行车和三轮车电路板中常见的晶体管

常见的晶体管主要分为 PNP 型和 NPN 型两大类。如图形符号中所表示的，它的三个引脚分别为基极（b）、集电极（c）和发射极（e），图 6-16 所示为晶体管的结构及图形符号。

> **特别提示**
> 晶体管有三个引脚，分别为基极（b）、集电极（c）和发射极（e）。其中，基极（b）电流的大小控制着集电极（c）和发射极（e）之间电流的大小。

6.4.2 晶体管的检测方法

对晶体管进行检测时，通常可使用万用表检测各引脚间的正、反向阻值来判断三极管是

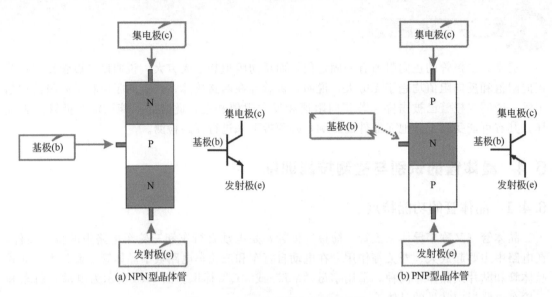

图 6-16 晶体管的结构及图形符号

否正常。晶体管的外形、图形符号和等效电路如图 6-17 所示。

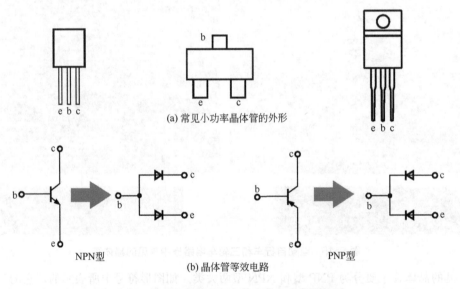

图 6-17 晶体管的外形、图形符号和等效电路

演示图解

（a）如图 6-18 所示，用万用表检测晶体管基极（b）与发射极（e）之间的正、反向阻值。

（b）如图 6-19 所示，用万用表检测晶体管基极（b）与集电极（c）之间的正、反向阻值。

（c）如图 6-20 所示，用万用表检测晶体管发射极（e）与集电极（c）之间的正、反向阻值。

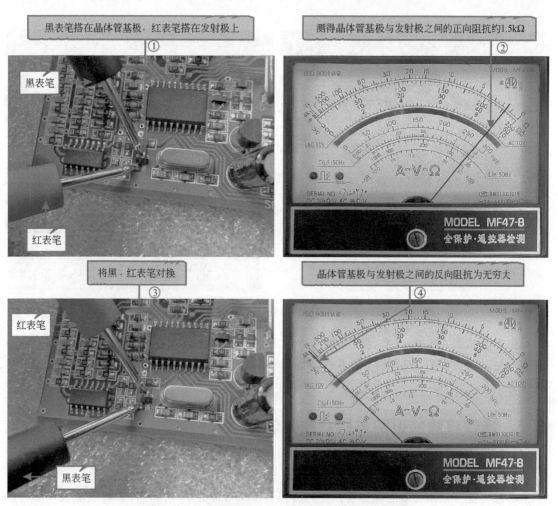

图 6-18 晶体管基极与发射极之间的正、反向阻值

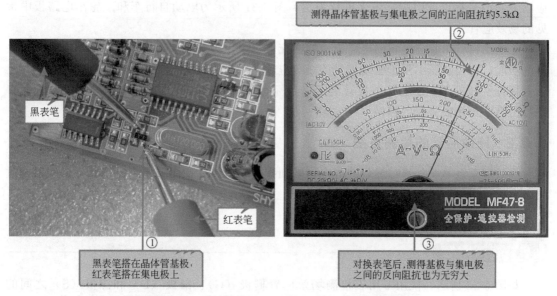

图 6-19 晶体管基极与集电极之间的正、反向阻值

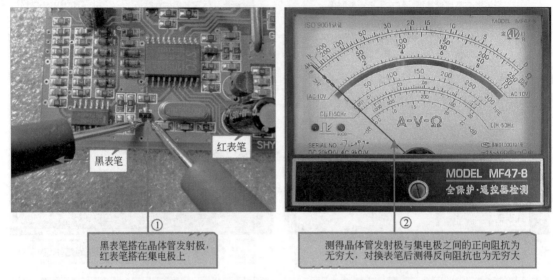

图 6-20 晶体管发射极与集电极之间的正、反向阻值

正常情况下，基极（b）与集电极（c）、发射极（e）之间有一定的正向阻值，其他各项阻值均为无穷大。若测得的阻值不符，怀疑该三极管可能损坏，可将其焊下后作进一步测量。

6.5 场效应管的识别与检测技能训练

6.5.1 场效应管的功能特点

场效应管（全称场效应晶体管）是一种具有 PN 结构的半导体器件。场效应管外形与晶体管相似，也具有三个引脚，即栅极（G）、源极（S）和漏极（D）。维修人员需要通过场效应管上的型号标识或引脚标识来进行识别，图 6-21 所示为电动自行车和三轮车电路板中常见的场效应管。

在电动自行车和三轮车的电路板中，在充电器中作为开关管的场效应管，用来实现开关振荡功能；在控制器中用于驱动信号的场效应管，用来实现驱动功能。

标有字母 G 的引脚为场效应管的栅极，标有字母 S 的引脚为场效应管的源极，未标有字母的引脚为场效应管的漏极（D）。

6.5.2 场效应管的检测方法

场效应管极易受外界电磁场或静电影响而损坏，所以在使用万用表检测其引脚间阻抗时一定要做好防静电措施。

演示图解

如图 6-22 所示，使用万用表检测场效应管栅极（G）、漏极（D）和源极（S）之间的正、反向阻抗。

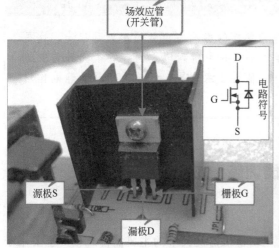

(a) 充电器中作为开关管的场效应管　　　　(b) 控制器中用于驱动信号的场效应管

图 6-21　电动自行车中的场效应管的实物外形

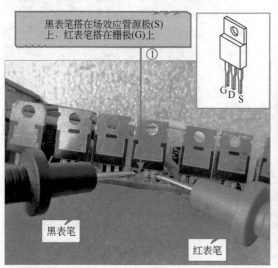

图 6-22　检测场效应管引脚间阻抗

相关资料

实测场效应管各引脚的正、反向阻值见表 6-5 所列。

表 6-5　场效应管各引脚之间的正、反向阻值（在路测量）

黑表笔	红表笔	阻值	黑表笔	红表笔	阻值
栅极 G	源极 S	12.8kΩ	源极 S	栅极 G	16kΩ
漏极 D	源极 S	40kΩ	源极 S	漏极 D	6.3kΩ
漏极 D	栅极 G	110kΩ	栅极 G	漏极 D	29kΩ

> **特别提示**
>
> 场效应管在电路板上检测时会受到其他元器件的影响与单独检测差别很大,这是正常的。若测得场效应管各引脚之间的阻值与表 6-5 中所列值之间存在很大偏差或趋于零或无穷大,表明场效应管可能已经损坏。值得注意的是,场效应管易受静电作用击穿损坏,一般不要将其从电路板上焊下。

6.6 三端稳压器的识别与检测技能训练

6.6.1 三端稳压器的功能特点

在电动自行车和三轮车的控制器电路中,三端稳压器是其中的主要器件之一,主要用于将蓄电池送来的 36V 或 48V 电压稳压后输出 +12V 或 5V 电压,供给电路中其他元器件。图 6-23 所示为典型三端稳压器的实物外形和图形符号。

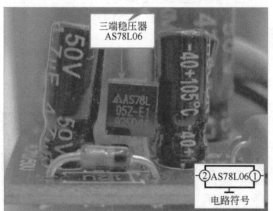

图 6-23 典型三端稳压器的实物外形和图形符号

> **特别提示**
>
> 三端稳压器的外形与晶体管也很相似,通常可根据其表面的型号标识进行识别。电动自行车中采用的三端稳压器的型号还有 7805(78L05)、7806、7812、7815 及可调三端稳压器 LM317、LM337 等。

6.6.2 三端稳压器的检测方法

演示图解

图 6-24 所示为控制器中三端稳压器 LM317 的检修方法。
实测三端稳压器输入端电压约为 50.4V,输出端电压约为 24.3V,正常。若输入正常,

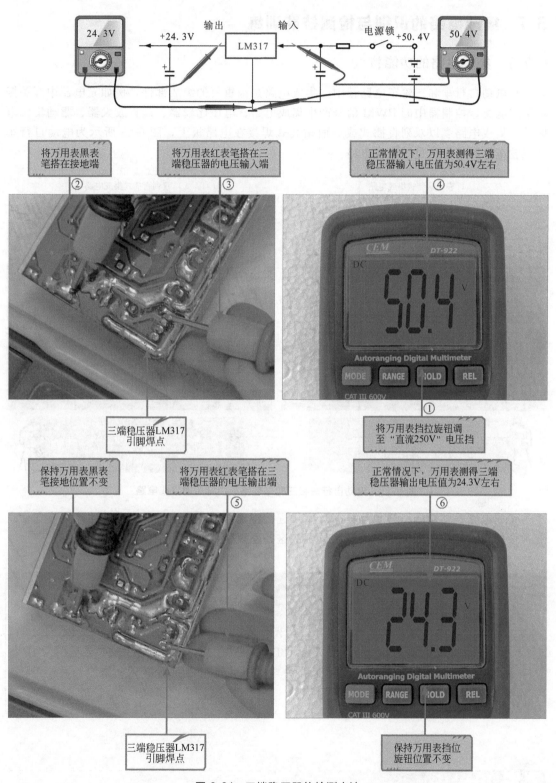

图 6-24 三端稳压器的检测方法

无输出，则表明该三端稳压器损坏，应选用同型号三端稳压器进行更换。

6.7 集成电路的识别与检测技能训练

6.7.1 集成电路的功能特点

在电动自行车和三轮车电路板中，集成电路是很重要的组成部件，例如充电器中开关振荡集成电路，控制器中的PWM信号产生集成电路、电压比较器、运算放大器、驱动集成电路等。集成电路多以双列直插式或表面贴装式焊接在电路板上，图6-25所示为电动自行车和三轮车电路板中常见的集成电路。

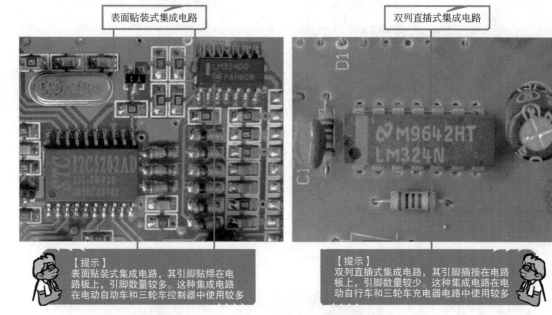

图6-25 电动自行车和三轮车电路板中常见的集成电路

集成电路具体功能一般也是根据其型号进行识别的。集成电路的型号、生产厂商等信息通常会标识在相应的外壳上，维修人员可从这些标识中获取有用的信息。

> **特别提示**
>
> 不同功能、不同厂商生产的集成电路，其标识也五花八门，缺乏维修经验的人员很容易混淆，搞不清集成电路的型号，延误维修进度。因此维修人员需要了解一些电动自行车电路板中常见的型号标识，如"TL系列"、"LM系列"、"MC系列"、"IR系列"等。维修人员根据这些型号开头的字母，便可顺利找到集成电路的相关型号。图6-26所示为常见的集成电路型号标识。

相关资料

另外，其他常见的开关振荡集成电路还有UC3842、UC3844N、UC3845、KA7500B、

 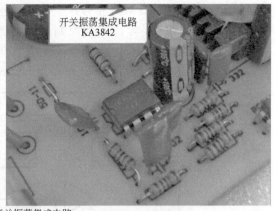

(a) 充电器中的开关振荡集成电路

(b) 控制器中的电压比较器及运算放大器

(c) 电机驱动控制器集成电路芯片

(d) 无刷电动机三相绕组驱动集成电路

图 6-26 常见的集成电路型号标识

TL494、SG3525等，PWM信号产生电路（电压比较器）有LM393、LM339等，运算放大器有LM358、LM324等，无刷控制器微处理器芯片有MC33035、LB11820、A3932SEQ等，驱动集成电路有IR2101、IR2102、IR2103、IR2110、IR2113、IR2130等。

图6-27所示为电流型PWM控制器UC3842（2842/1842）的内部结构图。

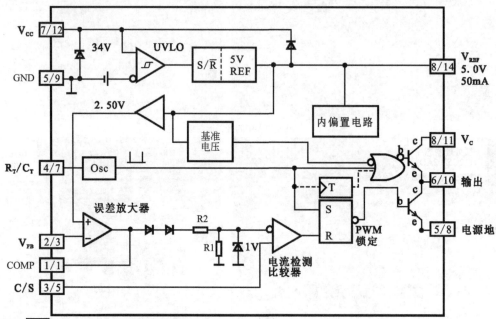

图6-27　电流型PWM控制器UC3842（2842/1842）

图6-28所示为PWM控制器UC3845的内部结构图。

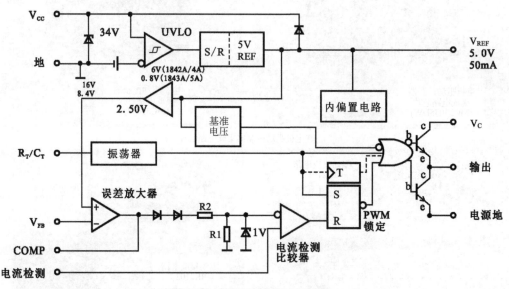

图6-28　PWM控制器UC3845

图6-29所示为开关电源控制器KA7500的内部结构及电源电路图。采用KA7500芯片的电源电路是采用脉宽调制方式的降压变换器，输入为10～40V，输出为+5V（1A）。

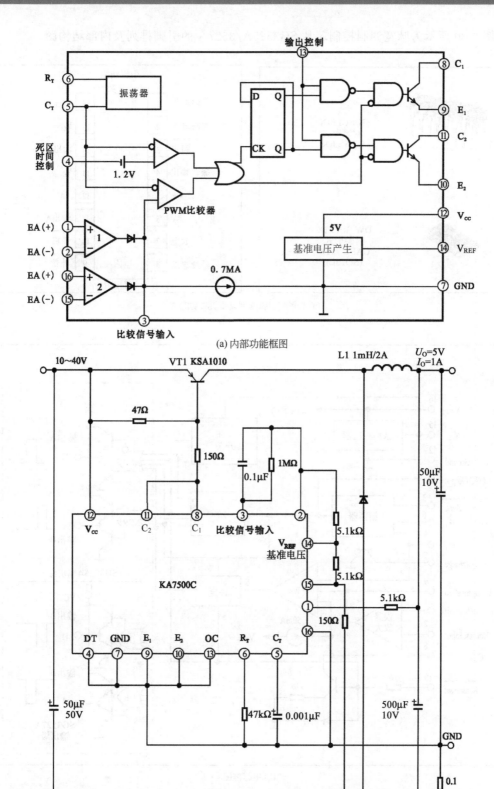

(a) 内部功能框图

(b) 芯片的电源电路

图 6-29 开关电源控制器 KA7500

图 6-30 所示为脉宽调制控制芯片 SG3525A/3527A 的引脚排列及内部结构图。

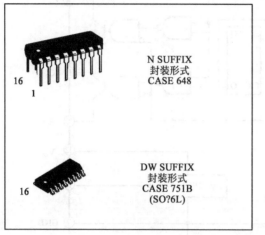
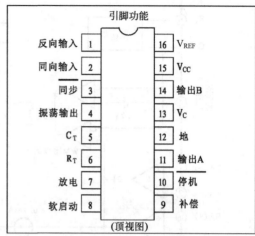

(a) 外形和引脚排列以及引脚功能

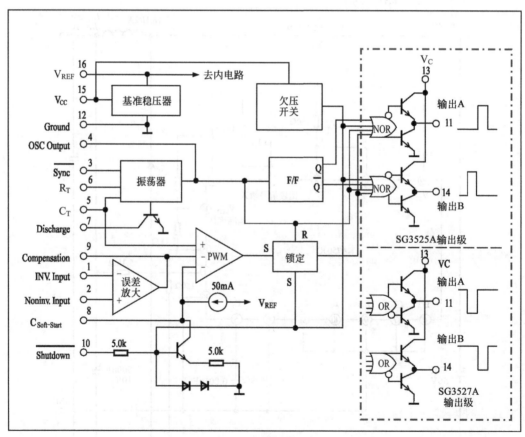

(b) 电路框图

图 6-30　脉宽调制控制芯片 SG3525A/3527A

图 6-31 所示为三相无刷电动驱动控制器 A3932SEQ 的引脚排列及内部结构图。

图 6-32 所示为无刷控制器微处理器芯片 LB11820 内部结构图。

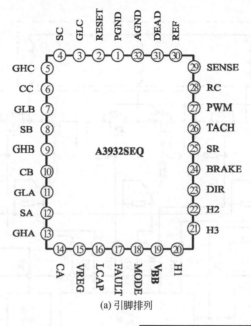

(a) 引脚排列

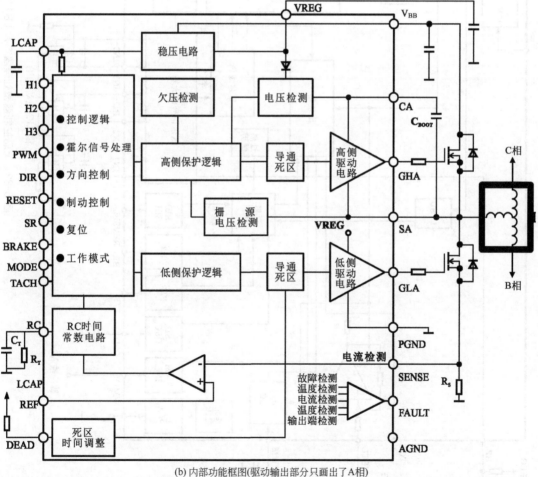

(b) 内部功能框图(驱动输出部分只画出了A相)

图 6-31 三相无刷电动驱动控制器 A3932SEQ

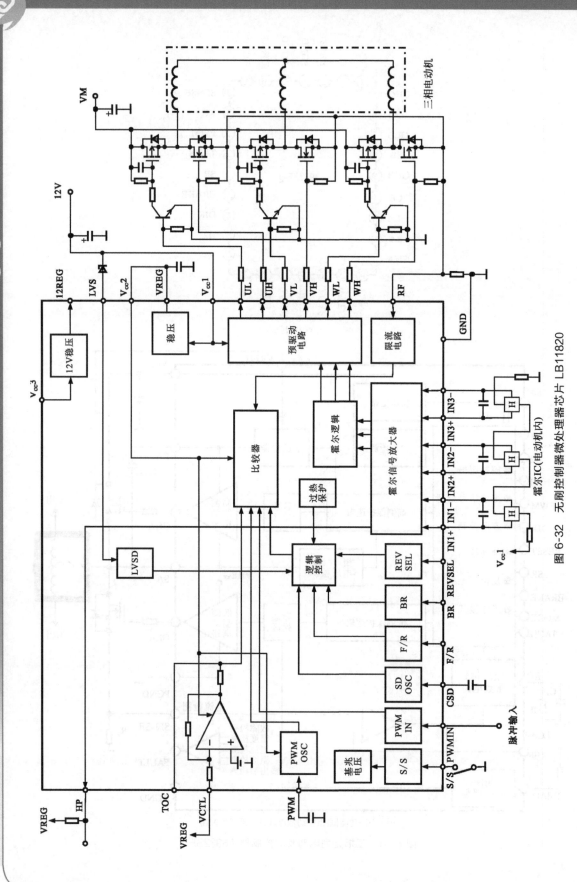

图 6-32 无刷控制器微处理器芯片 LB11820

图 6-33 所示为驱动集成电路 IR2110/IR2113 的内部结构及引脚排列。IR2110/IR2113 的引脚功能见表 6-6 所列。

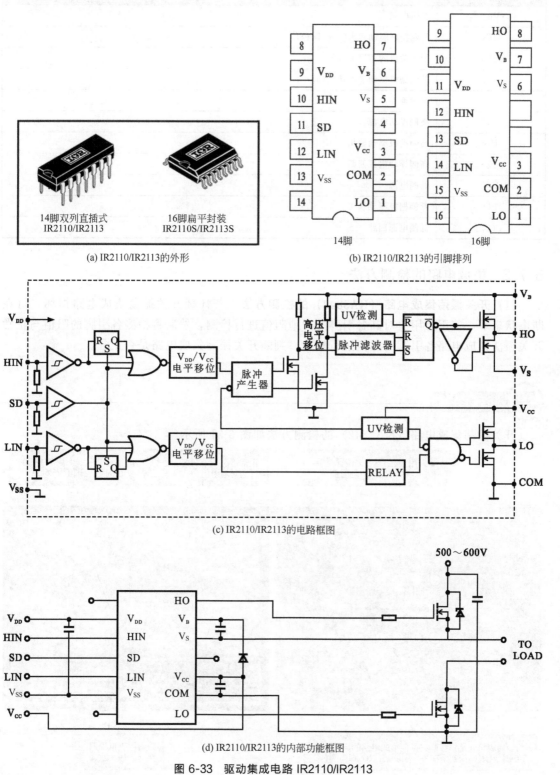

图 6-33 驱动集成电路 IR2110/IR2113

表 6-6 IR2110/IR2113 的引脚功能

电路符号	功能说明
V_{DD}	逻辑电源
HIN	高侧栅极驱动逻辑输入（同相）
SD	用于关机的逻辑输入
LIN	低侧栅极驱动逻辑输入（同相）
V_{SS}	逻辑地
V_B	高侧浮动电源
H_O	高侧栅极驱动输出
V_S	高侧浮动电源回路
V_{CC}	低侧电源
LO	低侧栅极驱动输出
COM	低侧电源回路

6.7.2 集成电路的检测方法

（1）开关振荡集成电路（KA3842）的检测方法 若怀疑开关振荡集成电路损坏，可在断电状态下，使用万用表对其各引脚的对地阻值进行检测，然后将检测各引脚的阻值与正常开关振荡集成电路各引脚的阻值进行对比，判断开关振荡集成电路是否正常。

演示图解

开关振荡集成电路（KA3842）的检测方法如图 6-34 所示。

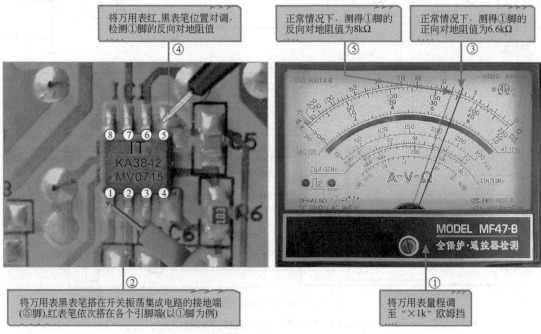

图 6-34 开关振荡集成电路的检测方法

>>> **特别提示**

正常情况下,测得开关振荡集成电路各引脚对地阻值见表 6-7 所列。若测量结果与表中数值差别较大,说明该开关振荡集成电路已损坏。

表 6-7 开关振荡集成电路 KA3842 各引脚对地阻值

引脚号	黑表笔接地/kΩ	红表笔接地/kΩ	引脚号	黑表笔接地/kΩ	红表笔接地/kΩ
①	6.6	8	⑤	0	0
②	0	0	⑥	6.4	7.5
③	0.3	0.3	⑦	5	∞(外接电容器)
④	7.4	12	⑧	3.7	3.8

(2) 电压比较器(AS339M)的检修方法 控制器中电压比较器若有损坏,则会造成电动自行车和三轮车中欠压保护和过流保护起不到相应的作用。对电压比较器进行检测时,可以通过断电后检测其各引脚的对地阻值来进行判断,图 6-35 所示为检测其④脚的正、反向阻值。

演示图解

电压比较器(AS339M)的检测方法如图 6-35 所示。

正常情况下,测得电压比较器(AS339M)各引脚的正、反向对地阻值见表 6-8 所列。若实测结果与该表中数值偏差较大,则说明芯片内部电路损坏,用同型号芯片更换即可。

表 6-8 电压比较器(AS339M)各引脚正、反向对地阻值

引脚号	黑表笔接地/×10Ω	红表笔接地/kΩ	引脚号	黑表笔接地/×10Ω	红表笔接地/kΩ
①	14	2.6	⑧	27	18
②	14.5	2.5	⑨	36	18
③	13.9	1.4	⑩	16	8.5
④	27	18	⑪	26	4
⑤	32	18	⑫	0	0
⑥	27.5	18	⑬	16	∞
⑦	39	18	⑭	14	3.8

(3) 运算放大器集成电路(AS324M-E1)的检测方法 运算放大器集成电路(AS324M-E1)主要用来检测电压以及充电器的工作状态。怀疑运算放大器集成电路损坏时,可在断电状态下,对其各引脚的正、反向阻值进行检测。

演示图解

运算放大器集成电路的检测方法如图 6-36 所示。

运算放大器集成电路(AS324M-E1)各引脚正、反向阻值见表 6-9 所列。若测量结果

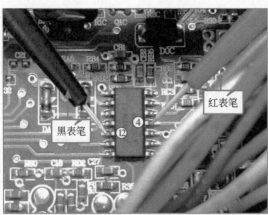

(a) 检测电压比较器(AS339M)④脚的正向阻值

(b) 检测电压比较器(AS339M)④脚的反向阻值

图 6-35 电压比较器（AS339M）的检测方法

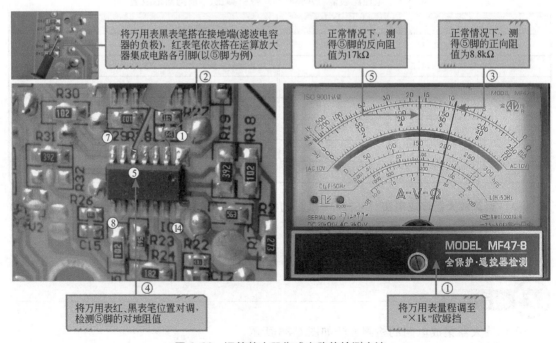

图 6-36 运算放大器集成电路的检测方法

与表中数值差别较大，说明该运算放大器集成电路已损坏。

表 6-9 运算放大器集成电路（AS324M-E1）各引脚正反向阻值

引脚号	（黑表笔接地）/kΩ	（红表笔接地）/kΩ	引脚号	（黑表笔接地）/kΩ	（红表笔接地）/kΩ
①	9.4	37.5	⑧	9	56
②	0.7	0.7	⑨	0.5	0.5
③	0.7	0.7	⑩	0.7	0.7
④	5	13.7	⑪	0	0
⑤	8.8	17	⑫	1.7	1.5
⑥	9	56	⑬	0.7	0.7
⑦	9.4	56	⑭	9.3	55

第7章 电动自行车、三轮车的电路识读技能训练

7.1 整机接线图的识读技能训练

整机接线图是将电动自行车、三轮车各种电气部件的图形符号或电路示意符号通过连接引线连接起来,画成电路图来表现其连接和控制关系,是集合了整机电气系统所有功能部件的图样。

识读这类电路图首先了解基本的识读要领,在此基础上选取一些典型的整机接线图展开识读训练,掌握整机接线图的识读技能。

7.1.1 整机接线图的识读要领

整机接线图的核心是电气部件的图形符号或示意符号,通过连接引线实现关联,因此对该类电路图进行识读时,可根据各部件之间的连接引线,理清各功能部件的连接关系,完成对整个电路的识读。

另外,通常情况下电动自行车、三轮车都是以控制器为核心对整机工作过程进行控制的。因此识读时根据控制器与电动机、转把、闸把和蓄电池之间的连接引线了解其相互关系,或根据供电、控制关系两方面入手进行识读。

例如,图7-1所示为典型电动自行车的整机接线图。

从图中首先找到电路中的控制器,以控制器与其他部件之间的连接为识读电路的入手点,展开识读。

(1) 围绕控制器相关联部件进行识读 控制器经电源开关、20A熔断器后与蓄电池连接,由此可知控制器的总供电电压即为蓄电池的48V电压。

控制器通过8根引线与电动机连接,根据连接引线的根数可知该控制器所连接电动机为无刷电动机。8根引线中3根引线与电动机内绕组连接进行供电;另外5根引线与电动机内霍尔元件连接,由霍尔元件获取电动机转速信息,传送至控制器中。

控制器通过黑绿红三根引线与转把连接,红色线为转把提供+5V供电电压;绿色线为调速线,由转把送至控制器中;黑色线为接地线。

控制器通过一根黄/绿线与闸把连接,由闸把向控制器输送制动信号,控制电动机直接断电,减速停车。

(2) 根据供电、控制关系进行识读 使用钥匙接通电源开关,蓄电池输出供电电压送入控制器中,经内部稳压后输出直流电压为闸把、转把等进行供电;另外,蓄电池电压还经相应操作部件(按钮开关等)送入仪表盘和车灯、喇叭等电路,为其提供供电电压。

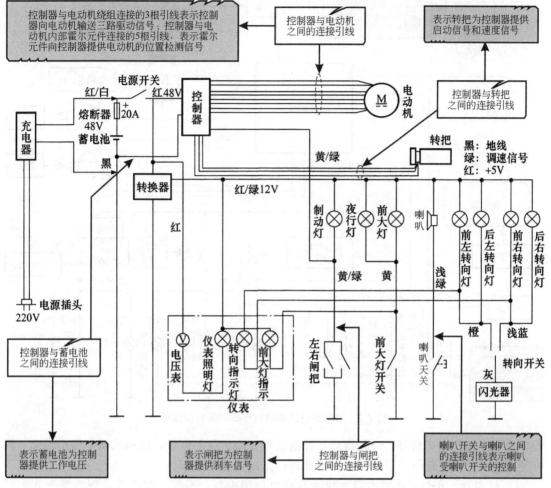

图 7-1 典型电动自行车的整机接线图

在满足整车供电条件前提下,操作转把向控制器输入调速信号,由控制器输出驱动信号,驱动电动机启动、加速等;另外,操作喇叭开关,可接通喇叭供电电路,使喇叭发声等。

7.1.2 整机接线图的识读分析

(1) 洪都牌有刷电动自行车整机接线图的识读训练 图 7-2 所示为洪都牌有刷电动自行车的整机接线图。

由图 7-2 分析可知,洪都电动自行车整机接线图的识图过程如下。

① 供电电路 使用钥匙打开电源锁,蓄电池输出供电电压送入控制器中,经内部稳压后输出直流电压为闸把、转把等进行供电;蓄电池电压同时送入仪表盘和车灯、喇叭控制电路,为其供电。

② 启动和调速电路 旋转转把,转把输出调速信号(直流电压)送到控制器中,经控制器内部处理后,输出驱动信号驱动,电动机旋转。当转把旋转幅度较大时,电动机绕组通过电流变大,电动机转速提高;相反,电动机转速便会降低。

③ 刹车电路 电动自行车正常行驶过程中捏下闸把时,闸把中的触点动作,为电动自

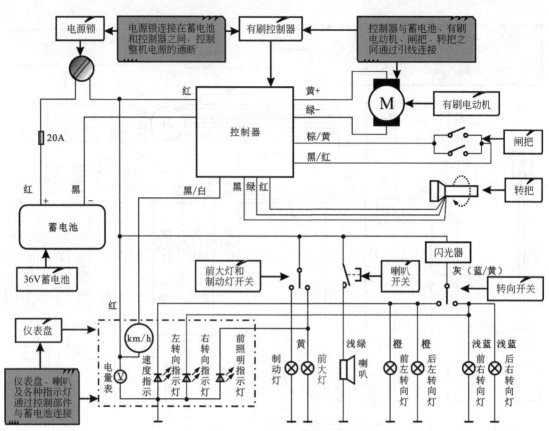

图 7-2 洪都牌有刷电动自行车的整机接线图

行车控制器输入刹车信号,经处理后,控制器停止输出驱动信号,电动机断电停止转动。同时闸把拉动闸线使自行车车闸动作,电动自行车减速直至停车。

④ 仪表盘、车灯、喇叭电路 仪表盘受电源锁控制;车灯、喇叭等分别由设置在闸把上的控制开关控制供电通断。

(2) 典型无刷电动自行车整机接线图的识读训练 图 7-3 所示为典型无刷电动自行车的整机接线图。

由图 7-3 分析可知,典型无刷电动自行车整机接线图的识图过程如下。

① 供电电路 连接蓄电池接口插座,控制器获得 36V 直流供电,为进入工作状态做好准备。同时,控制器内的稳压电路将 36V 直流电压稳压为 +5V 直流电压为控制器内部的电子元件、芯片等供电。

使用钥匙打开电源锁,蓄电池输出供电电压送入仪表盘中,仪表盘中的相应状态指示灯亮;另外,蓄电池输出的 36V 电压经仪表盘接口为车灯、喇叭等供电。

② 启动和调速电路 旋转转把,转把输出调速信号(直流电压)送到控制器中,经控制器内部处理后,输出驱动信号驱动,电动机旋转。当转把旋转幅度较大时,电动机绕组通过电流变大,电动机转速提高;相反,电动机转速便会降低。

③ 刹车电路 电动自行车正常行驶过程中捏下闸把时,闸把中的触点动作,为电动自行车控制器输入制动信号,经处理后,控制器停止输出驱动信号,电动机断电停止转动。同时闸把拉动闸线使自行车车闸动作,电动自行车减速直至停车。

④ 仪表盘、车灯、喇叭电路 仪表盘受电源锁控制;车灯、喇叭等分别由设置在闸把

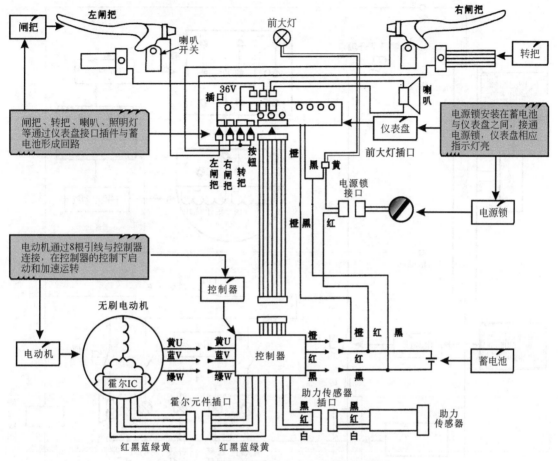

图 7-3 典型无刷电动自行车的整机接线图

上的控制按钮控制供电通断。

(3) 典型有刷电动三轮车整机接线图的识读训练　图 7-4 所示为典型有刷电动三轮车的整机接线图。

由图 7-4 分析可知,典型有刷电动三轮车整机接线图的识图过程如下。

① 供电电路　使用钥匙接通电源锁,蓄电池输出供电电压送入控制器中,经内部稳压后输出直流电压为转把等进行供电;蓄电池电压同时为仪表盘和车灯、喇叭等供电。

② 正向前进启动和调速电路　在默认状态下,电动三轮车倒/顺开关置于"顺"挡位,即电动三轮车前进挡位。

当旋转转把时,转把输出调速信号送到控制器中,控制器内驱动电路工作,电动机内绕组有电流流过,开始启动运转。

当旋转转把至最大位置时,控制器控制电动机绕组中的电流变大,电动机转速升高,实现加速运转,进而控制电动三轮车启动并加速行驶(控制过程参见第 1 章图 1-26)。

③ 倒车启动和调速电路　当需要电动三轮车倒车时,将倒/顺开关置于"倒"挡位,即电动三轮车的倒车挡位。

当旋转转把时,转把输出调速信号送到控制器中,控制器内驱动电路工作,此时,电动机内绕组在倒/顺开关控制下有反方向的电流流过,开始反向启动运转。

当旋转转把至最大位置时,控制器控制电动机绕组中的反向电流变大,电动机转速升高,实

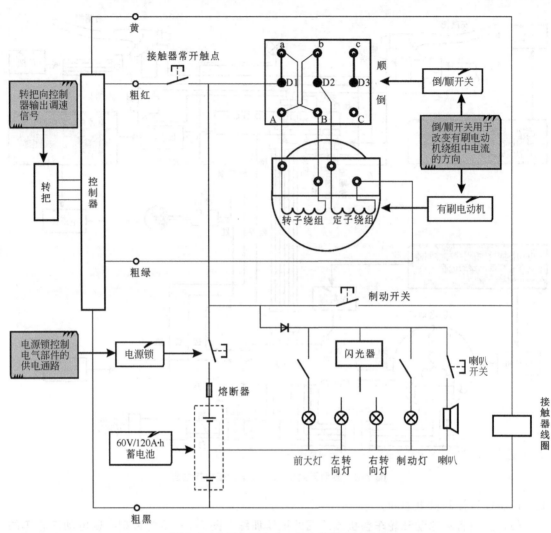

图 7-4 典型有刷电动三轮车的整机接线图

现反向加速运转,进而控制电动三轮车反向启动并加速倒车(控制过程参见第 1 章图 1-27)。

④ 刹车电路 电动三轮车正常行驶时捏下闸把,闸把中的触点动作,为控制器输入制动信号,经控制器内部处理后,控制器停止输出驱动信号,电动机断电停止转动。同时闸把拉动闸线使电动三轮车的机械车闸动作,电动三轮车减速直至停车。

⑤ 仪表盘、车灯、喇叭电路 仪表盘受电源锁控制,接通电源后,仪表盘中电量指示灯点亮;车灯、喇叭等分别由设置在闸把上的控制按钮控制供电通断。

(4)典型无刷电动三轮车整机接线图的识读训练 图 7-5 所示为典型无刷电动三轮车的整机接线图。

由图 7-5 分析可知,典型无刷电动三轮车整机接线图的识图过程如下。

① 供电电路 接通电动三轮车电源锁,由蓄电池为控制器供电,为整车进入工作状态做好准备。同时,控制器内的稳压电路将蓄电池输出的直流电压稳压为低压直流电压(如+5V 或+12V 或+15V)为控制器内部的电子元器件、芯片等供电。

使用钥匙打开电源锁,蓄电池输出供电电压送入仪表盘中,仪表盘中的相应状态指示灯亮;另外,蓄电池输出的电压经仪表盘接口为车灯、喇叭等供电。

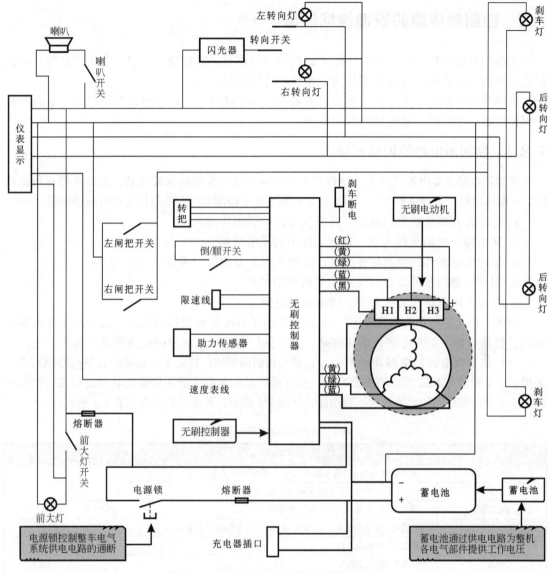

图 7-5 典型无刷电动三轮车的整机接线图

② 正向前进启动和调速电路 在默认状态下,无刷电动三轮车转把上的按钮置于"顺"挡位。旋转转把,转把输出调速信号(直流电压)送到控制器中,经控制器内部处理后,输出驱动信号驱动,电动机旋转。当转把旋转幅度较大时,电动机绕组通过电流变大,电动机转速提高;相反,电动机转速便会降低。

③ 倒车启动和调速电路 在无刷电动机三轮车停车状态,按动转把上的按钮,使其置于"倒"挡位,此时旋动转把,转把输出倒车调速信号(直流电压)送到控制器中,经控制器内部识别处理后,输出驱动信号驱动,使电动机反方向启动旋转,电动三轮车开始倒车。

④ 刹车电路 无刷电动三轮车正常行驶时捏下闸把,闸把中的触点动作,为电动三轮车控制器输入制动信号,经控制器内部处理后,控制器停止输出驱动信号,电动机断电停止转动。同时闸把拉动闸线使电动三轮车的车闸动作,电动三轮车减速直至停车。

⑤ 仪表盘、车灯、喇叭电路 仪表盘受电源锁控制;车灯、喇叭等分别由设置在闸把上的控制按钮控制供电通断。

7.2 控制器电路的识读技能训练

控制器电路是电动自行车、三轮车整机的控制核心，它将整车中的一个个独立部件联系起来，形成一个整体，并对各部件的工作状态进行控制。

识读这类电路图首先了解基本的识读要领，在此基础上选取一些典型的控制器电路图展开识读训练，掌握控制器电路的识读技能。

7.2.1 控制器电路的识读要领

控制器电路主要由各种电子元器件及集成电路构成，电路结构较复杂。对该电路进行识读时，一般可遵循以下识读要领进行识读，从而熟悉整个控制器电路的具体流程与内部原理。

a. 对于含有集成芯片的电路，可先从芯片的引脚功能入手。
b. 从电源供电的流程入手，理清电路中的供电线路。
c. 找到关键部件的控制信号流程，大致掌握主要的信号关系。
d. 识别驱动信号的流程，了解主要的驱动过程。
e. 补充外围电路如欠压保护、过流保护电路工作过程。

例如，图7-6所示为采用MC33035P芯片的无刷电动机控制器电路，该电路主要由供电电路、启动电路、刹车电路、调速电路、欠压保护电路、过流保护电路等部分构成。

(1) 从集成电路的引脚功能入手 遵循上述识图要领，首先了解到该控制器电路原理图中采用了一个型号为MC33035的集成芯片，然后通过集成电路手册或借助互联网进行相关数据查询，了解到该集成芯片的外形和引脚功能，如图7-7所示，其各引脚含义见表7-1所列。

表7-1 MC33035各引脚功能

引脚号	功能定义
①、②、㉔	驱动信号输出端，用于驱动外部上端功率开关晶体管
③	正向/反向输入，用于改变电动机转向
④、⑤、⑥	霍尔IC信号输入，用于控制整流序列
⑦	启动端，高电平有效。该脚为高电平时，可使电动机转动
⑧	霍尔IC供电端
⑨	电流检测同相输入
⑩	振荡器引脚，振荡频率由定时元件 R_T 和 C_T 所选择的参数决定
⑪	误差信号放大器同相输入。通常连接到速度设置电位器上
⑫	误差信号放大器反相输入。在开环应用情况下，此输入通常连接到误差放大器输出端
⑬	误差放大器输出/PWM输入。在闭环应用情况下，此引脚作补偿
⑭	故障输出端。当有过流、过热或传感器输入信号失常时，该引脚输出故障信号（低电平）
⑮	电流检测反向输入端。用于给内部100mV门限电压提供参考地，该引脚通常连接到电流检测电路的底端
⑯	该引脚用于为控制电路提供一个分离的接地点，并可以作为参考返回到电源地
⑰	正电源。V_{CC} 在10～30V的范围内
⑱	正电源。V_{CC} 在10～30V的范围内
⑲、⑳、㉑	驱动信号输出端用于直接驱动外部底部功率开关晶体管
㉒	此引脚的电器状态可决定控制电路是工作在60°（高电平状态）还是120°（低电平状态）的传感器电器相位输入状态下
㉓	启停控制。该引脚为低电平时允许电动机运行，为高电平时电动机运行停止

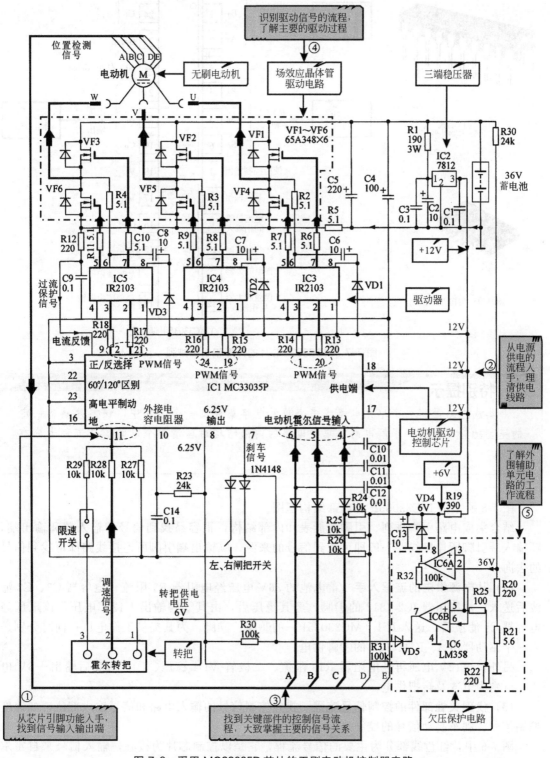

图 7-6 采用 MC33035P 芯片的无刷电动机控制器电路

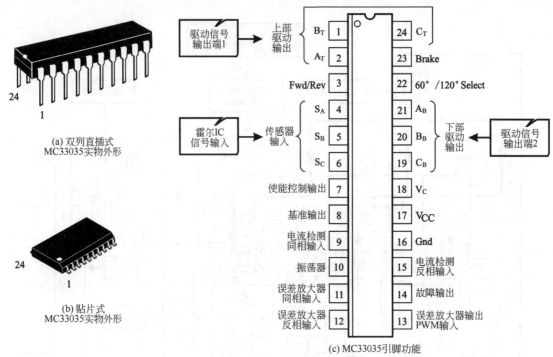

图 7-7 MC33035 芯片的外形和引脚排列

> **▶▶▶ 特别提示**
>
> 集成电路是将一个单元电路或多个单元电路集成到一个芯片中,该芯片具备一定的完整功能。因此,了解电路中集成电路的内部结构对理清整个电路信号流程十分有帮助。

图 7-8 所示为 MC33035P 的内部结构框图。

结合集成电路引脚排列、引脚功能表和内部结构,很容易找到信号的输入端和输出端,顺输入端引脚所连接线路一般即可找到信号的来源,顺输出端引脚所连接线路即可找到信号的去向。

(2) 从电源供电的流程入手 蓄电池的 36V 电压经电阻器 R1 限流,电容器 C3、C2 滤波后送入三端稳压器 IC2 7812 的①脚,经其稳压后,由其③脚输出 +12V 电压,该电压经电容器 C1 滤波后,送入 IC1(MC33035P)的⑱脚、⑰脚,为其提供工作电压;同时分别送入三个驱动器 IC3、IC4、IC5 的①脚供电。

另外,+12V 电压再经电阻器 R19 限流、二极管 VD4 稳压、C13 滤波后输出 +6V 电压,分别为 IC6 及转把供电。

(3) 找到关键部件的控制信号流程 找到控制信号的输入电路和信号输入部位,如速度控制信号、刹车制动信号的控制过程。

图 7-6 中,红色线部分为主要的信号流程,它是以控制芯片为核心,输入信号来自霍尔转把、闸把和电动机霍尔元件感知的位置信号,输出端则将该信号处理后输出 PWM 控制信号。理顺该信号的同时,能够很容易掌握整个电路的主信号关系,对识读整个电路非常有帮助。

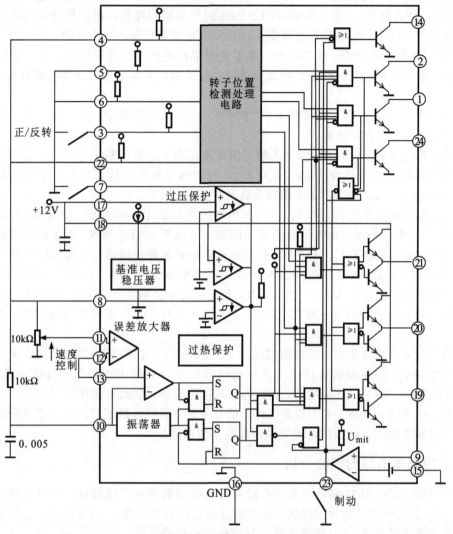

图 7-8　MC33035P 的内部结构框图

(4) 识别驱动信号的流程　图 7-6 中，由集成电路输出的三组 PWM 控制信号经三个驱动集成电路后输出分别用于驱动电动机转动的信号，如图中的箭头所示，由此不难了解电动机的驱动流程。

1) 启动电路　控制芯片 MC33035P 的⑱脚、⑰脚得到供电电压后，IC1 内部开始工作，其①脚和⑳脚、⑲脚和㉔脚、②脚和㉑脚分别输出驱动信号，送入 IC3、IC4、IC5 处理后驱动 VF1~VF6，最后驱动电动机三相绕组，使电动机旋转。

电动机旋转时，霍尔元件输出位置检测信号送入 IC1 中，经处理后去控制驱动信号的输出。

2) 刹车电路　IC1 的⑦脚及外围电路与闸把开关组成刹车电路。电动自行车正常运转时，IC1 的⑦脚为高电平，当捏下闸把时，闸把中的常开触点闭合，IC1 的⑦脚电压经二极管和闸把开关后接地，IC1 的⑦脚变为低电平，IC1 停止工作，VF1~VF6 截止，电动机停止转动。随后闸把拉动钢丝使电动自行车抱闸闸紧，电动自行车停车。

3) 调速电路　旋转转把时，转把的②脚输出的直流控制电压经 R28 送入 IC1 的⑪脚，当该直流电压从低到高变化时，IC1 的⑪脚电压相应也升高，经 IC1 内部电路处理后输出 PWM 信号，使通过 IC3～IC5 驱动 VF1～VF6 的导通时间延长，电动机绕组电流加大，电动机转速提高。反之，电动机转速降低，进而实现电动自行车的调速功能。

4) 外围电路工作过程　图 7-6 中，除了关键部件控制关系和驱动信号外，还设有欠压保护电路、过流保护电路，需要对这部分进行补充说明，完善整个控制器电路原理图的识读分析。

① 欠压保护电路　电压比较器 IC6（LM358）、取样电阻器 R20 和 R21、IC1 的⑦脚构成了该控制器的欠压保护电路。

当蓄电池电量充足时，加到 IC6A 的②脚的电压高于③脚的基准电压，其①脚输出低电平，经电阻器后送入 IC6B 的⑥脚（低电平），与⑤脚基准电压相比较后，由其⑦脚输出高电平，VD5 截止，IC1 的⑦脚电平保持为高电平，IC1 正常工作。

当蓄电池放电低于约 31.5V 时，IC6A 的②脚电压低于③脚电压，其①脚输出高电平，那么加到 IC6B 的⑥脚为高电平，相应其⑦脚输出低电平，VD5 导通，IC1 的⑦脚的电平也变为低电平，IC1 停止工作，无 PWM 信号输出，电动机停止转动，实现欠压保护。

② 过流保护电路　IC1 的⑨脚、电容器 C9、电阻器 R12 和 R5 构成了过流保护电路。

当电动自行车正常行车时，电阻器 R5 上流过的电流较小，其产生的压降也较低，经 R12 后加到 IC1 的⑨脚的电压极低，不足以驱动 IC1 内部的电流保护电路动作，IC1 正常工作。

当负载过大或某种原因引起场效应晶体管 VF1～VF6 导通电流过大时，R5 两端压降升高，相应加到 IC1 的⑨脚的电压也升高。当该电压足以促使 IC1 内部的过流电路动作时，IC1 将停止工作，VF1～VF6 停止工作，电动机停止转动，实现过流保护。

根据上述方法，对图 7-6 中相关部件的信号关系已有初步的了解，由此不难理解该电动自行车控制器电路的工作原理，完成对该类电路的识读。

7.2.2　控制器电路的识读分析

(1) 采用 AT89C2051 芯片的有刷电动自行车控制器电路识读训练　图 7-9 所示为采用 AT89C2051 微处理器芯片为控制核心的有刷电动机控制器电路。AT89C2051 芯片正常工作需要 3 个最基本的条件：5V 供电电压、复位电压和时钟信号。

由图 7-9 分析可知，采用 AT89C2051 芯片的有刷电动机控制器电路的识图过程如下。

① 供电电路　蓄电池的 36V 电压经三端稳压器 IC2 7815 稳压后，由其③脚输出+15V 电压，该电压经电容器 C3、C4 滤波后送入三端稳压器 IC3 78L05 的①脚，经 IC3 输出+5V 直流电压。

② 启动电路　电动自行车接通电源时，+5V 电压经 R7 为 C12 充电，使 IC4B 的⑥脚电压低于⑦脚，①脚输出高电平，该信号送到 IC1 的①脚进行复位。同时+5V 电压加到 IC1 的⑳脚为其提供工作电压，IC1 的④、⑤脚在外接晶体 X1（6.0MHz）作用下产生时钟信号，使 IC1 进入工作状态。

IC1 工作后，其⑭脚输出低电平，VT3、VT2 导通。此时+15 电压经 VT2、R32 后加到 VT1 栅极，VT1 导通，于是 36V 电源经电动机绕组、VT1 和 R34、R35 形成回路，电动机旋转。

③ 刹车电路　刹车电路主要是由 R31 和 IC1 内部电路构成的。当捏下闸把时，闸把的常开触点闭合，IC1 的⑪脚的电压经 R31 和闸把开关接地，此时 IC1 的⑪脚变为低电平，为芯片提供制动信号；IC1 的⑭脚停止信号输出，场效应晶体管 VT1 截止，电动

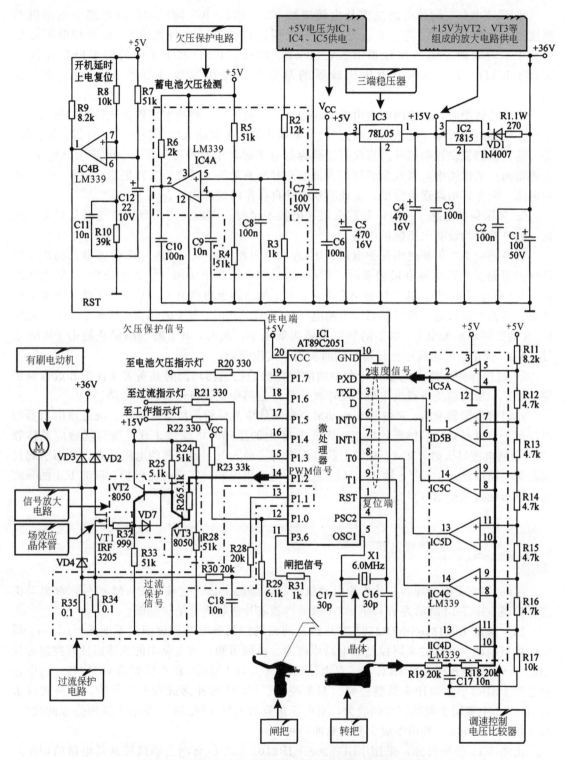

图 7-9 采用 AT89C2051 芯片的有刷电动机控制器电路

图中电容 xn 表示 xnF,电容 xp 表示 xpF,电阻 xk 表示 xkΩ,电阻 x 表示 xΩ 下同

机停转。

④ 调速电路　调速电路主要是由转把和 IC1、IC4、IC5 构成的。该电路中电动机的速度由 IC1 的②、③、⑥、⑦、⑧、⑨脚电压进行控制（六种速度），此六脚电压分别受到 IC5 内的四个电压比较器 IC5A、IC5B、IC5C、IC5D 和 IC4 内的两个电压比较器 IC4C、IC4D 控制。这六个电压比较器的基准电压是由取样电阻器 R11～R7 分压得到的。

当转动转把时，转把内产生由低变高的直流控制电压，调速电压作为比较信号送到六个电压比较器的输入端（反相输入端）。六个电压比较器根据输入电压值为 IC1 的②、③、⑥、⑦、⑧、⑨脚提供控制信号。当仅有⑨脚为低电平时，车速最低；若⑨、⑧脚为低电平时，车速稍高；依次类推，若六个引脚均为低电平时车速最高。反之，若转把输出由高变低的控制电压，则车速由高逐步变低，由此实现电动自行车的调速功能。

⑤ 欠压保护电路　一般，若蓄电池在电量不足时，继续使用会导致放电过量损坏，因此一般电路中均设有欠压保护电路。

该电路中 IC1 内部过压保护电路、IC4A 和电阻器 R2、R3、R4、R5 等元器件构成了欠压保护电路。当蓄电池电量较多时，IC4A 的⑤脚电压高于④脚（④脚电压由＋5V 电压经 R5、R4 分压后得到），其②脚输出高电平，IC1 的⑱脚也为高电平，芯片 IC1 处于正常工作状态；当蓄电池放电一段时间后，电池电压低于 31.5V 时，IC4 的⑤脚电压低于④脚，此时 IC4A 的②脚输出低电平，IC1 的⑱脚也降为低电平。此时，IC1 的⑭脚停止输出 PWM 信号，VT1 截止，电动机停止转动，从而实现了欠压保护。

⑥ 过流保护电路　电动自行车中功能较完善的控制器均同时具备欠压保护和过流保护等功能。一般为避免负载过重烧坏功率放大管，电路中均设有过流保护电路。

小阻值电阻器 R34、R35 接在电动机驱动场效应晶体管的源极电路中，流过该电阻器的电流等于流过场效应晶体管的电流，因此 R34 上的压降与电流成正比。而当场效应晶体管 VT1 导通电流过大时，R34、R35 上的电压升高，送入 IC1 的⑬脚的电压升高，从而引起过流保护电路启动，IC1 停止输出，VT1 截止，电动机停转，实现过流保护。同时 IC1 的⑯脚输出电压使过流指示灯点亮。

相关资料

AT89C2051 微处理器芯片作为电动机控制电路的主体，它输出 PWM 信号，对电动机进行控制，图 7-10 所示为 AT89C2051 微处理器芯片实物内部结构框图。

(2) 采用 LB11820S＋IR2103 芯片组合的无刷控制器电路原理图识读训练　图 7-11 所示为典型电动自行车的无刷控制器电路原理图。由图可知，该电路中的主要器件有控制芯片 LB1820S、半桥式放大器 IR2103、双电压运算放大器 LM358 和六反相器 CD4069。其中控制芯片 LB1820S 主要用来调整控制、刹车控制、PWM 脉冲形成和欠压保护，半桥式放大器 IR2103 主要用于激励信号的放大，双电压运算放大器 LM358 主要用于保护信号的放大，六反相器 CD4069 主要用于放大激励脉冲倒相。

由图 7-11 分析可知，采用 LB11820S＋IR2103 芯片的有刷电动机控制器电路的识图过程如下。

① 供电电路　电动自行车接电源后，＋36V 供电端为控制电路中的功率管 VT1～VT6 进行供电，另一路则经三端稳压器 LM7812 稳压后输出＋12V 的电压为控制芯片 IC1

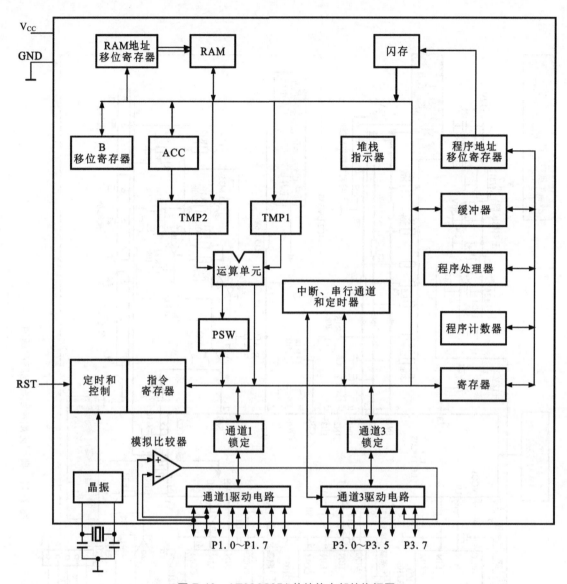

图 7-10　AT89C2051 芯片的内部结构框图

(LB11820S)、双电压运算放大器 IC6（LM358）和半桥式放大器 IC3～IC5（IR2103）等供电。其中微处理器芯片 LB11820S 内部的基准电压发生器产生 5V 的基准电压，该电压从 IC1 的⑮脚输出，同时还为转把内的霍尔元件供电。

② 激励脉冲形成电路　在该控制电路中微处理器芯片 LB11820S 的供电电压正常的情况下，其内部的振荡器控制㉑引脚外接的电容 C9 进行充、放电，由此产生锯齿波脉冲，该脉冲作为触发信号控制 LB11820S 内部的 PWM 脉冲形成电路产生 6 路激励脉冲，经放大后从②～⑦脚输出，其中 3 个高端驱动脉冲从②脚、④脚、⑥脚输出，3 个低端驱动脉冲从③脚、⑤脚、⑦脚输出。

③ 启动电路　启动电路主要采用了 3 个半桥式放大器 IC3～IC5（IR2103）。该电路中微处理器芯片 LB11820S 的⑧脚和⑮脚得到供电电压后，内部开始工作，其②～⑦脚分别输出驱动信号，送入 3 个半桥式放大器 IR2103 中进行处理，然后再驱动 VT1～VT6，最后驱动电动机三相绕组，使电动机旋转。

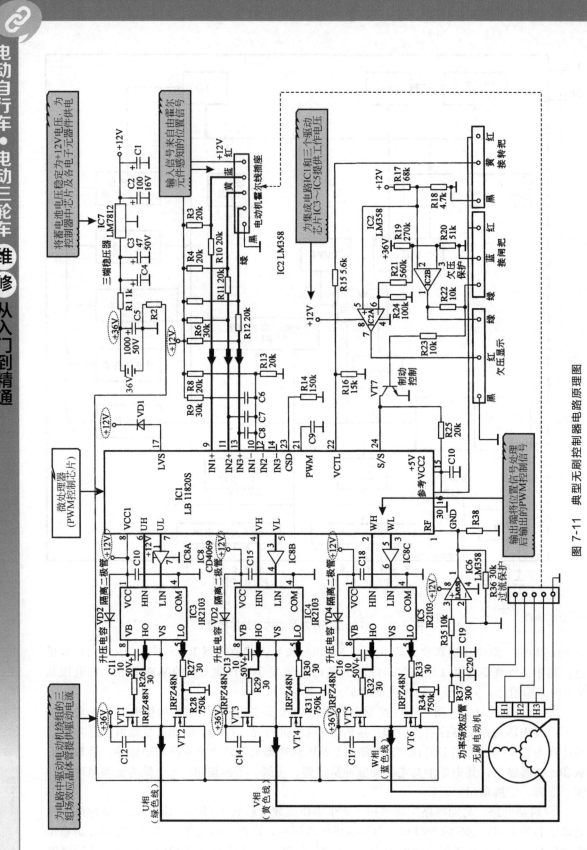

图 7-11 典型无刷控制器电路原理图

④ 调速电路　调整控制电路主要由转把和微处理器芯片 LB11820S 构成。在旋转转把时，转把内的霍尔元件在磁钢产生的磁场信号下，产生由低到高或由高到低的调整信号，即控制电压，该信号经过电阻器 R15 限流后，送到 LB11820S 的㉒脚，经处理后输出 PWM 信号，使 3 个半桥式放大器 IR2103 驱动功率管导通的时间延长，为电动机绕组提供大的电流，达到提高电动机转速的目的，实现电动自行车的加速行驶。反之，电动机的转速降低，使电动自行车的行驶速度减慢。

⑤ 相序控制和功率放大电路　为了使电动机实现换向的功能，该控制电路中微处理器芯片 LB11820S 内部的转子定位解码器和电动机内的霍尔元件构成了相序控制电路。当控制芯片 LB11820S 工作后，由它输出的驱动信号使电动机旋转。当电动机旋转后，其内部的霍尔元件则产生位置传感脉冲信号，它们分别通过 R10、R11 和 R12 限流和 C6、C7、C8 滤波后，送到 LB11820S 中处理，其内部的转子定位解码器对这些信号处理，以确保控制芯片输出的激励信号相位准确后，再次进行启动电路，驱动电动机旋转。

⑥ 刹车电路　刹车制动电路主要由闸把、微处理器芯片 LB11820S、运算放大器 LM358 和晶体管 VT7 等构成。闸把红色引线为 5V 的供电端，绿色引线通过晶体管 VT7 连接控制芯片 LB11820S。

当使用闸把进行刹车时，其内部的机械开关闭合使 VT7 截止，芯片 LB11820S 的⑮脚输出的 5V 电压通过 R25 为 LB11820S 的㉔脚提供高电平，被 IC1 内部电路处理后，使 IC1 的②~⑦脚不再输出激励脉冲，从而使功率管截止，电动机停转，实现了刹车功能。

⑦ 欠压保护电路　在电动自行车使用过程中，为了防止蓄电池过放电，该控制电路中的运算放大器 IC2（LM358）、取样电阻 R17~R20 和芯片 LB11820S 等组成了欠压保护电路。

当蓄电池的 +36V 电压充足时，电压比较器 IC2B 中的③脚电压高于②脚的电压，经过内部的电压比较后，①脚输出为高电平，通过 R22、R23 后输入到晶体管 VT7 中，此时 VT7 导通，LB11820S 的㉔脚输入低电平，LB11820S 检测后执行正常操作，驱动功率管工作；同时，通过电压比较器 IC2B 中的①脚输出的另一路通过连接插件为绿色发光管进行供电，使其发光，表明蓄电池的电量充足。而电压比较器 IC2A 中的⑤脚电位低于⑥脚的电位，其⑦脚则输出为低电平，红色发光管不能发光。

当蓄电池内的电量消耗低于约 31.5V 时，其中一路是经取样电阻器 R19 和 R20 后输出的电压送于电压比较器 IC2B 中的③脚，12V 电压经取样电阻器 R17 和 R18 后输出的电压送于电压比较器 IC2B 中的②脚，此时③脚的电压低于②脚的电压，经过内部的电压比较后，①脚输出低电平，从而使 VT7 截止，并且绿色发光管熄灭。

当 VT7 截止后，LB11820S 中的⑮脚输出电压通过电阻器 R25 后为其㉔脚提供高电平，LB11820S 检测后，则不能输出激励脉冲，功率管停止工作，从而导致电动机停止转动。另一路则分别送入到电压比较器 IC2A 中的⑤脚和⑥脚，由于蓄电池内的电量过低，所以⑥脚的电位低于⑤脚的电位，其⑦脚输出高电平，通过连接插件为红色发光管进行供电，使其发光，表明蓄电池处于欠压状态。

⑧ 过流保护电路　控制芯片 LB1180S、运算放大器 IC6（LM358）和电阻器 R37 构成了过流保护电路。过流保护电路主要对功率管进行保护，以免因电流过大损坏功率管。当通过功率管的电流正常时，取样电阻器 R37 产生的压降较小，通过 IC6（LM358）送到控制芯片 IC1 的①脚的电压较低，IC1 内部的过流保护电路不动作，功率管可以正常接收到激励脉冲，使电动机运转。

当负载过大或因电动机堵转等导致功率管电流过大时，取样电阻器 R37 的压降加大，通过 LM358 放大后为芯片 LB11820S 中①脚提供的电压升高，其内部的过流保护电路开始工作，使其不能输出激励脉冲，从而功率管停止工作，电动机停止转动，实现过流保护。

相关资料

LB11820 芯片的各引脚功能如图 7-12 所示。

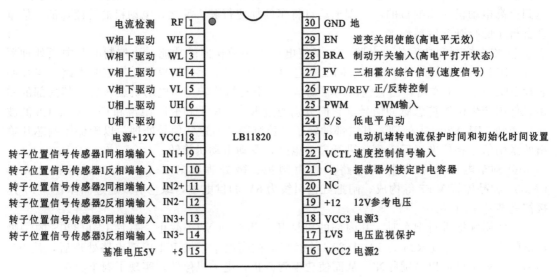

图 7-12 LB11820 芯片的引脚功能

(3) 采用 MC33033＋IR2103 芯片的无刷控制器电路原理图识读训练 图 7-13 所示为典型电动三轮车中采用 MC33033＋IR2103 芯片的无刷控制器电路原理图。从图中可以看到，该电路主要由闸把、转把、倒/顺开关 S1、控制芯片 MC33033、3 个驱动芯片 IR2103 等构成。

由图可知，采用 MC33033＋IR2103 芯片的无刷控制器电路的识图过程如下。

① 供电电路 蓄电池的 48V 电压经电阻器 R1 限流、电容器 C3 和 C4 滤波后送入三端稳压器 7815 的输入端，经其稳压后，由其输出端输出＋15V 电压，该电压经电容器 C6、C5 滤波后，送入 IC1 的⑭脚，为其提供工作电压；同时分别送入三个驱动器 IC2、IC3、IC4 的①脚供电。

② 启动电路 启动电路主要用来驱动无刷电动机运转，该电路中的控制芯片 MC33033DW 的⑭脚得到供电电压后，芯片内部开始工作，其②脚和⑰脚、①脚和⑯脚、⑳脚和⑮脚分别输出驱动信号，经 IC2、IC3、IC4 处理后驱动 VT1～VT6，最后驱动电动机三相绕组，使电动机旋转。

③ 调速电路 调速电路主要通过控制电路对电动三轮车电动机进行快、慢速度的调整。在该电路中调速电路主要是由 IC1 的⑦脚及外接电路和转把电路（霍尔元件）等部分构成的。转把的红色引线段是调速信号输出端。

在旋转转把时，其调速信号输出端输出的直流控制电压经 R10 送入 IC1 的⑦脚，当该直流电压从低到高变化时，IC1 的⑦脚电压也相应升高，经 IC1 内部电路处理后，输出 PWM 信号，使通过 IC2～IC4 驱动 VT1～VT6 的导通时间延长，电动机绕组电流加大，电动机转速提高。反之，电动机转速降低，进而实现电动三轮车的调速功能。

④ 倒/顺车控制电路 电动三轮车具有自动倒车功能，该功能由倒/顺开关 S1 和控制芯片 IC1 实现。倒/顺开关 S1 连接在控制芯片 IC1 的③脚。在常态下，S1 处于断开状态，控制芯片 IC1 输出电动机的正向相序驱动信号；当按下 S1 后，IC1③脚电平被拉低，IC1 识别低电平信号后，首先控制其驱动信号输出端停止输出，待电动机反馈回来的速度信号为 0 时，控制芯片 IC1 输出反向相序驱动信号，控制电动机倒转，实现电动三轮车的倒车功能。

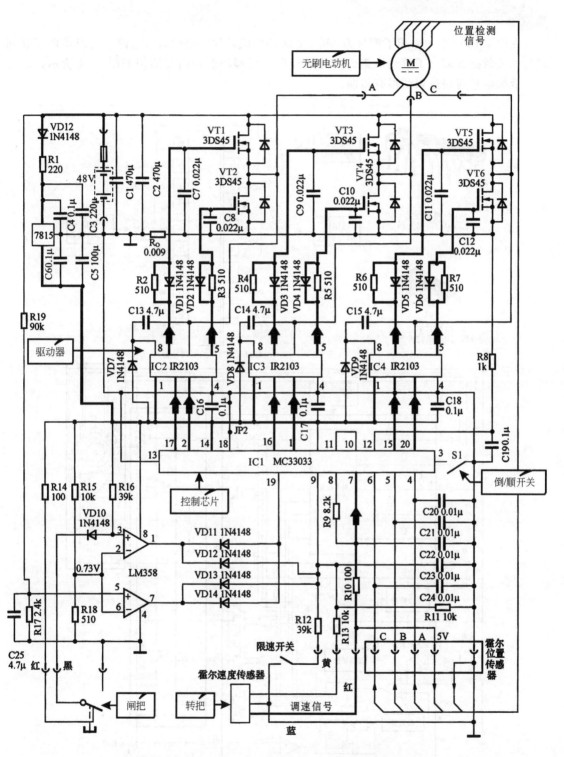

图 7-13 采用 MC33033+IR2103 芯片的无刷控制器电路原理图

相关资料

在图 7-13 电路中采用了型号为 MC33033 的集成芯片,通过集成电路手册或借助互联网进行相关数据查询,了解到该集成芯片的外形、引脚功能和内部结构如图 7-14 所示,结合这些数据信息对快速识图很有帮助。

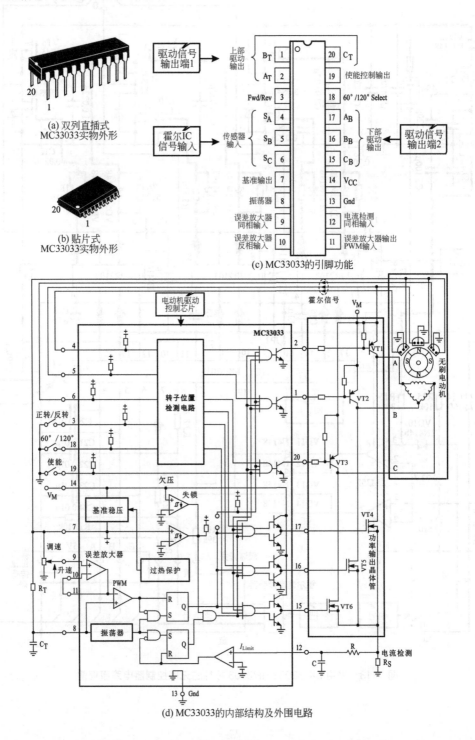

图 7-14 MC33033 的外形、引脚功能和内部结构

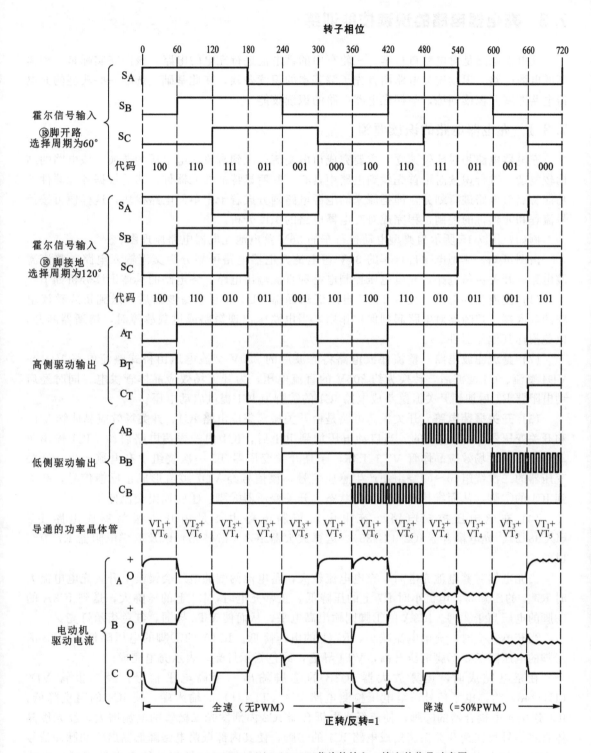

(e) MC33033芯片的输入、输出的信号时序图

图 7-14 MC33033芯片的外形、引脚功能、内部结构及时序图

7.3 充电器电路的识读技能训练

充电器电路是对电动自行车、三轮车中的蓄电池进行充电的电路。该电路实际是一种典型的电源电路。识读这类电路图首先了解基本的识读要领,在此基础上选取一些典型的充电器电路图展开识读训练,掌握充电器电路的识读技能。

7.3.1 充电器电路的识读要领

充电器电路相对比较独立,主要完成市电交流电压到直流充电电压的转换。该电路的结构较复杂,进行识读时可首先找到电路中具有一些明显特征的元器件,然后根据各元器件的功能特点对电路进行划分,即把原来的电源电路划分成若干个单元电路模块,这样便可按信号流程和元器件的控制过程完成对充电器电路的识读分析。

例如,图 7-15 所示为典型电动自行车的 36V 蓄电池充电器电路原理图。

由图可知,典型电动自行车的 36V 蓄电池充电器电路可划分为交流输入电路、整流滤波电路、开关振荡电路、充电电压控制电路和直流输出电路。各电路的具体识读分析如下。

(1) 交流输入电路　交流 220V 电压经熔断器 FU1 和互感滤波器后,送到桥式整流电路的输入端。熔断器对电路起到保护作用,当电路中出现短路或过载故障时,熔断器断开,以免损坏其他元器件。

(2) 整流滤波电路　整流滤波电路将滤波后的 220V 交流电压由桥式整流电路 VD1～VD4 整流、C4 滤波后,转换为约 300V 的直流电压,为开关场效应晶体管供电;同时经启动电阻器 R1 后加到开关振荡集成电路 IC1 的⑦脚为 IC1 提供启动电压。

(3) 开关振荡电路　开关振荡电路是由开关振荡集成电路 IC1、开关场效应晶体管 VT3 和开关变压器 T2 等构成的。当启动电压加到 IC1 后,IC1 内的振荡电路启动,IC1 输出驱动信号使开关场效应晶体管 VT3 工作,于是开关变压器 T2 一次绕组中有电流产生,开关变压器的二次绕组⑤～⑥绕组便产生感应信号,该信号经 VD7 整流形成正反馈信号,叠加到 IC1 的⑦脚,从而维持 IC1 的振荡状态,开关变压器③脚、④脚输出交流低压。

(4) 充电电压控制电路　充电电压控制电路主要是由开关振荡集成电路 IC1(UC3842)、光电耦合器 IC2(4N35)、运算放大器 IC3(LM393)以及取样电阻器 R7 等组成的。

当充电器对蓄电池充电时,充电电流较大,蓄电池两端的电压会慢慢上升。充电电流大时 R7 上的压降高,电流小时 R7 上的压降低。正常充电时,R7 上的压降大,送到 IC3A 的③脚的电压高于②脚。IC3A 的①脚则输出高电平,从而使 VT2 导通,红色指示灯亮。

当充电完成时,充电电流减小,R7 上的电压降低。IC3A 的①脚的电压降低,IC3B 的⑥脚的电压降低,⑦脚电压升高,VT1 导通,绿色指示灯亮,表示充电完成。

在充电完成时,运算放大器 IC3B 的⑦脚输出一个高电平信号,经二极管 VD9(1N4148)将高电平信号送至电压检测电路 IC4(TL431)的输入端,使 IC4 的阻抗降低,IC4 连接光电耦合器的②脚,使流经光电耦合器 IC2 内部发光二极管的电流增大,经光敏晶体管将信号反馈到开关振荡集成电路 IC1 的②脚,使其内部振荡电路降低输出驱动脉冲信号占空比,使开关场效应晶体管 VT3(2SK1358)的导通时间缩短,输出电压降低,电流减小。

(5) 直流输出电路　开关变压器 T2③脚、④脚输出交流低压,经 VD6 整流、C6 滤波、VD8 整流后输出 44.5V 充电电压。

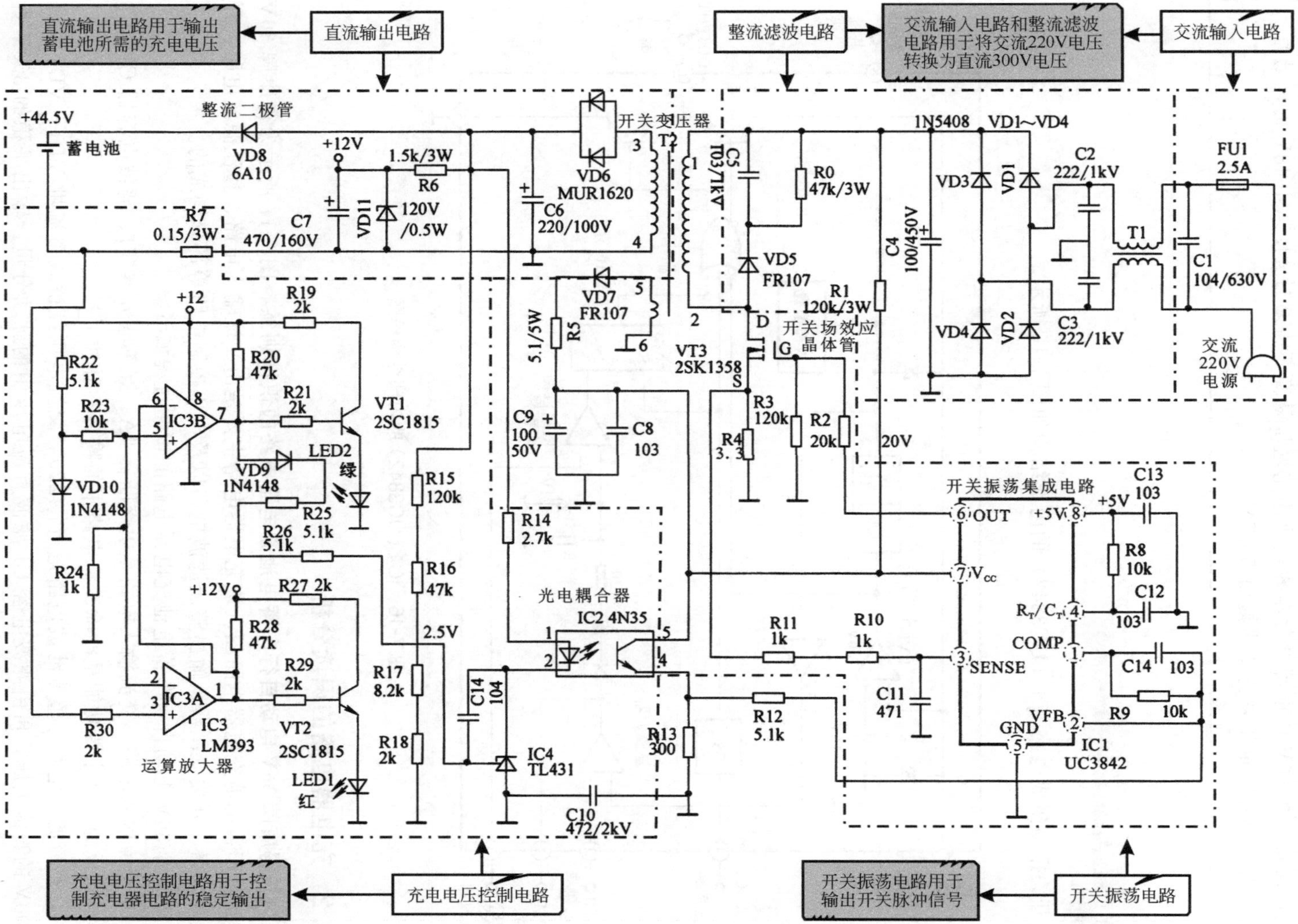

图 7-15 36V 蓄电池充电器电路图（富士达牌）

> **特别提示**
>
> 在电动自行车蓄电池充电器电路原理图直流输出电路中，蓄电池旁边可能会标注有电压值，即 36V 的电动自行车蓄电池浮充电压最高不得超过 44.5V，48V 的电动自行车蓄电池浮充电压最高不得超过 56.8V。

> **资料链接**
>
> 开关振荡集成电路 IC1（UC3842）的内部结构如图 7-16 所示。

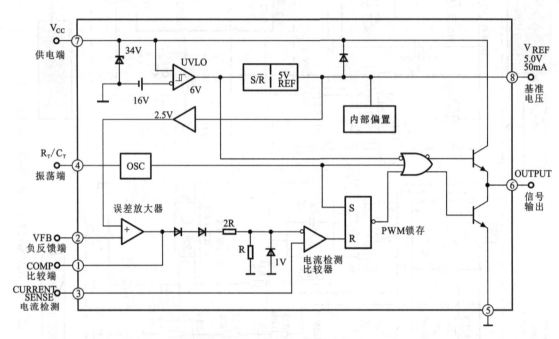

图 7-16　IC1（UC3842）的内部结构框图

7.3.2　充电器电路的识读分析

(1) 得康牌 36V 电动自行车蓄电池充电器电路的识读训练　图 7-17 所示为得康牌 36V 电动自行车蓄电池充电器电路图。该充电器电路主要是由交流输入电路、整流滤波电路、开关振荡电路、开关变压器、输出整流滤波电路以及电压控制电路等部分构成的。

得康牌 36V 电动自行车蓄电池充电器电路的识图过程如下。

① 交流输入电路　交流输入电路是由熔断器 2A、互感滤波器 T1、滤波电容器 C1~C3 等部分构成的，其主要功能是滤除交流电路中的噪声和脉冲干扰。

② 整流滤波电路　整流滤波电路是指将 220V 交流电压经桥式整流堆 VD1~VD4 整流约 300V 的直流电压，再由滤波电容 C1 滤波直流电压中的脉动分量，输出平稳的 300V 直流电压，经启动电阻器 R2 后加到开关振荡集成电路 IC1 的⑦脚，为 IC1 提供启动电压。

③ 开关振荡电路　开关振荡电路主要是由开关场效应晶体管 2SK1082、开关振荡控制集成电路 IC1 以及相关电路构成的。

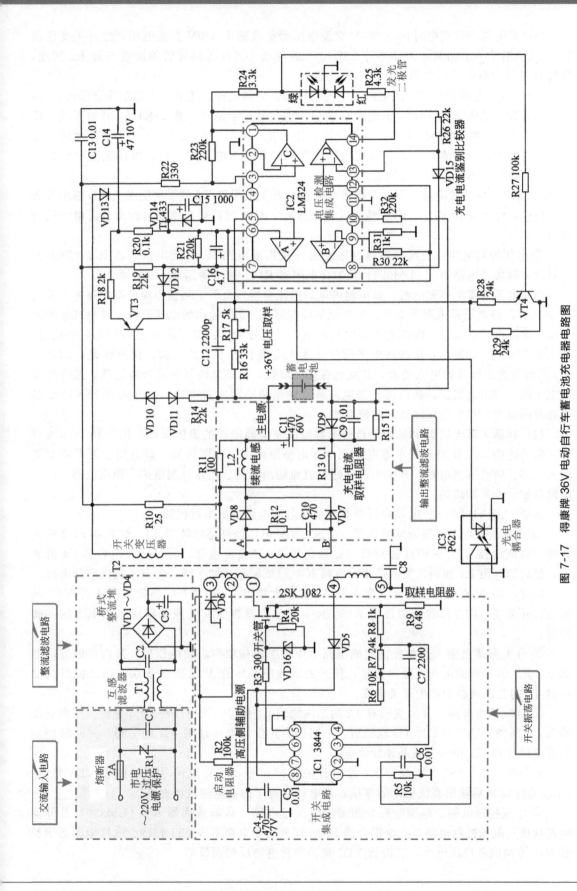

图 7-17 得康牌 36V 电动自行车蓄电池充电器电路图

当接通电源进行充电时，由 220V 交流电压经整流输出 300V 直流电压，经开关变压器 T2 一次绕组②～①加到开关晶体管 2SK1082 的漏极 D。开关晶体管的源极 S 经 R9 接地，栅极 G 受开关振荡集成电路 IC1 的⑥脚控制。

300V 直流电压为开关集成电路 IC1 的⑦脚提供启动电压，使 IC1 中的振荡器起振，IC1 的⑥脚为开关晶体管 2SK1082 的栅极 G 提供振荡信号，于是开关管 2SK1082 开始振荡，使开关变压器 T2 的一次绕组中产生开关电流。开关变压器的二次绕组⑤～④中便产生感应电流，④脚的输出经整流、滤波后形成正反馈电压加到 IC1 的⑧脚，从而维持振荡电路的工作，使开关电源进入正常工作状态。

④ 输出整流滤波电路　当开关电源起振后，开关变压器 T2 的二次绕组 A、B 输出开关脉冲信号，经二极管 VD7、VD8 整流以及电感 L2、C11 滤波后向电动自行车的蓄电池进行充电。

⑤ 电压控制电路　稳压控制电路主要由开关集成电路 IC1、光电耦合器 IC3（P621）、运算放大器集成电路 IC2（LM324）及取样电阻器 R16、R17 等组成。

当充电器对蓄电池充电时，蓄电池两端的电压会慢慢上升。当蓄电池两端电压等于或超过 36V 时，该电压经电阻器 R16、R17 使集成电路 IC2⑤脚输出的电压升高，并超过⑥脚的电压。该高电平进入 IC2 内部的电压比较器 A，经比较后，由其⑦脚输出一个高电平信号，使二极管 VD12 导通，并将该高电平信号送入光电耦合器 IC3 的①脚，使流经光电耦合器 IC3 内部发光二极管的电流增大，其发光管亮度增强，光敏晶体管导通程度增强，最终使流入 IC1 的①脚电流增加，其内部振荡电路降低输出驱动脉冲占空比，使开关管 2SK1082 的导通时间缩短，输出电压降低，电流减小。

(2) 邦德·富士达牌 48V 电动自行车蓄电池充电器电路的识读训练　图 7-18 所示为邦德·富士达牌 48V 电动自行车蓄电池充电器电路原理图。由图可知，该电路主要是由交流输入电路、整流滤波电路、开关振荡电路、直流输出电路、电压控制电路、稳压电路和防蓄电池反接电路等构成的。

邦德·富士达牌 48V 电动自行车蓄电池充电器电路的识图过程如下。

① 交流输入电路、整流滤波电路　交流 220V 电压经互感滤波器 T1、熔断器 FU1 后送入桥式整流电路 VD1～VD4 进行整流，输出约 300V 直流电压，再经滤波电容器 C4 滤波后，经启动电阻 R4 加到开关振荡集成电路 IC1（UC3845）的⑦脚，为 IC1 提供启动电压。

同时，300V 直流电压经开关变压器 T2 的一次绕组 L1 加到开关场效应晶体管 VT2 的漏极，开关场效应晶体管的源极经 R15、R16 接地，栅极受开关振荡集成电路 IC1 的⑥脚控制。

② 开关振荡电路　开关振荡集成电路 IC1 的⑦脚接收到启动电压后，其内部的振荡器起振，IC1 的⑥脚输出开关振荡信号，使开关场效应晶体管 VT2 开始振荡，由此使开关变压器 T2 的二次绕组中产生开关电流。

③ 直流输出电路　开关变压器 T2 的二次绕组 L2 输出交流电压经 VD5 整流、三端稳压器 IC3（7812）稳压和 C8、C7 滤波后，一路作为正反馈电压加到 IC1 的⑦脚，另一路经加到光电耦合器 IC4 中为光敏晶体管供电。

开关变压器 T2 的次级绕组 L3 输出开关脉冲信号，该交流信号经二极管 VD6 整流、C13、C14 滤波后输出直流稳定的电压，为电动自行车的蓄电池进行充电。

④ 电压控制电路、稳压电路和防蓄电池反接电路　运算放大器 IC5（LM339）及外围电路构成其电压控制电路，光电耦合器 IC4、误差检测电路 IC6（TL431）、取样电阻器 R27 和 R19 等构成其稳压电路，二极管 VD7 是为防蓄电池反接而设的。

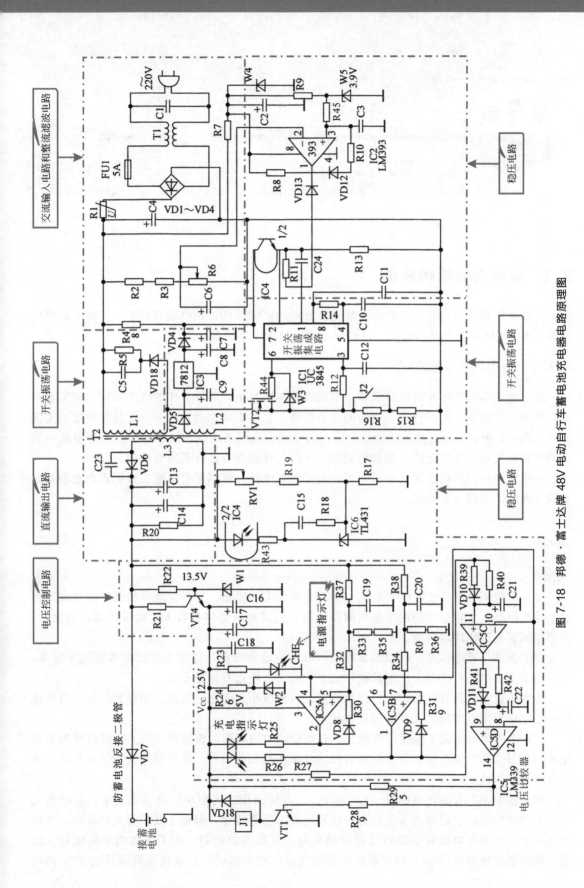

图 7-18 邦德·富士达牌 48V 电动自行车蓄电池充电器电路原理图

第 8 章 蓄电池的检测与修复技能训练

8.1 蓄电池的结构原理

蓄电池俗称电瓶,它是一种可反复充、放电的储能部件,是电动自行车、三轮车的供电设备。图 8-1 所示为电动自行车、三轮车中蓄电池的安装位置。

8.1.1 蓄电池的功能特点

蓄电池是电动自行车的能源载体,承载着整车所有电气部件工作的电力供应,是实现电动自行车、三轮车"电动行车"功能的首要条件,也是影响电动自行车、三轮车性能的关键部件。图 8-2 所示为蓄电池的功能示意图。蓄电池将电压输送到控制器中,由控制器统一对车辆的各电气部件提供电能,例如电动机、车灯、仪表盘等部分都需要电能。

蓄电池根据内部化学元素的不同可分为铅酸蓄电池、锂离子蓄电池、镍镉蓄电池和镍氢蓄电池四种,如图 8-3 所示。

相关资料

(a) 铅酸蓄电池属于酸性蓄电池,它具有制作工艺成熟、价格低廉等特点,因此成为目前电动自行车、三轮车中使用量最大的蓄电池;但其缺点是体积较大,重量较重,寿命短,内部物质容易造成环境污染。

(b) 锂离子蓄电池是一种新型蓄电池,该蓄电池的质量、体积要比铅酸蓄电池小很多,多应用于小型电动自行车上,但其制作成本较高,市场占有率较小。

锂离子蓄电池具有比能量大、比功率高、自放电小、无记忆效应、循环特性好、可快速放电、工作温度范围宽、无环境污染等优点。

(c) 镍镉蓄电池属于碱性蓄电池,已有很长的使用历程。镍镉蓄电池的正极材料为氢氧化亚镍和石墨粉的混合物,负极材料为海绵状镉粉和氧化镉粉,电解液通常为氢氧化钠溶液或氢氧化钾溶液。

镍镉蓄电池具有循环寿命长(约 500 次)、经济耐用、内阻小、可快速充电、放电电流大、电池结构紧凑、耐冲击、耐过充、过放电能力强等特点,但由于其具有记忆效应,在使用过程中,如果电量没有全部放完就开始充电,下次再放电时,就不能放出全部电量。比如,镍镉蓄电池只放出 80% 的电量后就开始充电,充足电后,该电池也只能放出 80% 的电

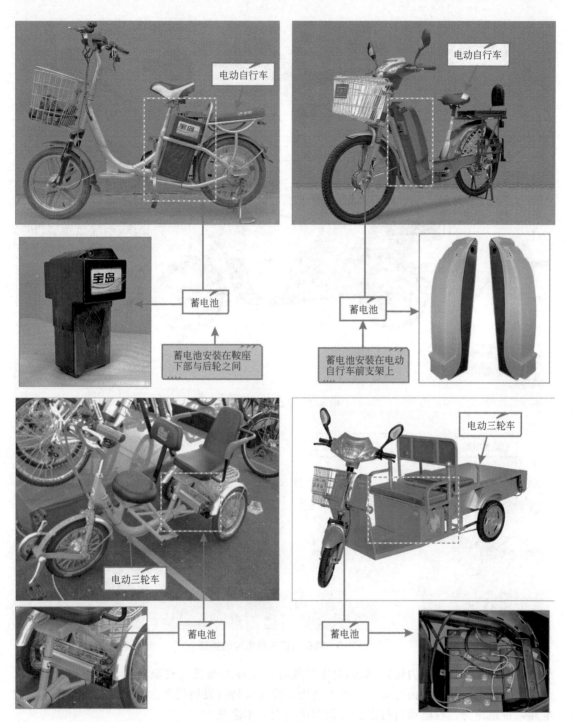

图 8-1 电动自行车、三轮车中蓄电池的安装位置

量。另外,由于其电解液中含有镉元素,易产生污染,未能在电动自行车、三轮车领域中得到发展和应用。

(d) 镍氢蓄电池属于碱性蓄电池,它是氢以结合水的形式存储在金属壳内,作为电解质使用。该技术出现于 20 世纪 90 年代,属于新型的蓄电池类型。

镍氢蓄电池具有比能量高(一次充电可行驶距离长);比功率高,在大电流工作时也能

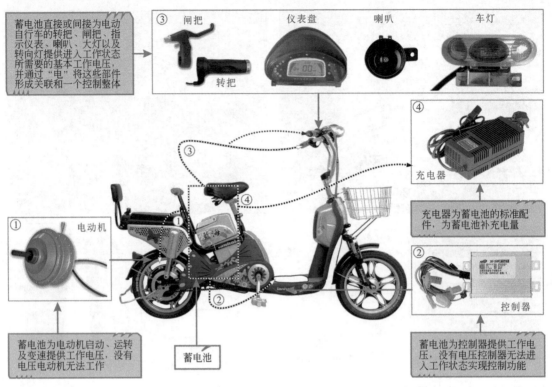

图 8-2 蓄电池的功能

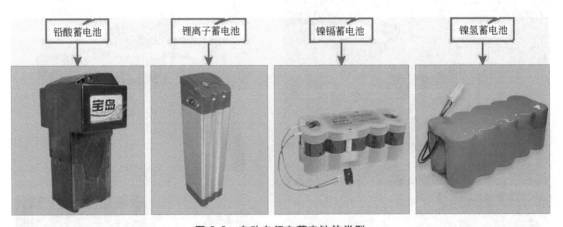

图 8-3 电动自行车蓄电池的类型

平稳放电（加速爬坡能力好）；低温放电性能好；循环寿命长；安全可靠，免维护；无记忆效应；对环境不存在任何污染，可再生利用，符合可持续发展的理念。但是，镍氢蓄电池成本高，价格昂贵，在电动自行车、三轮车市场上并不多见。

目前，在市场流行的电动自行自行车、三轮车中，以铅酸蓄电池和和锂离子蓄电池较为常见，下面将主要以这两种蓄电池为例介绍其功能特点等。

(1) 铅酸蓄电池的结构特点 铅酸蓄电池属于酸性蓄电池，是目前使用量最大的一类蓄电池。目前，电动自行车常用 3~4 块单体铅酸蓄电池串联成 36V 或 48V 两种自行车用蓄电池；而三轮车常用 4~8 块单体铅酸蓄电池串联成 48V、60V、72V、84V 等多种三轮车用蓄电池。

例如，图 8-4 所示为电动自行车中两种蓄电池外形及内部结构。

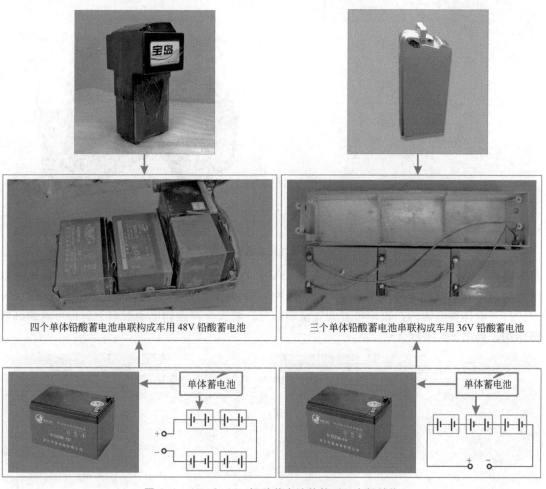

图 8-4　48V 和 36V 铅酸蓄电池的外形及内部结构

其中，每个单体铅酸蓄电池电压为 12V（其内部由六个单格电池构成，每格电池电压为 2V）。

 相关资料

根据铅酸蓄电池的密封形式，内部的单体铅酸蓄电池可将其分为阀控式免维护铅酸蓄电池和胶体铅酸蓄电池两种，如图 8-5 所示。

其中以阀控式免维护铅酸蓄电池居多，它属于液态电解质的普通铅酸蓄电池。而胶体铅酸蓄电池是对液态电解质的普通铅酸蓄电池的改进，它采用凝胶状电解质，内部无游离的液体存在，它的容量大，热消散能力强，能避免产生热失控现象；其电解质浓度低且均匀，对极板的腐蚀弱，不存在酸分层的现象。

另外，铅酸蓄电池按极板采用的铅合金分类，可分为铅锑镉合金的含镉电池和铅钙锡铝合金的无镉电池（绿色电池）。含镉的电池产品对环境有更大的污染。

阀控式免维护铅酸蓄电池是电动自行车、三轮车中最常见的蓄电池种类，这种蓄电池普

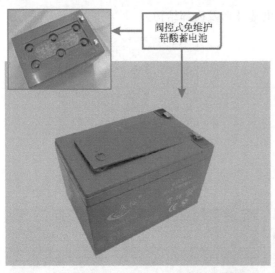
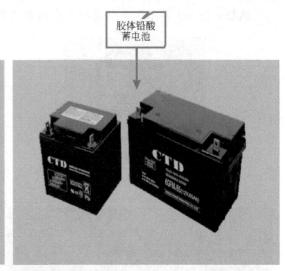

图 8-5　阀控式免维护单体铅酸蓄电池和胶体铅酸蓄电池

及率很高，结构比较简单。下面以从一个 48V 蓄电池中取出其中一个单体铅酸蓄电池（以下称为单体蓄电池）为例详细介绍其内部结构。

打开单体蓄电池的挡板即可看到安全阀部分，将安全阀连同电池盖取下后即可看到其内部结构，如图 8-6 所示。

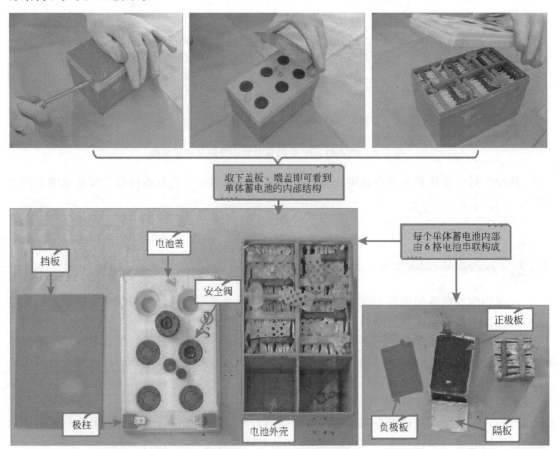

图 8-6　单体蓄电池的内部结构

从图中可以看出，单体蓄电池内部主要包括安全阀、电池外壳、极板、隔板、极柱以及附着在极板上的电解液等。

>>> **特别提示**

从图 8-6 可以看到，单体蓄电池内部分成 6 格，每格电池为 2V，6 格电池串联起来为 12V，即每个单体蓄电池的电压为 12V，将 4 块或 3 个单体蓄电池再串联放入外壳中，便构成了电动自行车、三轮车的 48V 或 36V 蓄电池，如图 8-7 所示。

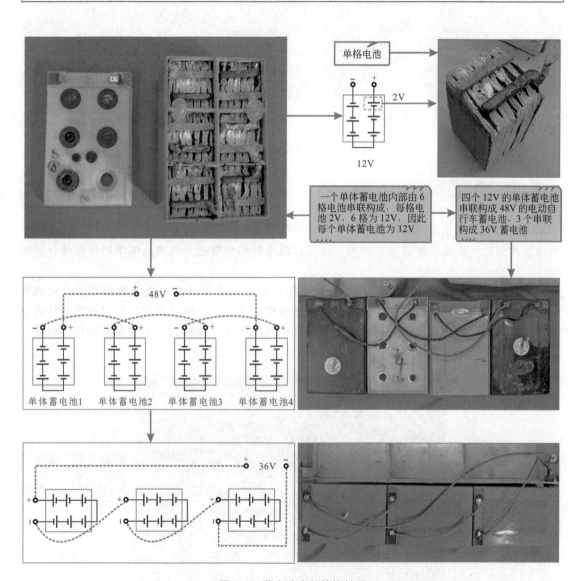

图 8-7 蓄电池内部结构关系

① 安全阀　安全阀是阀控式铅酸蓄电池的重要部件之一，它位于蓄电池的顶部，有帽状、伞状和片状之分。图 8-8 所示为典型安全阀的实物外形，该安全阀主要由密封帽、遮挡片、排气孔构成。

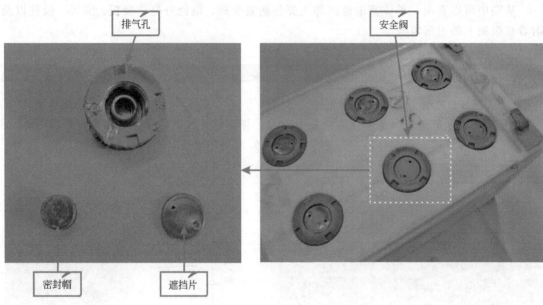

图 8-8 典型安全阀的实物外形

相关资料

安全阀的作用是根据电池内部产生气体的气压情况，及时打开或关闭安全阀，以避免由于电池内部过压造成电池变形、开裂，还可以阻止外部空气进入电池内部增加负极的自放电反应。

② 电池外壳　蓄电池的外壳用来盛装和固定内部的单格电池及电解液等部分，它具有耐酸性强、绝缘性好、耐腐蚀、耐高温、机械强度好等特点。电动自行车所用的电池外壳通常使用材质强韧的合成树脂并经特殊处理制成，其机械强度特别强（上盖也使用相同材质）。电池外壳和上盖通常使用热熔胶粘连，牢固可靠，如图 8-9 所示。

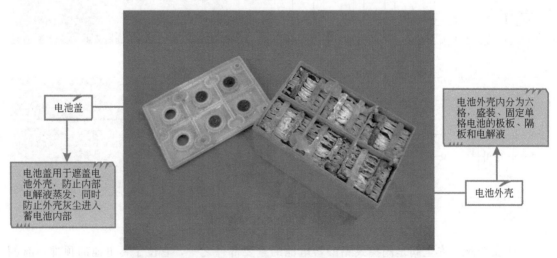

图 8-9 电池外壳的实物外形

③ 极板　极板是参与电池内部电化学反应的主要部件。如图 8-10 所示，蓄电池内部极

板可由铅锑合金或铅钙合金制成，分为正、负极板两类，其中正极板上的附着物质为二氧化铅（黑色、较软），负极板上的附着物质为纯铅（灰色、较硬）。

图 8-10　蓄电池中的正负极板

>>> **特别提示**

每个单格电池内有多个极板，正极板和负极板分别由跨桥焊焊接在一起，极板之间通过隔板进行隔离，如图 8-11 所示。6 个单格电池之间也通过焊接的方式串联在一起，连接部位常用强力胶水进行密封固定。

④ 隔板　为了防止正、负极板间接触短路，在每两块极板之间需加入隔板。隔板可防止极板弯曲变形以及活性物质的脱落，还能阻止正极板上的金属离子向负极板迁移，以减小硫酸盐硫化和大量自由电子的放电；此外，极板经长时间使用，也不会出现劣化或释放杂质等现象。

铅酸蓄电池一般都使用胶质隔板或玻璃丝棉隔板，并且使用隔板进行包裹时，只将正极板进行包裹即可。图 8-12 所示为隔板的实物外形。

⑤ 极柱　极柱是单体蓄电池外部的接线焊片，它用于将单体蓄电池与电路导线进行相连，图 8-13 所示为极柱的实物外形。极柱有正、负极之分，通常正极用"＋"标识，并使用红色密封树脂对正极进行固定；负极用"－"标识，使用黑色、蓝色或绿色密封树脂对其进行固定。

⑥ 电解液　铅酸蓄电池的电解液是由蒸馏水和蓄电池专用硫酸按一定比例混合配置而成的。电解液在充、放电过程中，会与正、负极板发生电化学反应，将化学能转换成电能（或将电能转化为化学能），并在电池内部起导电作用。

(2) 锂离子蓄电池的结构特点　锂离子蓄电池是继镍氢蓄电池之后出现的又一种新型蓄电池，图 8-14 所示为锂离子蓄电池的外形及内部结构。

可以看到，锂离子蓄电池内部也是由多个单体锂离子蓄电池构成的，每个单体锂离子蓄电池电压为 3.6V，大约是其他类蓄电池单格蓄电池的 3 倍，因此锂离子蓄电池的重量、体积要比铅酸蓄电池小很多，这就为电动自行车的小型化提供了条件。

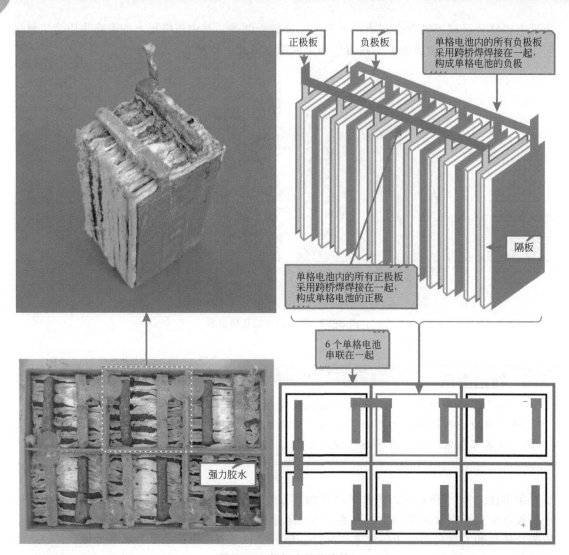

图 8-11 极板之间的连接

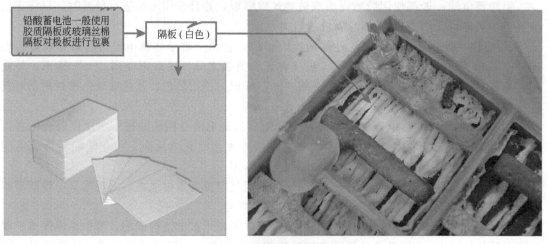

图 8-12 隔板的实物外形

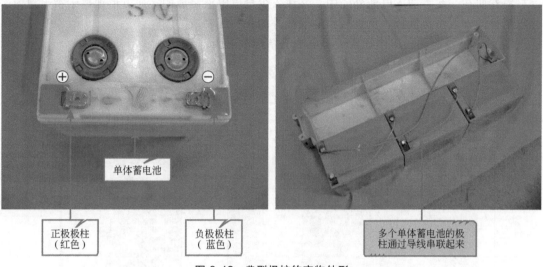

图 8-13　典型极柱的实物外形

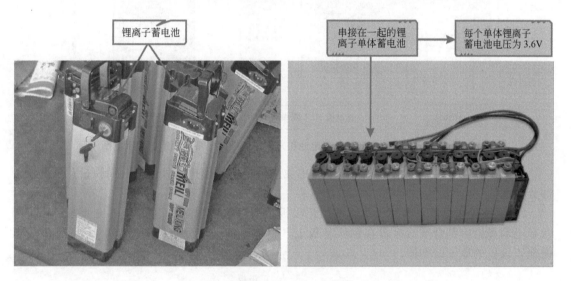

图 8-14　锂离子蓄电池的外形及内部结构

>>> **特别提示**

使用锂离子蓄电池时应注意,不要将锂离子蓄电池过充电或过放电,不然会引发锂离子蓄电池爆炸。不过目前大多锂离子蓄电池都有防爆措施。

目前,电动自行车上使用的锂电池多采用多个单体锂离子蓄电池串联,而串联单体锂离子蓄电池的保护电路的复杂程度远远超过单体电池的保护电路,因此其材料成本也大大增加。

下面以从一个锂离子蓄电池中取出其中一个单体锂离子蓄电池为例详细介绍其内部结构。

单体锂离子蓄电池有筒形和方形两种,筒形锂离子蓄电池是将正、负极板和隔板、极柱等材料卷曲在一起，插入电池外壳中，并注入少量电解液制成的；而方形锂离子蓄电池内部是以层叠的方式将正极板、负极板和隔膜板叠加在一起制成的。

图 8-15 所示为两种单体锂离子蓄电池的结构示意图。

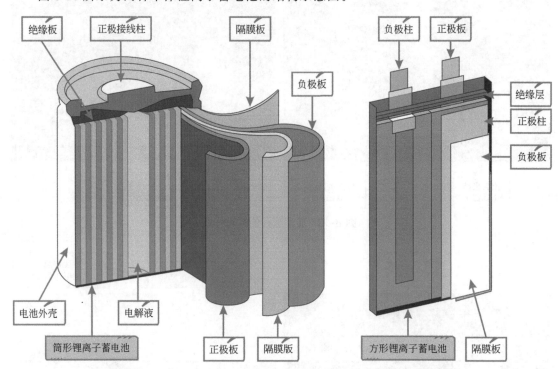

图 8-15　筒形单体锂离子蓄电池和方形单体锂离子蓄电池的结构示意图

从图中可以看出，每个单体锂离子蓄电池主要是由正极板、负极板、隔膜板、电解液等部分构成的。

① 正极板　目前，锂离子蓄电池的正极板主要以钴酸锂（$LiCoO_2$）为主要原料，再加入导电剂和树脂黏合剂后涂覆在铝质基板上，整体呈细薄层分布。图 8-16 所示为锂离子蓄电池正极板的原子结构图。

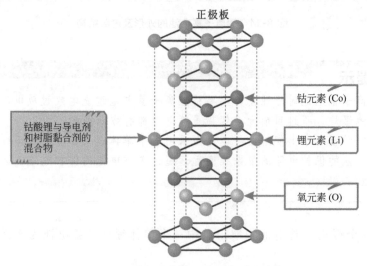

图 8-16　锂离子蓄电池正极板的原子结构图

相关资料

钴酸锂具有工作电压高（3.6V）、放电平稳、适合大电流放电、比能量高、循环性好、制作工艺简单等优点，但其价格高、安全性差、容易污染环境。而新型原料磷酸铁锂（$LiFePO_4$）性能要比钴酸锂好，并且不污染环境，是良好的替代原料。

② 负极板　负极板上的活性物质是由碳材料与黏合剂的混合物再加上有机溶剂调和制成的糊状物，涂覆在铜基板上，整体呈薄层状分布。图 8-17 所示为锂离子蓄电池负极板的原子结构图。

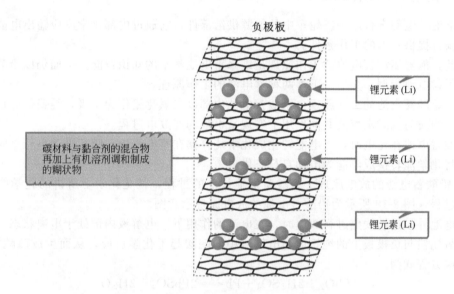

图 8-17　锂离子蓄电池负极板的原子结构图

 相关资料

目前，负极材料主要包括石墨类（天然石墨、人造石墨和石墨化碳）和非石墨类（软碳和硬碳）。

③ 隔膜板　隔膜板可起到关闭或阻断通道的作用，一般使用聚乙烯或聚丙烯材料的微多孔膜板。所谓关闭或阻断功能是指蓄电池出现异常温度上升的情况时，阻塞或阻断作为离子通道的细孔，使蓄电池停止充、放电反应。

隔膜板可以有效防止因外部短路等引起的过大电流充、放电而使蓄电池产生异常发热现象。

④ 电解液　锂离子蓄电池的电解液是以混合溶剂为主体的有机电解液。电解液对于活性物质具有化学稳定性，可良好适应充、放电反应过程中发生剧烈的氧化还原反应，因此电解液一般会混合不同性质的几种溶剂共同使用。

> **特别提示**
>
> 为了确保锂离子蓄电池的安全性,在其外部电路或蓄电池内部都设有异常电流切断的安全装置。即使这样,在使用过程中也可能因其他因素引起蓄电池内部压力异常上升。因此,在蓄电池的顶部设有安全阀来释放多余气体,防止蓄电池破裂。
>
> 锂离子蓄电池的安全阀是一种一次性非修复式的破裂膜,保护蓄电池使其停止充放电过程,是蓄电池的最后保护手段。

8.1.2 蓄电池的工作原理

蓄电池是电动自行车、三轮车中的能源供给部件,它通过内部化学反应输出电能,为整机电力骑行提供基本的工作条件。

因此,能够搞清蓄电池的工作原理是维修蓄电池基本的知识技能。下面仍以铅酸蓄电池和锂离子蓄电池为例,介绍一下这两种蓄电池的工作原理。

(1) 铅酸蓄电池的工作原理　铅酸蓄电池内部以二氧化铅作为正极,纯铅作为负极,这两种活性物质与硫酸水溶液共同作用下实现蓄电池的充放电过程。

铅酸蓄电池在充电时,将电能转化成化学能存储在蓄电池内。骑行电动自行车时,蓄电池内部将化学能转换成电能为电动自行车供电。

① 铅酸蓄电池的放电原理　铅酸蓄电池放电的过程,就是化学上所讲的化学能转化为电能的过程,图8-18所示为铅酸蓄电池的放电原理示意图。

当电池外接连接线路进行放电时,在电流的作用下,电解液内部处于电离状态,正极板上的二氧化铅与负极板上的纯铅就与电解液中的硫酸起了化学反应,从而生成硫酸铅和水,化学反应方程式为

$$PbO_2 + 2H_2SO_4 + Pb =\!=\!= 2PbSO_4 + 2H_2O$$

在化学反应中,生成的硫酸铅将分别附着在正、负极板的板面上,而生成的水则重新回到电解液中。随着放电的进行,电解液浓度逐渐下降,正、负极板上的硫酸铅逐渐积累。当这个过程发展到一定的程度后,放电极化现象越来越重,正极板的电势越来越趋向于负,负极板的电势越来越趋向于正,电解液中硫酸的密度越来越低,电池的电压低到放电终止电压时,放电就必须终止。

> **相关资料**
>
> 蓄电池若过度放电,细小的硫酸铅将结成较大的结晶体,增大极板电阻,影响充电时的还原。周而复始,便会影响蓄电池的使用寿命。

② 铅酸蓄电池的充电原理　铅酸蓄电池充电过程正好与放电过程相反,也就是将电能转化为化学能的过程,图8-19所示为铅酸蓄电池充电原理示意图。

利用直流输出电源进行充电,直流电会将硫酸铅恢复为原来的活性物质,即纯铅和二氧化铅。其化学反应方程式为

$$2PbSO_4 + 2H_2O =\!=\!= PbO_2 + 2H_2SO_4 + Pb$$

当外部供给电压时,附着在正、负极板上的硫酸铅逐步溶解,其与电解液中的水相互作用,使电解液中硫酸浓度不断提高。当这个过程进行到一定程度后,充电极化现象越来越

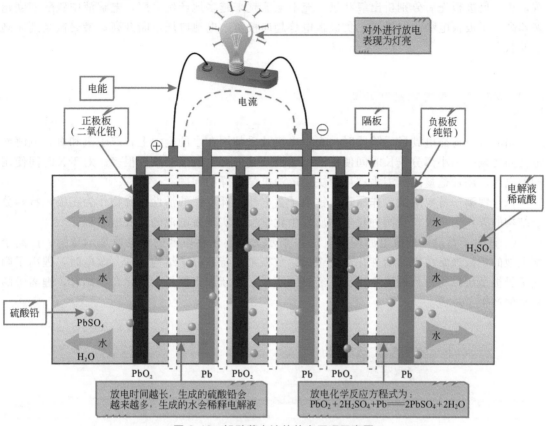

图 8-18 铅酸蓄电池的放电原理示意图

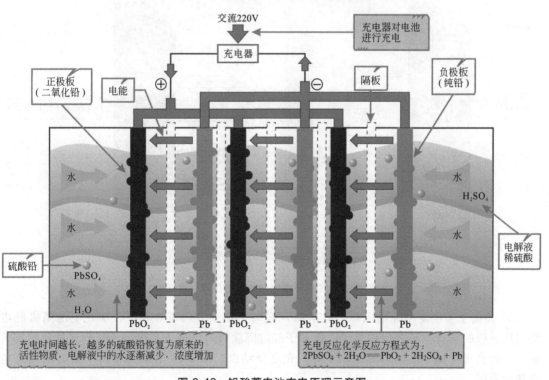

图 8-19 铅酸蓄电池充电原理示意图

重,正、负极板先后分别析出氧和氢,充电电流越来越多地产生水解,电解液中硫酸密度越来越高,正极板电势趋向极正,负极板电势趋向极负,电池电压不断升高,最终恢复到充满电的状态。

 相关资料

铅酸蓄电池充电到最后阶段时,充电电流几乎都用在水的电解上,产生氢和氧,电解液也会随之减少一小部分。长时间使用的蓄电池,其内部电解液会减少很多。对于长时间使用的蓄电池,添加适量的蒸馏水即可解决蓄电池电量下降的问题。

(2)锂离子蓄电池的工作原理 锂离子蓄电池内部以锂的活性化合物作为正极,特殊分子结构的碳作为负极,这两种化学物质发生化学反应实现蓄电池的充放电过程。

① 锂离子蓄电池的放电原理 图 8-20 所示为锂离子蓄电池的放电原理示意图。锂离子蓄电池的正极通常由锂的活性化合物组成,负极则是特殊分子结构的碳。放电时,锂离子则从负极板呈层结构排列的碳中析出,经过隔膜板,重新和正极板上的化合物结合,锂离子的移动便产生了电流。

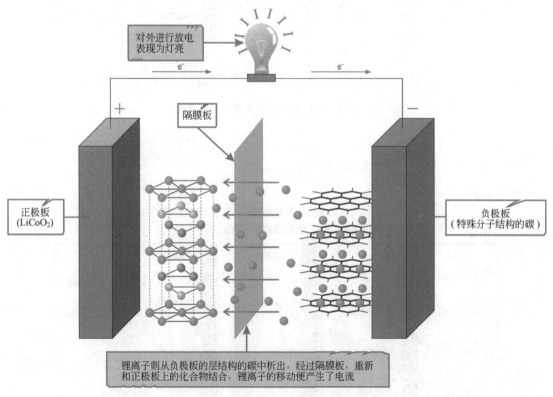

图 8-20 锂离子蓄电池的放电原理示意图

② 锂离子蓄电池的充电原理 充电时,锂离子移动方向正好相反,加在电池两极的电势迫使正极的化合物释放出锂离子,锂离子经过隔膜板后,嵌入负极分子排列呈片层结构的碳中。待负极存储了足够多的锂离子时,充电便结束。图 8-21 所示为锂离子蓄电池的充电原理示意图。

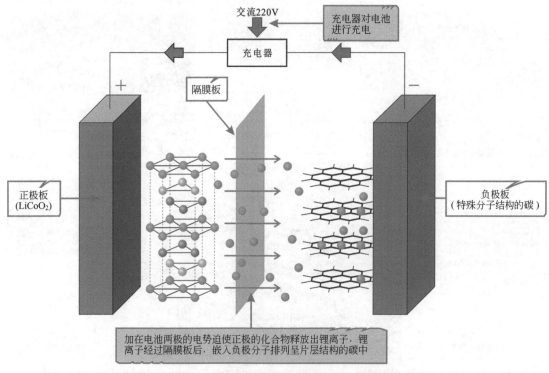

图 8-21 锂离子蓄电池的充电原理示意图

8.2 蓄电池的故障特点与检修分析

蓄电池作为电动自行车、三轮车中的重要组成部件,主要为电动自行车、三轮车各工作部件提供工作电压。而在通常情况下,与"电"有关的一个系统中,任何元件或部件都不是独立存在的,它们通过线路构成各种各样的回路和通路,且信号关系错综复杂,很难针对某一个故障划分出明显的界限。

因此,需要我们在掌握蓄电池的功能特点以及工作原理的基础上,并知晓蓄电池的故障特点后,做好蓄电池的检修流程分析工作,为检测和修复蓄电池做好准备。

8.2.1 蓄电池的故障特点

蓄电池主要是指电动自行车、三轮车的动力源部分,蓄电池性能良好便可确保电动自行车、三轮车能够正常地自动行驶。由于蓄电池是整个电动自行车、三轮车中所有与电有关部件的电力来源,因此当蓄电池出现故障时,多表现在电动自行车、三轮车的电气系统中。一旦蓄电池出现故障便会导致电动自行车、三轮车的电气部件因无供电条件,而无法正常工作。

根据维修经验,蓄电池出现故障,多表现为仪表盘显示无电、行驶里程过短或充满电后电量下降过快、蓄电池漏电、蓄电池充不进电、蓄电池变形、蓄电池自放电严重等,图 8-22 所示为蓄电池的故障特点。

8.2.2 蓄电池的检修分析

蓄电池出现故障主要有两个方面的原因,一种是外部部件短路,引起电量迅速下降;一

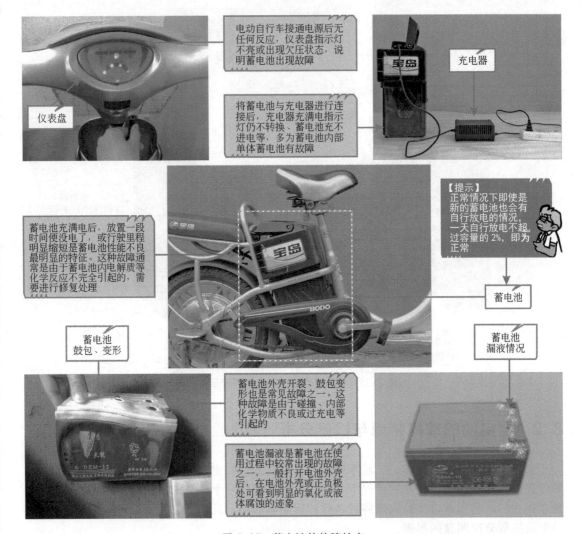

图 8-22　蓄电池的故障特点

种是蓄电池内部损坏或达到使用寿命。

在对蓄电池进行检修时，应首先排除第一种故障，然后通过检测蓄电池电压、容量，检查安全阀、电解液状态判断是内部损坏还是使用寿命到期，根据检测结果进行检修或修复。图 8-23 所示为蓄电池的基本检修流程。

>>> **特别提示**

由于蓄电池的故障特征比较明显，不同故障表现的故障原因也不同，因此从故障表现入手，直接进行故障检修流程分析，然后针对性地检查怀疑损坏的部分，是快速判断和排查蓄电池故障的有效方法。

下面列举蓄电池几种常见故障的检修流程分析方法，维修人员可在维修实践中注意归纳总结，提供维修技能。

图 8-23 蓄电池的基本检修流程

（1）**蓄电池变形鼓包故障的检修流程分析** 蓄电池变形故障一般从外观上即可很容易判断，其多是由内部单个或多个单体蓄电池损坏引起的。该类故障的检修流程如图 8-24 所示。

（2）**蓄电池充满电后行驶里程过短或充满电后电量下降过快故障的检修流程分析** 蓄电池充满电后行驶里程过短或充满电后电量下降过快多是由电路中存在主供电线路对地短路、蓄电池本身性能不良等引起的。该类故障的检修流程如图 8-25 所示。

（3）**蓄电池容量下降、充电效果不佳故障故障的检修流程分析** 蓄电池容量下降、充电效果不佳多是由蓄电池内部不良（常见的有蓄电池内缺水、电解质干涸、极板硫化等）引起的。该类故障的检修流程如图 8-26 所示。

（4）**蓄电池内部短路故障的检修流程分析** 蓄电池内部短路是指单体蓄电池内的单格电池短路，多表现为蓄电池总电压偏低至少 2V 或蓄电池容量低等，从直观现象来说，会引起电动自行车启动无力或不启动的故障。该类故障的检修流程如图 8-27 所示。

（5）**蓄电池漏液故障故障的检修流程分析** 蓄电池出现漏液一般是指打开蓄电池外壳后，在其内部单体蓄电池的安全阀处有明显的氧化腐蚀现象，多是由安全阀密封不良引起的。该类故障的检修流程如图 8-28 所示。

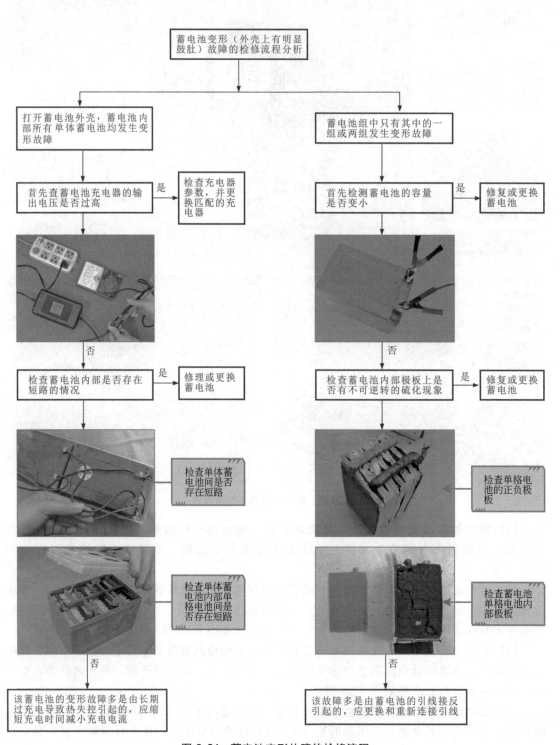

图 8-24 蓄电池变形故障的检修流程

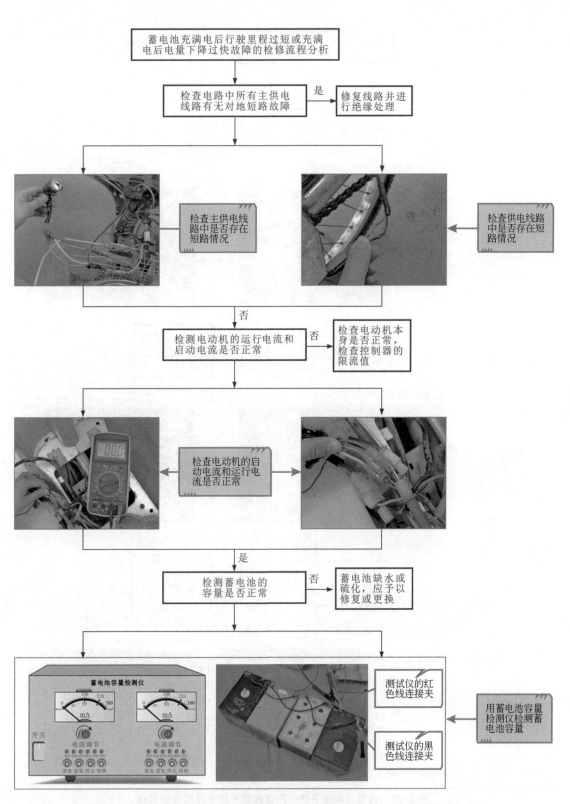

图 8-25 蓄电池充满电后行驶里程过短或充满电后电量下降过快故障的检修流程

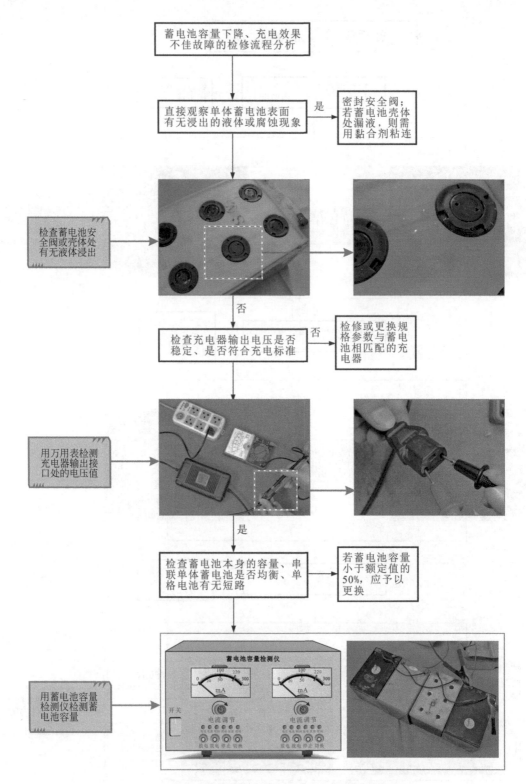

图 8-26 蓄电池容量下降、充电效果不佳故障的检修流程

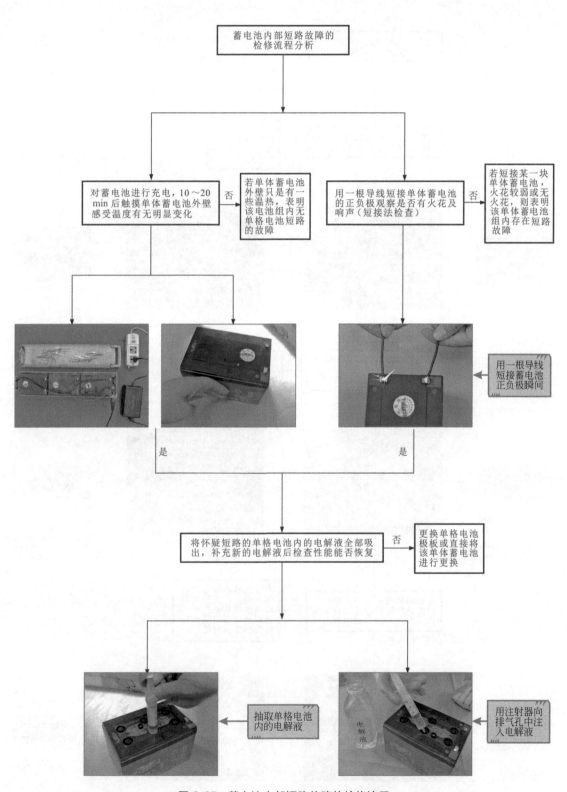

图 8-27 蓄电池内部短路故障的检修流程

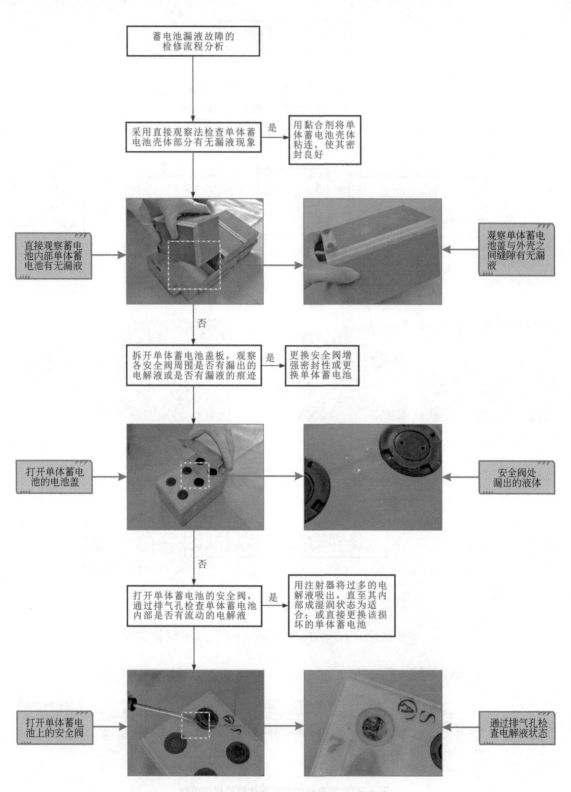

图 8-28 蓄电池漏液故障的检修流程

8.3 蓄电池的检测与修复

结合上述分析，对蓄电池进行检修包括检测和修复两个环节。有些蓄电池工作异常时能够修复，有些则属于使用寿命终止无法修复，可通过检测进行初步判断后，采用相应的补救措施。下面以常见的铅酸蓄电池为例介绍蓄电池的检测与修复。

8.3.1 蓄电池的检测方法

对蓄电池进行检测主要包括对蓄电池电压、蓄电池容量、安全阀性能、电解液多少、单格电池放电情况等来判断蓄电池是否良好，确定蓄电池的损坏程度、原因等，并由此来判别蓄电池是否可修复。

(1) 蓄电池电压的检测方法 蓄电池的性能状态主要体现在容量和电压上，因此可先用万用表测量蓄电池总电压、单体蓄电池空载电压、负载电压以及内部单格电池电压，根据电压高低来快速判断电池性能的好坏。

① 蓄电池总电压的检测 检测电动自行车蓄电池电压时，一般先对蓄电池的总电压进行检测，即用万用表检测蓄电池输出端子上的电压值。

> **演示图解**

蓄电池总电压的检测方法如图8-29所示。

> **特别提示**

将数字式万用表量程调至直流电压挡，黑表笔搭在电池盒电源接口的负极上，红表笔搭在正极上。

在正常空载情况下，36V蓄电池电压应在36～40.5V之间（实测为37.8V），48V蓄电池电压应在48～54V之间（实测电压为51.8V）。36V蓄电池组内部是由三个单体蓄电池串联构成的，48V蓄电池组内部是由四个单体蓄电池串联构成的。

用万用表直接检测蓄电池空载电压只能粗略判断蓄电池总电压是偏低还是偏高，不能直接说明电量的高低和蓄电池的好坏。一般来说，若蓄电池电压明显偏高或偏低，说明内部单体蓄电池可能有一个或多个电池异常。

② 单体蓄电池电压的检测 将蓄电池盒打开，通过对每个单体蓄电池电压的检测，找出不良的单体蓄电池。每个单体蓄电池的电压应不低于12V。

> **演示图解**

单体蓄电池电压的检测方法如图8-30所示。

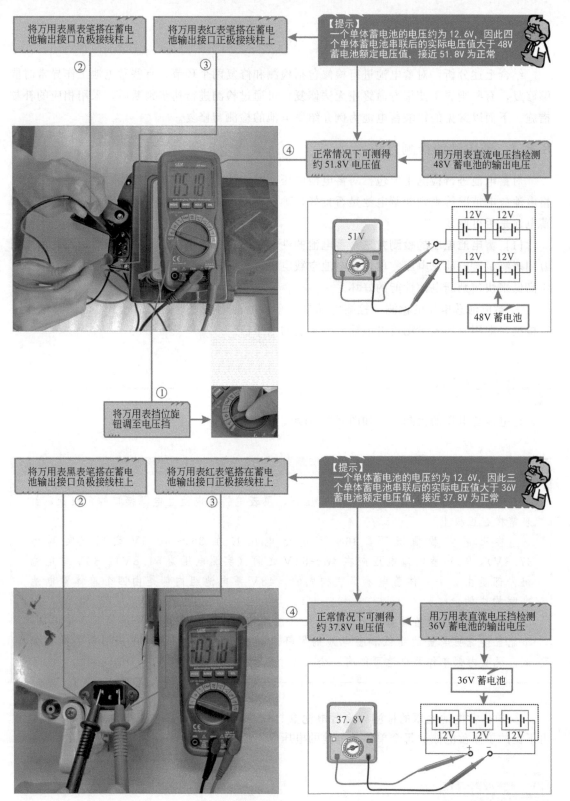

图 8-29 蓄电池总电压的检测方法

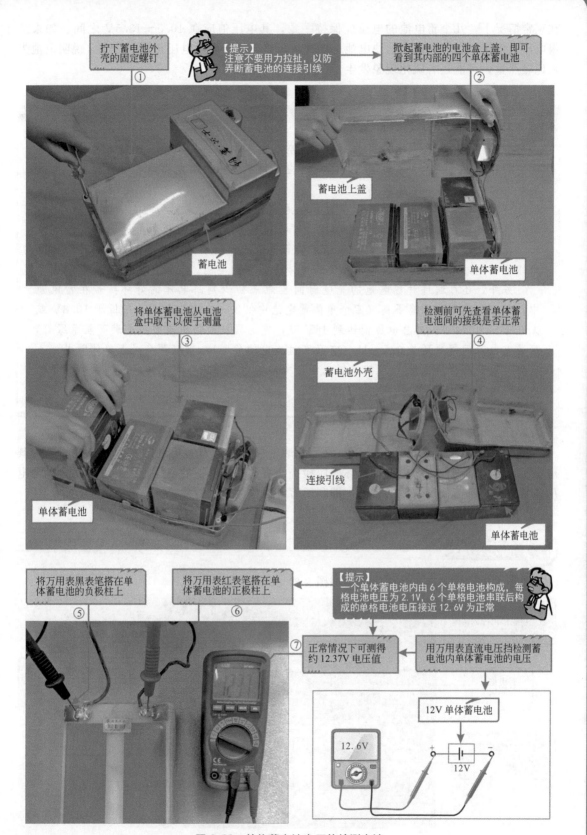

图 8-30 单体蓄电池电压的检测方法

在正常情况下，几个蓄电池的电压应保持一致，其电压值应在 10.5～13.5V 之间。如果测得电压值低于 10.5V，说明这块电池可能存在短路；如果测得电压超过 13.5V，说明电池失水比较严重，可能还有硫化现象发生。

> **特别提示**
>
> 值得注意的是，利用万用表测蓄电池空载电压的方法，一般只能简单初步判断电池的好坏，而且在检测蓄电池总电压时，应尽量不要在刚刚充满电时进行检测，刚充满电的蓄电池电压一般会偏高一些。
>
> 根据维修经验，若电动自行车的蓄电池使用一会儿后或充好电后静置过数小时，测量其总电压为 48V 或稍高（对于 48V 蓄电池来说），一般可表明电池正常。
>
> 若只能达到 46V 或以下，则表示可能蓄电池内部有一个电池不良，此时逐个检测单体蓄电池的电压，电压过低的单体蓄电池为损坏的电池。
>
> 另外，还可通过对蓄电池的充电时间长短来初步判断电池的好坏：若在蓄电池中，有一个单体蓄电池不良（四个单体蓄电池中仅仅一个为 10V，一般低于 10.8V 或无电压即为损坏），其总电压能达到 46V 时，充电器一般仍然能显示充满而显示绿灯，只是充电时间需要延长 0.5～1h（有轻度过充电的危害）；当有两个以上单体蓄电池不良时，用充电器给低于 46V 的电器充电，一般充电器不能显示充满状态，且一直不能由红灯转为绿灯。

③ 单体蓄电池负载电压的检测　在万用表直接检测空载蓄电池时实际测得电压值为其虚电压，若要准确检测蓄电池的好坏，应检查加有负载情况下的电压。因此，测量蓄电池电压通常还有一种简便和快捷的方法，即利用蓄电池检测仪进行检测。

演示图解

单体蓄电池负载电压的检测方法如图 8-31 所示。

图 8-31　单体蓄电池负载电压的检测方法

> **特别提示**
>
> 根据蓄电池检测仪可直观地判断出蓄电池的电量,如图 8-32 所示。

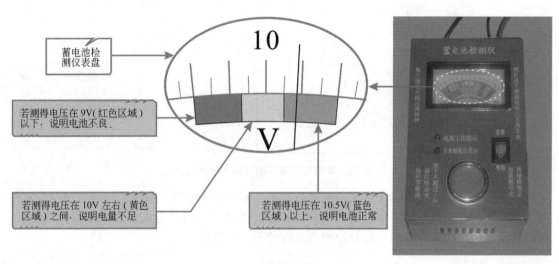

图 8-32 蓄电池指针指示情况

若测量单体 12V 蓄电池,加有负载时电压应在 10.5V 以上,即在表盘上的蓝色区域内,说明蓄电池电量正常;若测得电压在 10V 左右的黄色区域,说明蓄电池电量不足,应进行充电;若测得电压在 9V 以下的红色区域,表明蓄电池电量亏损严重,此时多为蓄电池内部电解液干涸或极板硫化,应对蓄电池进行修复。

 相关资料

蓄电池的电压值是其重要的性能参数,通常标识在蓄电池的外壳上。

标称电压值是指蓄电池正负极之间的电势差,该值由蓄电池内部极板材料的电极电位和内部电解液的浓度决定。当环境温度、使用时间和工作状态变化时,单体蓄电池的输出电压略有变化。此外,蓄电池的输出电压与蓄电池的剩余电量也有一定关系。

通常,单格铅酸电池的标称电压值约为 2.1V,单体镍镉电池的标称电压约为 1.3V,单体镍氢电池的标称电压为 1.2V,单体锂离子蓄电池的标称电压为 3.6V。

那么,如果将六个单格铅酸蓄电池串联后组合成一个单体铅酸蓄电池就得到 12.6V 的电压,三个 12.6V 的单体蓄电池便构成了人们常见的 37.8V 电动自行车用蓄电池(即常见的 36V 蓄电池);同样,四个 12.6V 的单体蓄电池便构成了一个 50.4V 的电动自行车用蓄电池(即常见的 48V 蓄电池)。

④ 蓄电池单格电池的检测 从前面铅酸蓄电池的结构和原理可以了解到,铅酸蓄电池由多个单体蓄电池构成,每个单体蓄电池由 6 格电池串联构成,每格单电池正常时电压为 2V。了解和掌握单格电池电压的检测方法,对于排查单体蓄电池中的故障单格电池,以及为后面的修复做好准备。

铅酸蓄电池中单格电池通常采用外延法进行检测,即在单体蓄电池内两个单格电池的跨桥焊接位置拧入自攻螺钉，以此引出极柱电流，外接上灯泡或电压表进行检测，其检测原理如图 8-33 所示。

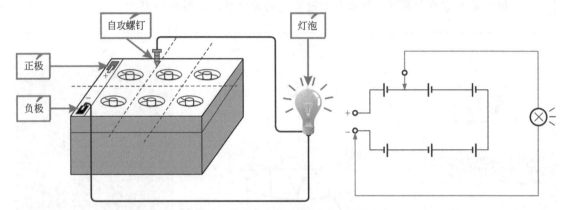

图 8-33　单格电池电压的检测方法示意图

实际检测时，通常先以 3 格为一组进行检测，即首先在电池 6 格中间的跨桥焊接位置拧入自攻螺钉，分别判断靠近负极的 3 格电压和靠近正极的 3 格是否正常，缩小故障范围后，再对有异常的一组进行检测，直到检测出故障的某一个单格。

演示图解

蓄电池单格电池电压的检测方法如图 8-34 所示。

特别提示

检修蓄电池时，常常会遇到"蓄电池短路"这一故障。这里，蓄电池短路的故障是指单格电池内出现短路。无论一只蓄电池在充足电或亏电状态，一旦端电压数值比正常数值小 2V 左右，即可确认有单格电池出现短路故障。由于蓄电池的总电压下降 2V，还会造成充电时充电阶段不转换，进而导致其他正常的蓄电池因过充而损坏。

（2）蓄电池容量的检测方法　蓄电池的容量是反映蓄电池的实际放电能力的关键参数，通过对蓄电池容量的检测也可准确判断出蓄电池的性能。一般对蓄电池容量进行检测，需要借助专用的蓄电池容量检测仪进行。

演示图解

蓄电池容量的检测方法如图 8-35 所示。

蓄电池容量计算公式为

$$蓄电池容量 = 放电时间 \times 放电电流$$

实际测量时，放电电流为 5A，记录放电时间为 2h，根据公式计算蓄电池的容量为 $5A \times 2h = 10A \cdot h$（工作电流为 5A 的情况下，可使用 2h）。与标称电池容量 $10A \cdot h$ 相同，表明该蓄电池容量正常，蓄电池本身性能良好。

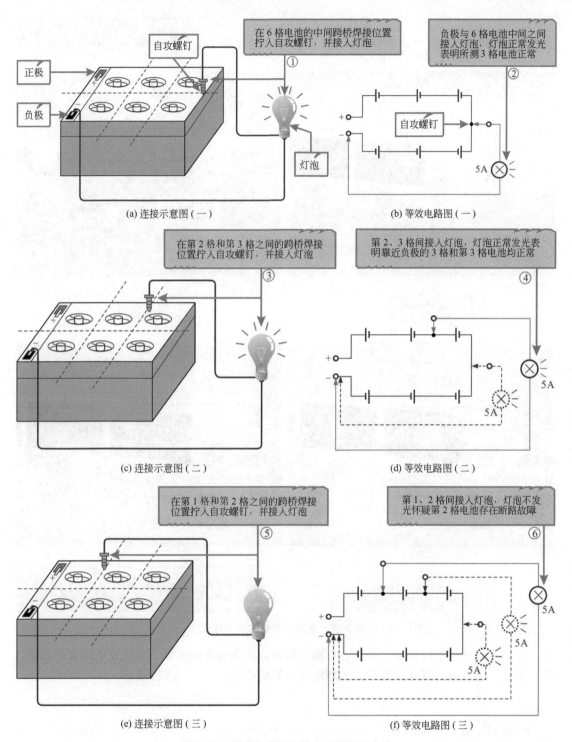

图 8-34 蓄电池单格电池电压的检测方法

若在实际测量时,放电时间为 1.2h,那么该蓄电池当前实际容量 5A×1.2h=6A·h。实测蓄电池容量为标称容量的 60%(60%以下需进行修复),说明蓄电池性能不良,需要即时维护和修复。

(3) 蓄电池安全阀的检查方法　铅酸蓄电池安全阀的检测,需要将单体蓄电池的盖板打

209

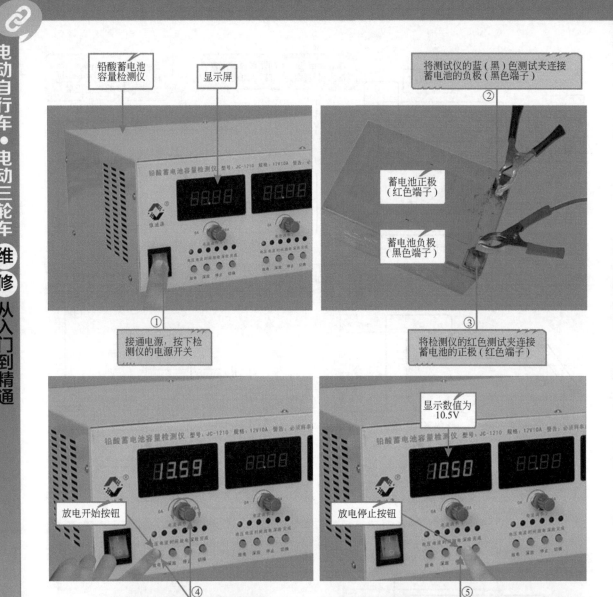

图 8-35　蓄电池容量的检测方法

开。首先通过外观进行观测,看是否有漏液情况,如果安全阀损坏,将造成电解液外溢等现象。另外,还可通过打开时的声音来判断安全阀的质量。

演示图解

蓄电池安全阀的检查方法如图 8-36 所示。

通常,正常的安全阀在用一字螺丝刀打开时,会听见空气进入的"吱"声音,且其外围应干净整洁,取下和盖上安全阀时应能感到一定的弹性。若经检测安全阀开启时无声音、弹性下降、老化,则应及时进行更换。

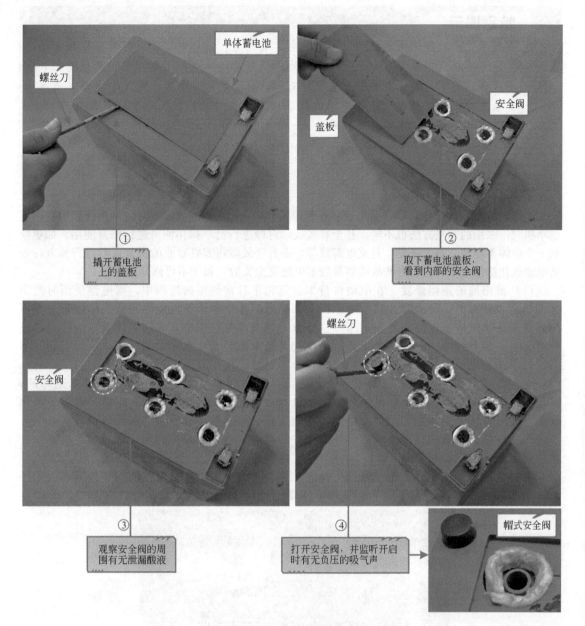

图 8-36 蓄电池安全阀的检查方法

(4) 蓄电池电解液的检查方法 对铅酸蓄电池电解液,通常对电解液的干湿程度(是否缺水)、是否变质等方面进行检测。由于在正常情况下,铅酸蓄电池内部的电解液全部吸附在蓄电池的隔膜中,没有游离的电解液,因此很难通过直接观察来判断电解液当前状态。

然而,由于蓄电池中电解液的状态直接体现在蓄电池容量上,从而在大多数情况下可根据蓄电池的性能来判断电解液状态。电解液的损耗就意味着蓄电池电量和性能的降低,明显的特征表现为一次充电后,续行里程明显缩短;另外,若充电过程中充电器指示灯不转换、充电发热异常,则表明蓄电池电解液已失水严重。

> **特别提示**
>
> 在日常使用过程中电池经常出现过充电、欠充电、过放电、使用环境温度过高等现象,这些不规范的操作通常是导致蓄电池内部电解液缺水、干涸,引起蓄电池失效的重要原因。特别是长期对蓄电池进行过充电,致使电解液中的大量水分电解,产生气体并散失掉,大量缺水后使蓄电池的化学反应无法进行,从而产生电池硫化现象,大大降低了蓄电池的使用寿命和效率。

8.3.2 蓄电池的修复方法

蓄电池在使用过程中,常常会出现各种各样的故障,而不同的故障所对应的损伤原因和程度也不相同,采用的修复方法也不同,甚至有些故障可以进行简单操作便可进行修复使用,如更换某一个单体蓄电池、补水修复、补充电解液等,而有些故障则需要专业的修复仪器进行修复,如蓄电池硫化的修复等,但也有些故障将导致蓄电池完全失效,属于不可修复故障。

(1) 蓄电池的重组修复 在电动自行车、三轮车日常使用的过程中,蓄电池使用时间明显缩短是最常见的一种故障。其主要原因大都是内部几个单体蓄电池不平衡。单体蓄电池不均衡是指几个单体蓄电池间存在电压差,导致充电或放电过程中,有的单体蓄电池已充电或放电完全,但另外的一个或两个单体蓄电池仍处于未充电或放电完全的状态,从而引起"落后"的单体蓄电池过早失效,严重时影响整个蓄电池的使用寿命。

也就是说,如果是48V的蓄电池,其内部四个单体蓄电池中至少有一个可能是坏的,其他三个是好的,但是三个好的单体蓄电池也存在放电时间过短的问题,也就是说存在硫化现象。此时,如果更换全部单体蓄电池,将造成不必要的损失和浪费。在此,可只对其中某一个坏的单体蓄电池进行更换,对另外三个好的蓄电池进行修复再利用,即通过更换某一个单体蓄电池实现重组修复。

在对蓄电池中的单体蓄电池进行更换前,需要首先了解单体蓄电池间的连接方式,如图8-37所示。在正常情况下,蓄电池中的单体蓄电池均采用串联方式进行连接,更换时需要

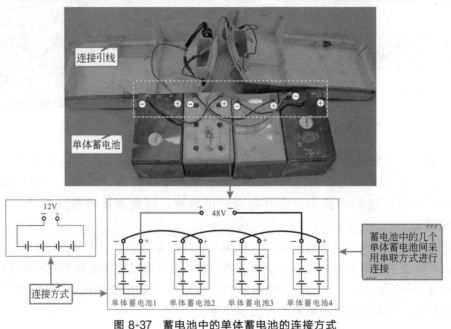

图8-37 蓄电池中的单体蓄电池的连接方式

注意接线的正确性。

首先通过检测找出损坏的单体蓄电池，将它与其他单体蓄电池连接引线焊开，然后用一个良好的单体蓄电池进行更换，按照原焊接方式将连接导线焊接到新的单体蓄电池上即可。

演示图解

蓄电池的重组修复（单体蓄电池的代换）方法如图 8-38 所示。

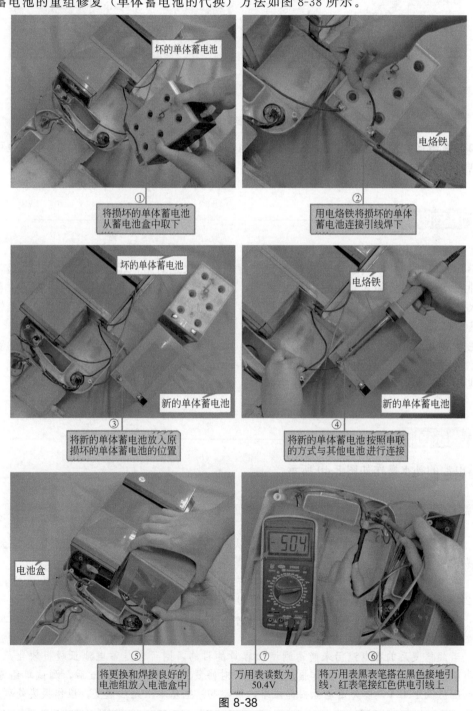

图 8-38

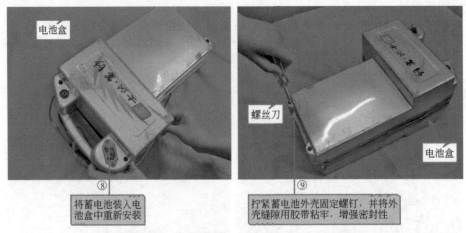

图 8-38 蓄电池的重组修复（单体蓄电池的代换）方法

(2) 蓄电池的放电修复 在上述的蓄电池内部几个单体蓄电池不均衡故障中，也可以采用蓄电池放电检测仪进行放电修复。

演示图解

蓄电池的放电修复方法如图 8-39 所示。

(3) 蓄电池的补水（或电解液）修复 蓄电池缺水是对蓄电池进行修复操作中最常见到的一种故障。该类故障多是由日常使用不当，如过充电、欠充电和过放电等造成的。蓄电池的补水修复操作一般也比较简单，通常打开蓄电池盖板和安全阀，向排气孔中注入蒸馏水或电解液即可。

在对蓄电池的补水（或电解液）修复前，要准备好螺丝刀、蒸馏水、注射器、黏合剂（胶水/胶）、手套等工具和材料。

准备好补水工具和材料后便可开始操作。

演示图解

蓄电池的补水操作如图 8-40 所示。

特别提示

在上述操作中值得注意的是，使用一次性注射器补充电解液时，一定要去掉金属针头；补水操作中严禁用普通饮用水代替蒸馏水。

另外，对蓄电池进行补水后，第一次充电先不要盖上橡胶帽，充满电后最好再浮充 2h 左右。充满电后，查看排气孔中的白色纤维，以看不到流动的水为准，如果太干，则需要再补充一些水；如果有流动的水，则应继续开帽充电，使水蒸发掉，或用注射器吸走多余的水分。

若经修复后的蓄电池仍未能达到增加容量的目的，则可能是蓄电池正极板软化严重，该类电池基本上无法修复，应作报废处理；若对修复的电池充电 30min 后，测试单组蓄电池电压仍低于 12V，多为蓄电池内部短路，该类电池也基本上无法修复，应作报废处理。

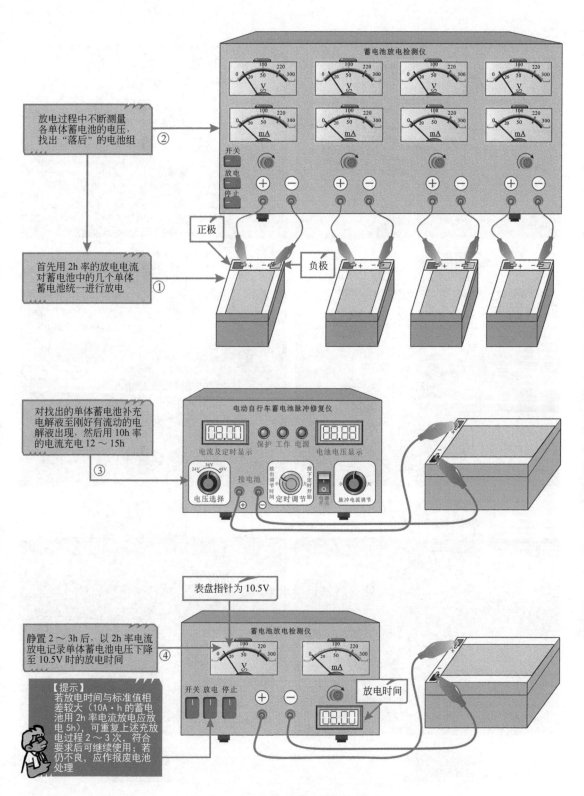

图 8-39 蓄电池的放电修复方法

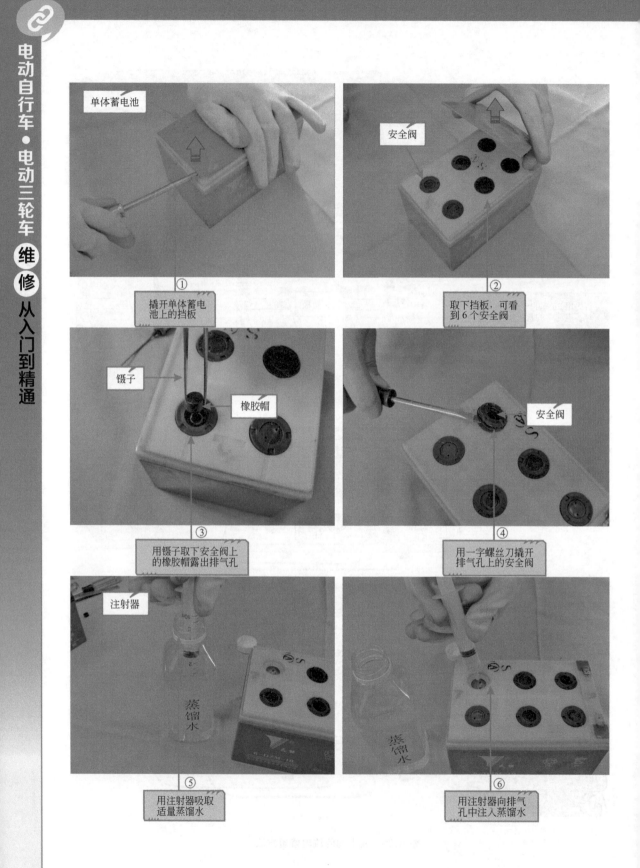

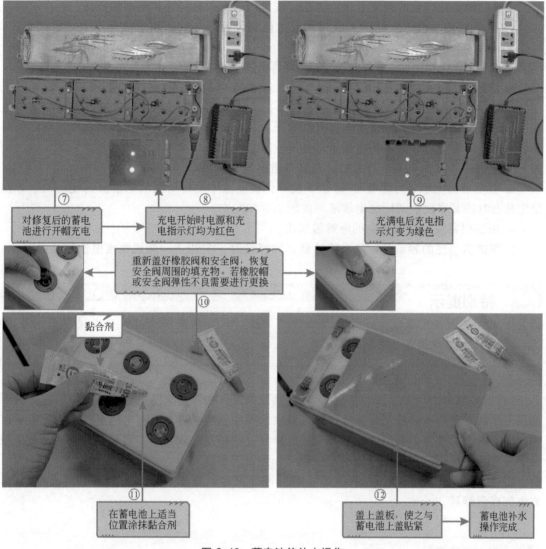

图 8-40 蓄电池的补水操作

(4) **蓄电池的硫化修复** 在蓄电池的极板上生成白色坚硬的硫酸铅结晶，正常充电时，不能完全使其转化为铅和二氧化铅，这种现象即为硫酸铅盐化，简称"硫化"。

实际测试数据表明，对于蓄电池进行补水修复后容量没有达到60%的电池，可进行硫化修复处理，由此将有约2/3的电池可以修复至达到60%以上的容量，甚至还有部分电池的容量可以达到原容量的80%及以上。

>>> **特别提示**

生成硫酸铅的原因大多是蓄电池过放电或放电后长期放置时，硫酸铅微粒在电解液中溶解，呈饱和状态，这些硫酸铅在温度低时重新结晶并析出。析出的结晶因一次次的温度变动而使聚集的结晶粒增大，这种硫酸铅结晶的导电性不良、电阻大，溶解度和溶解速度小，充电时不易还原，使极板中参加电化学反应的活性物质减少，从而导致蓄电池的容量大大降低和寿命缩短。

对蓄电池硫化现象的修复有多种方法，较常用的有水处理法和脉冲修复法。

1) 水处理法 采用水处理法进行蓄电池硫化处理，一般适用于硫化不太严重的情况，可按下面的步骤进行。

　　a. 首先向蓄电池中加入蒸馏水，用以稀释蓄电池中的电解液，用于提高硫酸铅的溶解度。

　　b. 然后对蓄电池进行充电，一般 10A·h 的蓄电池可用 0.5A 的电流充电 20h 以上（20h 率），使结晶的硫酸铅溶解、缩小，直到正、负极板开始出现大量气泡（或监测蓄电池端电压在 2h 以上）、电解液密度不再升高为止（充电过程中应注意防止环境温度过高，可对蓄电池进行降温处理，如将蓄电池下部分浸在凉水中）。

　　c. 接着用 10h 放电率进行放电，直到单格电池电压均降至 1.8V 为止。

　　d. 放电后再充电，可重复 2~3 次，使单体蓄电池中单格电池的电解液密度均匀，并在稳定状态时使其密度达到标准电解液密度的 1.3 倍左右。

　　e. 用注射器或吸管将多余的电解液吸出。

　　f. 测试蓄电池的容量时，如果能达到标称容量的 80% 以上，则说明蓄电池修复成功。

>>> **特别提示**

　　测量电解液的密度，一般使用吸取式密度计，经电解液从排气孔中缓缓吸入外筒，从浮标的刻度即可测知密度。

2) 脉冲修复法（专业仪器修复） 使用脉冲修复方法对蓄电池进行修复操作，通常需要使用专业的蓄电池脉冲修复仪。该仪器可以输出脉冲充电电流，对蓄电池进行反复充电从而实现对蓄电池的修复。蓄电池的脉冲充放电修复过程相对比较复杂，需要与蓄电池容量检测仪、蓄电池放电检测仪等配合使用，一般可分为以下步骤进行。

① 对蓄电池进行充电 对蓄电池进行脉冲修复时，首先对待修复的蓄电池进行充电，充电完成后静置 30min。

演示图解

对蓄电池进行充电及静置操作如图 8-41 所示。

② 检测蓄电池容量 在修复前，还需要对待修复的蓄电池进行容量测试，作为蓄电池修复前后的对比。

演示图解

待修复蓄电池容量的检测方法如图 8-42 所示。

③ 对待修复的蓄电池进行放电操作 使用专业的蓄电池放电检测仪执行放电操作。

演示图解

对待修复的蓄电池进行放电操作如图 8-43 所示。

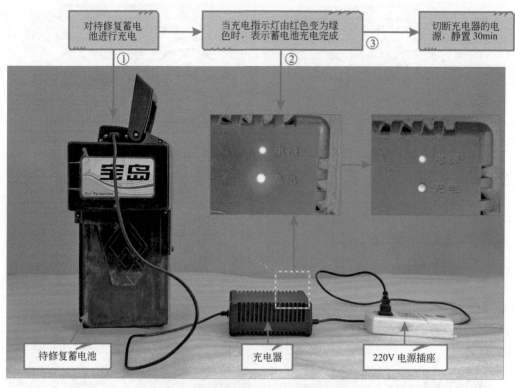

图 8-41 对蓄电池进行充电及静置操作

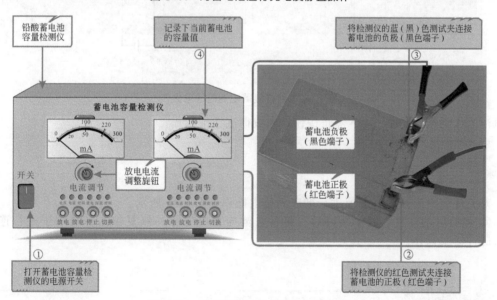

图 8-42 待修复蓄电池容量的检测方法

④ 对蓄电池进行补充电解液操作 参照图 8-42 操作步骤，对放电完成的蓄电池进行补充电解液操作，即打开蓄电池盖板，从排气阀的排气孔中冲入电解液。电解液的加注，使液面刚好超过极板 1mm 左右的高度即可。静态搁置一天后，再续添电解液至这个高度，此时可以用肉眼观察到排气孔内有流动的电解液。

⑤ 对充注完电解液的蓄电池进行彻底的放电操作 借助蓄电池放电检测仪对充注完电解液的蓄电池再次进行彻底的放电操作。将蓄电池放电检测仪的放电电流旋钮调至 5A，待

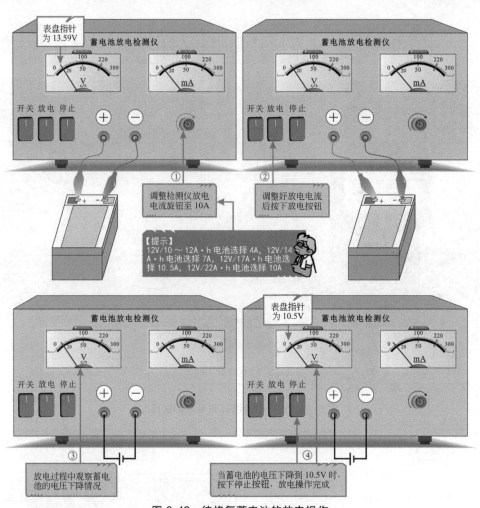

图 8-43 待修复蓄电池的放电操作

蓄电池电压降至 0V 时，按下停止按钮，完成彻底放电操作。

演示图解

对充注完电解液的蓄电池进行彻底的放电操作如图 8-44 所示。

⑥ 进行脉冲修复　放电结束后，将蓄电池与蓄电池脉冲修复仪的修复端子进行连接，执行脉冲修复操作。

演示图解

蓄电池的脉冲修复操作如图 8-45 所示。

修复时间应在 8～12h，在修复的过程中，排气孔中的电解液应有流动的现象。

相关资料

脉冲修复仪使用注意事项：

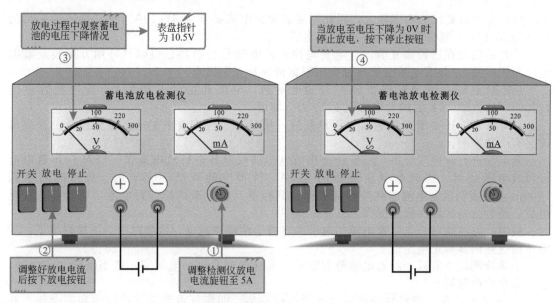

图 8-44 充注完电解液的蓄电池进行彻底的放电操作

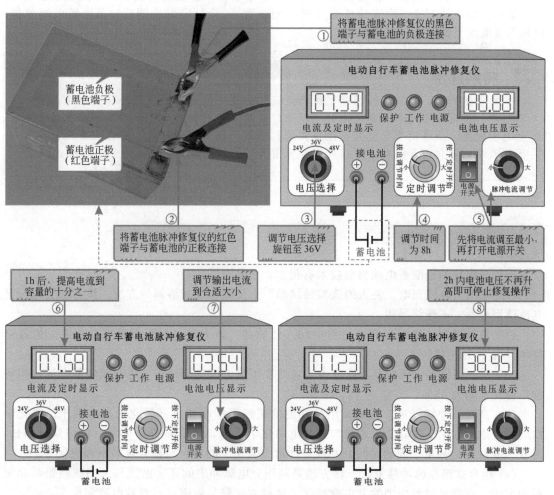

图 8-45 蓄电池的脉冲修复操作

(a) 由于修复仪的功率较大，因此电度表额定电流必须为 5~10A。进户线线径必须为 2.5mm 以上，否则会烧坏电度表，引起电线发热。

(b) 蓄电池在进行修复前，一定要先检查蓄电池是否断路、短路（可用万用表及蓄电池检测仪检测），如蓄电池电解液过少应根据情况补充蒸馏水。

(c) 修复时一般要充注 2 杯左右的电解液，电流开始时不要太大，以电池容量的 1/20~1/15 为准，1h 后加大电流到 1/10 以上即可。

(d) 修复前还要添加蓄电池专用修复液，用量一定要按要求加入，不能过量，否则可能会有不利影响。

蓄电池进行脉冲修复后，可重新使用放电检测仪对其进行放电操作。当对 10A 蓄电池进行放电操作时，将放电电流旋钮调至 5A，待蓄电池降至 10.5V 时，放电时间达到 100min，可表明该蓄电池的脉冲修复操作达到标准。对于未达标的蓄电池，则需要重新充电后，再进行一次脉冲修复操作。

接着，可继续对修复后蓄电池的电压和容量等性能指标进行检测对比。正常情况下，其电压值应超出其额定电压值。

上述检测均正常后，将蓄电池静置晾干。观察排气孔中的电解液，可用吸管（注射器）吸出多余的电解液。

⑦ 重装蓄电池　修复好的蓄电池需要进行重装，即恢复重新盖好橡胶帽和安全阀，并恢复安全阀周围的填充物。若橡胶帽或安全阀弹性不良，需要进行更换，参照图 8-40 中操作；最后在蓄电池上适当位置涂抹黏合剂（ABS 胶），涂抹完黏合剂后，盖上蓄电池盖板，使其与蓄电池下部黏合，完成修复。

>>> **特别提示**

由于过充电、过放电和欠充电而产生硫化的蓄电池，以上方法的修复效果是非常明显的。但是并不是所有蓄电池都可以进行修复操作的，对于极板活性物质脱落的蓄电池和短路、断格的蓄电池是不能修复的。通常，所有极板软化、断格的蓄电池都是因为长期的硫化而导致的，所以一定要提前及时维护，延长蓄电池的使用寿命。

相关资料

近年来出现的铅酸蓄电池修复技术有很多，主要有：

(a) 采用大电流充电，使大的硫酸铅结晶产生负阻击穿来溶解的方法。该方法会缩短蓄电池使用寿命，不建议采用。

(b) 负脉冲法，就是在充电过程中加入负脉冲。该方法可以降低蓄电池温升，但是修复率只有 20% 左右。

(c) 添加活性剂。该修复方法成本高，改变了电解液的原结构，也会缩短蓄电池使用寿命，修复率约为 45%。

(d) 高频脉冲修复法。就是采用脉冲波使硫酸铅结晶体重新转化为晶体细小、电化学性高的可逆硫酸铅，使其能正常参与充放电的化学反应，修复率约为 60%。但修复时间长，需数 10h 以上，甚至一周的时间，并且对严重"硫化"的蓄电池修复效果不理想。

(e) 组合式谐振脉冲修复法。该方法是利用充电脉冲中的高次谐波与大的硫酸铅结晶谐振的方法，在修复过程中消除蓄电池硫化。这种方法修复效率高，对蓄电池损伤小，可以适当延长蓄电池的使用寿命，减少用户更换蓄电池的次数和费用，目前被广泛采纳。

第 9 章 电动机的检测与代换技能训练

9.1 电动机的结构原理

9.1.1 电动机的功能特点

电动自行车和三轮车电动机的主要作用就是实现电能向机械能的转换,即在控制电路的控制下,将蓄电池的电能转换为电动机转子转动的机械能,带动电动自行车和三轮车后轮转动,使电动自行车和三轮车前行。图 9-1 所示为电动自行车电动机的功能示意图。

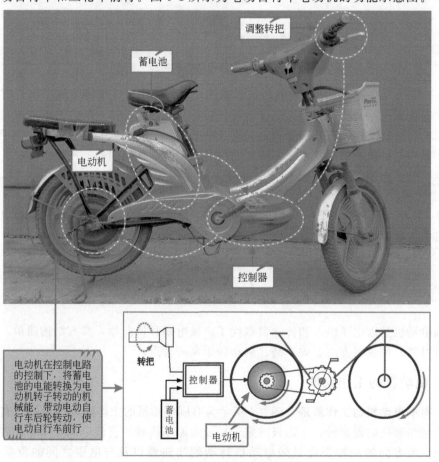

图 9-1 电动自行车电动机的功能示意图

电动自行车和三轮车一般都使用直流电动机，其作用是将蓄电池电能转化为车轮转动的机械能。

电动机是电动自行车和三轮车中的关键部件，根据其结构不同，主要分为有刷电动机和无刷电动机两大类。

(1) 有刷电动机的功能特点　　有刷电动机是指内部含有电刷和换向器的一类电动机，它的主要特点是通过内部电刷和换向器实现电能供给和转换，如图 9-2 所示。

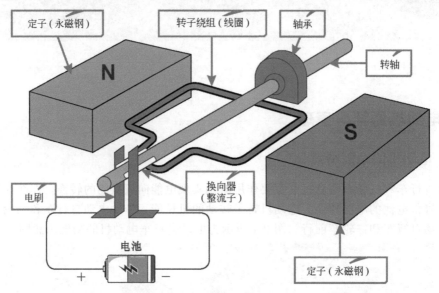

图 9-2　有刷电动机的特点

图 9-3 所示为有刷电动机的功能特点示意图，从该图中可以很清晰地了解到有刷电动机中各部件的位置关系及功能特点。这种电动机转子与轴制成一体，为内转子式电动机，电动机转子与车轮制成一体，属外转子式电动机，中心轴与定子绕组制成一体并固定于车架上。

(2) 无刷电动机的功能特点　　无刷电动机是指无电刷和换向器的一类电动机，它的内部不包含电刷及换向器等部件，直接通过定子、转子等实现电能到机械能的转换，如图 9-4 所示。

图 9-5 所示为普通内转子式无刷电动机的结构分解图，从该图中可以很清晰地了解到无刷电动机中各部件的位置关系。

　相关资料

无刷电动机是以电子组件和传感器取代了机械电刷和换向器，具有结构简单、无机械磨损、运行可靠、调速精度高、效率高、启动转矩高等特点。

9.1.2　电动机的工作原理

(1) 有刷电动机的工作原理　　图 9-6 所示为有刷电动机的工作原理结构图。有刷电动机工作时，绕组和换向器旋转，主磁极（定子）及电刷不旋转，直流电源经电刷加到转子绕组上，绕组电流方向的交替变化是随电动机转动的换向器以及与电刷之间的位置变化而变化的。

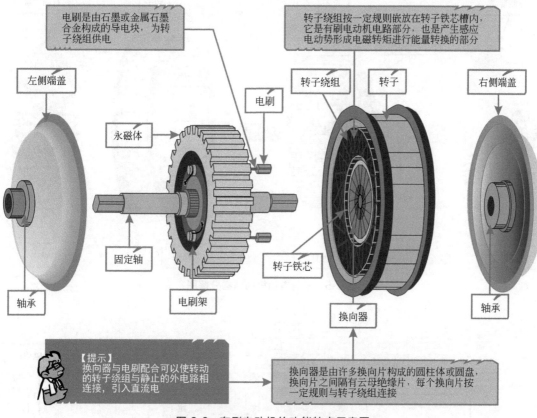

图 9-3 有刷电动机的功能特点示意图

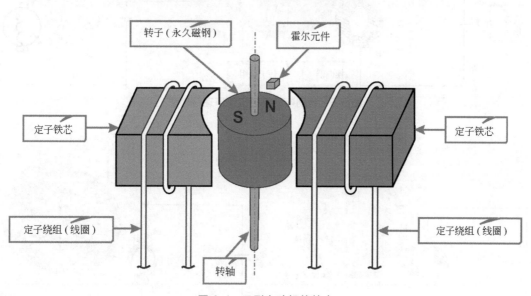

图 9-4 无刷电动机的特点

相关资料

图 9-7 所示为有刷电动机工作过程示意图。电源接通后电源经电刷和换向器为线圈供

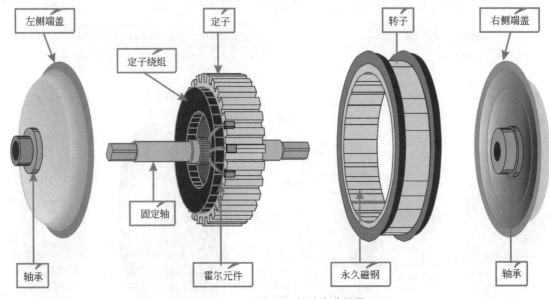

图 9-5　无刷电动机的结构分解图

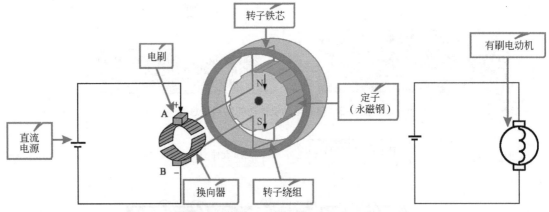

图 9-6　有刷电动机的工作原理结构图

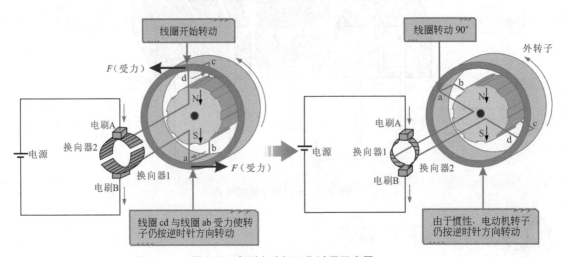

图 9-7　有刷电动机工作过程示意图

电,其电流流通路径为:电源的正极→电刷A→换向器2→线圈dc和ba→换向器1→电刷B→电源的负极。由图可见,根据左手定则,两个线圈受力的方向是逆时针,转子开始逆时针旋转。

当转子转过90°时,两个线圈处于磁场物理中性面。而且电刷也不与换向器接触,线圈中没有电流流过,转矩消失。但是由于机械惯性的作用,转子将冲过一个角度,这时线圈中又有电流流过。

(2) 无刷电动机的工作原理(单相) 图9-8所示为无刷电动机的转动原理示意图。无刷电动机的转子是由永久磁钢构成的,在它圆周上设有多对磁极(N、S)。绕组绕制在定子上,当接通直流电源时,电源为定子绕组供电,转子磁极受到定子磁场的作用而产生转矩并旋转。

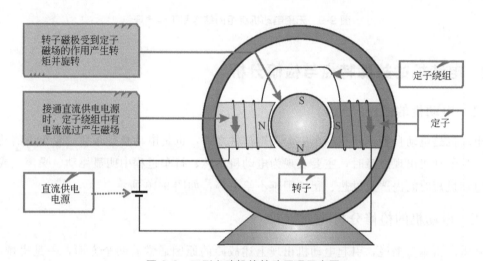

图9-8 无刷电动机的转动原理示意图

(3) 三相无刷电动机的工作原理 三相无刷电动机三角形绕组的工作过程如图9-9所示。通过切换开关,可以使定子绕组中的电流按一定的规律顺次导通,并形成旋转磁场。从图中可以看到,循环一周的开关状态和电流通路。开关通常是由开关晶体管构成的。为了实现开关有序的变换,必须有一套控制驱动电路进行驱动控制。

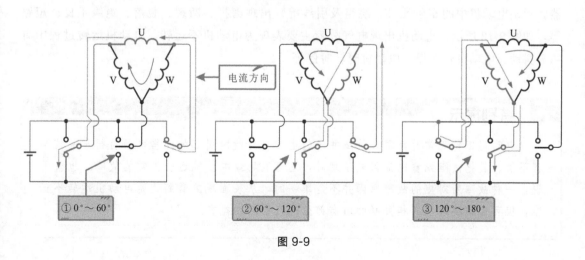

图9-9

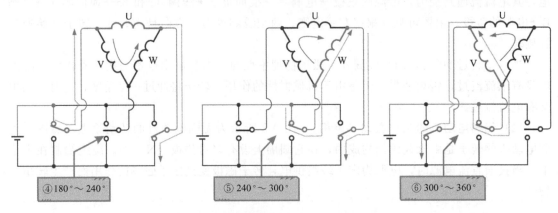

图 9-9　无刷电动机绕组的结构和工作原理

9.2　电动机的故障特点与检修分析

9.2.1　电动机的故障特点

电动机是电动自行车和三轮车中的关键部件之一，也是电动自行车和三轮车中的动力源部件。当电动机出现故障时，主要表现为电动机不转、行车过程中明显晃动、噪声大或有异响、电动机短时间内严重过热、爬坡困难不给力等，如图 9-10 所示。

9.2.2　电动机的检修分析

从电动机本身来说，引起电动机出现上述故障的原因通常有两个方面，一是机械故障，二是电气部件故障。

（1）**机械故障**　机械故障是指电动机使用时间过长而引起的机械部件磨损、变形、锈蚀等，如图 9-11 所示。电动机出现机械故障时主要表现为电动机运转时发出碰撞声或机械噪声。

（2）**电气故障**　电气故障是指电动机内部的电气部件（如有刷电动机中的电刷、换向器，无刷电动机中的霍尔元件、绕组及引线等）出现磨损、断裂、脱落、绝缘不良、短路等，如图 9-12 所示。电动机出现电气故障主要表现为电动机不运转、电动机运转过程中有明显抖动、电动机转速慢、电动机时转时停等。

> **▶▶▶　特别提示**
>
> 电动机工作失常时，很多故障并不是由其自身故障引起的。当电动自行车的控制器不良、转把故障或蓄电池供电不足时，均可能导致电动机运转失常的故障。也就是说，一种故障所对应的故障原因并不是单一的，从表面现象看到的是电动机运转不正常，但可能需要对与其相关联的所有部分进行检测和排查。

图 9-10 电动自行车电动机的故障特点

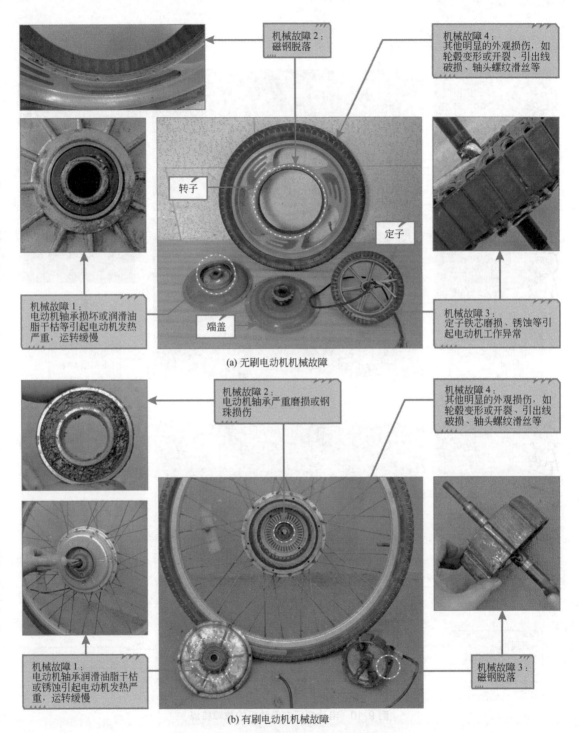

图 9-11 电动机常见的机械故障分析

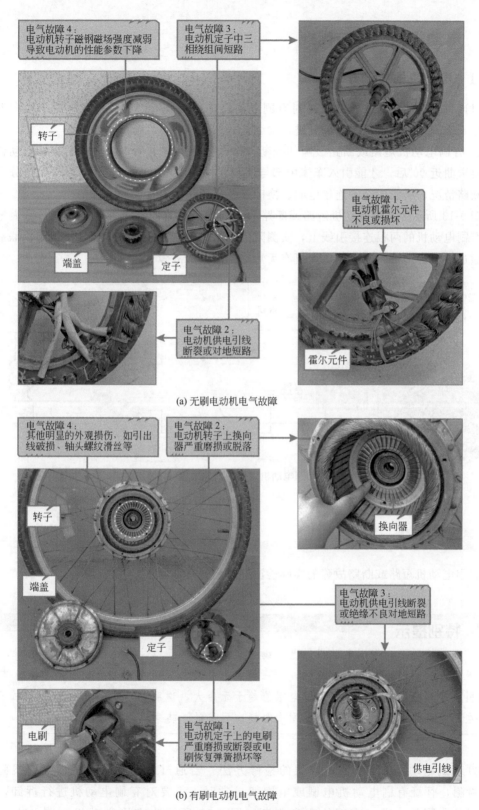

图 9-12 电动机常见的电气故障分析

9.3 电动机的检测与代换

9.3.1 电动机的检测方法

(1) 有刷电动机的检修方法 对有刷电动机进行检修时，应重点对电刷、换向器、轴承、定子永磁体、转子绕组等部分进行检测。

① 有刷电动机短路或断路故障的判断方法 由于有刷电动机的供电引线从电动机输出后需要弯曲近 90°后，才能引入车体中部与控制器相连接，因此应重点检查弯曲部分有无短路或断路情况，引线内部所连接电刷、换向器及转子绕组有无断路故障等。

图 9-13 所示为有刷电动机短路或断路故障的检测示意图。将万用表的红、黑表笔分别搭在有刷电动机的两根连接引线上，实测阻值相当于电刷、换向器以及转子绕组串联后的阻值，通过该方法即可判断有刷电动机有无短路或断路的故障。

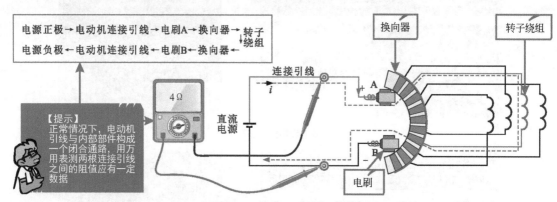

图 9-13 有刷电动机短路或断路故障的检测示意图

演示图解

有刷电动机短路或断路故障的实际检测和判断方法如图 9-14 所示。

> **▶▶▶ 特别提示**
>
> 正常情况下，有刷电动机供电引线之间阻值应有几欧。若在改变引线状态时，发现万用表测量其阻值有明显变化，则一般说明引线中可能存在短路或断路故障，应更换引线或将引线重新连接好；若电阻值趋于无穷大，说明电动机供电引线线路中可能存在断路故障，如引线断路、电刷未与换向器接触、转子绕组断路等。

② 有刷电动机中电刷和电刷架的检修方法 若通过对有刷电动机供电引线间阻值进行检测，怀疑有刷电动机电刷或电刷架异常时，需要对有刷电动机进行拆卸，并找到电刷及电刷架，进行直观检查和判断。图 9-15 所示为有刷电动机电刷及电刷架的结构。

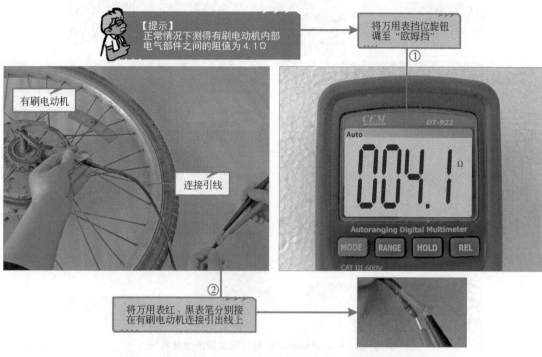

图 9-14　有刷电动机短路或断路故障的实际检测和判断方法

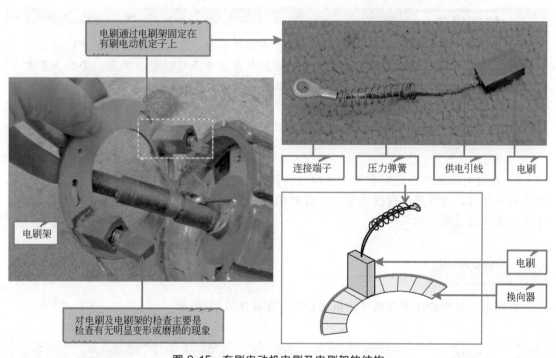

图 9-15　有刷电动机电刷及电刷架的结构

 演示图解

有刷电动机中电刷和电刷架的检修方法如图 9-16 所示。

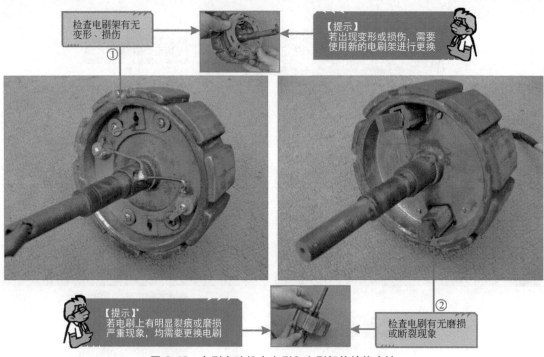

图 9-16　有刷电动机中电刷和电刷架的检修方法

>>> **特别提示**

对于电刷架主要是检查电刷架有无明显变形或磨损，若有明显变形或损坏应进行更换。对于电刷部分主要是检查电刷有无磨损严重或有无明显损坏迹象，若磨损严重或有明显损坏迹象，应找同型号的电刷对其进行更换。

值得注意的是，若经检查发现电刷损坏严重，对电刷进行更换后，需要首先对其进行空载磨合，增大电刷与换向器的接触面积，以保证在负载时的良好换向。

③ 有刷电动机中换向器和转子绕组的检修方法　换向器和转子绕组是有刷电动机中重要的组成部件，通常采用直接观察法、打磨法进行判断和修复。图 9-17 所示为有刷电动机中换向器和转子绕组的结构。

演示图解

有刷电动机中换向器和转子绕组的检修方法如图 9-18 所示。

>>> **特别提示**

值得注意的是，由于电动机进水等原因，可能会引起电动机内部元器件发生氧化。换向器氧化通常会引起换向器与电刷接触不良，进而使电动机无法正常工作的故障。

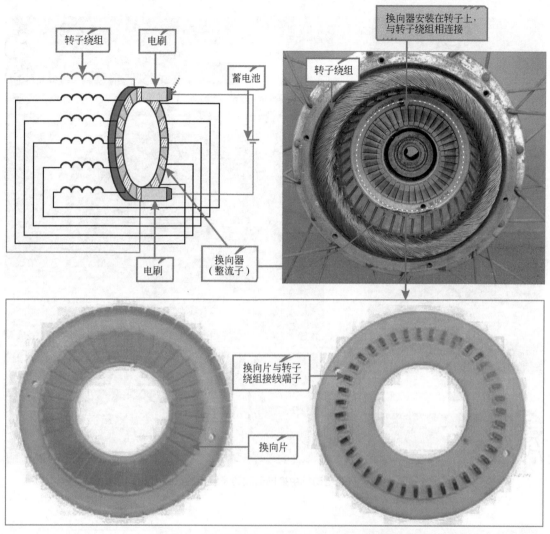

图 9-17 有刷电动机中换向器和转子绕组的结构

④ 有刷电动机中轴承和定子永磁体的检修方法　对于轴承、定子永磁体等机械部件来说，对其进行检查一般通过外观进行检查，根据具体检查结果采取适当措施进行补救或修复。

演示图解

如图 9-19 所示，对有刷电动机的轴承进行检查。

>>> **特别提示**

若经检查轴承损坏，则应直接更换；若润滑不良或锈蚀，则需要对其进行清洗并重新润滑。

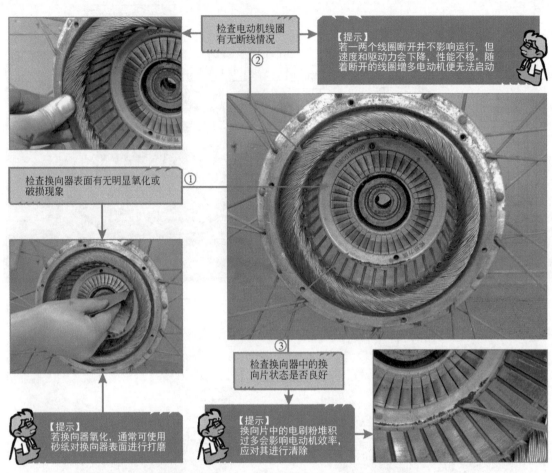

图 9-18 有刷电动机中换向器和转子绕组的检修方法

 相关资料

对有刷电动机的轴承进行重新润滑的方法如图 9-20 所示。

 演示图解

检修有刷电动机的定子永磁体的方法如图 9-21 所示。

 相关资料

对有刷电动机进行检修前,首先应对电动机外部条件进行检查。如检查电动机输出引线有无短路、断路现象,确认故障是由电动机内部部件损坏引起的,再进行拆解,对内部电刷、电刷架、换向器以及轴承、定子永磁体等机械部件进行检修。

(2) **无刷电动机的检测方法** 对无刷电动机进行检修前,首先应对电动机外部条件进行

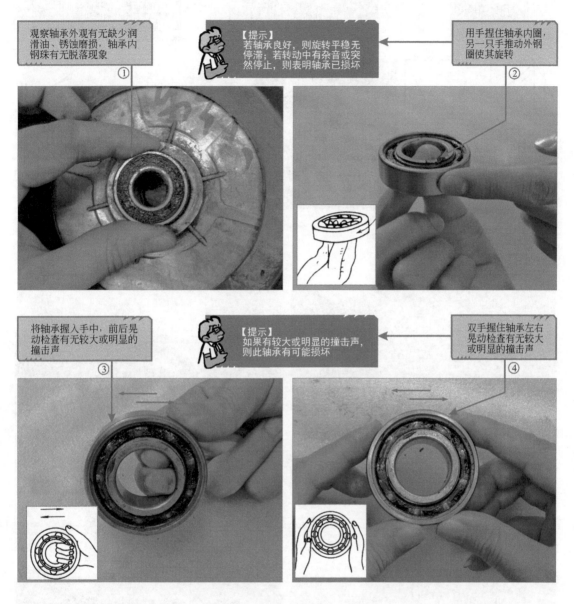

图 9-19 检查有刷电动机的轴承

检查。如通过检测无刷电动机三相绕组连接引线之间的阻值,判断无刷电动机绕组有无短路或断路故障;通过检测无刷电动机霍尔元件连接引线阻值,判断内部霍尔元件好坏;通过检测空载电流,判断内部电气部件状态。若经初步检测判断怀疑无刷电动机内部故障,再对其进行拆解,对内部转子永磁钢、定子磁铁等机械部件进行检修,或对损坏的霍尔元件进行更换。

① 无刷电动机定子绕组的检测方法 一般无刷电动机的连接引线有八根,其中电动机的定子绕组有三根线,即黄色、蓝色、绿色三根较粗引线,用于引入三相驱动信号。可通过检测这三根绕组引线两两间的阻值,判断定子绕组有无短路或断路故障。图 9-22 所示为无刷电动机定子绕组检测示意图。

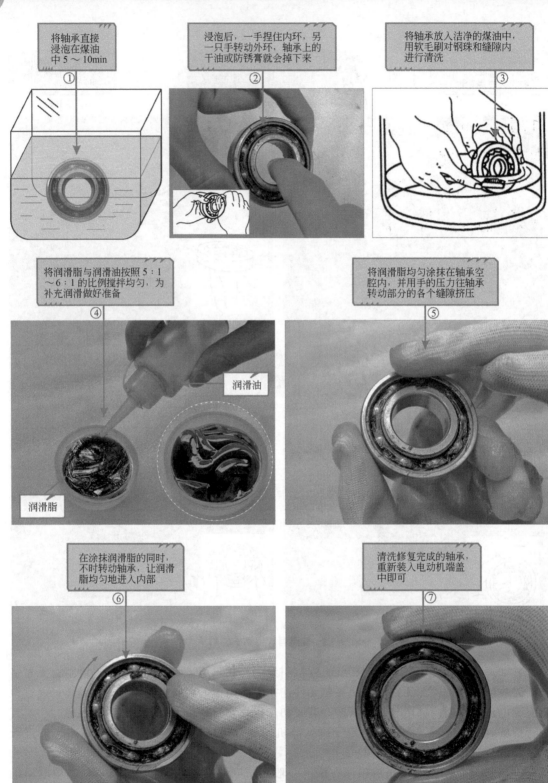

图 9-20 重新润滑有刷电动机轴承

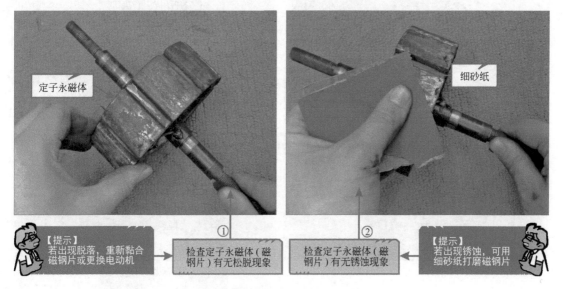

图 9-21 检修有刷电动机的定子永磁体

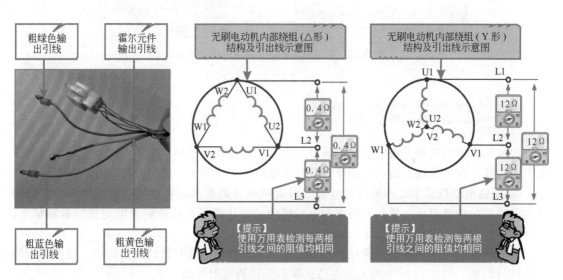

图 9-22 无刷电动机定子绕组检测示意图

演示图解

无刷电动机定子绕组的检测方法如图 9-23 所示。

>>> **特别提示**

正常情况下,无刷电动机定子绕组三根引线两两间的阻值应该相同。若测得阻值不一致,则可能定子绕组间存在短路或断路故障。

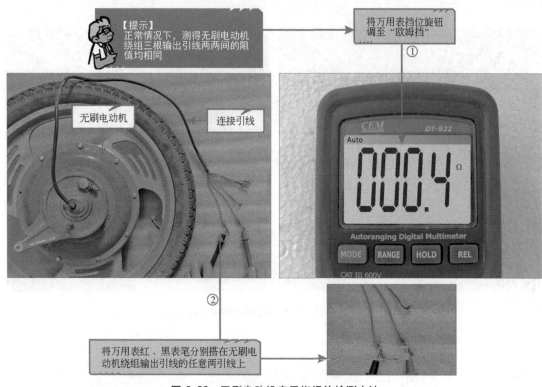

图 9-23 无刷电动机定子绕组的检测方法

   相关资料

根据维修经验判断无刷电动机绕组时，可在三根相线悬空的情况下，电动机用手空转应无阻力；任意两根相线短路，电动机有明显间断阻力，且阻力一致。

② 无刷电动机霍尔元件的检测方法　对无刷电动机霍尔元件进行检测，是维修实践中该类电动机的检修重点。霍尔元件作为电动机的位置传感器直接决定了电动机的运转状态，若霍尔元件损坏，电动机将无法正常工作。

霍尔元件的好坏，一般可通过万用表检测霍尔元件信号线与接地线之间正、反向阻值的方法进行判断。图 9-24 所示为无刷电动机霍尔元件的输出引线。

演示图解

检测无刷电动机霍尔元件的方法如图 9-25 所示。

特别提示

正常情况下，无刷电动机中 3 个霍尔元件的信号端（黄、蓝、绿引线）的正向对地阻值均为 24.37MΩ，反向对地阻值均为无穷大。若实测阻值异常，说明霍尔元件损坏，应拆开无刷电动机对其进行更换。

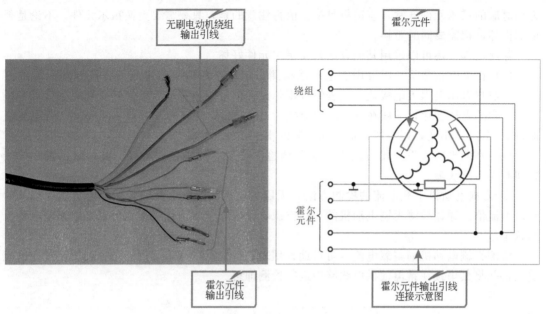

图 9-24 无刷电动机霍尔元件的输出引线

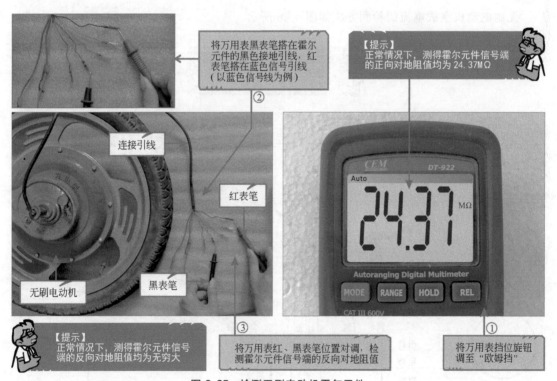

图 9-25 检测无刷电动机霍尔元件

 相关资料

无刷电动机中 3 个霍尔元件信号端的正向对地阻值应完全相同，任何一个不同，都可能

为相对应的霍尔元件异常，应进行更换。值得注意的是，只要需要更换霍尔元件，不论是否全部损坏，都需要同时更换。

除此之外，还可以采用其他方法判断霍尔元件好坏：

（a）在通电状态下，用万用表电压挡检测霍尔元件各信号线电压的方法判断元件的好坏。一般将万用表黑表笔接地，红表笔接霍尔元件信号线，拨动后轮使其旋转时，信号电压应有一定的电压变化，一般在 0~5V（有些为 0~6.25V 或 0~4.5V）之间变换。若电压值保持 0V 或 5V 不变，则可能该信号线对应的霍尔元件已经损坏。

（b）在断电状态下，用万用表二极管挡检测霍尔元件黑色线与红、黄、绿、蓝四根线之间有无短路故障。

③ 无刷电动机空载电流的检测方法　无刷电动机的空载电流是指无任何负载状态下的允许电流值。通过检测无刷电动机的实际空载电流值与正常值比较，也可以判断无刷电动机的状态。

检测无刷电动机的空载电流，可借助万用表进行检测，即将万用表量程旋钮设置在电流挡上，并将其串接在蓄电池供电线路中进行检测即可。

演示图解

无刷电动机空载电流的检测方法如图 9-26 所示。

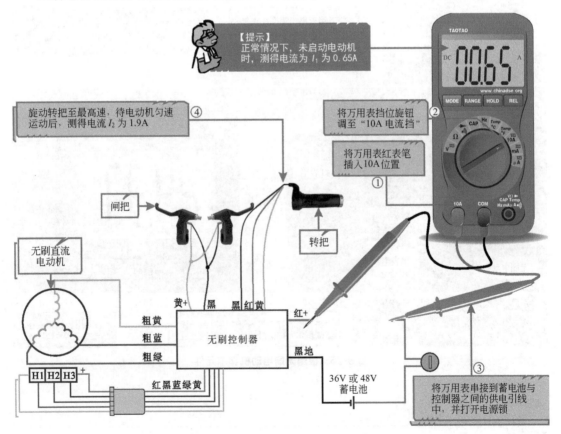

图 9-26　无刷电动机空载电流的检测

> **特别提示**
>
> 无刷电动机的实际空载电流 I_3 为 I_2 与 I_1 之差,即 $I_3 = I_2 - I_1 = 1.9\text{A} - 0.65\text{A} = 1.25\text{A}$。
>
> 若实测空载电流大于参考最大空载电流值,表明所测无刷电动机有故障。通常,引起无刷电动机空载电流过大的原因主要有:无刷电动机个别线圈短路、磁钢、换向器、电刷磨损严重等。重点检查易发生该故障的部件,更换损坏部件或整个无刷电动机即可排除故障。

相关资料

一般不同机型、不同设计结构的电动机的最大空载电流不同,见表 9-1 所列。根据检测结果与该表中参考值比较可知,实测空载电流大于参考最大空载电流值时,表明电动机有故障。

表 9-1 各种电动机的最大空载电流参考

电动机类型	额定电压 36V	额定电压 48V
有刷低速电动机	0.6A	0.4A
有刷高速电动机	1.0A	0.6A
无刷低速电动机	0.6A	0.4A
无刷高速电动机	1.0A	0.6A

④ 无刷电动机定子和转子的检修方法 在检修无刷电动机过程中,其内部转子和定子损坏的概率较低,大多时候可能因无刷电动机进水造成定子铁芯和转子磁钢锈蚀或脱落,从而造成无刷电动机无法工作的故障。一般需要对定子铁芯和转子磁钢进行打磨、润滑或更换等。

演示图解

无刷电动机定子和转子的检修方法如图 9-27 所示。

9.3.2 电动机的代换方法

当电动机出现无法修复的故障时,就需要使用同型号或参数相同的电动机进行代换。通常电动机的代换操作主要可分为三大步骤,一是寻找可代替的电动机,二是代换电动机,三是通电试机。下面主要以电动自行车的电动机为例进行讲解其代换方法。

(1) 寻找可代替的电动机 电动机损坏就需要根据损坏电动机的类型、额定电压以及电动自行车后轮体积等规格参数选择适合的电动机进行代换。

① 电动机类型的选择 对电动机进行整体更换时,电动机类型的匹配尤为重要。在电动自行车和三轮车中应用的电动机主要有有刷电动机和无刷电动机两种,更换电动机时应进行区分,即有刷电动机应使用有刷电动机进行代换,无刷电动机应使用无刷电动机进行代换,如图 9-28 所示。

② 电动机额定电压的选择 由于电动自行车和三轮车的蓄电池分类不同,因此在代换电动机时,也要区分电动机的额定电压。

图 9-27 无刷电动机定子和转子的检修

电动自行车的蓄电池分为 36V 和 48V 两种，所以额定电压为 36V 的电动机只能使用 36V 的进行代换，额定电压为 48V 的电动机只能使用 48V 的进行代换，如图 9-29 所示。

>>> **特别提示**

除了根据电动机上的钢印标识区分电动机的额定电压外，也可通过控制器铭牌上标有的电动机额定电压判断损坏电动机的额定电压，然后选择同样额定电压的电动机进行代换即可。

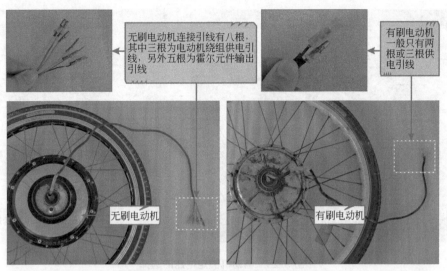

(a) 通过连接引线区分有刷电动机和无刷电动机

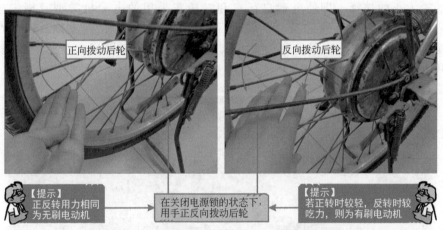

(b) 通过波动后轮用力情况区分有刷电动机和无刷电动机

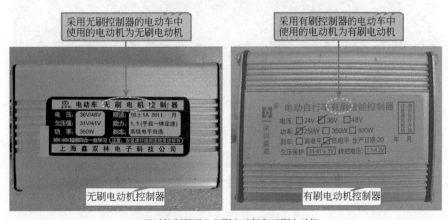

(c) 通过控制器区分有刷电动机和无刷电动机

图 9-28 电动机类型的选择

图 9-29　电动机额定电压的选择

③ 后轮大小的选择　即使电动自行车和三轮车采用的电动机类型及额定电压均相同，但是根据其品牌型号的不同，在采用后轮的大小上也会存在差异。因此在选配电动机的过程中，后轮大小也是选配的重要依据之一，应选择同样大小的后轮进行代换，如图 9-30 所示。

图 9-30　电动自行车后轮大小的选择

（2）代换电动机　根据上述选配方法选配电动机后，即可将新的电动机连同后轮一起安装到损坏电动自行车上，并将连接线与控制器进行连接。

代换电动机的方法如图 9-31 所示。

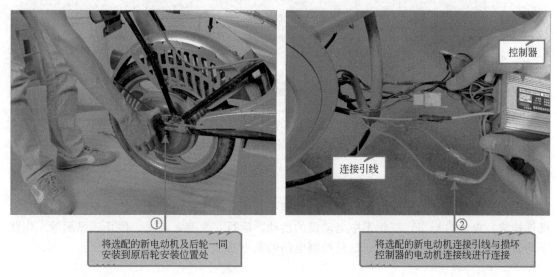

图 9-31　代换电动机

(3) 通电试机

电动机代换完成后,需通电试机排除故障,如图 9-32 所示。

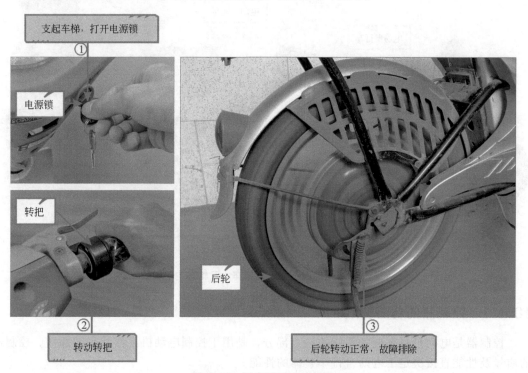

图 9-32　通电试机排除故障

第10章 控制电路的检修技能训练

电动自行车、三轮车的控制电路是控制核心,该电路主要由控制器、操作部件以及指示部件构成。电动自行车、三轮车中电动机的启动、运行、变速、定速、停止、显示等工作状态均是由控制电路进行控制的,这是控制电路的基本功能。

10.1 控制器的结构原理

控制器是电动自行车、三轮车中的主要电气部件之一,一般位于脚踏板下部、后座下部或驾驶座下方,如图 10-1 所示。

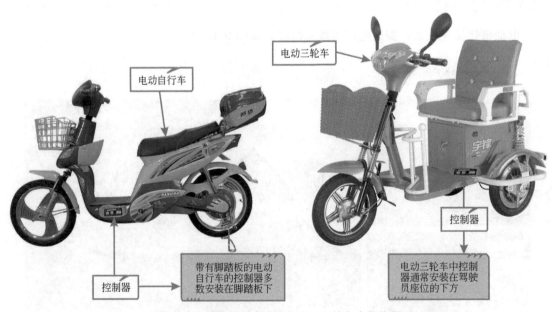

图 10-1 控制器在电动自行车、三轮车中的位置

10.1.1 控制器的功能特点

控制器是电动自行车电气系统的核心部分,是用于控制电动机工作状态的部件。控制器的质量及性能直接决定了电动自行车整体的性能。

在电动自行车、三轮车中,控制器的基本功能就是在正常工作条件下,实现对电动自行车、三轮车的控制,如图 10-2 所示。

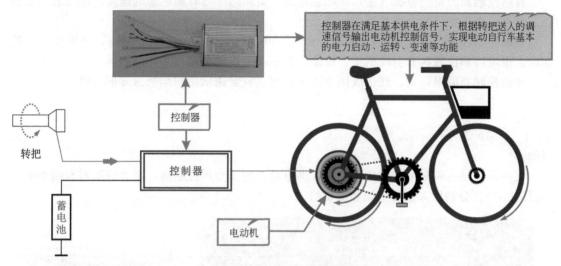

图 10-2 控制器的功能特点

目前，在市场上应用较多的控制器主要分为有刷控制器和无刷控制器两种。不同类型的控制器虽功能相同，但具体结构有所区别。下面分别以典型有刷控制器和无刷控制器为例，介绍控制器的结构组成。

（1）有刷控制器的结构特点 有刷控制器是指配合有刷电动机一起使用的一种控制器。该类控制器结构相对简单，通常安装固定在一个金属盒内，金属盒的一端引出各种引线，用来连接操作部件、指示部件、蓄电池、电动机等，如图 10-3 所示。

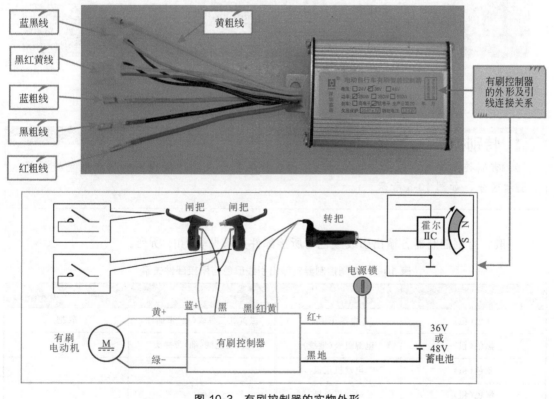

图 10-3 有刷控制器的实物外形

有刷控制器的黄色粗线（正）和绿色粗线（负）用于与有刷电动机连接，应注意引线的正、负极，否则将导致电动机反向运转。

有刷控制器的红色（正极）、黑色（负极）两根较粗引线与蓄电池的正、负极连接。连接时，也应特别注意区分引线的正、负极，若不小心接错可能会烧坏控制器。

有刷控制器的黑、黄、红引线用于连接转把（有定速功能的车把为五根引线）。

相关资料

在一些电动三轮车中，使用了PWM型电动三轮车专用控制器，该类控制器有四根引线（见图10-4），分别用来连接电源和电动机。

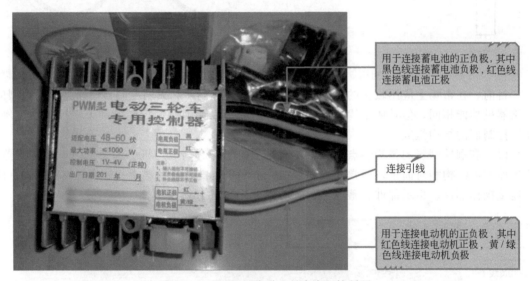

图 10-4　PWM型电动三轮车专用控制器

>>> **特别提示**

有刷控制器的连接引线功能一般可根据控制器外壳上的接线图或引线颜色进行识别和区分，如图10-5所示。

一般，有刷控制器各输出引线颜色与所接部件关系见表10-1所列。

表 10-1　有刷控制器各输出引线颜色与所接部件关系

引线颜色和类型	所接部件	引线颜色和类型	所接部件
红色（粗）	电源正极	黑黄红三色线（细）带插件	转把
黑色（粗）	电源负极（地线）	蓝、黑色线（细）带插头	闸把
黄色（粗）	电动机正极	—	—
绿色（粗）	电动机负极	—	—

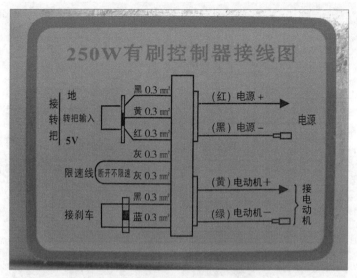

图 10-5 典型有刷控制器上的接线图

将有刷控制器的金属盒打开后,即可以看到其内部的电路部分及各功能元器件。下面以电动自行车中的有刷控制器为例(见图10-6),将其拆开后,可以看到该电路主要由电压比较器LM339、场效应晶体管、滤波电容器、限流电阻器等元器件构成。

① 电压比较器LM339 电压比较器LM339是有刷控制器中的关键器件之一,其内部集成了四个独立的电压比较器,每个电压比较器都可以独立地构成单元电路,如锯齿波信号产生器、PWM调制器、过流检测电路、欠压保护电路等。图10-7所示为电压比较器LM339实物及引脚功能。

 相关资料

图10-8所示为电压比较器LM339内部一个独立比较器的内部结构框图,其他三个比较器的结构与之完全相同。IN+和IN-是LM339外面的两个输入端,电压比较器内部的电路都采用差动放大器(又称差分放大器),即晶体管VT1与VT2是对称的,晶体管VT3与VT4是对称的。当输入端IN+和IN-的电压加上时,两个对称晶体管之间的电压差就会使电压比较器的输出发生变化。采用这种差动式的电路具有零点漂移小、精度高的特点。

电压比较器LM339各引脚的引脚功能见表10-2所列。

表 10-2 电压比较器LM339各引脚的引脚功能

引脚号	名称	功能	引脚号	名称	功能
①	OUT2	输出 2	⑧	IN3-	反相输入 3
②	OUT1	输出 1	⑨	IN3+	同相输入 3
③	V_{CC}	电源	⑩	IN4-	反相输入 4
④	IN1-	反相输入 1	⑪	IN4+	同相输入 4
⑤	IN1+	同相输入 1	⑫	GND	接地
⑥	IN2-	反相输入 2	⑬	OUT4	输出 4
⑦	IN2+	同相输入 2	⑭	OUT3	输出 3

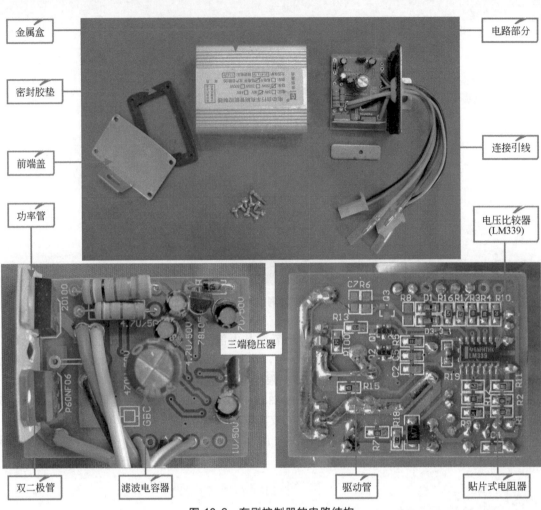

图 10-6　有刷控制器的电路结构

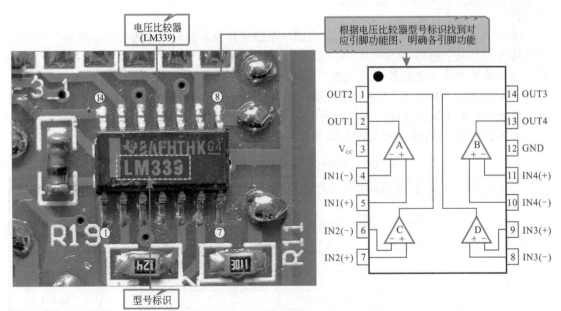

图 10-7　电压比较器 LM339 实物及引脚功能

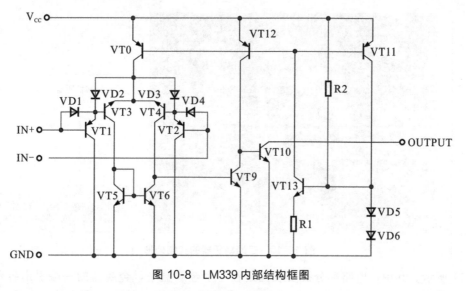

图 10-8 LM339 内部结构框图

② 功率管　功率管是有刷控制器中的重要部件之一，多采用场效应晶体管，用于将 PWM 调制电路产生的信号进行功率放大进而驱动电动机启动、运转和变速。功率管的实物外形如图 10-9 所示。

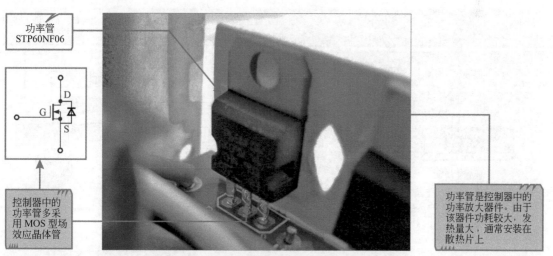

图 10-9　场效应晶体管 STP60NF06 的实物外形

相关资料

有刷控制器中常采用的场效应晶体管主要有 STP75NF75、STP60NF60、IRF2807、IRF2103、IRF4905、FYP2010D、STW80N06、FQA160N8、HPF3205、2SK1836 等。

③ 三端稳压器　三端稳压器是将蓄电池的供电电压变成 +5V 的稳定电压，然后再为控制电路提供所需的直流电压。该控制器中使用的三端稳压器型号为 AS78L05，是一种输出电流为 100mA 和 5V 的三端稳压器，如图 10-10 所示。

(2) 无刷控制器的结构特点　无刷控制器是专门用于与无刷电动机配合使用的一类控制器，其结构比较复杂。从外部来看，无刷控制器也主要由连接引线部分和电路部分构成，如

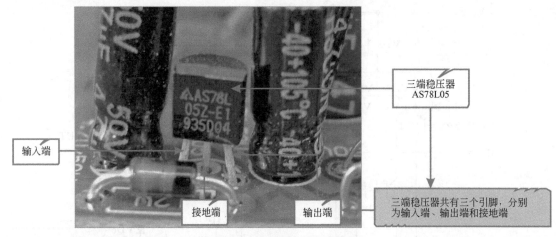

图 10-10 三端稳压器的实物外形

图 10-11 所示。其中，电路部分被安装固定在一个金属盒中，金属盒的一端引出各种引线，用来与操控部件（转把、闸把）、指示部件（仪表盘、车灯、喇叭）、蓄电池、电动机等进行连接。由于无刷控制器体积较大、内部结构较复杂，连接引线较多，原理相对较复杂，因此与外部功能部件关联的引出线也相对较多。

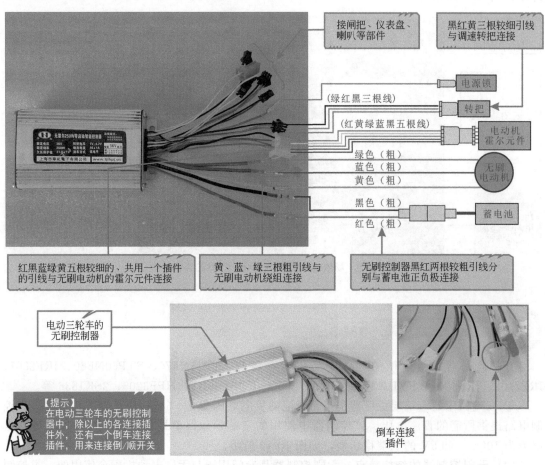

图 10-11 典型无刷控制器的实物外形

相关资料

一般情况下,无刷控制器输出引线颜色与所接部件对应关系见表 10-3 所列。

表 10-3　无刷控制器输出引线颜色与所接部件对应关系

引线颜色和类型	所接部件	引线颜色和类型	所接部件
红色线(粗)	电源正极	绿线(细)扁插头 B-3	转把信号线
黑色线(粗)	电源负极(地线)	红线(细)扁插头 B-1	转把 5V 供电电压
蓝色线(粗)	电动机绕组 B 相	黑线(细)扁插头 B-2	转把地线
黄色线(粗)	电动机绕组 A 相	细白线	刹车信号
绿色线(粗)	电动机绕组 C 相	细黑线	刹车地线
细红线	电门锁	细蓝线	仪表信号

不同型号的控制器引线颜色所代表含义很相近,但也有些不完全相同,一般可参照控制器外壳上的控制器接线图或控制器说明进行识别。

将无刷控制器的金属盒打开后,即可以看到其内部的电路部分及各功能元器件。下面以电动自行车中的无刷控制器为例(见图 10-12),将其拆开后,可以看到该电路主要是由微处理器芯片(12C5202AD)、电压比较器(LM324DG)、功率管(MOS 管)、三端稳压器和限流电阻器等元器件分构成的。

① 微处理器芯片　微处理器是无刷控制器中的核心元器件之一,用来控制整个控制器的协调工作,图 10-13 所示为典型微处理器芯片的实物外形。通常在微处理器芯片的附近安装有谐振晶体,该晶体主要为微处理器芯片提供工作条件。

② 电压比较器　电压比较器(LM324 DG)在该控制器中也可以看作 PWM 信号产生电路,用于产生锯齿波脉冲和 PWM 调制等。图 10-14 所示为电压比较器的实物外形及内部功能图。

由图可知,该芯片有 14 个引脚,它的工作电压为 3～32V,其内部共有 4 个电压比较器,4 个电压比较器可独立使用。在该类控制器电路中用于组成锯齿波脉冲产生电路和 PWM 调制电路等,在该电路中也称其为 PWM 信号产生电路。

相关资料

电压比较器是通过两个输入端电压值(或信号)的比较结果决定输出端状态的一种放大器件。

当电压比较器的同相输入端电压高于反相输入端电压时,输出高电平;当反相输入端电压高于同相输入端电压时,输出低电平,如图 10-15 所示。控制器中的许多检测信号比较、判断以及产生都是由该芯片完成的。

该电压比较器与外围电路构成 PWM 信号产生电路,用于产生锯齿波脉冲和 PWM 调制等。

电压比较器 LM324DG 的内部结构和引脚功能与 LM339 均相同,但是引脚排列顺序不同,引脚性能参数也有一定差异(外接元件电流、电阻可能存在差异)。电压比较器 LM324DG 各引脚的引脚功能见表 10-4 所列。

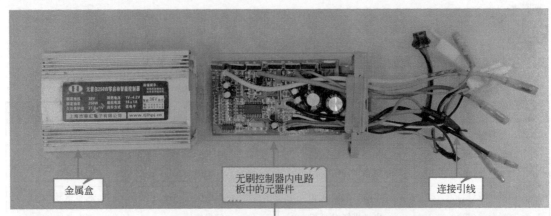

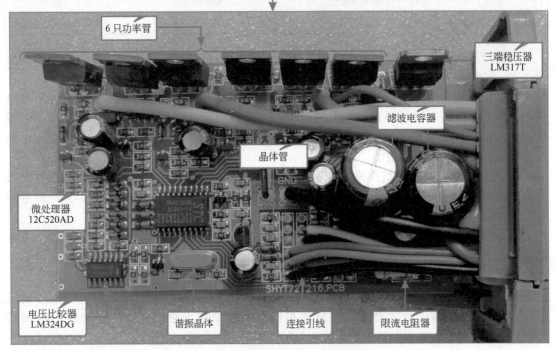

图 10-12　无刷电动机控制器的电路结构

表 10-4　电压比较器 LM324DG 各引脚的引脚功能

引脚号	名称	功能	引脚号	名称	功能
①	OUT1	输出 1	⑧	OUT3	输出 3
②	Inputs1−	反相输入 1	⑨	Inputs3−	反相输入 3
③	Inputs1+	同相输入 1	⑩	Inputs3+	同相输入 3
④	V_{CC}	正电源	⑪	GND	接地
⑤	Inputs2+	同相输入 2	⑫	Inputs4+	同相输入 4
⑥	Inputs2−	反相输入 2	⑬	Inputs4−	反相输入 4
⑦	OUT2	输出 2	⑭	OUT4	输出 4

电压比较器 LM324DG 内部为四个运算放大器，这四个运算放大器可以和外围元器件构成电流、电压检测电路或电压比较器、振荡器等；LM339 内部为四个电压比较器，是专用

图 10-13 典型微处理器芯片 12C5202AD 的实物外形及引脚排列

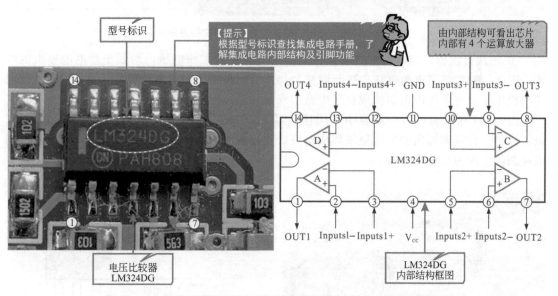

图 10-14 典型无刷控制器中电压比较器 LM324DG 外形及内部结构

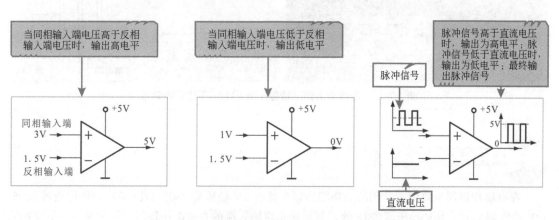

图 10-15 电压比较器输入端与输出端电压或信号关系

于进行电压比较放大的器件，与 LM324DG 不能互换。

③ 功率管　在无刷控制器中通常采用 6 个型号完全相同的功率管（场效应晶体管）构成功率输出电路，用于驱动无刷电动机启动和运转。图 10-16 所示为典型功率管的实物外形。

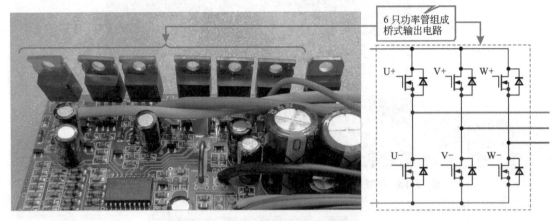

图 10-16　无刷控制器中功率管的实物外形

④ 三端稳压器　控制器电路板上各元器件所需要的工作电压，均低于蓄电池提供的电压。因此，通常将蓄电池电压先进行限流和稳压后，再为控制器电路板各元器件供电，此时常用稳压元件与限流电阻器构成稳压电路实现此功能。

图 10-17 所示为典型控制器中三端稳压器 LM317T（CC0E3VW MAR647）实物外形。该器件是一种可调输出的三端稳压集成电路，与控制器中的滤波电路及稳压二极管等器件构成控制器中的内部电源电路。

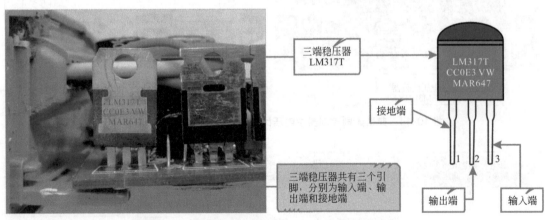

图 10-17　可调输出的三端稳压器 LM317T 的实物外形

在有刷控制器电路中，常用的三端稳压器主要有 5V 稳压器 7805（78L05）、6V 稳压器 7806、12V 稳压器 7812、15V 稳压器 7815 等，其功能是将输入端的直流电压稳压后输出某一个固定的直流电压，其电路关系如图 10-18 所示。LM317T 是一种输出电压可调的三端稳压器。

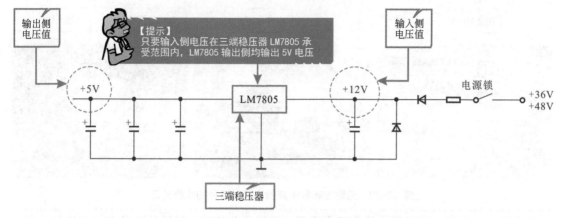

图 10-18 LM7805 系列三端稳压器构成的控制器稳压电路

三端稳压器输入端的电压可能会发生偏高或偏低变化，但都不影响输出侧电压值，只要输入侧电压在三端稳压器承受范围内（9～14V），其输出侧均为一个稳定电压值。例如，只要三端稳压器 LM7805 输入端电压在承受范围，即 9～14V，其输出端总稳定输出 5V 直流电压；又如三端稳压器 7806 输出端稳定输出 6V 直流电压。

三端稳压器的内部结构简图如图 10-19 所示，可以看到其主要由稳压二极管、调整管、比较放大器、基准电压及取样电路组成。

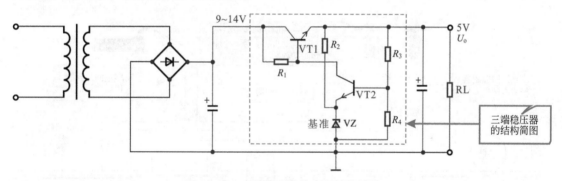

图 10-19 三端稳压器的内部结构简图

基准电压由稳压二极管 VZ 确定；取样电路取出 R_3、R_4 的分压值（输出电压）与基准电压进行比较得到差值电压，差值电压经比较放大器 VT2 放大后，控制调整管 VT1 的压降，从而达到稳定输出电压的目的。

该直流稳压电路的输出电压 $U_o = (R_3 + R_4)/R_4 U_Z$（$U_Z$ 为稳压二极管的稳定电压）。从式中可看出，调整 R_3 和 R_4 的比例关系，就可以调整输出电压 U_o 的大小。

⑤ 其他器件　在控制器内部的电路板中，除了以上元器件外，还有限流电阻器、滤波电容器、谐振晶体、贴片式稳压二极管、驱动管等元器件，如图 10-20 所示。

限流电阻器主要限制电流量的大小，防止电流过大导致电动自行车有刷控制器中的其他电路发生损坏；滤波电容器主要滤除杂波；驱动管对驱动信号进行放大。

10.1.2 控制器的工作原理

控制器通过内部电路工作实现对电动自行车、三轮车行驶状态进行控制，因此能够搞清控制器的工作原理和基本信号流程是维修控制器必备的知识技能。本节中首先从整体功能的

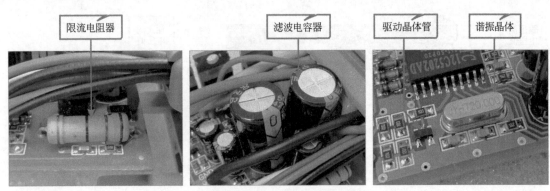

图 10-20　无刷控制器中其他主要元器件的实物外形

角度理清电动自行车控制器的基本工作原理，然后在此基础上挑选几个具有代表性的控制器电路原理图，通过对电路信号流程的细致分析，搞清控制器的工作过程。

有刷控制器和无刷控制器的工作原理略有差异，下面就分别介绍一下这两种控制器的工作原理。

(1) 有刷控制器的工作原理　当打开电源锁后，接通电源，由蓄电池为电动自行车中显示仪表以及控制器进行供电，此时控制器进入待机准备工作状态。根据操作指令的变化，从而实现行驶、加速、制动等功能，图 10-21 所示为有刷控制器的工作原理框图。

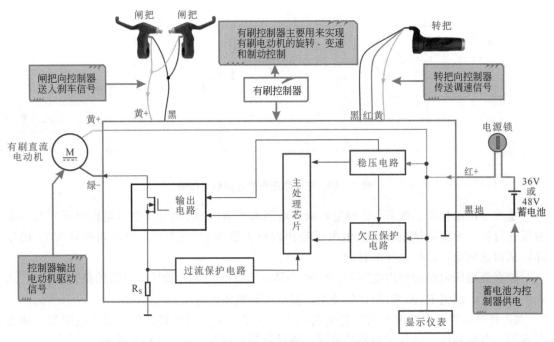

图 10-21　有刷控制器的工作原理图

当旋动转把时，调速信号通过引线送往控制器中的主处理芯片中，控制器中的主处理芯片根据接收到的信号作出相应的反应，并将控制信号或驱动信号送到输出电路中，由输出电路将驱动信号或控制信号送到有刷电动机中。

有刷电动机接收到驱动信号或控制信号后，开始动作，并由转把送入速度信号的大小，从而控制行驶速度的快慢。

在行驶过程中按下闸把时，刹车信号经连接插件送到控制器中主处理芯片，经处理后，刹车信号由输出电路输出制动信号，使电动机停止运行，达到刹车的目的。

在使用过程中，显示仪表的供电端由蓄电池进行供电，而控制信号则由主处理芯片通过连接插件在显示仪表中显示出来，使驾驶者随时了解具体的运行状况。

下面以采用 MC33035 芯片的有刷控制器为例，对该电路部分进行分析，如图 10-22 所示。

该电路中只采用了 MC33035 中的部分功能，由此也可见该芯片内部功能的强大。由图可知，该电路主要是由供电电路、启动电路、调速电路和欠压保护电路等部分构成的。

工作时，蓄电池 36V 电压经继电器触点 J 加到电动机的上端，电动机的下端经双场效应晶体管 VT1、VT2 和电流检测电阻 RS 到地。只有 VT1、VT2 导通，才有电流流过电动机。U1（MC33035）的⑲脚（PWM 信号输出端）输出开关脉冲信号，使电动机中有开关电流，电动机则旋转，改变 PWM 信号的脉冲宽度可以改变电动机的速度。

① 供电电路　蓄电池的 36V 电压经三端稳压器 LM317T 稳压后，由其③脚输出 +24V 电压，该电压经滤波电容器 C8、C9 滤波后送入三端稳压器 LM7815 的①脚，经该稳压器件后输出 +15V 直流电压。

+24V 电压主要为继电器 J、U1、U3、VT3 等器件供电，+15V 电压为闸把、VT6 等供电。

② 启动电路　电动自行车接通电源时，+24V 电压通过 R29、VD8 为 VT3 提供基极电流，VT3 导通，继电器 J 得电吸合，其常开触点 J1 闭合，电动机通电。

③ 刹车电路　当捏下闸把时，左、右刹开关闭合，+15V 通过 R25、R21 为 VT6 提供基极电流，VT6 导通，其集电极电位降低，VD4 导通，VD8 截止，VT3 失去基极电流而截止，继电器 J 失电，常开触点断开，切断电动机电源，电动机停止转动。

④ 调速电路　U1（MC33035）的⑪脚为速度控制信号的输入端，由车把上的霍尔速度产生器将调速指令转换成直流电压，然后送到 U1 的⑪脚，在 U1 中经处理后输出 PWM 信号驱动电动机旋转。

⑤ 欠压保护电路　欠压保护电路由欠压检测 U2B 和单端触发器 U3 组成。其输出经 VT4 倒相送 U1 的⑦脚，关断 U1 的输出。转把电压检测电路 U2C 的输出，送往单端触发器 U3 的强制复位端①脚进行调速工作。

>>> **特别提示**

根据前文可知，采用倒车功能的电动三轮车中若使用有刷控制器，则控制器的引线中有四根引线与电动机相连。当操作开关为倒车操作时，则由控制器输出倒车信号送入控制部件中，由控制部件控制电动机反向旋转，从而实现倒车功能，如图 10-23 所示。

（2）无刷控制器的工作原理　无刷控制电路是由蓄电池为控制器供电的，由控制器控制指示部件和操控部件完成各项工作。图 10-24 所示为无刷控制器与外围器件的连接关系框图。

当打开电源锁后，接通电源，由蓄电池为电动自行车、三轮车进行供电，显示仪表显示蓄电池的当前状态，同时控制器处于待机准备状态。图 10-25 所示为无刷控制器的工作原理框图。

当旋动转把时，调速信号通过引线送往控制器中的主处理芯片中。控制器中的主处理芯片根据接收到的信号作出相应的反应，并将控制信号和驱动信号送到逻辑电路和功率晶体管中，再输出电动机控制信号和驱动信号，使无刷电动机运转。

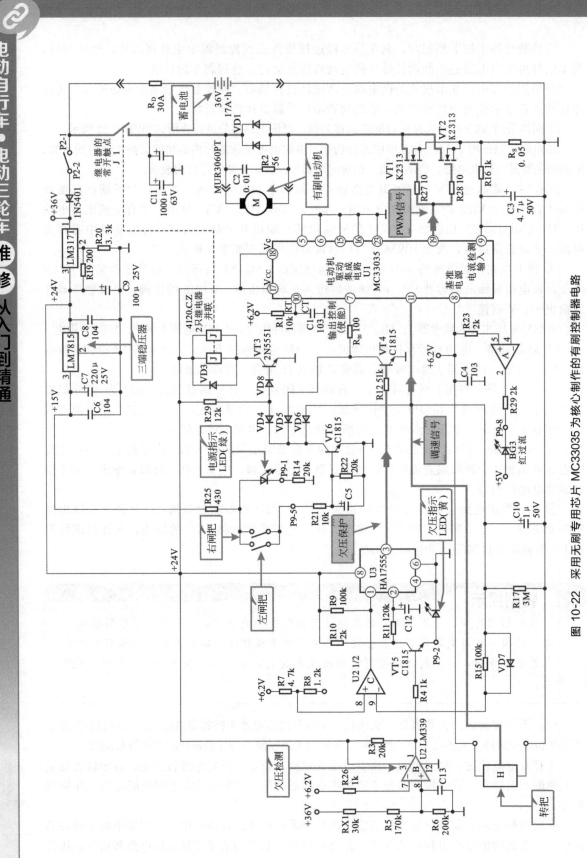

图 10-22 采用无刷专用芯片 MC33035 为核心制作的有刷控制器电路

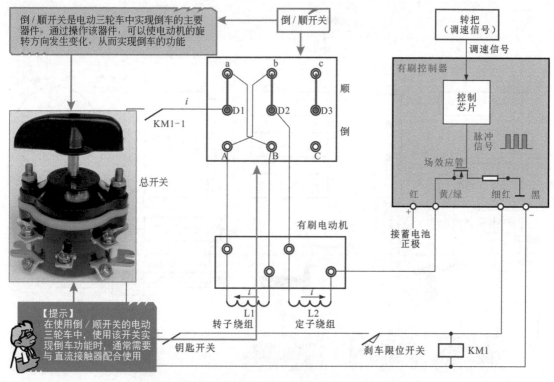

图 10-23 电动三轮车使用控制器实现倒车功能

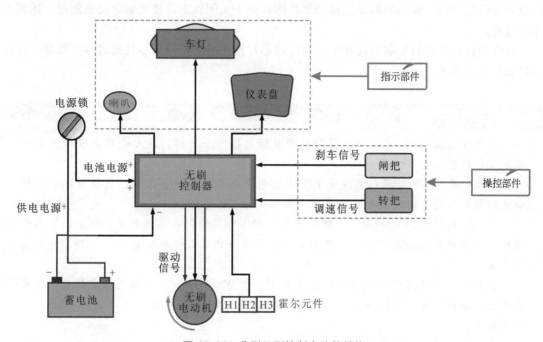

图 10-24 典型无刷控制电路的结构

电动机旋转后,其内部的位置传感器(即霍尔元件)将检测到转子磁极的位置信号,反馈到控制器中的主处理芯片中,控制相应功率晶体管的导通和关闭状态。

当按下闸把时,其闸把的刹车信号经连接插件送到控制器中,控制器中主处理器芯片对

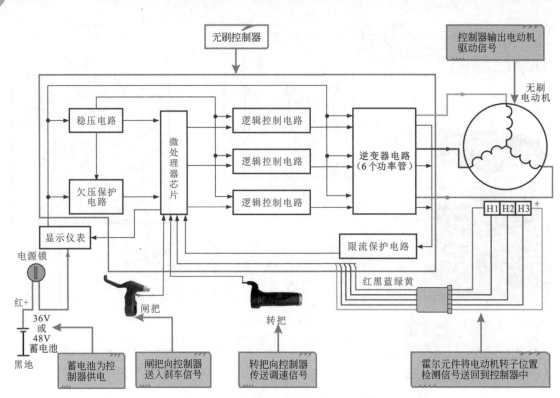

图 10-25 无刷控制器的工作原理框图

该信号进行处理后,输出的制动使得功率晶体管处于关闭状态,使无刷电动机断电,达到刹车的目的。

在电动自行车进行控制的过程中,主处理芯片把当前的控制信号均通过连接插件,在显示仪表中显示出来。

> **特别提示**
>
> 在无刷控制器中,6个功率管构成的驱动电路十分关键,这6个功率管与无刷电动机绕组的连接关系如图10-26所示。
>
> 6只功率管在微处理器芯片或PWM信号产生电路控制下,实现交替循环导通和截止控制,从而不断改变电流的方向,如图10-27所示。
>
> 在$t_0 \sim t_1$时刻(0°~120°),功率管U+和V-导通时,其他功率管截止,其信号流程为:电源电流经正端→功率管U+→U绕组→V绕组→功率管V-→R806→负端或到地。
>
> 在$t_1 \sim t_2$时刻(120°~240°),功率管V+和W-导通时,其他功率管截止,信号流程为:电源电流经正端→功率管V+→V绕组→W绕组→功率管W-→R806→负端或到地。
>
> 在$t_2 \sim t_3$时刻(240°~360°),功率管W+和U-导通时,其他功率管截止,信号流程为:电源电流经正端→功率管W+→W绕组→U绕组→功率管U-→R806→负端或到地。

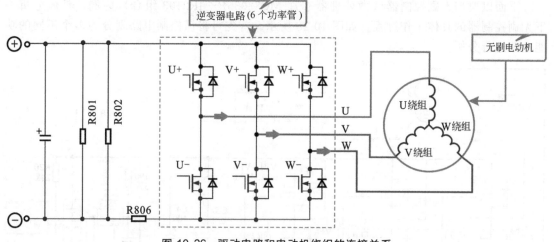

图 10-26 驱动电路和电动机绕组的连接关系

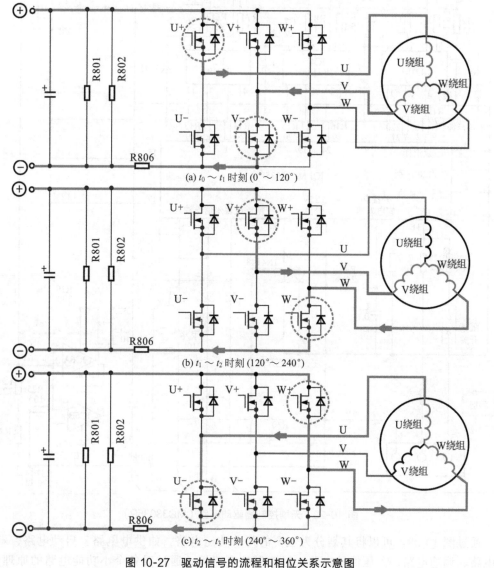

(a) $t_0 \sim t_1$ 时刻 ($0° \sim 120°$)

(b) $t_1 \sim t_2$ 时刻 ($120° \sim 240°$)

(c) $t_2 \sim t_3$ 时刻 ($240° \sim 360°$)

图 10-27 驱动信号的流程和相位关系示意图

下面以典型无刷控制器（微处理器芯片 MC33035P＋IR2103 组合）为例，具体分析一下无刷控制器的具体工作过程，如图 10-28 所示。首先可将该控制电路划分为多个不同的功能电路进行分析。

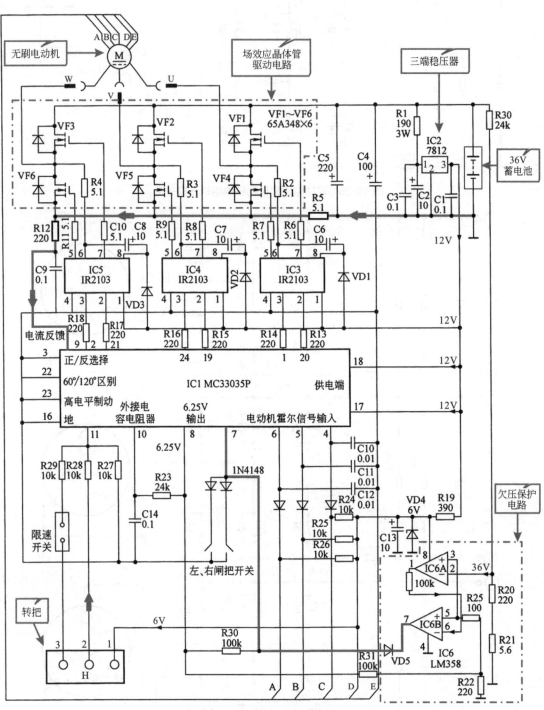

图 10-28　无刷控制器驱动电路（MC33035P）

通过图 10-28，可以将其划分为主要的几个功能电路，如供电电路、启动电路、刹车制动电路、调速电路、欠压保护电路、过流保护电路等。通过对各个小功能电路的原理分析，掌握该控制电路的工作原理。

供电电路：蓄电池的 36V 电压经电阻器 R1 限流、电容器 C3 和 C2 滤波后送入三端稳压器 IC2 7812 的①脚，经其稳压后，由其③脚输出＋12V 电压。该＋12V 电压经电容器 C1 滤波后，送入 IC1 的⑱脚、⑰脚，为其提供工作电压；同时分别送入三个驱动器 IC3、IC4、IC5 的①脚供电。

另外，＋12V 电压再经电阻器 R19 限流、二极管 VD4 稳压、C13 滤波后输出＋6V 电压，分别为 IC6 及转把供电。

> **特别提示**
>
> 根据前文可知，采用倒车功能的电动三轮车，其控制器的引线中有倒车连接引线，该部分主要与转把相连。当操作转把为倒车操作时，则输出倒车信号送入控制器中，由控制器控制电动机旋转，从而实现倒车功能，如图 10-29 所示。

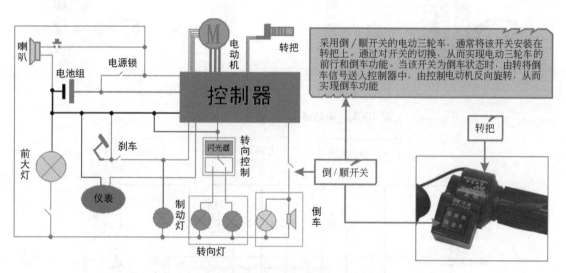

图 10-29 电动三轮车使用控制器实现倒车功能

10.2 控制器的检修技能训练

控制器作为电动自行车、三轮车的控制核心，若出现异常情况将导致电动自行车、三轮车工作异常情况。学习控制器的检修技能，首先要作好该电路的检修分析，然后在此基础上对怀疑损坏的控制器进行检修。

10.2.1 控制器的检修分析

由于电动自行车、三轮车需要通过控制器来控制各部件动作，进而实现电动骑行的功能，因此控制器中任何一个元器件不良或部分电路存在故障都可能导致整车无法正常工作。

根据电路功能，控制器主要用于控制电动自行车电动机的启动、运转、加速、停止等状态。因此当电动自行车控制器出现故障时，主要由电动机当前的状态直观体现，如图 10-30 所示。

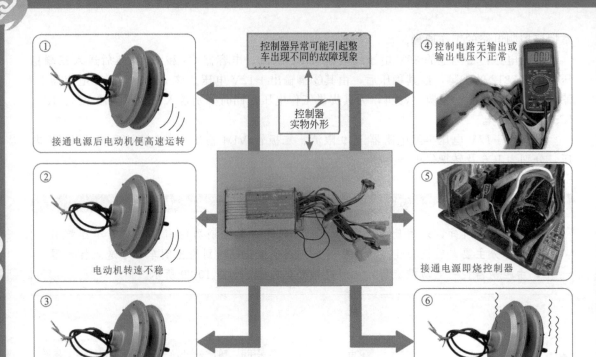

图 10-30　电动自行车控制电路的故障表现

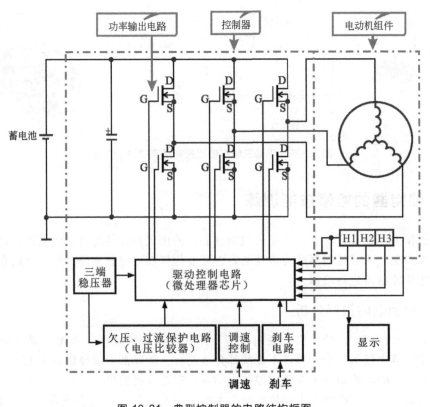

图 10-31　典型控制器的电路结构框图

控制器内部是由各种电子元器件及集成电路构成的,如图10-31所示。由图可知,电路结构较复杂,出现故障多是由内部功率部件、供电部件以及控制部件等引起的。一般需仔细对内部电路进行检修,对损坏部件进行更换或整体更换控制器排除故障,如图10-32所示。

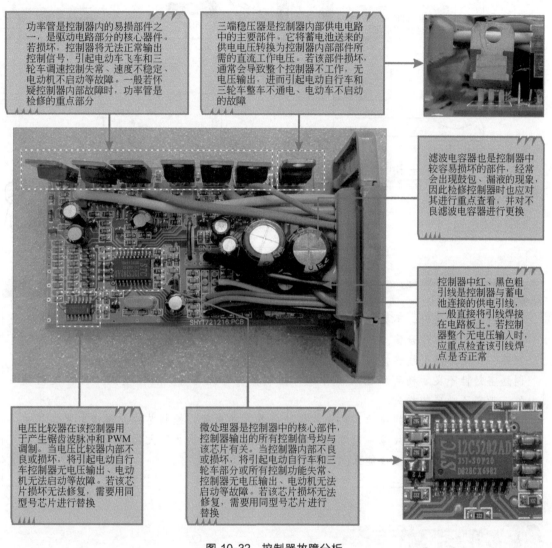

图10-32 控制器故障分析

通常,控制器出现故障主要表现为接通电源后电动机便高速运转(飞车故障)、电动机转速不稳(控制电路输出电压不稳定)、电动机不启动(控制电路无输出或输出电压不正常、通电烧控制器)、电动机抖动(控制电路缺相)等。

当怀疑控制器故障时,可遵循"先外围后自身、先查输出后查内部"的基本原则进行检修。图10-33所示为控制器的基本检修分析。

综上所述,检修控制器时,总体思路为:借助检修仪表(万用表)首先对控制器连接引线上的电压或信号进行检测,当所测信号参数异常时,先排除外围关联部件故障;在外围部件正常前提下,可针对控制器内部主要元器件进行检测,如易损的功率管和稳压器件等。

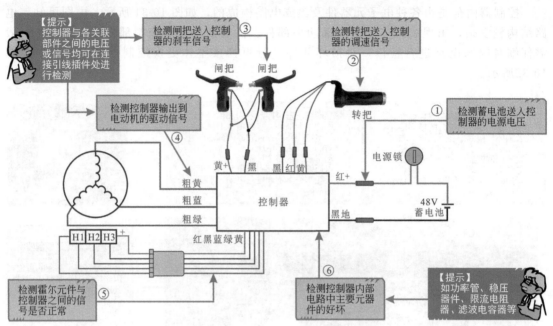

图 10-33　电动自行车控制器的基本检修分析

> **特别提示**
>
> 　　检修控制器时，不要轻易拆开控制器进行检查，排除外部因素是检修的第一步也是十分重要的操作步骤。根据维修经验，控制器故障发生率最高的部位为外部被控制器件、接插件及引线连接点，这类故障较易修理。若盲目拆解控制器不仅容易造成控制器密封性不良，还可能因误操作损坏控制器内部元器件，甚至造成不可修复的故障，带来不必要的损失。
>
> 　　对于控制器内部的故障，较多的是稳压器、功率管、控制芯片、限流电阻器等主要元器件损坏。该类故障一般可通过检测出故障点并更换故障元器件来排除，需要维修人员具备专业的维修技能来完成。

相关资料

　　从控制器本身的结构组成来看，控制电路不良最为常见的主要表现及其检修分析见表10-5所列。

表 10-5　控制电路不良最为常见的主要表现及其检修分析

最为常见的几种控制电路不良情况	检修分析
功率器（MOS管）损坏	◆ 电动机绕组间短路或损坏 ◆ 功率器件本身的质量差或选用等级不够 ◆ 电动机过载 ◆ 功率器件驱动电路损坏或参数设计不合理

续表

最为常见的几种控制电路不良情况	检修分析
控制电路内部供电电源损坏	◆ 控制器内部电路短路 ◆ 外围控制部件短路 ◆ 外部引线磨损引起搭接或对地短路
控制电路工作时断时续	◆ 器件本身在高温或低温环境下参数漂移 ◆ 控制器总体设计功耗大导致某些元器件局部温度过高而使元器件本身进入保护状态 ◆ 控制电路内部存在元器件引脚虚焊或控制电路与外部元器件连接引线接触不良
连接线磨损及接插件不良或脱落引起控制信号丢失	◆ 线材规格选择不合适 ◆ 对线材的保护及走线方式选择不正确 ◆ 控制电路与其他部件间的接插件选型不匹配 ◆ 线束与接插件的压接不牢固

10.2.2 控制器的检修方法

不同控制器的检修方法基本相同，在对其进行检修时，可根据具体的检修分析，逐步进行检测，找到故障点排除故障。下面以典型电动自行车为例，介绍具体的控制器检修方法。

(1) 控制器供电电压的检测方法 控制器正常工作需要蓄电池为其提供基本工作电压，该电压由蓄电池经连接引线后送入控制器中。若供电电压不正常，控制器无法进入工作状态，应对蓄电池进行检测。

控制器电源输入电压值取决于供电蓄电池的额定电压值，通常36V控制器电源输入端电压约为37.8V，48V控制器电源输入端电压约为50.4V，可用万用表在控制器与蓄电池连接引线插件处进行检测。

演示图解

控制器供电电压的检测方法如图10-34所示。

对控制器供电电压的检测相当于对蓄电池输出电压的检测。通常若电压过低，则应检查蓄电池部分；若电压正常，但车把显示部分显示电量不足，则应对蓄电池进行充电。

(2) 控制器中转把送入调速信号的检测方法 转把为控制器送入调速信号，只有控制器接收到该信号，才能输出相应驱动信号控制电动机状态。若调速信号异常，则应先排查转把故障。

通常转把与控制器由三根引线进行连接（若引线有五根，其他两根为巡航线），检测前，同样需要首先了解各种颜色信号线功能，然后用万用表检测即可。其中红色线为电源线，绿色线为信号线，黑色线为接地线。

演示图解

控制器与转把之间控制信号的检测方法如图10-35所示。

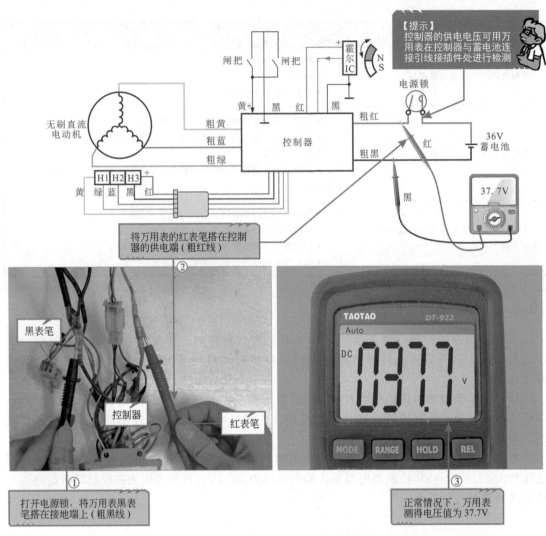

图 10-34 控制器供电电压的检测方法

>>> **特别提示**

检测转把时,使黑表笔保持不动,将红表笔搭在转把接插件的调速信号端上(细绿线)。正常情况下,不转动转把,万用表测得的电压值为 0.8V;转动转把,电压值不断上升,当电动机达到最大转速时,测得电压值为 3.6V。

经实际检测,控制器输入的转把调速信号在 0.8~3.6V 之间变化。该变化范围由转把的类型决定:一般万用表读数应在 0.8~4.8V 或 4.8~0.8V 之间变化,若在转动转把时未观察到电压的变化,则说明转把可能已损坏。

(3) 控制器中闸把送入制动信号的检测方法 闸把是控制电动自行车停止的主要操作部件。操作闸把时应有高低电平的变化,用万用表进行检测即可。在该控制器中,闸把、显示表盘、喇叭及前大灯与控制器之间通过一组六根引线输出插件相连接。检测前,首先了解各种颜色信号线功能,然后用万用表检测即可。

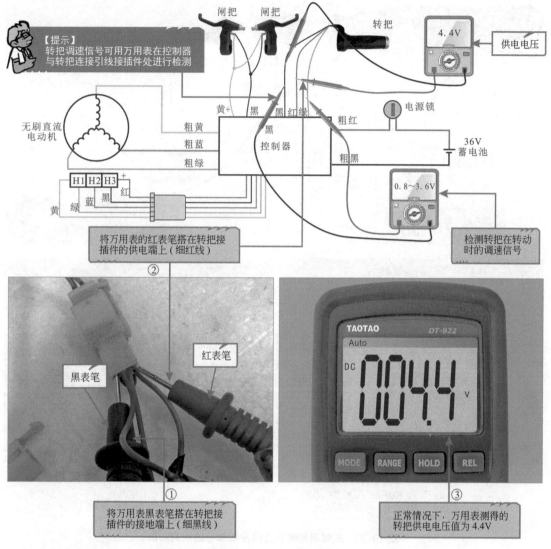

图 10-35 控制器与转把之间控制信号的检测方法

演示图解

控制器与闸把之间控制信号的检测方法如图 10-36 所示。

（4）控制器输出电动机驱动信号的检测方法 当电动自行车、三轮车正常行驶时，控制器与无刷电动机之间通常由三根较粗引线和五根细线进行连接，其中三根较粗引线为控制器与电动机连接的三根相线，五根较细引线为与电动机霍尔元件连接的引线，用万用表分别检测引线端电压即可。

演示图解

控制器输出电动机驱动信号的检测方法如图 10-37 所示。

（5）霍尔元件与控制器之间信号的检测方法 电动自行车、三轮车在正常行驶过程中，

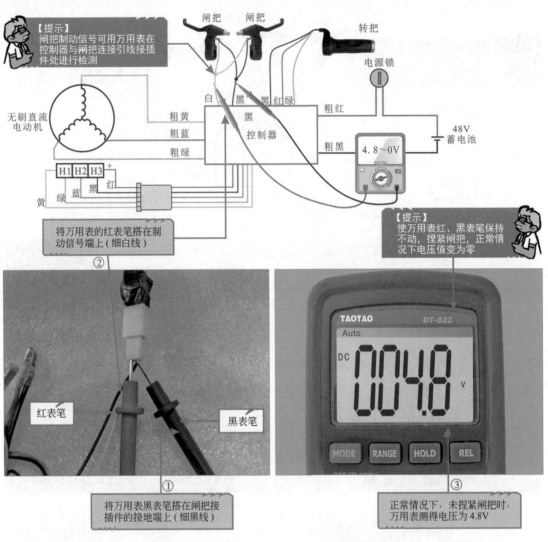

图 10-36 控制器与闸把之间控制信号的检测方法

电动机的霍尔元件为控制器提供电动机的位置信号,使电动机连续运转;若该信号异常,则无刷直流电动机无法正常运转。检测该信号时,可模拟电动机运转,从而对各引线间的电压值进行检测。

霍尔元件与控制器之间信号的检测方法如图 10-38 所示。

特别提示

当用手慢慢拨动后轮使之旋转时(无刷直流电动机转子部分转动),黄色信号线的电压值在 0.04~5.04V 之间缓慢变化;当转动转把使电动机达到最大转速,并使之匀速运转时,该信号线电压值为 2.53V 此时表明控制器与霍尔元件中黄色信号线间的

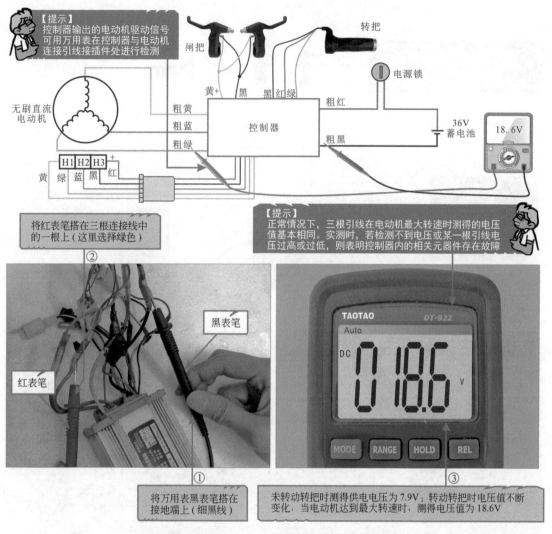

图 10-37 控制器输出电动机驱动信号的检测方法

电压值正常,具体的电压值可参考表 10-6 所列。采用同样的方法分别检测控制器与无刷直流电动机中其他霍尔元件之间的位置信号。

表 10-6 霍尔元件中信号线处的电压值   V

信号线类型	最低值	最高值	平均值
黄色信号线	0.04	5.04	2.45
绿色信号线	0.04	5.04	2.45
蓝色信号线	0.04	4.86	2.45

控制器与霍尔元件间的红色引线端为霍尔元件的供电端。正常情况下,该引线处应有 4.33V 的供电电压。

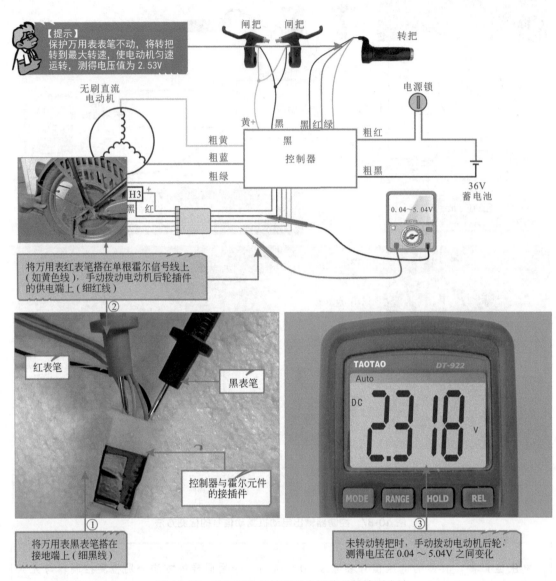

图 10-38　霍尔元件与控制器之间信号的检测方法

需要注意的是，不同型号的控制器与电动机霍尔元件之间的位置信号参数值与上述检测结果并不完全相同，但基本都遵循上述规律。若在维修过程中实测结果偏差较大，则说明控制器或电动机中的霍尔元件存在故障，应进一步进行检修。

(6) 控制器中主要元器件的检测方法　若检测控制器的供电电压及各控制信号均正常，但无输出或输出的驱动信号异常，则应进一步对控制器内部电路板上的易损元器件（如功率管、限流电阻器或三端稳压器等）进行检测，通过排查各元器件的好坏找到故障点。

① 功率管的检测方法　控制器中的功率管多为场效应晶体管，检测该管时通常可在断电状态下检测引脚间阻值的方法进行检测和判断。

演示图解

功率管的检测方法如图 10-39 所示。

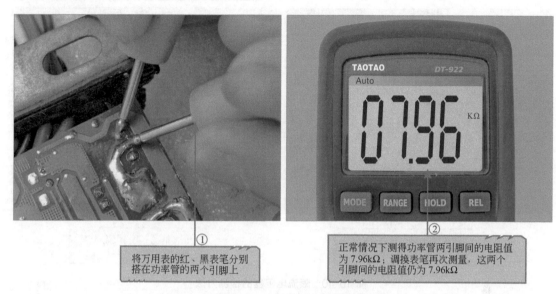

① 将万用表的红、黑表笔分别搭在功率管的两个引脚上

② 正常情况下测得功率管两引脚间的电阻值为 7.96kΩ；调换表笔再次测量，这两个引脚间的电阻值仍为 7.96kΩ

图 10-39　典型功率管的检测方法

相关资料

控制器中的功率管多为场效应晶体管，通常可在断电状态下检测引脚间的电阻值对其进行检测和判断。

正常情况下，检测功率管任意两个引脚间的电阻值时，应能测到两组几千欧的数值，其余均趋于无穷大。若不满足该检测结果，或测得某组数值为零，则说明该功率管已经损坏，应选用相同规格参数和型号的场效应晶体管进行更换。

② 限流电阻器的检测方法　在控制器中，限流电阻器的损坏概率较高，通常可直接在断电状态下使用万用表检测其电阻值，以判断其好坏。

演示图解

限流电阻器的检测方法如图 10-40 所示。

③ 三端稳压器的检测方法　三端稳压器在控制器中将蓄电池电压进行稳压后，输出电路板上其他元器件正常工作所需要的直流低压。若检测该器件的输入电压正常，而输出不正常或无输出，则表明该器件损坏。

演示图解

三端稳压器的检测方法如图 6-24 所示。

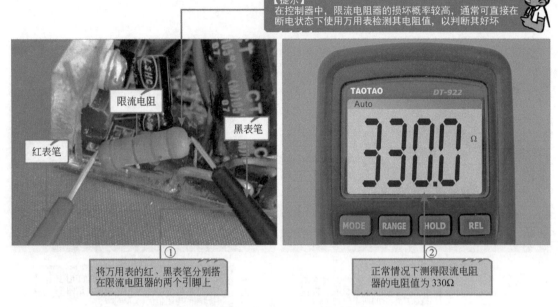

图 10-40　限流电阻器的检测方法

10.3　操作部件的检修技能训练

对电动自行车、三轮车操作部件进行检修，需按照一定的流程进行逐步排查。怀疑闸把或转把异常时，首先应对其进行检修分析，然后根据流程对怀疑部位进行检测，排除故障。

10.3.1　操作部件的检修分析

电动自行车、三轮车的操作部件主要是闸把和转把。若对该操作部件进行检修，应先对其进行具体的检修分析。

(1) 闸把的检修分析　电动自行车和三轮车的闸把是产生刹车信号和控制车闸的操作部件，也是电动自行车和三轮车易损的部件之一。闸把出现故障，多是由于内部的闸线、微动开关损坏等引起的，一般通过直接更换闸把即可排除故障，如图 10-41 所示。

闸把损坏通常会引起制动不良、电动机不启动、制动时电动机仍然旋转等故障。对闸把进行检修时，应按图 10-42 所示流程进行排查。

(2) 转把的检修分析　转把作为电动自行车和三轮车的调速部件，在行驶过程中被频繁使用，因此是易损坏的部件之一。转把出现故障，多是由于内部磁钢脱落、复位弹簧变形、霍尔元件损坏等引起的，一般通过直接更换转把即可排除故障，如图 10-43 所示。

转把损坏通常会引起电动机不启动、速度不稳定、飞车等故障。对转把进行检修时，应按图 10-44 所示流程进行排查。

10.3.2　操作部件的检修方法

若怀疑操作部件出现故障，可根据具体的检修分析，对各部件进行检测。若检测的值与性能良好的操作部件值相近，则表明该部件正常；若不正常，则表明该部件损坏，可进行

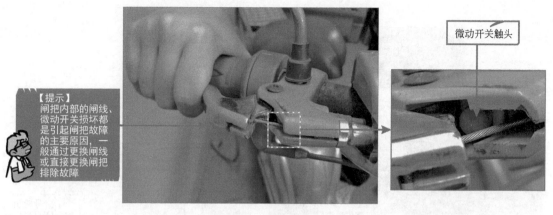

图 10-41 闸把故障特点

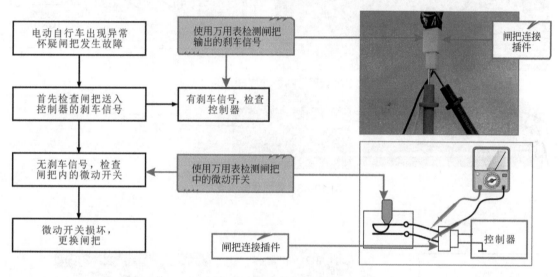

图 10-42 闸把的检修分析

更换。

（1）**闸把的检修** 怀疑闸把出现故障，可先使用万用表检测闸把输出的刹车信号。若无刹车信号输出，说明闸把可能损坏，这时可将闸把拆下，检测其内部的微动开关等部件。

演示图解

如图 10-45 所示，用万用表检测闸把微动开关是否正常。

特别提示

正常情况下，检测闸把内的微动开关，微动开关闭合（闸把处于松开状态），测得的阻值为零；微动开关断开（闸把处于捏紧状态），测得的阻值为无穷大。若测量结果与上述情况不符，说明闸把内的微动开关已损坏，需进行更换。

若电动自行车制动不良，可对闸把上闸线的固定部位进行检查。

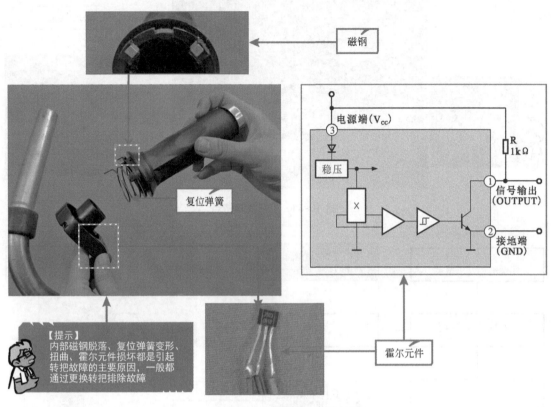

图 10-43 转把故障特点

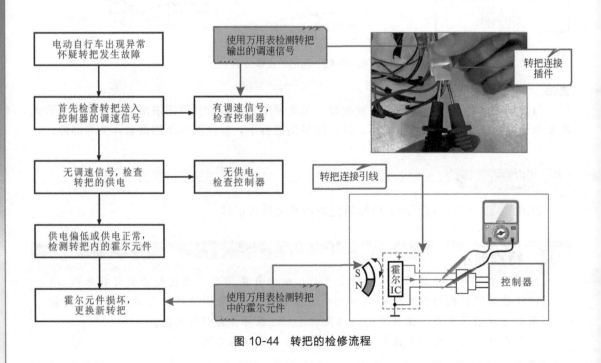

图 10-44 转把的检修流程

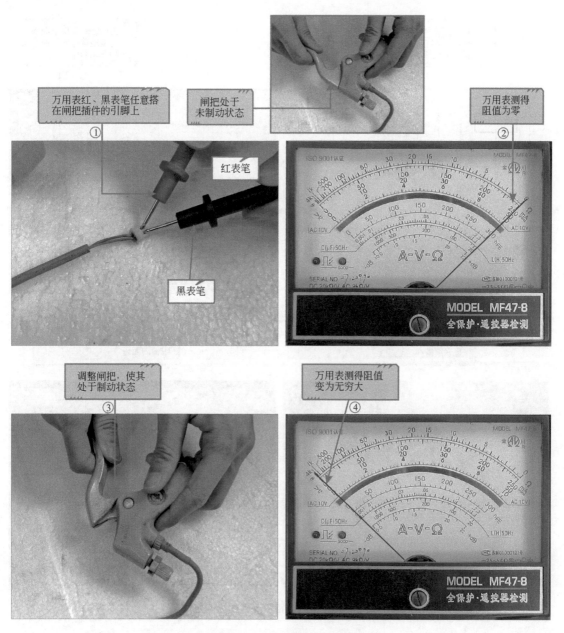

图 10-45　闸把内微动开关的检测

（2）**转把的检修**　怀疑转把出现故障时，可先使用万用表检测转把的供电电压和输出的调速信号。若供电电压正常，无调速信号输出，说明转把可能损坏，这时可将转把拆下，检测其内部的霍尔元件。

如图 10-46 所示，用万用表对转把内的霍尔元件进行检测。

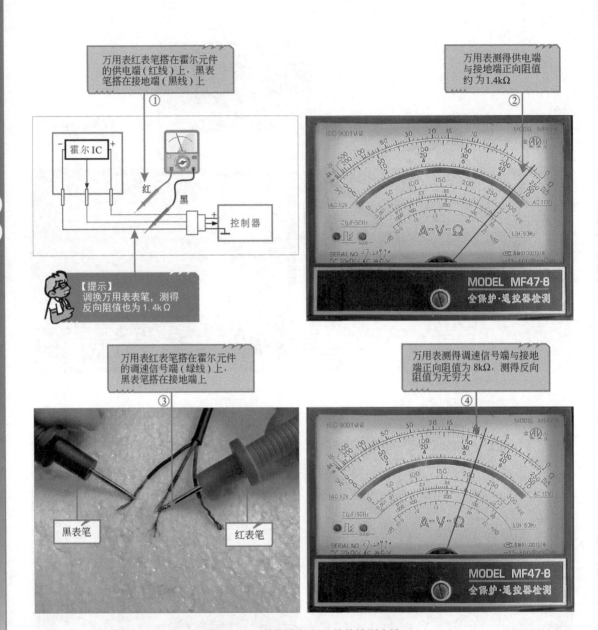

图 10-46 转把内霍尔元件的检测方法

>>> **特别提示**

正常情况下,霍尔元件供电端与接地端的正、反向阻值均为 1.4kΩ 左右;霍尔元件调速信号端与接地端的反向阻值为无穷大,正向阻值为 8kΩ 左右。若检测的阻值与实际阻值相差较大,说明霍尔元件损坏,需要使用性能良好的霍尔元件进行代换或整体更换转把。除了对霍尔元件进行检测外,还应对转把内的复位弹簧、磁钢进行检查,如图 10-47 所示。

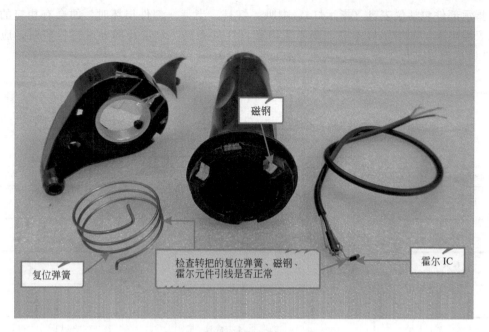

图 10-47 检查复位弹簧和磁钢

10.4 指示部件的检修技能训练

10.4.1 指示部件的检修分析

指示部件是显示电动自行车和三轮车当前状态的组合部件。指示仪表出现故障，多是由内部发光二极管和电压比较器损坏所引起的，一般可通过更换损坏部件或直接更换指示仪表内的电路板排除故障，如图 10-48 所示。

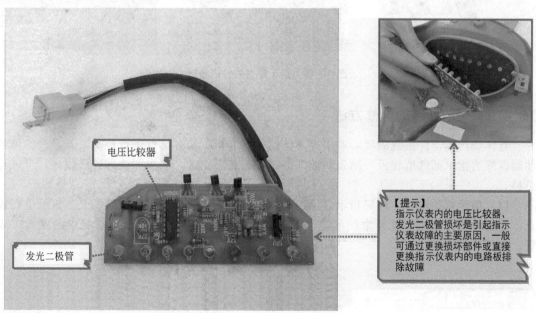

图 10-48 指示仪表故障特点

指示部件包括仪表盘（指示灯）、喇叭、灯具。当某一部件损坏时，便会有相应的故障现象表现出来，如指示灯不亮、喇叭无声音、灯具不亮。对这几部分进行检修时，应按图10-49所示流程进行排查。

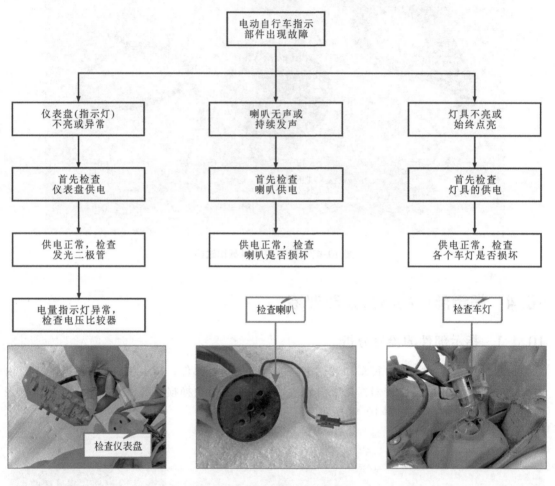

图 10-49　指示部件的检修分析

10.4.2　指示部件的检修方法

若怀疑指示部件出现故障，可根据具体的检修分析，对各部件进行检测。若检测的值与性能良好的指示部件值相近，则表明该部件正常；若不正常，则表明该部件已损坏，可进行更换。

（1）指示灯的检修　怀疑指示灯出现故障，可将仪表盘拆下后，对其发光二极管进行检查。检查时首先排除供电异常的可能，确定供电正常后，重点检测指示仪表中的发光二极管、电压比较器等。

 演示图解

如图10-50所示，用万用表对发光二极管的正、反向阻值进行检测。

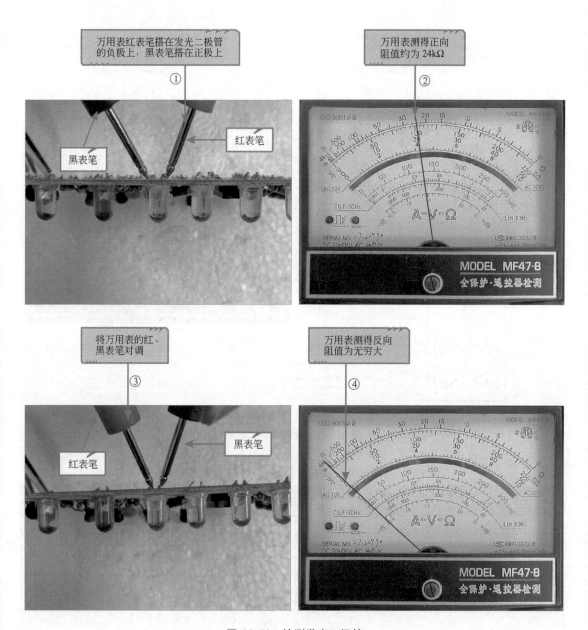

图 10-50 检测发光二极管

>>> 特别提示

正常情况下，发光二极管正向有一定的阻值（检测时会发出微弱的光线），反向阻值为无穷大。若检测的阻值与实际阻值相差较大，说明发光二极管已损坏，需进行更换。若电量指示灯异常，除了对发光二极管进行检测外，还应对仪表盘中的电压比较器进行检测，如图 10-51 所示。

电压比较器（LM339）各引脚的正、反向对地阻值见表 10-7 所列。

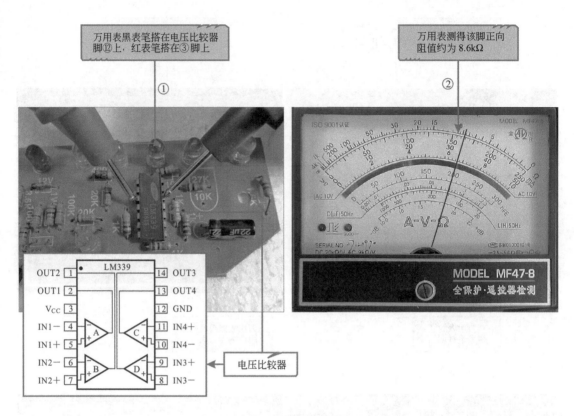

图 10-51 检测电压比较器

表 10-7 电压比较器（LM339）各引脚的正、反向对地阻值

引脚号	正向对地阻值/kΩ	反向对地阻值/kΩ	引脚号	正向对地阻值/kΩ	反向对地阻值/kΩ
①	8.1	∞	⑧	8	13.5
②	8.1	∞	⑨	3.4	3.4
③	8.6	9.5	⑩	8.1	14
④	8	13	⑪	3.4	3.4
⑤	3.4	13	⑫	0	0
⑥	13	13.1	⑬	8.1	∞
⑦	3.4	3.4	⑭	8.1	∞

注：该表为金川 MF47-6 型指针式万用表测得，测正向对地阻值时黑表笔接地，测反向对地阻值时红表笔接地。

(2) 喇叭的检修 怀疑喇叭出现故障，在确定供电正常的情况下，可将喇叭拆下后，使用一个新喇叭接入电路中。按压喇叭开关，若喇叭可正常发声，说明原喇叭损坏；若喇叭不发声，则应对喇叭开关进行检查。

如图 10-52 所示，使用代换法检查喇叭是否损坏。

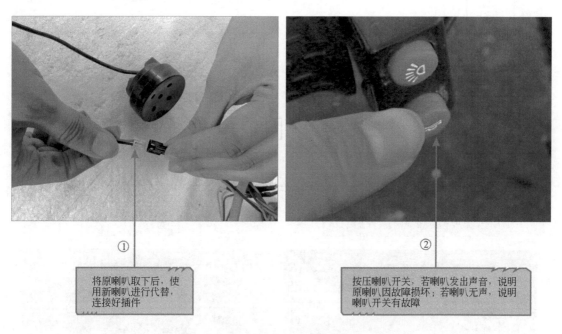

① 将原喇叭取下后，使用新喇叭进行代替，连接好插件

② 按压喇叭开关，若喇叭发出声音，说明原喇叭因故障损坏；若喇叭无声，说明喇叭开关有故障

图 10-52　喇叭的检查方法

> **特别提示**
>
> 所代换的新喇叭能够发声，说明原喇叭有故障；若新喇叭不能发声，说明电动自行车的喇叭开关损坏。

（3）灯具的检修　电动自行车车灯不亮，应重点对车灯部分进行检查。将灯罩拆开后，先对车灯供电电路进行检测，确认供电正常后，可通过代换法检查车灯是否异常。

演示图解

如图 10-53 所示，对电动自行车的前大灯进行检查。

> **特别提示**
>
> 测得前大灯供电正常，通过代换法进行检查时，新灯泡能够发光，说明原来的前大灯灯泡损坏；若新灯泡不能发光，说明电动自行车的前大灯开关可能损坏。

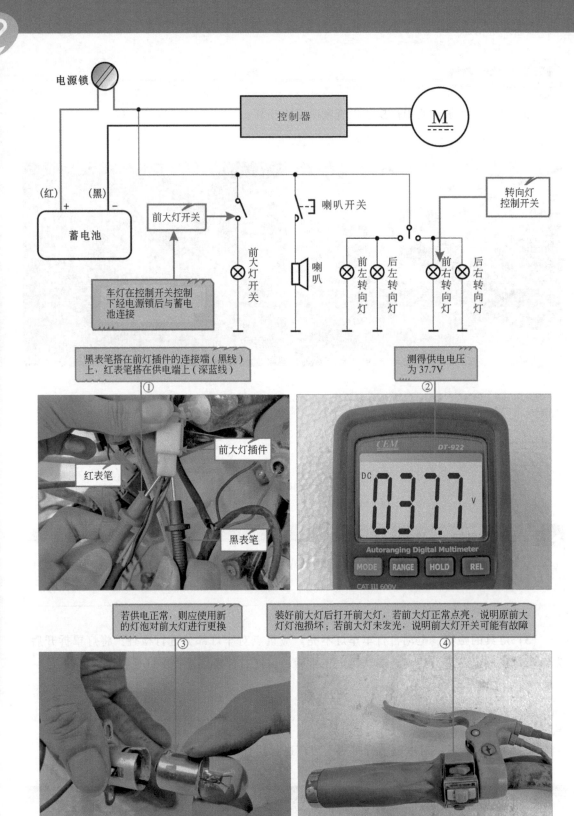

图 10-53 电动自行车前大灯的检查

第11章 充电器的检测与代换技能训练

11.1 充电器的结构原理

11.1.1 充电器的结构特点

充电器是电动自行车和三轮车中重要的配套器件，主要为蓄电池充电。充电器的性能直接影响电动自行车和三轮车蓄电池的使用寿命和工作时间。

充电器的外形大致相同（见图11-1），但输出的直流电压值不同。根据充电器输出的直流电压值不同，充电器可分为36V和48V两类。

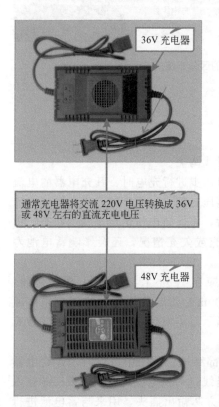
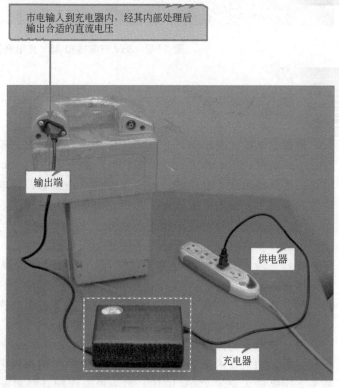

图 11-1 充电器的实物外形

> **特别提示**
>
> 如图 11-2 所示，36V 充电器和 48V 充电器这两种充电器主要有两种区分方法：一种是通过其外壳上的铭牌标识进行区分；另一种是通过检测直流电压的方式进行区分，即将充电器接入电源，在不连接蓄电池的情况下，检测充电器输出的空载直流电压。通常 48V 充电器输出电压在 50～59V 之间，36V 充电器输出电压在 38～45V 之间。

充电器外壳上的铭牌通常标识充电器的类型，如 "48V/12A·h"

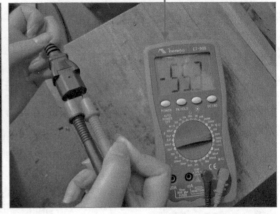

检测到的电流电压在 50～59V 之间的充电器为 48V 充电器

图 11-2　36V 充电器和 48V 充电器的区分方法

相关资料

根据充电模式的不同，充电器还可分为两段式和三段式两类。

（a）两段式充电器采用先恒流后恒压的充电方式。即初步进行充电时，其充电器的电流值将一直保持恒定不变状态，电压则保持上升状态；当电压充到一定额度时，充电器的电流值将逐渐减小；而当电压值在上升到充电器设定电压值后，将保持电压恒定不变的状态。由于采用两段式充电器对蓄电池进行充电会对蓄电池有过充或欠充情况，还会影响蓄电池寿命。目前，多数电动自行车已不采用该类充电器。

（b）三段式充电器则分为恒流阶段，其恒定电流值应在 1.5～1.8A 之间；恒压阶段，其恒压充电值应在 40～44V；涓流阶段，充电器将以 100mA 的电流慢慢地进行充电。通常，充电器在第二阶段和第三阶段转换时，其面板上的指示灯将发生相应的变换（大多数充电器第一、二阶段是红灯，第三阶段为绿灯）。

（1）充电器的外部结构　图 11-3 所示为充电器的外部结构。从图中可以看出，充电器呈长方形，塑料盒内部固定有电路板，充电器引出两根电线，一根电线配有两芯或三芯输入插头，用来输入交流 220V 电压；另一根电线配有圆芯或方芯输出插头，用来与蓄电池进行连接。

① 输入插头　输入插头是与市电 220V 交流电压连接的插头，该插头通常采用两芯和三

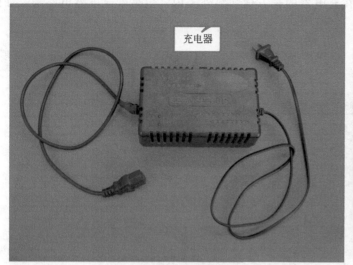

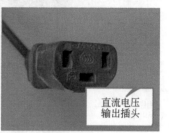

图 11-3　充电器的外部结构

芯的标准插头。图 11-4 所示为典型的两芯输入插头和三芯输入插头。

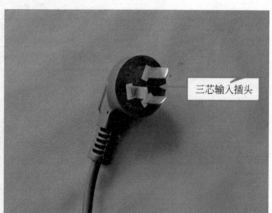

图 11-4　典型的两芯输入插头和三芯输入插头

② 输出插头　输出插头是与蓄电池连接的插头，该插头通常采用圆芯插头和方芯插头两种。图 11-5 所示为典型的圆芯输出插头和方芯输出插头。

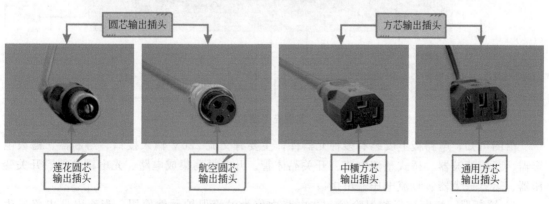

图 11-5　典型的圆芯输出插头和方芯输出插头

(2) 充电器的内部结构 在充电器的长方体塑料外壳内,包裹着充电器电路板,如图 11-6 所示。

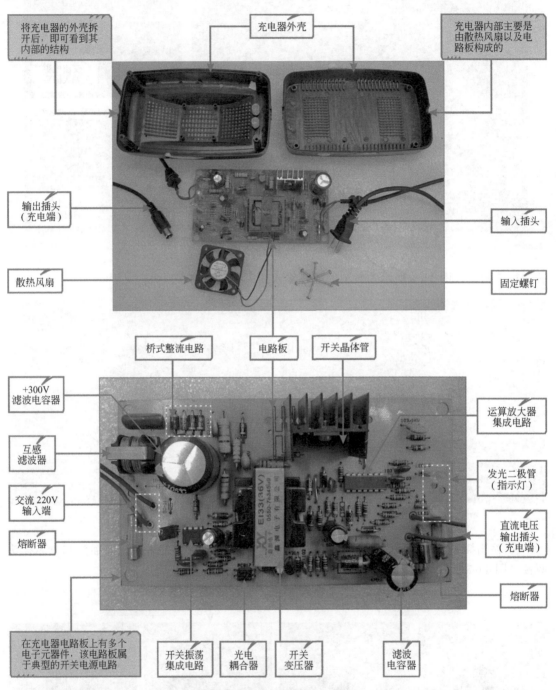

图 11-6 典型充电器的内部结构

由图可知,电路板上安装有多种元器件,主要有交流 220V 输入接口、熔断器、滤波电容器、互感滤波器、桥式整流电路、开关晶体管、开关振荡集成电路、光电耦合器、开关变压器、运算放大器、直流电压输出接口等。

① 熔断器 熔断器俗称保险丝,在电路中作为过流保护元件使用。当充电器电路发生

短路或异常时,电流会异常升高,此时过高的电流可能损坏电路中的某些重要器件,甚至可能烧毁整个电路。而熔断器会在电流异常升高到一定的程度时,通过熔断使电路切断,从而起到保护电路的作用。

在充电器电路中,熔断器通常安装在交流输入电路和直流输出电路中,以确保充电器电路和蓄电池的安全。图 11-7 所示为熔断器的实物外形。

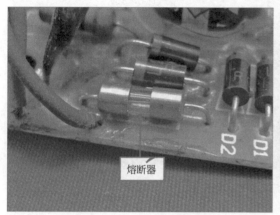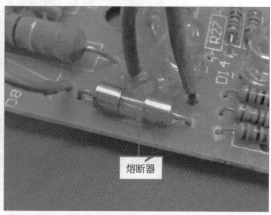

图 11-7　熔断器的实物外形

② 互感滤波器　互感滤波器由两组线圈对称绕制而成,图 11-8 所示为互感滤波器的实物外形。它的功能主要是通过互感作用消除外围电路的干扰脉冲,保护电路正常工作;同时使充电器的脉冲信号不会辐射到电网中,对其他电子设备造成干扰。如在电路中,互感滤波器通常用字母"L"表示。

图 11-8　互感滤波器的实物外形

③ 桥式整流电路　桥式整流电路的作用是将交流 220V 电压整流输出约 +300V 的直流电压,通常该电路由四个二极管构成。图 11-9 所示为桥式整流电路的实物外形。

④ 滤波电容器　滤波电容器一般为铝电解电容器,主要用于对桥式整流电路输出的 +300V 左右直流电压进行滤波。它是充电器电路板上很容易辨认的器件,通常体积巨大,呈圆柱形,如图 11-10 所示。电容器在电路中常用字母"C"表示。电解电容器具有正、负

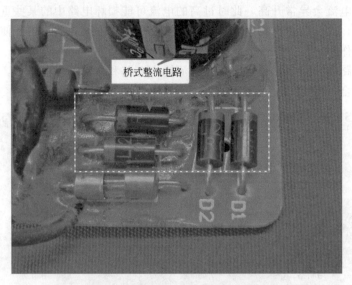

图 11-9 桥式整流电路的实物外形

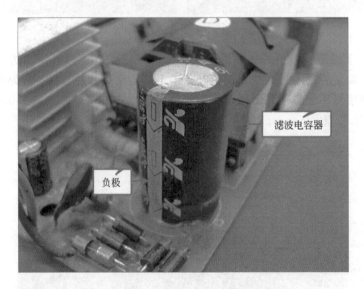

图 11-10 滤波电容器的实物外形

极性，电容器外壳上标有"－"的浅色标识一侧引脚为负极，用以连接电路的低电位或接地端。

>>> **特别提示**

在直流输出电路中，安装有多个小容量的电解电容器，对输出的直流电压进行滤波处理，如图 11-11 所示。

⑤ 开关振荡集成电路　开关振荡集成电路是产生开关脉冲的电路，一般安装在开关变压器一次绕组附近。开关振荡集成电路通常为八个或十几个引脚的双列直插式塑封集成电

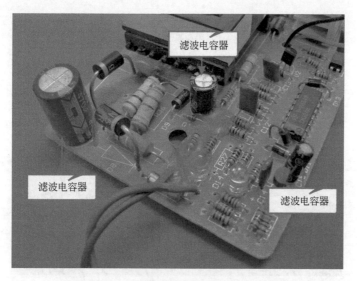

图 11-11 直流输出电路中的电解电容器

路,开关振荡和控制电路集成在其中。工作时,它为开关晶体管提供驱动脉冲信号。图 11-12 所示为开关振荡集成电路的实物外形。

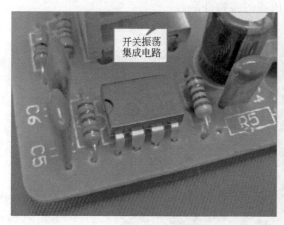 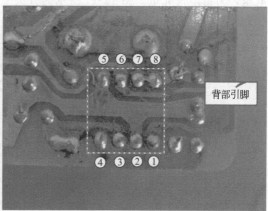

图 11-12 开关振荡集成电路的实物外形

⑥ 开关晶体管　在充电器中,通常采用场效应晶体管或普通晶体管作为开关晶体管,如图 11-13 所示。开关晶体管可将开关脉冲电压变成驱动开关变压器的脉冲电流。由于它工作在高反压和大电流环境下,需要将其安装在散热片上。

>>> **特别提示**

开关晶体管本身一般不会标注引脚标识,在检测之前需要先进行判别,这时可根据对应电路图以及电路板印制线,判断出引脚功能。

⑦ 开关变压器　开关变压器是一种脉冲变压器,可将高频高压脉冲变成多组高频低压脉冲,其工作频率较高(为 1～50kHz)。开关变压器是开关电源电路中具有明显特征的器

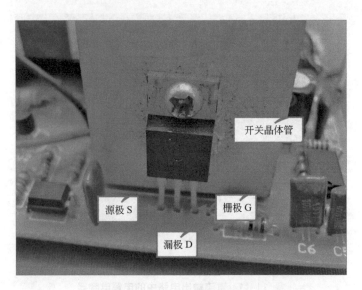

图 11-13 开关晶体管的实物外形

件，它的一次绕组是开关振荡电路的一部分，二次侧输出的脉冲信号经整流滤波后变成直流电压，为蓄电池充电。图 11-14 所示为开关变压器的实物外形。

图 11-14 开关变压器的实物外形

⑧ 运算放大器集成电路　图 11-15 所示为运算放大器集成电路的实物外形和背部引脚焊点。从图中可以看出，该集成电路的型号为 LM324N，主要作为温度、电压检测控制电路，用于监测充电器在充电过程中其电压值的上升情况，防止充电电压在超过蓄电池额定电压后，充电器仍继续向蓄电池充电，导致蓄电池过充，对蓄电池内部造成损伤。

相关资料

LM324N 为拥有 14 个引脚的集成电路，其内部设有 4 个运算放大器，这 4 个运算放大

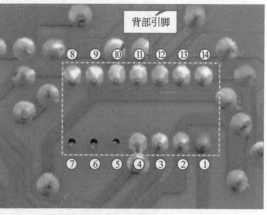

图 11-15 运算放大器集成电路的实物外形和背部引脚焊点

器可作为独立放大器分别使用,也可叠加使用。图 11-16 所示为 LM324N 的内部功能框图。

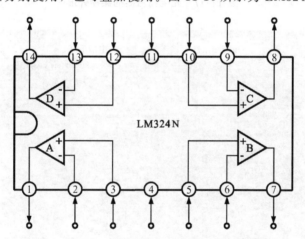

图 11-16 集成电路 LM324N 的内部功能框图

> **特别提示**
>
> 识读元器件引脚时,注意电路板正面元器件与背面引脚的对应。

⑨ 光电耦合器 光电耦合器可将开关电源电路输出电压的误差反馈信号送到开关振荡集成电路中,开关振荡集成电路根据此信号,对输出的驱动脉冲信号进行调整。光电耦合器属于光电传感器,它内部是由一个光敏晶体管和一个发光二极管构成的,误差信号先经过发光二极管转变为光信号,光信号再经过光敏晶体管转变为电信号输出。图 11-17 所示为光电耦合器的实物外形。

⑩ 发光二极管 在充电器电路中,常采用发光二极管作为充电器的电源和状态指示灯。通常,当充电器进行充电时,其电源指示灯为绿色,充电指示灯为红色;当充电结束后,充电器进入涓流充电阶段,此时充电指示灯会变为绿色。图 11-18 所示为发光二极管的实物外形。

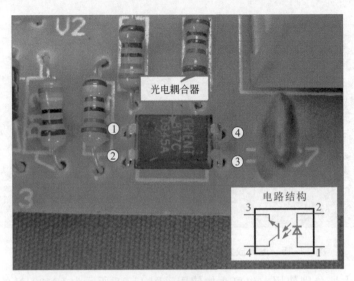

图 11-17　光电耦合器的实物外形

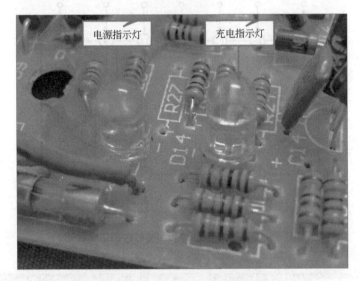

图 11-18　发光二极管的实物外形

⑪ 散热风扇　目前，很多电动自行车和三轮车的充电器内部会单独设有散热风扇。散热风扇的主要作用是加强充电器内部的空气流通，降低电路板温度，使充电器性能更加稳定，延长使用寿命。图 11-19 所示为散热风扇的实物外形。

11.1.2　充电器的工作原理

充电器的主要工作是对蓄电池进行充电，图 11-20 所示为典型充电器的工作原理图。

从图 11-20 可以看到，交流 220V 电压输入到充电器电路中，经熔断器后送入整流滤波电路，经整流滤波后输出 +300V 直流电压。+300V 直流电压送入开关振荡集成电路中，一路为开关变压器进行供电，一路经限流电阻器后为开关振荡集成电路进行供电，由开关振荡集成电输出 PWM 信号控制开关晶体管工作在脉冲振荡状态，经开关变压器输出脉冲信号。

次级输出的脉冲信号经整流电路后，输出供电电压。在充电器控制电路中，当蓄电池电

图 11-19 散热风扇的实物外形

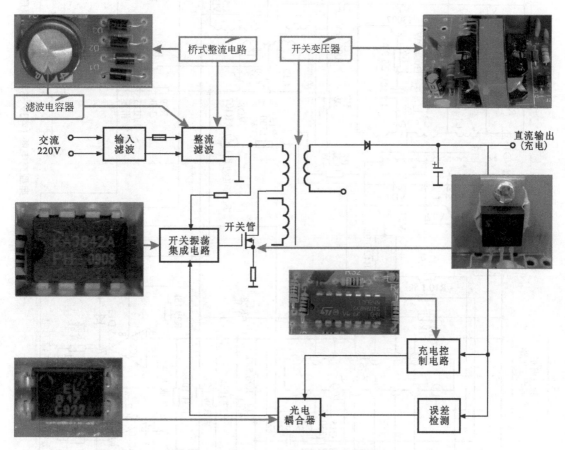

图 11-20 典型充电器的工作原理图

量即将充满时,通过光电耦合器控制开关晶体管的导通量,使输出电流减小,并驱动指示电路中的指示灯进行转换,防止过冲现象的产生。

图 11-21 所示为典型充电器(48V 充电器)的电路原理图。从图中可以看到,该电路主

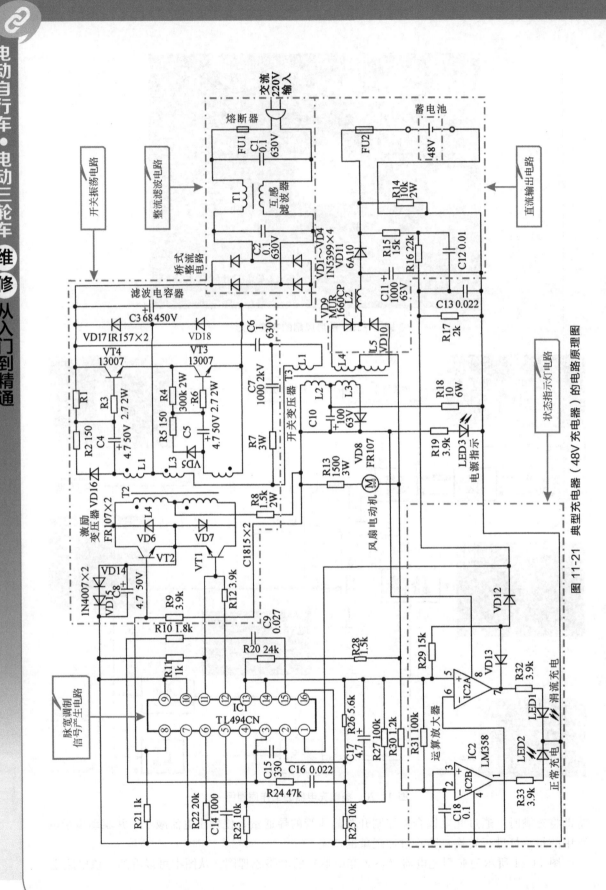

图 11-21 典型充电器（48V充电器）的电路原理图

要是由开关振荡电路、直流输出电路、状态指示灯电路以及脉宽调制信号产生电路等构成的。

在典型充电器（48V 充电器）的电路原理图中，交流 220V 电压经互感滤波器 T1、滤波电容器 C1～C3 和桥式整流电路整流滤波后，输出＋300V 的直流电压，经启动电阻器 R1 为开关晶体管 VT4 的基极提供启动电流，使 VT4 的集电极与发射极之间有电流产生。由于电容器 C4 的充放电作用使激励变压器的绕组和开关晶体管 VT4、VT3 起振。

电路振荡后，开关变压器 T3 的一次绕组 L4、L5 输出低压脉冲信号，经全波整流电路 VD9 和 VD10 整流、续流电感器 L2 和滤波电容器 C11 滤波后，形成充电电流，经二极管 VD11 后为 48V 蓄电池充电。VD11 为防反充电二极管，可防止蓄电池电压过高时反冲击整流电路。

IC2（LM358）中的两个运算放大器构成电压比较器，用来驱动充电状态指示电路。当开始充电时，取样端电压值较低，VD12 导通，使 IC2A 的 ⑤ 脚的电压低于 ⑥ 脚，IC2A 的 ⑦ 脚输出低电平，涓流充电指示灯 LED1（绿色）不亮，而 IC2B 的 ① 脚输出高电平，正常充电指示灯 LED2（红色）点亮。当充电电压接近蓄电池额定值时，IC2A 的 ⑤ 脚电压上升，⑦ 脚变成高电平，则涓流充电指示灯 LED1 点亮，正常充电指示灯 LED2 熄灭。

当 IC1 的 ⑤ 脚、⑥ 脚与 C14、R22 组成蓄电池，从 ⑧ 脚、⑪ 脚分别输出相位相差 180°的激励脉冲，以控制开关晶体管 VT1、VT2 的导通和截止，使电路进入振荡状态。

相关资料

图 11-22 所示为锂离子蓄电池充电器的工作流程。

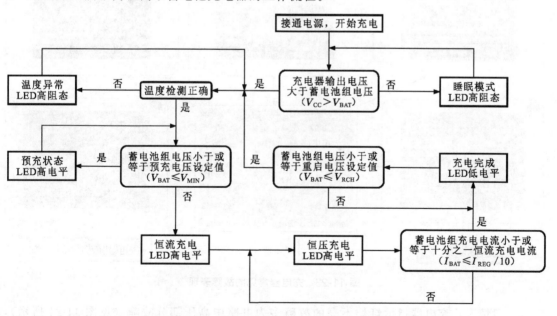

图 11-22 锂离子蓄电池充电器的工作流程

(a) 检测蓄电池的电压,如果低于一个确定值,就要进行涓流充电。

(b) 蓄电池充到一定电压(单体蓄电池一般设置为 3.0V)时,进行恒流充电。

(c) 当蓄电池电压达到预置电压(单体蓄电池一般为 4.2V)时,开始恒压充电,同时充电电流降低。

(d) 当电流逐渐减小到规定的值时,充电过程结束。

V_{CC} 为充电器输出电压,V_{BAT} 为蓄电池组电压,V_{MIN} 为预充电压设定值,I_{BAT} 为蓄电池组充电电流,I_{MIN} 为充电电流下限值,V_{RCH} 为重启电压设定值。

在锂离子蓄电池充电器中,还设有蓄电池温度监测电路,利用蓄电池组温度传感器检测蓄电池温度,当蓄电池温度超出设定范围时关闭对蓄电池充电。并且,充电状态可由 LED 指示灯显示出来。目前在锂离子蓄电池充电器的设计中,对充电结束后由于某种因素放电的情况而专门设计了检测电路,一旦检测到蓄电池电压降低,就会重新启动充电过程。

11.2 充电器的故障特点与检修分析

11.2.1 充电器的故障特点

图 11-23 所示为充电器常见的故障表现。

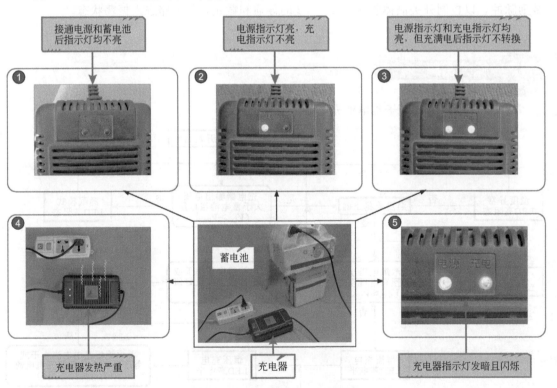

图 11-23 充电器常见的故障表现

一般情况,充电器指示灯均不亮的故障多为电路中高压部分故障(见图 11-24 所示),通常主要特征有熔断器熔丝烧断、桥式整流电路被击穿、300V 滤波电容器鼓包或炸裂、开

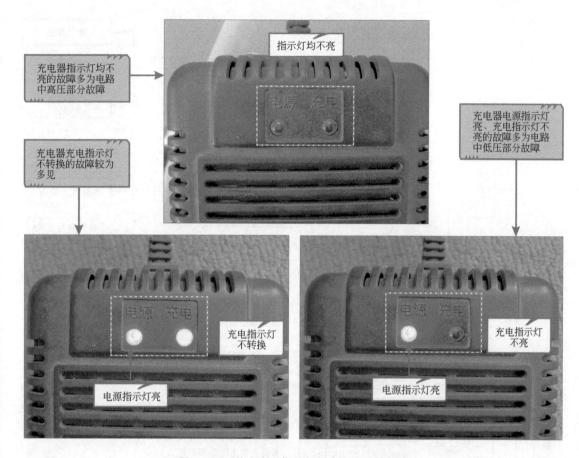

图 11-24　从充电器指示灯判定充电器的故障

关管击穿、开关振荡集成启动端对地短路、启动电阻开路。充电器电源指示灯亮、充电指示灯不亮的故障多为电路中低压部分故障，主要特征有电流取样电阻器烧断、充电控制电路击穿（运算放大器）。充电器充电指示灯不转换的故障较为多见，通常主要特征有稳压电路中误差检测电路故障、光电耦合器损坏、误差取样电阻器开路、充电控制电路（运算放大器）损坏、指示灯转换电路元器件故障。

除了从充电器的指示灯判定充电器的故障外，从蓄电池的充电状态可以更准确地判定充电器的故障。例如充电时间过长、蓄电池严重发热、蓄电池充电时间短、续航里程短等都可能是充电器故障所致。

对充电器检修要按照充电器的故障表现从充电器的电路结构入手，顺信号流程查找故障线索。

图 11-25 所示为充电器的故障检修流程图。

11.2.2　充电器的检修分析

在对充电器电路进行检查时，应首先确定充电器的输入电压和输出电压是否正常。若输入电压正常而输出电压不正常，应按电路信号流程逐一排查，尤其对熔断器、桥式整流电路、滤波电容器、开关振荡集成电路、开关晶体管、开关变压器、运算放大器集成电路、光电耦合器等主要元器件重点检查，如图 11-26 所示。

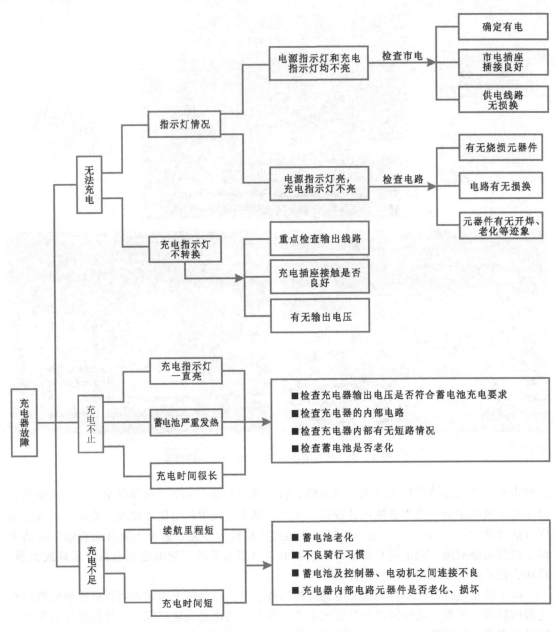

图 11-25 充电器的故障检修流程图

11.3 充电器的检测与代换

11.3.1 充电器的检测方法

不同类型充电器的检修方法基本相同,下面根据充电器的检修流程分析,具体讲解充电器的检测方法。

(1) 充电器整体的检测方法 检测充电器本身是否正常时,可检测充电器的输出电压是否正常,若输出的电压正常,则可以排除充电器本身的故障;若输出的电压异常,则需要进

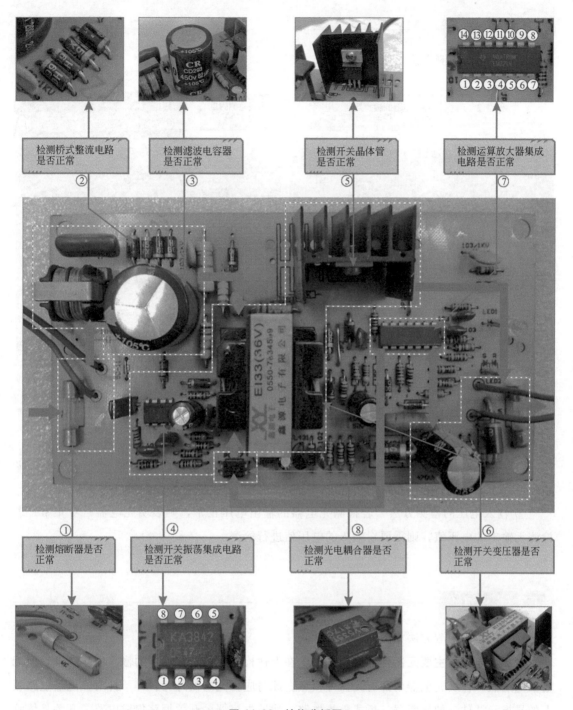

图 11-26 检修分析图

一步对充电器的输入电压进行检测,若输入的电压正常而无输出电压,则表明充电器本身可能损坏。

① 输出电压的检测方法　充电器出现故障后,可先对充电器输出的电压值进行检测。将充电器通电后,使用万用表检测充电器的输出插头,正常情况下应能检测到直流电压值。

演示图解

输出电压的检测方法如图 11-27 所示。

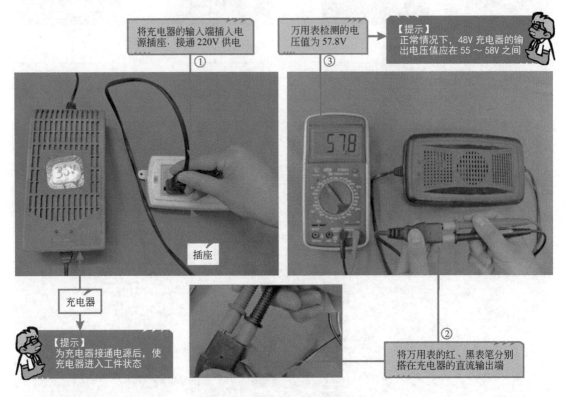

图 11-27 输出电压的检测方法

② 输入电压的检测方法 若检测充电器的输出电压正常,则表明充电器自身正常;若检测无输出的电压值,则需要对输入的电压值进行检测。

演示图解

输入电压的检测方法如图 11-28 所示。

(2) 充电器中主要元器件的检测方法 在上述检测中,若充电器的输入电压正常,但无输出电压值,怀疑充电器内部有元器件损坏。此时应将充电器外壳打开,针对充电器电路板上的易损元器件(如熔断器、桥式整流电路、滤波电容器、开关振荡集成电路、开关晶体管等)进行检测,通过排查各元器件的好坏,找到故障点并排除故障。

① 熔断器的检测方法 在充电器电路中,由于电流的波动比较大,熔断器很容易被烧坏,因此在检测其他元器件之前,应检测熔断器是否被损坏。首先可先对熔断器外观进行检查,观看其表面是否有破损、污物或内部熔丝熔断等现象,如外观一切正常,则需利用万用表对熔断器的阻值进行测量,通过观察阻值的方法来判断熔断器是否损坏。

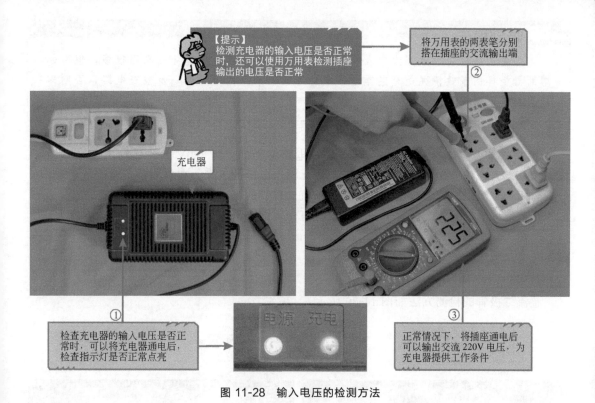

图 11-28　输入电压的检测方法

演示图解

熔断器的检测方法如图 11-29 所示。

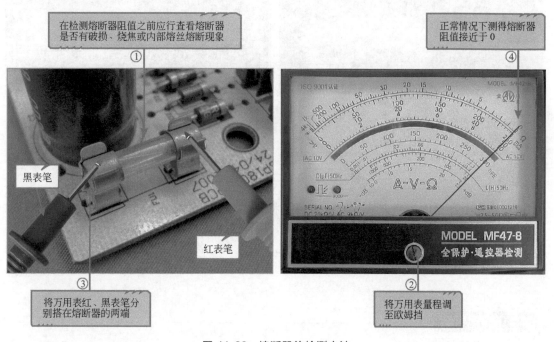

图 11-29　熔断器的检测方法

> **特别提示**
>
> 如果测得数值为无穷大,表明熔断器烧坏。引起熔断器烧坏的原因很多,但引起熔断器烧坏的多数情况是充电器电路中有过载现象。这时应进一步检查电路,否则即使更换熔断器后,可能还会烧断。

② 桥式整流电路的检测方法 桥式整流电路主要将交流 220V 整流后输出 +300V 的直流电压值。若该部分损坏,则会造成充电器无输出电压的故障。在检测桥式整流电路时,可分别对四个整流二极管进行检测,即检测整流二极管的正、反向阻值是否正常。

正常情况下,整流二极管正向导通,应有一定的阻值;反向截止,阻值应为无穷大。

演示图解

整流二极管的检测方法如图 11-30 所示。

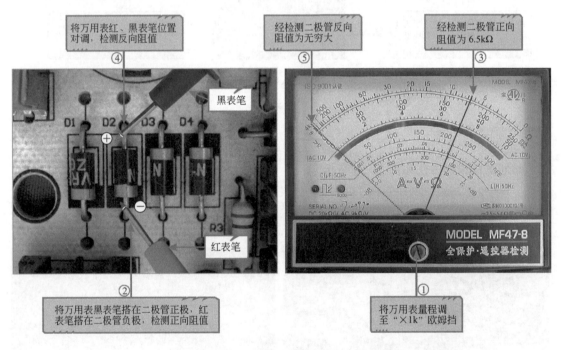

图 11-30　整流二极管的检测方法

③ 滤波电容器的检测方法 滤波电容器将桥式整流电路输出的 +300V 电压进行滤波。若桥式整流电路正常,而 +300V 电压不正常,则需要对该滤波电容器进行检测。

一般正常情况下,滤波电容器的阻值在几千欧左右,若测得阻值为几十欧或几百欧,则表明该滤波电容器已损坏或老化。

演示图解

滤波电容器的检测方法如图 11-31 所示。

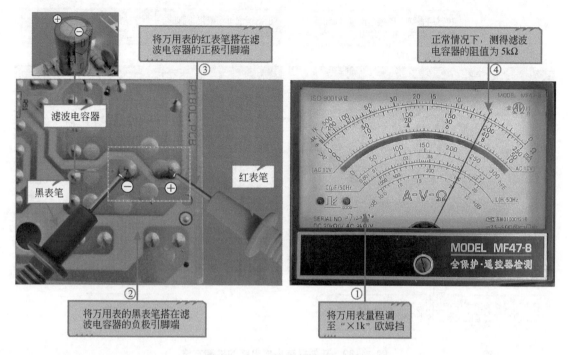

图 11-31 滤波电容器的检测方法

>>> **特别提示**

在通电情况下检测滤波电容器，有可能接触到交流 220V 电压，会对人身安全和电路板本身造成损伤，可连接隔离变压器后再进行检测操作。

 相关资料

检测滤波电容器时，还可在开通电源的情况下，测量滤波电容器两端电压是否约为 300V。

在正常情况下，若测得滤波电容器的电压约为 +300V，表明前级电路正常；若经检测其电压值不正常，表明交流 220V 输入电路或桥式整流电路部分出现问题，应重点检查。另外，若滤波电容器漏电严重也会引起输出不正常的故障，可在不通电的情况下，利用万用表判别性能的好坏。

④ 开关振荡集成电路的检测方法 若怀疑开关振荡集成电路损坏，可在断电状态下，使用万用表对其各引脚的对地阻值进行检测，然后将检测各引脚的阻值与正常开关振荡集成电路各引脚的阻值进行对比，判断开关振荡集成电路是否正常。

演示图解

开关振荡集成电路的检测方法如图 11-32 所示。

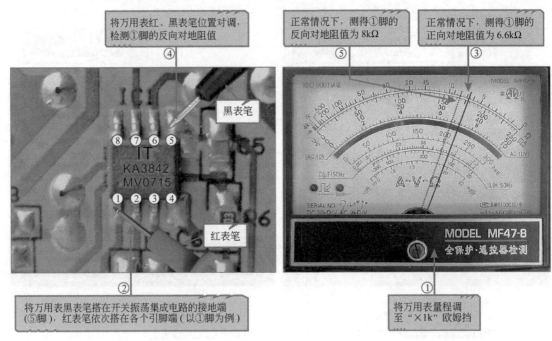

图 11-32 开关振荡集成电路的检测方法

> **特别提示**
>
> 正常情况下,测得开关振荡集成电路各引脚对地阻值见表 11-1 所列。若测量结果与表中数值差别较大,说明该开关振荡集成电路已损坏。

表 11-1 开关振荡集成电路(KA3842)各引脚对地阻值

引脚号	黑表笔接地/kΩ	红表笔接地/kΩ	引脚号	黑表笔接地/kΩ	红表笔接地/kΩ
①	6.6	8	⑤	0	0
②	0	0	⑥	6.4	7.5
③	0.3	0.3	⑦	5	∞(外接电容器)
④	7.4	12	⑧	3.7	3.8

⑤ 开关晶体管的检测方法 经排查,若怀疑开关晶体管损坏,可在断电状态下,使用万用表检测开关晶体管三个引脚间的阻值是否正常。经实际检测,开关晶体管(CS7N60)引脚间的阻值见表 11-2 所列。若测量结果与表中数值差别较大,说明该开关晶体管已损坏。

开关晶体管的检测方法如图 11-33 所示。

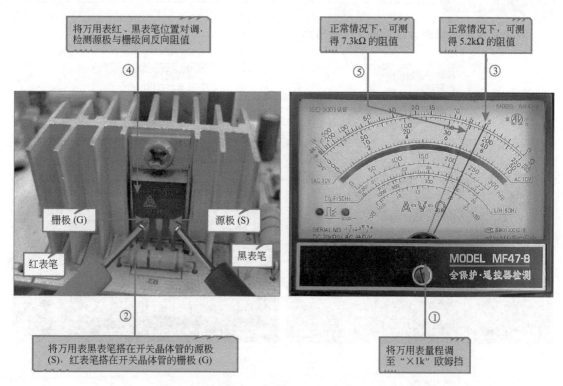

图 11-33 开关晶体管的检测方法

表 11-2 开关晶体管各引脚阻值

红表笔	黑表笔	阻值/kΩ	红表笔	黑表笔	阻值/kΩ
栅极(G)	漏极(D)	∞(外接电容)	源极(S)	栅极(G)	7.3
漏极(D)	栅极(G)	15.8	漏极(D)	源极(S)	4.3
栅极(G)	源极(S)	5.2	源极(S)	漏极(D)	∞(外接电容器)

 相关资料

如果检测开关晶体管漏极和源极之间的正、反向阻值偏差较大,不能直接判断该管损坏,可能是由外围元器件引起的偏差。此时应将该管引脚焊点断开或焊下,在开路的状态下,利用上述方法再次检测,若测量结果仍不正常则可判断该管可能击穿损坏。

⑥ 开关变压器的检测方法　开关变压器的好坏,一般可通过使用示波器检测其信号波形的方法进行判断。将充电器接通电源,将示波器接地夹接地,示波器探头靠近开关变压器的磁芯部分。正常情况下,由于变压器输出的脉冲电压很高,所以通过绝缘层就可以感应到开关脉冲信号。若能够检测出感应脉冲信号,说明开关变压器本身和开关振荡集成电路没有问题。

演示图解

开关变压器的检测方法如图 11-34 所示。

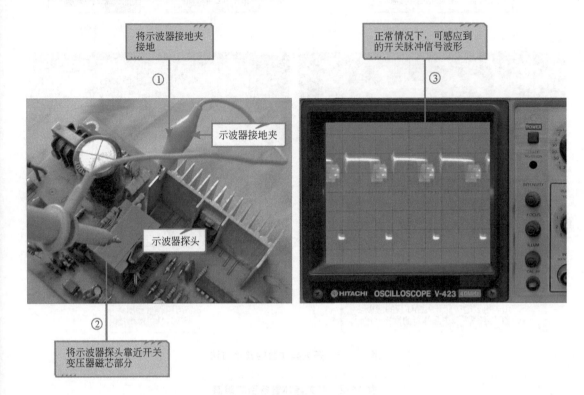

图 11-34 开关变压器的检测方法

> **特别提示**
>
> 不同型号及输出频率的开关变压器,感应测得的振荡波形不完全相同,一般若能够感应到规则的脉冲信号波形,则表明开关变压器及开关振荡集成电路均正常。

⑦ 运算放大器集成电路的检测方法 运算放大器集成电路(AS324M-E1)主要用来检测电压以及充电器的工作状态。怀疑运算放大器集成电路损坏时,可在断电状态下,对其各引脚的正、反向阻值进行检测。

演示图解

运算放大器集成电路的检测方法如图 11-35 所示。

运算放大器集成电路(AS324M-E1)各引脚正、反向阻值见表 11-3 所列。若测量结果与表中数值差别较大,说明该运算放大器集成电路已损坏。

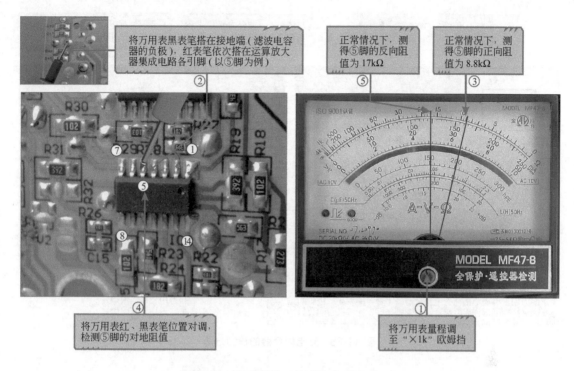

图 11-35 运算放大器集成电路的检测方法

表 11-3 运算放大器集成电路（AS324M-E1）各引脚正、反向阻值

引脚号	黑表笔接地/kΩ	红表笔接地/kΩ	引脚号	黑表笔接地/kΩ	红表笔接地/kΩ
①	9.4	37.5	⑧	9	56
②	0.7	0.7	⑨	0.5	0.5
③	0.7	0.7	⑩	0.7	0.7
④	5	13.7	⑪	0	0
⑤	8.8	17	⑫	1.7	1.5
⑥	9	56	⑬	0.7	0.7
⑦	9.4	56	⑭	9.3	55

⑧ 光电耦合器的检测方法　光电耦合器是由一个光敏晶体管和一个发光二极管构成的。若怀疑光电耦合器损坏，可分别检测内部发光二极管和光敏晶体管的正、反向阻值是否正常。

在路检测光电耦合器的引脚阻值时，①脚与②脚的正向阻值为 6.5kΩ 左右，反向阻值为 8kΩ 左右；③脚与④脚的正反向应有一定的阻值，若测得其正反、向阻值相同，应查看电路板中光电耦合器外围是否安装有其他元器件，先将光电耦合器取下后再进行检测。

光电耦合器的检测方法如图 11-36 所示。

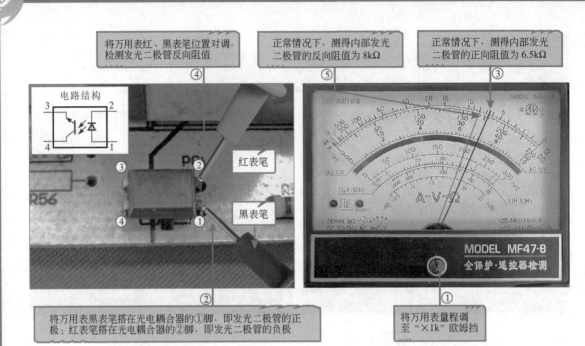

图 11-36 光电耦合器的检测方法

11.3.2 充电器的代换方法

当电动车蓄电池的充电器出现丢失和无法修复的损坏时，可以购买新的蓄电池充电器进行代换。在代换时应了解其相关的参数是否匹配，并遵循以下几点：

a. 充电模式需要匹配，在代换时应和之前使用的充电器的充电模式相匹配。

b. 根据蓄电池的容量代换相应的充电器，目前电动自行车和三轮车中使用的蓄电池分为36V 和 48V 两种。在代换充电器时，应与蓄电池的容量进行匹配，如图 11-37 所示。

c. 根据蓄电池的接口选择代换的充电器。由于不同的蓄电池其接口也有所不同，所以在代换充电器时，应当注意其接口的类型再进行选择。图 11-38 所示为常见的充电器接口类型。

(1) 熔断器的代换方法

 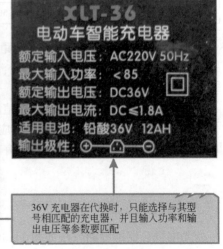

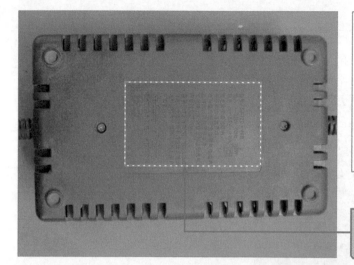

型号:SP120-48B
输入:~220V 50Hz 130W
输出: —59V 1.8A
充电前请阅读说明书。
用于户内谨防雨淋。
在接通或断开充电器与蓄电池的连接前,请先断开电源。
充电指示灯为红色时正在充电,绿色是已充满。
警告:爆炸性气体、谨防火焰或火花,在充电过程中请提供足够的通风,机内有高压、危险!用户严禁自行拆卸。

48V充电器在代换时,同样需要选择充电器是48V的才可以进行代换,否则会缩短蓄电池的使用寿命

图 11-37 充电器型号的区分

方形接口

中横方芯输出插头

通用方芯输出插头

圆形接口

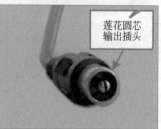

莲花圆芯输出插头

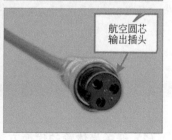

航空圆芯输出插头

图 11-38 常见充电器接口类型

演示图解

充电器中熔断器的代换方法如图 11-39 所示。

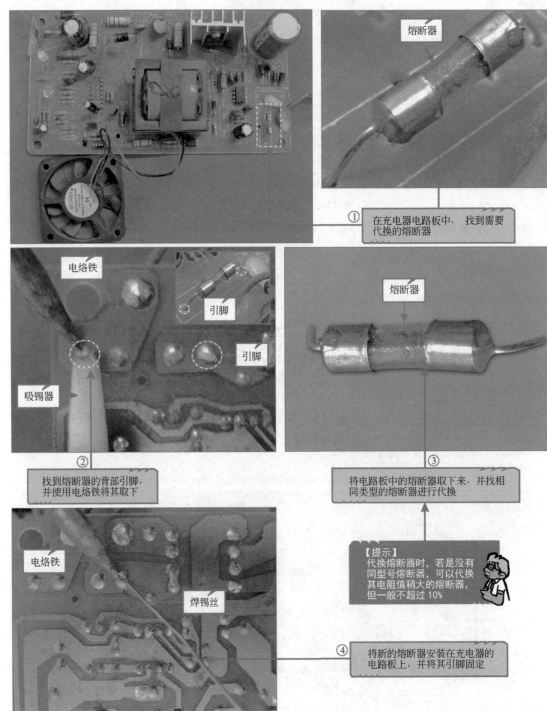

图 11-39　熔断器的代换方法

(2) 开关晶体管的代换方法

> **演示图解**

开关晶体管的代换方法如图 11-40 所示。

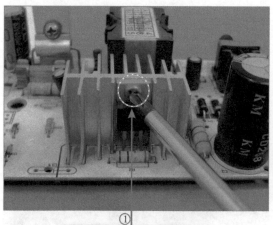

① 使用螺丝刀将开关晶体管的固定螺钉取下

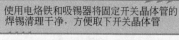

② 使用电烙铁和吸锡器将固定开关晶体管的焊锡清理干净，方便取下开关晶体管

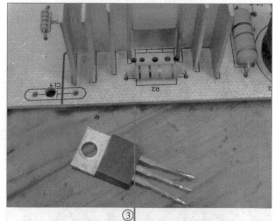

③ 取下开关晶体管且根据其型号找到相应的开关晶体管，并进行代换

④ 使用镊子将新的开关晶体管安装在充电器的电路板上

【提示】
代换开关晶体管时，若是没有同型号的开关晶体管，应选择性能相同的开关晶体管

⑤ 使用焊锡丝和电烙铁，将开关晶体管的三个引脚焊牢固

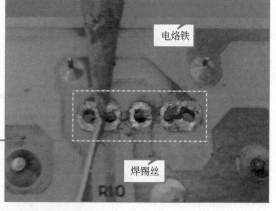

图 11-40　开关晶体管的代换方法

317

(3) 运算放大器的代换方法

演示图解

运算放大器的代换方法如图 11-41 所示。

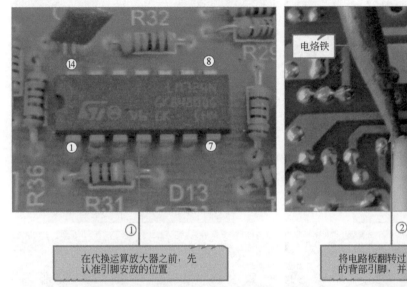
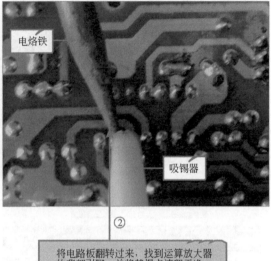

① 在代换运算放大器之前,先认准引脚安放的位置

② 将电路板翻转过来,找到运算放大器的背部引脚,并将其焊点清理干净

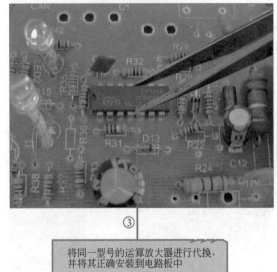
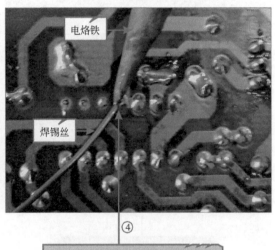

③ 将同一型号的运算放大器进行代换,并将其正确安装到电路板中

④ 将代换的运算放大器安装在电路板中,并使用焊锡丝焊牢固

图 11-41　运算放大器的代换方法

(4) 光电耦合器的代换方法

演示图解

光电耦合器的代换方法如图 11-42 所示。

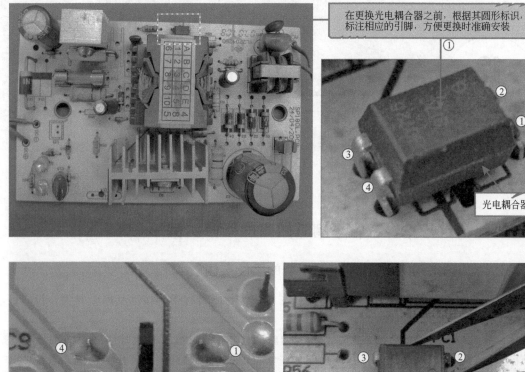

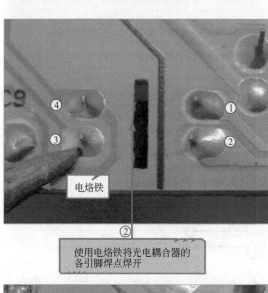
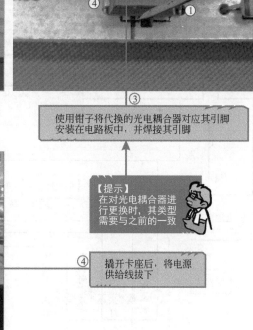
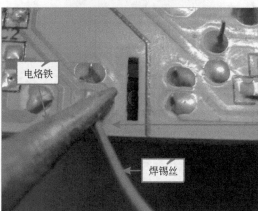

① 在更换光电耦合器之前,根据其圆形标识,标注相应的引脚,方便更换时准确安装

光电耦合器

② 使用电烙铁将光电耦合器的各引脚焊点焊开

电烙铁

③ 使用钳子将代换的光电耦合器对应其引脚安装在电路板中,并焊接其引脚

【提示】
在对光电耦合器进行更换时,其类型需要与之前的一致

④ 撬开卡座后,将电源供给线拔下

电烙铁

焊锡丝

图 11-42　光电耦合器的代换方法

第 12 章 部分功能失灵的检修实例精选

12.1 电动自行车、三轮车喇叭故障的检修实例

12.1.1 安琪尔牌电动自行车喇叭不响的检修实例

(1) 故障表现 一辆安琪尔牌电动自行车在正常行驶过程中,按动其喇叭开关,没有任何反应,但是其他功能均能正常使用。

(2) 故障分析 根据故障表现,结合图 12-1 所示电动自行车整机接线图对故障原因进行分析。由图可知,电动自行车其他功能均正常,但按动喇叭开关没有任何反应,则说明故障发生在与喇叭直接相关的部件。

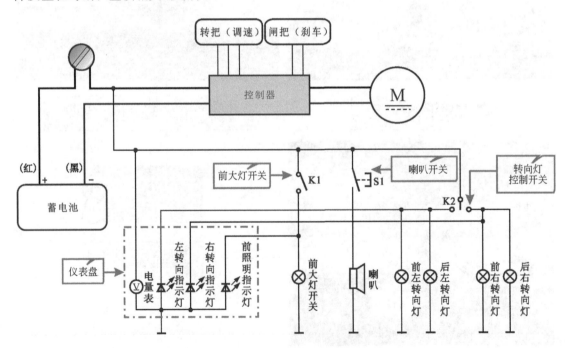

图 12-1 电动自行车整机接线图

电动自行车喇叭由蓄电池直接供电并由按钮开关 S1 控制。因此,当电动自行车的喇叭不出声时,首先应检查蓄电池的电量是否充足。根据故障现象得知,电动自行车能正常行驶,说明其蓄电池供电正常,由此初步将故障范围锁定在喇叭开关和喇叭本身上。

由于电动自行车喇叭的电路比较简单,在检修时应重点检测喇叭开关和喇叭本身是否出现故障。

(3) 故障检修 根据故障分析,首先需要检查喇叭开关是否失灵,若开关没有故障,很可能是喇叭本身出现了故障,应对其进行更换。

首先,借助万用表检测喇叭开关,判断开关是否正常。

演示图解

喇叭开关的检测方法如图 12-2 所示。

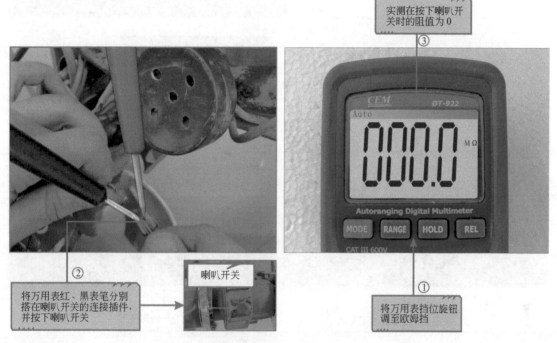

图 12-2 检测喇叭开关

经检测,当按下喇叭开关后,其两引线之间的阻值为 0Ω,则表明喇叭开关本身正常。根据排除法,可以排除不是蓄电池的供电电路和喇叭开关本身的问题,很可能是喇叭本身出现了故障,可以采用替换法排查喇叭故障。

演示图解

喇叭的更换操作如图 12-3 所示。

经检测,将怀疑损坏的喇叭进行更换,并开通电源锁,再次按下喇叭开关时故障排除。

12.1.2 典型无刷电动自行车旋动转把引起喇叭发声的检修实例

(1) 故障表现 一辆电动自行车因调速控制失常故障更换转把后,旋动转把时电动自行车的喇叭响,按动喇叭开关时也能正常发出声响。

(2) 故障分析 根据上述故障表现,基本可以推断该故障是由更换转把时接线不准确引

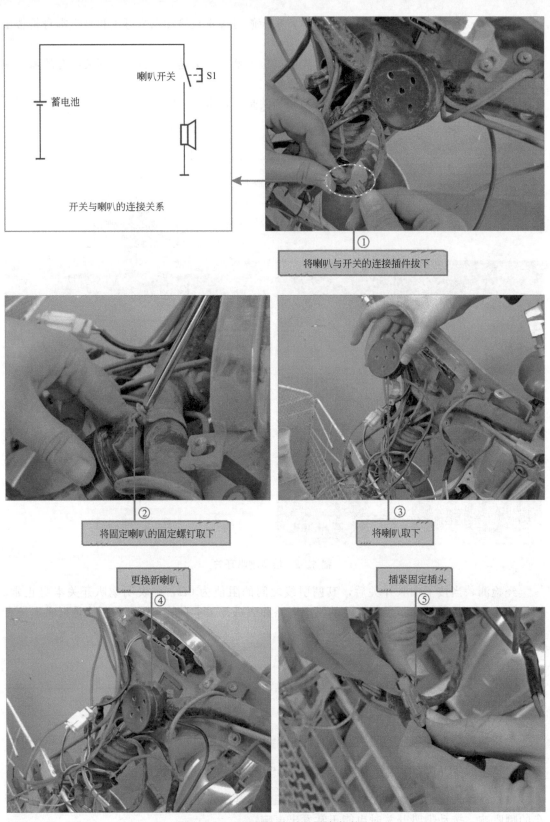

图 12-3　采用替换法更换和检查喇叭

起的，应检查转把的连接部分。

(3) 故障检修　根据对该故障的分析，对转把进行检修时，应对连接引线的部位进行检查或重新连接。

首先将控制器与转把之间连接部分重新拆开，检查转把各引线的连接是否正常。最好能够对照控制器的接线图进行检查，特别注意喇叭及转把部分的连接情况。图 12-4 所示为一般控制器带有的接线图。

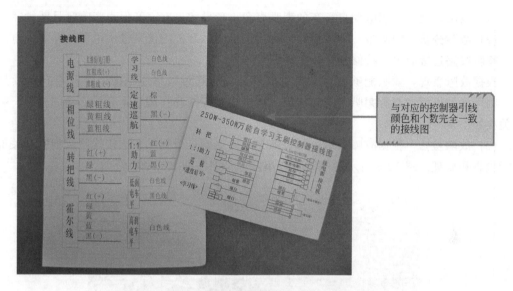

图 12-4　检查转把内霍尔元件是否完好

如图 12-5 所示，对电动自行车仪表及车把部分的线束进行整理和绑扎。

图 12-5　对电动自行车仪表及车把部分的线束进行整理和绑扎

将转把先从车把上分离出来,将引线部分穿过电动自行车车体部分,顺其车架将引线与其他引线进行绑扎固定。注意与喇叭引线分开,使其有一定的距离。

重新将转把的三根引线对应连接控制器的引线,并进行绝缘处理后,重装电动自行车前部,通电检测,故障排除。

12.1.3 无刷电动自行车喇叭嘶哑的检修实例

(1) 故障表现 一辆电动自行车的喇叭声音出现异常,有声音但声音嘶哑且断续。

(2) 故障分析 喇叭是一种电声器件,当按下喇叭开关后使其接通电源,并实现电声转换。喇叭线路连接简单,检修也比较容易。

根据故障表现,喇叭能够发声,说明按下开关后其可以接通电源,但其声音断续且嘶哑,则可能的原因主要有喇叭本身有故障、喇叭连接线路存在接触不良或松动的故障、喇叭开关接触不良。

(3) 故障检修 根据故障分析可知,该类故障主要是对喇叭、连接线路及喇叭开关部分进行检查和修理。图 12-6 所示为电动自行车左侧车把手柄上的喇叭开关。

图 12-6 电动自行车左侧车把手柄上的喇叭开关

首先用同型号的喇叭进行替换,通电检查。若不能正常发出声音,表明该故障并不是由喇叭本身故障引起的。

拆开电动自行车左侧的手柄(喇叭开关一般都安装在电动自行车的左侧车把手柄上),用一根导线短接喇叭开关引脚。接通电源后,喇叭声音仍然异常,由此也可排除其开关的故障。

接下来,检查喇叭引线及接插件部分有无异常。

检查喇叭引线及接插件部分有无异常,如图 12-7 所示。

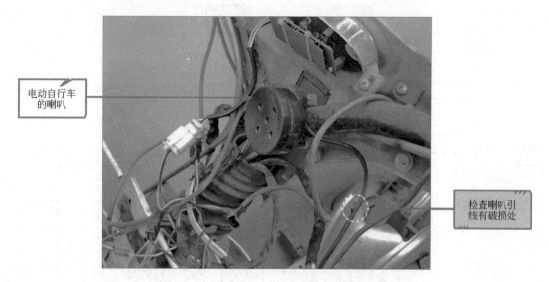

图 12-7　检查喇叭引线及接插件部分有无异常

将电动自行车仪表盘部分外罩打开，顺喇叭引线检查其引线有无破损或接插件有无脱落的部分。

将破损部位绝缘外皮剥开发现引线破损，出现接触不良的故障，将引线重新连接并进行绝缘处理后，通电检查，故障排除。

>>> **特别提示**

值得注意的是，有些喇叭上有可调音量和音质的调整螺钉。若喇叭不响或声音异常，应首先通过调整螺钉对音量和音质进行调整；若仍不能排除故障，再检查线路、开关及喇叭本身。

12.1.4　福田牌电动三轮车喇叭不响的检修实例

(1) 故障表现　一辆福田牌 48V 无刷电动三轮车一次雨中骑行后，按动喇叭开关，没有任何反应，但其他功能均能正常使用。

图 12-8 所示为该无刷电动三轮车的整机接线图。

(2) 故障分析　根据故障表现，电动三轮车其他功能均正常，但按动喇叭开关没有任何反应，则说明故障发生在与喇叭直接相关的部件。

结合该电动三轮车的整机接线图可知，喇叭由蓄电池直接供电并由控制按钮直接控制。因此，当喇叭不出声时，首先应检查蓄电池的电量是否充足，根据故障现象得知，电动三轮车能正常行驶，说明其蓄电池供电正常，由此初步将故障范围锁定在喇叭开关和喇叭本身。

(3) 故障检修　根据故障分析，该故障主要检查喇叭开关和喇叭部分，这两个部件都安装在电动三轮车仪表盘前罩内，因此需要首先将该电动三轮车仪表盘前罩拆开。

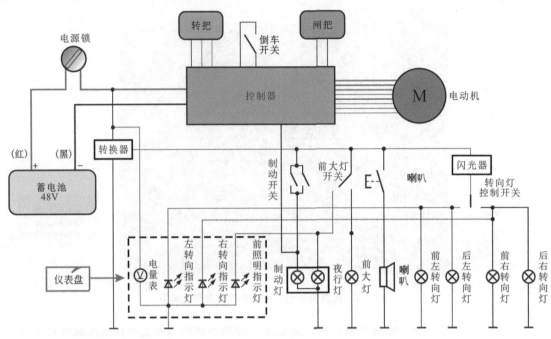

图 12-8　无刷电动三轮车的整机接线图

演示图解

故障电动三轮车仪表盘前罩的拆卸如图 12-9 所示。

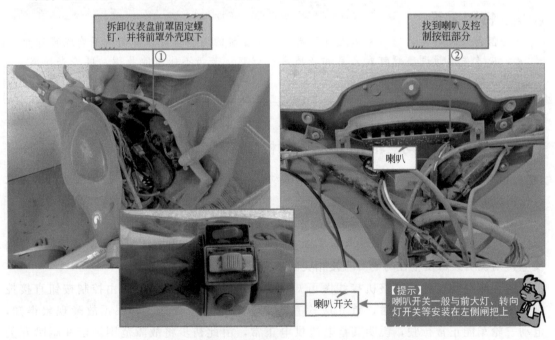

【提示】
喇叭开关一般与前大灯、转向灯开关等安装在左侧闸把上

图 12-9　出现故障的电动三轮车仪表盘前罩的拆卸

找到喇叭开关、喇叭的安装位置和引线插接位置。打开电源锁,按动喇叭开关,用万用表直流电压挡检测喇叭连接引线上的直流电压。

检测喇叭供电电压,如图 12-10 所示。

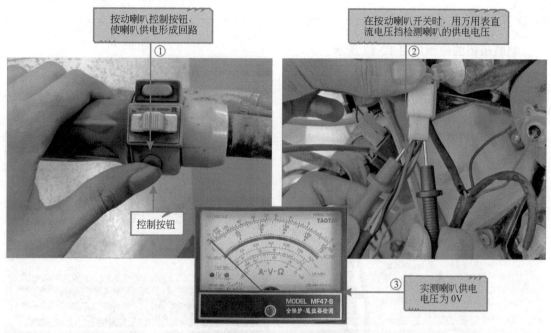

图 12-10　喇叭供电电压的测量

实测喇叭供电电压为 0V,怀疑喇叭控制按钮内部断路。关闭电源锁断电后,用万用表欧姆挡检测喇叭开关阻值。

检测喇叭开关如图 12-11 所示。

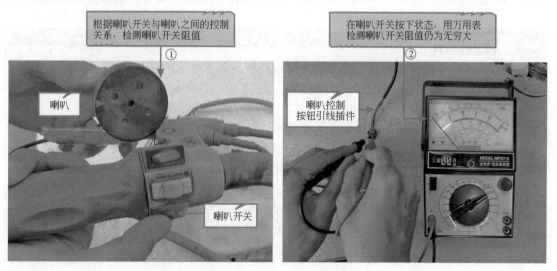

图 12-11　喇叭开关的检测方法

实测喇叭开关在按下状态阻值仍为无穷大，更换该控制按钮后通电试验，喇叭仍不能发声。此时，怀疑喇叭本身损坏。用万用表欧姆挡检测喇叭阻值进行判断。

演示图解

喇叭阻值的检测如图12-12所示。

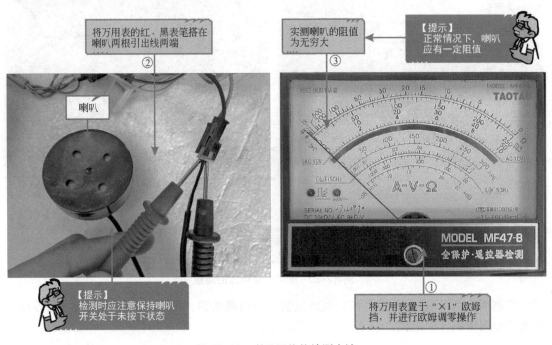

图 12-12　喇叭阻值的检测方法

检测发现喇叭阻值为无穷大，其检测过程中未听到"咻咻"声响（正常时，在万用表内电压作用下，检测喇叭应能够听到"咻咻"声响），怀疑喇叭损坏，将喇叭取下，选择同样规格（额定工作电压为48V）喇叭代换后，通电试机，喇叭发声正常，故障排除。

特别提示

在关于电动三轮车喇叭不发声的故障检修中，常见的故障原因主要有：
(a) 喇叭损坏。
(b) 喇叭控制按钮损坏。
(c) 喇叭与开关间的连接线或插件短路。

一般情况下，上述三种故障同时损坏的可能性较低。检修时，可首先对损坏概率较高的控制按钮进行检测，以此提高维修效率。

值得注意的是，在上述实例中，喇叭、喇叭开关和线路同时出现异常，这种情况大多是由线路短路故障引起的，与用户送修时描述雨中骑行关系比较紧密。因此动手操作前，详细询问用户使用环境、故障出现前后的一些其他表现等是十分重要的环节。

12.2 电动自行车、三轮车转向灯故障的检修实例

12.2.1 飞科牌电动自行车转向灯不闪烁的检修实例

(1) 故障表现 飞科牌电动自行车在正常行驶的过程中，扳动左、右转向开关，显示仪表中的指示灯和转向灯均亮，但是不闪烁。

了解闪光灯及闪光器在车中关系，电动自行车车灯的供电电路很简单，通常由电动自行车左右车把上的控制开关控制车灯的开关开启或闭合。图 12-13 所示为电动自行车车灯的工作原理。

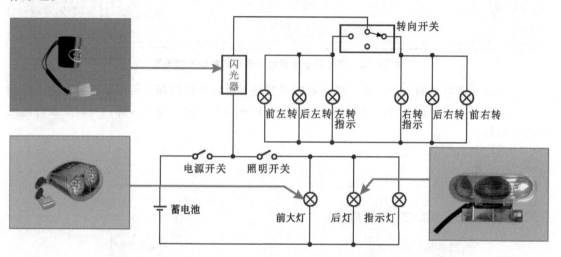

图 12-13 电动自行车车灯的工作原理

从图中可以看出，电动自行车的车灯电路主要采用并联方式进行连接，并通过照明开关以及左右转向开关进行控制。在照明电路中，当电动自行车接通电源后，其电压到达照明开关，一旦行驶时按下开关，使整个电路形成闭合回路，从而使前、后灯亮起，实现照明功效。

在指示灯电路中，一旦电源接通，其电压将被送到闪光器和三位开关上，此时，该开关将根据行车人的相关操作，实现左右指示灯的功能。当打开左指示灯开关时，使其左侧指示灯闭合形成回路，从而使左指示灯亮起；其右指示灯的原路与左指示灯相同；而当将左右转向开关处于中间挡时，则使三位开关处于断开状态，电路开路，从而关闭指示灯。

(2) 故障分析 根据故障表现，结合图 12-8 对故障进行分析，扳动转向开关，指示灯和转向灯均亮，但是不闪烁，说明闪光器可能接反，从而导致转向灯不闪烁；若闪光器连接正确，则说明故障可能是由闪光器与转向灯泡不匹配或转向开关的接触点不良等造成的。

通过对故障的分析，可按以下流程进行故障排查。首先查看闪光器与外电路的连接是否正确，在闪光器的接线柱中，标有字母 L 的接线柱应与转向灯相连接，标有字母 B 的接线柱应与蓄电池相连接，若其连接线接反，会引起转向灯亮不闪烁的故障。在连接正确的情况下，查看转向灯的规格是否和电动自行车相符，若其型号也匹配，应以替换法查看闪光器自身是否有损坏。

(3) 故障检修 根据上述故障分析，按照检测的流程先检查闪光器与外电路的连接是否正确。

a. 检测闪光器与外电路的连接是否正确。经检测，闪光器与外电路的连接正确，应进一步检测蓄电池的电量是否过低，蓄电池的电量过低时，也会使转向灯不能闪烁。

b. 按图 12-14 所示，通过显示仪表的显示判断蓄电池的电量。

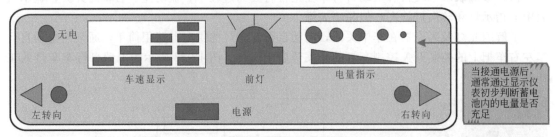

图 12-14　通过显示仪表的显示判断蓄电池的电量

经检测，蓄电池的电量正常，应再对闪光器是否损坏进行判断。可以采用替换法，以相同型号的闪光器替换现有的闪光器后，再次扳动转向开关，若还是不闪烁，可以更换灯泡进行排除故障。

演示图解

灯泡的更换方法如图 12-15 所示。

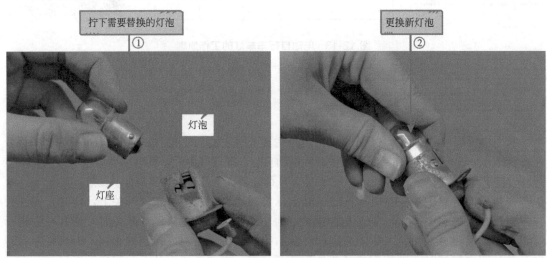

图 12-15　用替换法检查和更换灯泡

将烧毁的灯泡替换后，接通电源锁，电动自行车正常行驶，并且转向灯正常闪烁，故障排除。

12.2.2　尼克尼亚牌电动自行车转向灯不亮的检修实例

(1) 故障表现　尼克尼亚牌典型电动自行车打开电源开关，或左、或右扳动转把开关，转向灯和转向指示灯都不亮。

(2) 故障分析　根据故障表现，对故障进行分析：电动自行车转向灯全不亮，除转向全部烧毁外，故障可能发生在信号电路总线上，也可能发生在转向灯电路公共部分（如闪光器内部、触点严重烧焦、接触不良），转向开关严重损坏及转向灯电路的公共部分出现断路、短路等。对于该故障可按图 12-16 所示的尼克尼亚牌典型电动自行车转向灯全不亮的检修流程分析进行故障排查。

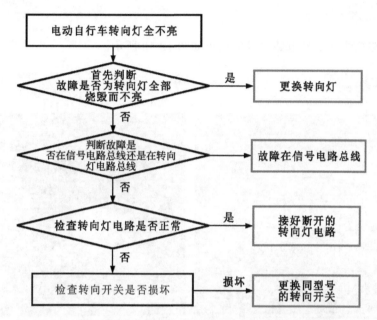

图 12-16　尼克尼亚牌典型电动自行车转向灯全不亮的检修流程分析

（3）故障检修　通过以上分析，为确认具体故障部位，遵循先外后内、先简单后复杂的检修顺序对电动自行车进行检修。应首先检查左、右转向灯是否烧毁。

演示图解

如图 12-17 所示，取下左、右转向灯，检查其是否损坏。

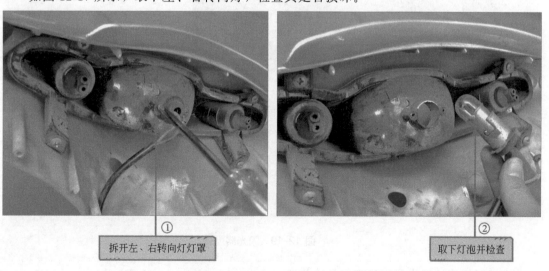

图 12-17　检测左右转向灯是否损坏

经查左、右转向灯泡都正常，则表明转向灯泡全不亮的原因是信号电路总线或转向灯电路总线某处出现故障，接着检查转向灯电路总线和信号电路总线。

演示图解

转向灯电路总线和信号电路总线的检查如图 12-18 所示。

图 12-18　检测转向灯电路总线和信号电路总线

经检查，有正常声音、无闪光现象，则表明转向灯全不亮的原因是信号电路或是闪光器有故障，怀疑闪光器损坏。闪光器用于转向灯，通过闪光器触点交替通断，使转向灯有规律的闪烁起到醒目的警示作用。图 12-19 所示为闪光器外形，排查闪光器故障。

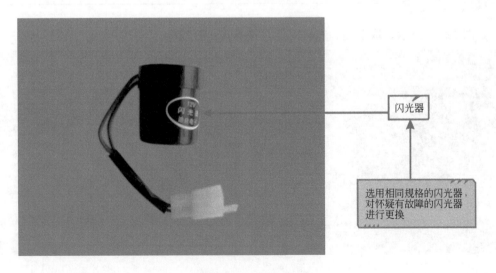

图 12-19　闪光器

将怀疑损坏的闪光器更换后，故障排除。

12.2.3 宝岛牌电动自行车转向灯亮度不一致的检修实例

(1) 故障表现 宝岛牌典型电动自行车在行驶的过程中,打开左、右两侧转向开关发现,左、右两侧转向灯的闪光强弱不一致。

(2) 故障分析 根据故障表现,对故障原因进行分析。宝岛牌典型电动自行车两侧转向灯闪光强弱不一致的故障原因有以下几点:

a. 转向开关内部有故障,导致两侧转向灯电路触点电阻大小不同,从而使流过闪光器内的电流发生变化,造成转向灯左、右闪烁不一致。

b. 左、右两侧转向灯功率不同,若一侧转向灯的总功率大于另一侧或一侧有烧坏的转向灯泡,都会造成两侧电阻不相等,导致转向灯左、右闪烁灯不一致。灯泡总功率大的一侧转向灯闪光频率过快;反之频率慢,灯泡损坏的一侧,转向灯的闪光频率也就慢了下来。

c. 若某侧转向灯电路在连接过程中某处有松动或生锈,将会导致一侧电路的总电阻增大,或左、右两侧转向灯闪光频率不一致,总电阻较大的一侧转向灯的闪光频率较慢。

对于该故障可按图12-20所示宝岛牌典型电动自行车两侧转向灯闪光频率不相同的检修流程分析,对故障进行排查。

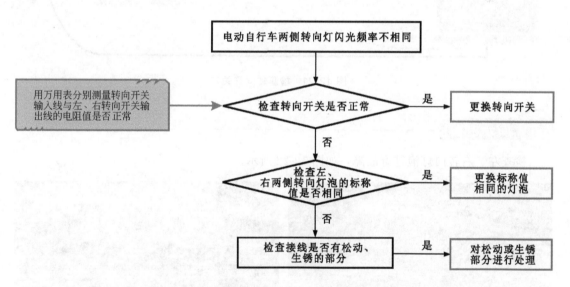

图 12-20 宝岛牌典型电动自行车两侧转向灯闪光频率不相同的检修流程分析

(3) 故障检修 根据上述故障分析,为确认具体故障部位,遵循先外后内、先简单后复杂的检修顺序。首先检查转向开关是否正常。

演示图解

按图12-21所示,检测转向开关是否正常。

经检测,转向开关正常,应进一步对灯泡进行检测。

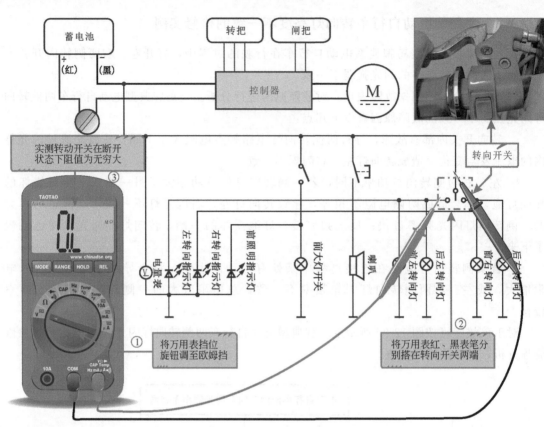

图 12-21 检测转向开关

演示图解

检查左、右转向灯泡排查故障，如图 12-22 所示。

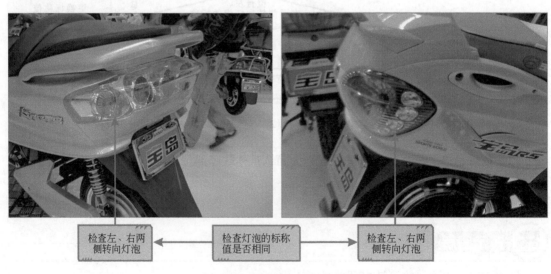

图 12-22 检查左、右转向灯泡

若左、右转向灯泡的标称值不相同，应更换标称值相同的灯泡。检查闪光频率较慢一侧的转向灯电路，重新连接线缆，清除污物和锈迹部分，故障排除。

12.3 电动自行车、三轮车控速故障的检修实例

12.3.1 新日牌有刷电动自行车巡航失常的检修实例

（1）故障表现 一辆新日牌的电动自行车正在行驶，按下巡航功能按钮后，无法定速。

 相关资料

目前，大多数电动自行车都带有巡航功能，巡航功能控制按钮安装在转把上。当骑行时达到一定速度，并且想在该速度下匀速骑行时，可按下转把上的巡航控制按钮，即使握住转把的手松开，也能够以当前速度行驶，直到捏下闸把或再次旋动转把时解除巡航功能。

（2）故障分析 根据故障表现，对故障原因进行分析：电动自行车能正常行驶，说明其蓄电池供电正常；在电动自行车骑行过程中按下巡航功能控制按钮时，无法定速，说明故障范围锁定巡航控制按钮和巡航功能引线或连接插件上。

（3）故障检修 根据上述故障分析，按照检测的流程先对巡航功能控制按钮进行检测。

演示图解

巡航功能控制按钮接触的检查方法如图12-23所示。

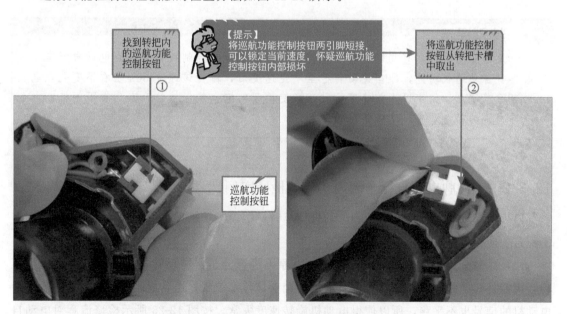

图 12-23 检测巡航功能控制按钮接触性能

经检测怀疑巡航功能控制按钮内部损坏，可以采用替换法来排查巡航功能控制按钮故障。

> **演示图解**

巡航功能控制按钮的更换方法如图 12-24 所示。

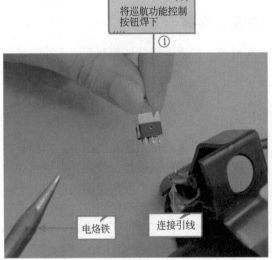

图 12-24 用替换法检查和更换巡航功能控制按钮

将电动自行车的巡航功能控制按钮进行更换后,接通电源锁,电动自行车正常行驶,并且可以实现定速,故障排除。

>>> **特别提示**

值得注意的是,有些电动自行车转把上未设置巡航控制按钮。该类电动自行车一般具有自动巡航功能,即当旋动转把至一定速度后,保持该速度 30s 左右不变化,电动自行车便自动锁定以当前速度行驶,即使松开转把也能保持住,直到握下闸把断电或再次旋动转把调整速度时解除锁定。

12.3.2 小鸟牌电动自行车调速不稳的检修实例

(1) **故障表现** 在骑行小鸟牌电动自行车时,缓缓转动转把,然而电动机的速度控制并不稳定,使得整车行驶时不平稳。

(2) **故障分析** 根据故障表现,对故障原因进行分析:转动转把,电动自行车行驶不稳,可能是转把内部有损坏,导致其输出的调整信号不稳定,送到控制器中进行处理后,给电动机的信号也不平稳,所以使得电动机旋转速度失常。按图 12-25 所示检修流程对电动自行车进行故障排查。

(3) **故障检修** 根据对该故障的分析,应查看转把内部的元器件是否有损坏,如磁钢是否有松动、霍尔元件是否有脱落现象或焊接处虚焊以及相关引线部分。

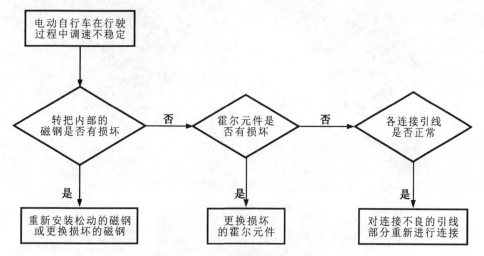

图 12-25 小鸟牌电动自行车行驶过程中调速不稳定的检修流程分析

> 📋 **演示图解**

转把内部磁钢的检查方法如图 12-26 所示。

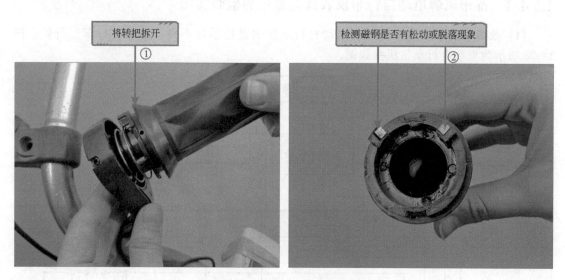

图 12-26 检查转把内部磁钢

经查磁钢没有松动的现象,不会造成磁钢与霍尔元件相对位置不稳定,应进一步检查转把内的霍尔元件是否损坏。

> 📋 **演示图解**

转把内霍尔元件的检查方法如图 12-27 所示。
将转把内霍尔元件虚焊引脚焊好后,开通电源锁,电动自行车正常行驶故障排除。

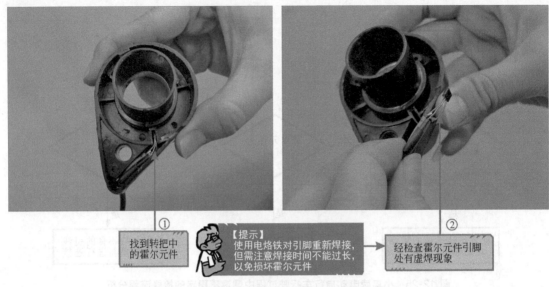

图 12-27　检查转把内霍尔元件

12.4　电动自行车、三轮车指示及照明故障的检修实例

12.4.1　都市风牌电动自行车仪表盘无显示的检修实例

（1）**故障表现**　都市风牌无刷电动自行车仪表盘指示灯不亮，电动自行车能行驶。图 12-28 所示为电动自行车整机接线图。

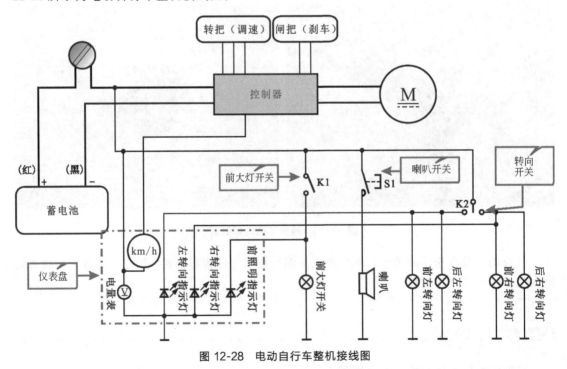

图 12-28　电动自行车整机接线图

（2）**故障分析**　根据故障表现，结合图 12-28 对故障原因进行分析：电动自行车仪表盘

不亮，但其他功能正常，说明故障发生在与仪表盘直接相关的部件。由接线图可知，电动自行车仪表盘由蓄电池直接供电，因此通常引起无刷电动自行车仪表盘无显示、电动车也能行驶，则说明由仪表盘内部损坏引起该故障。

为确认具体故障部位，遵循先外后内、先简单后复杂的检修顺序。首先检查外部的连接线是否有松动，若检查后还是无法排除故障，然后对仪表盘进行拆卸和检测。盲目地拆卸仪表盘容易造成重装或调整不良，引起内部损坏。

（3）故障检修　通过上述故障分析，接通电源，观察仪表盘反应，如图 12-29 所示。

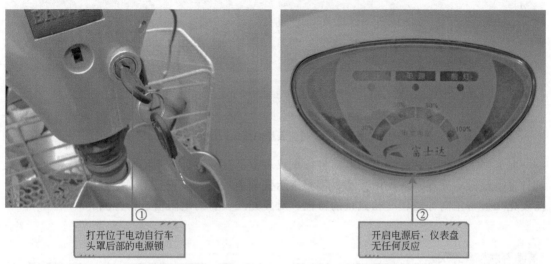

图 12-29　开启电动自行车电源观察仪表盘反应

正常情况下，在开启电源后仪表盘的指示灯应亮起，此时仪表盘无任何反应，则应重点监测电路板中的相关元器件以及输入信号等是否正常。

演示图解

仪表盘电路板的拆卸方法如图 12-30 所示。

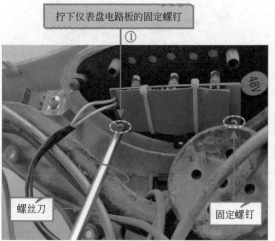
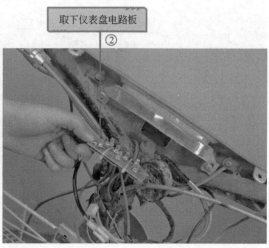

图 12-30

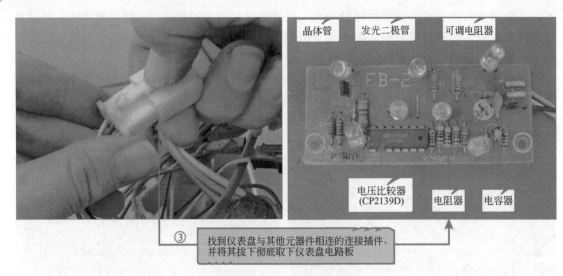

图 12-30 对仪表盘电路板进行拆卸

完成以上操作步骤后,无刷电动自行车仪表盘电路板就拆下来了,下面对仪表盘电路板进行进一步检测处理。首先用万用表检测指示仪表中发光二极管是否好坏,用万用表分别检测发光二极管正向导通、反相截止的特性,对发光二极管的电阻值进行检测。

演示图解

使用万用表检测发光二极管阻值是否正常,如图 12-31 所示。

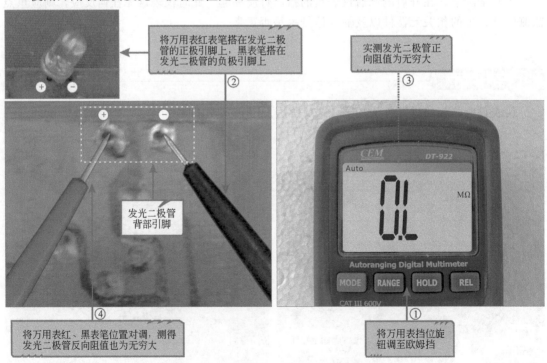

图 12-31 检测发光二极管阻值是否正常

经检测发光二极管正、反向阻值为无穷大,表明该发光二极管已击穿损坏,用相同规格的发光二极管进行更换。

发光二极管更换后,为确保检修质量,还应对电压比较器相关的芯片进行检测和判断(发光二极管的击穿可能直接导致该芯片的烧毁)。若该芯片损坏,也将导致无刷电动自行车仪表盘无显示、电动车也能行驶。

对于电压比较器(CP2139D)的检测,可在断电情况下,对其正、反向对地阻值判断该芯片是否损坏。

演示图解

使用万用表检测电压比较器各引脚的正、反向对地阻值,如图12-32所示。

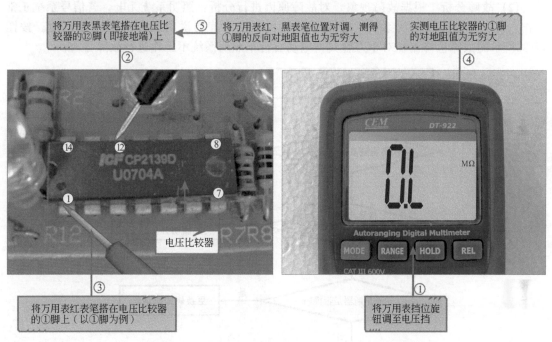

图 12-32 检测电压比较器各引脚的正、反向对地阻值

经检测,该电压比较器(CP2139D)的各引脚对地阻值均与正常值对照相差较大,怀疑该芯片已损坏,用同型号电压比较器(CP2139D)更换后试车,发现故障排除。

正常情况下,电压比较器(CP2139D)各引脚阻值见表12-1所列,可作为实际检测时的重要参考依据。

表 12-1 电压比较器(CP2139D)各引脚的正、反向对地阻值

引脚号	正向阻值 (黑表笔接地)/kΩ	反向阻值 (红表笔接地)/kΩ	引脚号	正向阻值 (黑表笔接地)/kΩ	反向阻值 (红表笔接地)/kΩ
①	7.5	9	⑤	2	2
②	8	∞	⑥	6	6
③	7.5	8.5	⑦	2	2
④	6.5	7	⑧	6	6.3

续表

引脚号	正向阻值（黑表笔接地）/kΩ	反向阻值（红表笔接地）/kΩ	引脚号	正向阻值（黑表笔接地）/kΩ	反向阻值（红表笔接地）/kΩ
⑨	2	2	⑫	0	0
⑩	6.5	6.5	⑬	8	∞
⑪	3	2	⑭	8	∞

12.4.2 小刀牌电动自行车照明失常的检修实例

(1) 故障表现 小刀牌典型电动自行车在夜间行驶时，打开照明开关，照明系统所有灯泡均不亮。

(2) 故障分析 根据故障现象，对故障原因进行分析：照明系统无电，若信号系统正常工作，则说明故障在照明系统；若信号系统也不正常，则说明故障可能在蓄电池。按图12-33所示的故障检修流程对小刀牌典型电动自行车照明系统不工作进行故障排查。

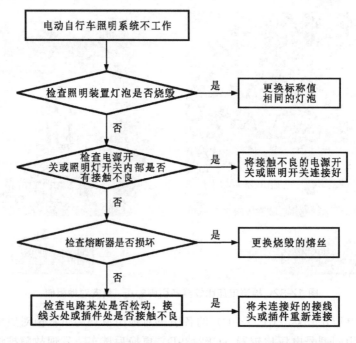

图 12-33 小刀牌典型电动自行车照明系统不工作的检修流程分析

根据检修流程，进一步对该电动自行车的电路原理图进行分析。图 12-34 所示为小刀牌典型电动自行车照明系统电路，可以将该电路原理图作为重要的参考资料进行检测和维修。

由图可知，该照明系统电路装置由前大灯、仪表灯、尾灯以及远光指示灯等组成。根据电路分析，可初步判断小刀牌典型电动自行车照明系统不工作的原因有以下几点：

a. 照明装置灯泡烧毁。

b. 电源开关或照明灯开关内部接触不良。

c. 蓄电池电量不足或熔断器烧毁。

d. 电路元器件不良，接线头处或插件处接触不良。

(3) 故障检修 通过上述分析，排查该类故障时首先排除蓄电池电量不足的故障，若蓄

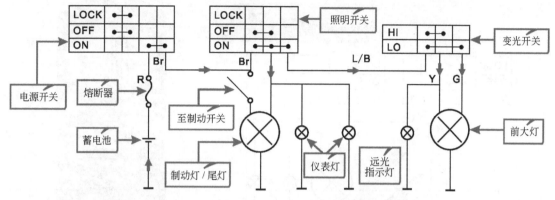

图 12-34 小刀牌典型电动自行车照明系统电路

电池正常应对照明系统进行排查。

打开照明开关,按下喇叭开关或扳动转向开关。若有正常的声、光现象,则说明蓄电池电量充足。

演示图解

照明系统的检测方法如图 12-35 所示。

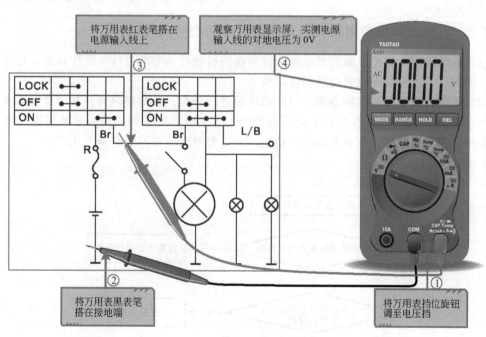

图 12-35 检测照明系统

经检测无电压,则说明该电路前级有故障,怀疑熔断器烧毁。

演示图解

熔断器的检测方法如图 12-36 所示。

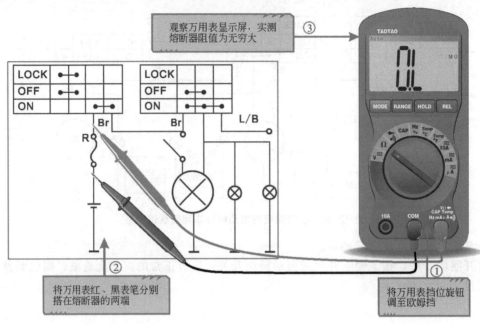

图 12-36 检测熔断器

经检测熔断器烧毁,更换后接通电源锁,电动自行车正常行驶,并且转向灯正常闪烁,故障排除。

12.4.3 世纪星牌典型电动自行车照明灯暗的检修实例

(1) 故障表现 世纪星牌典型电动自行车夜间行驶时,电动自行车强劲有力,打开照明开关,前大灯、夜行灯和仪表盘照明灯暗淡。

(2) 故障分析 根据故障表现,对故障原因进行分析:世纪星牌典型电动自行车使用的是 48V 蓄电池,通过转换器将 48V 电压变换为 12V,向信号系统和照明系统供电。该车照明电路用电器为火线端,控制开关在接地端。引起照明暗淡的原因有以下几点:

a. 蓄电池电量降低。

b. 线路某处有较大的接触电阻。

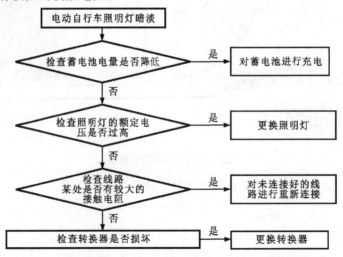

图 12-37 世纪星牌典型电动自行车照明灯暗淡的检修流程分析

c. 转换器损坏或用电器额定电压与电源不匹配。

d. 照明灯额定电压过高。

按图12-37所示的故障检修流程对世纪星牌典型电动自行车照明灯暗淡进行故障排查。

(3) 故障检修 根据上述故障分析,为确认具体故障部位,遵循先外后内、先简单后复杂的检修顺序。首先检查蓄电池电量是否正常。

首先打开电源开关,转动转把,电动自行车可正常行驶,则表明蓄电池电量充足。接着检查照明系统是否正常。

演示图解

对照明系统进行检查如图12-38所示。

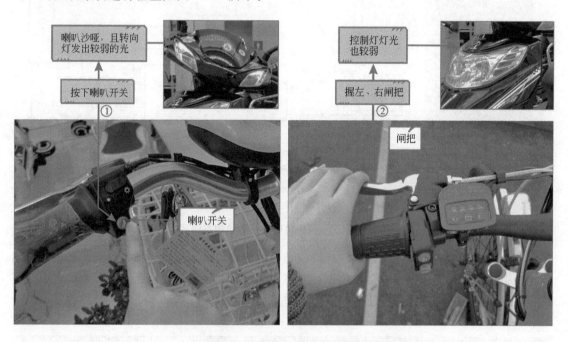

图 12-38 检测转向开关是否正常

由此表明信号系统、照明系统供电电压较低,应对线路和转换器进行检查。

经检查线路没有松动或接触不良,最后故障就在转换器。更换转换器后,照明灯正常发光,故障排除。

12.4.4 典型有刷电动三轮车仪表无显示、电动机运转正常的检修实例

(1) 故障表现 一辆36V有刷电动三轮车,打开电源锁后,仪表盘无任何显示,旋动转把电动机运转正常,电动三轮车行车功能正常。

(2) 故障分析 根据故障表现,说明当前电动三轮车调速部分均正常,即转把、蓄电池、控制器和电动机均正常,怀疑仪表供电线路异常或仪表损坏。

(3) 故障检修 根据故障分析,首先用万用表直流电压挡检测仪表供电接口处的电压值。

演示图解

仪表供电电压的检测方法如图 12-39 所示。

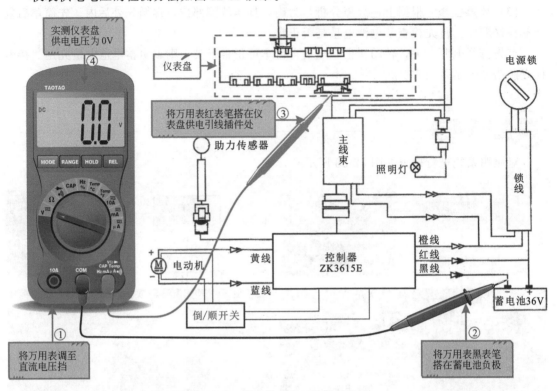

图 12-39　仪表供电电压的检测方法

经检测发现仪表供电端无电压，怀疑仪表供电线路或插件断路。检查仪表与蓄电池之间的连接引线和插件部分发现，插件内部触片与引线断开，导致供电回路开路，将仪表引线直接与蓄电池供电引线连接，并进行绝缘防水后，通电试验，仪表显示正常，故障排除。

特别提示

在电动三轮车检修过程中发现，因线路异常引起的故障比较常见，线路或接插件断路都将导致电气部件无法工作。这与电动三轮车行车环境有关，若长期在颠簸路面行驶，很容易导致线路松脱、断线，在检修时先对线路进行排查，往往能够快速找到故障原因，排除故障，提高维修效率。

12.4.5　典型无刷电动三轮车前大灯不亮的检修实例

(1) 故障表现　典型无刷电动三轮车能够正常行车，按下前大灯开关，前大灯不能点亮。

(2) 故障分析　电动三轮车能够正常行驶说明基本的行车功能正常，由此可确定电动三轮车上的主要功能部件均正常。在此情况下，前大灯不亮，应重点检查与前大灯相关的部件或线路,如前大灯供电电压、灯泡、前大灯开关、大灯供电线路等。

若检测供电电压正常,则说明前大灯的灯泡损坏;若无电压则说明前大灯开关或导线断路,可将前大灯开关两端引线短接,若此时前大灯亮说明前大灯开关损坏,更换即可;若前大灯仍不能点亮,则说明前大灯导线断路,需要重新接线。

(3) 故障检修 根据故障分析,首先在按下前大灯开关时,用万用表电压挡检测前大灯引线两端的电压。

演示图解

电动三轮车大灯供电电压的检测方法如图12-40所示。

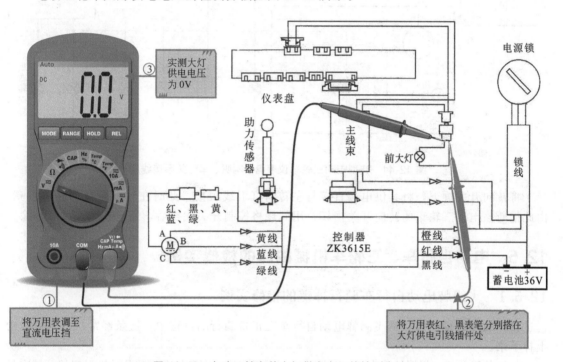

图 12-40 电动三轮车前大灯供电电压的检测方法

实测发现,大灯供电电压为0V,怀疑前大灯开关损坏,此时根据分析,将前大灯开关两端引线短接后,前大灯点亮,由此说明前大灯开关损坏,更换后,通电试车,故障排除。

12.4.6 小鸟牌电动三轮车转向灯不亮的检修实例

(1) 故障表现 小鸟牌电动三轮车能够正常行车,按下转向开关,转向灯不亮。图12-41所示为其接线图。

(2) 故障分析 电动三轮车的转向灯由闪光器控制,若转向灯不亮可能是闪光器损坏、转向灯灯泡损坏、控制开关损坏、导线或插件损坏等。

一般,若左、右转向灯均不亮,多为闪光器损坏;若左转向灯亮、右转向灯不亮或左转向灯不亮、右转向灯亮,多为转向开关或灯泡损坏。

(3) 故障检修 根据故障分析,首先接通电源锁,进行初步排查。将转向开关左右扳动,发现右侧转向灯能够点亮,但左侧转向灯不亮,怀疑转向开关损坏。

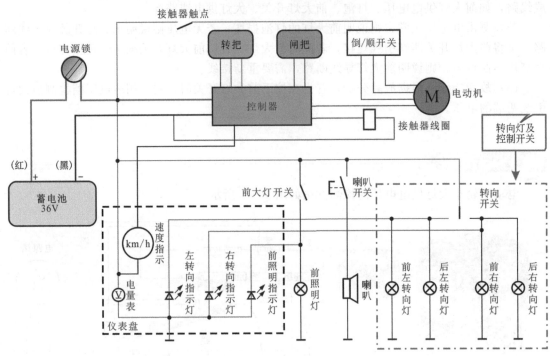

图 12-41 典型电动三轮车仪表盘、喇叭、车灯关系接线图

将转向开关拆下,将其供电端直接与左转向灯引线短接,此时左转向灯亮均能够点亮。由此推断该电动三轮车的转向开关损坏,用同规格控制开关代换后,通电试车,故障排除。

12.5 电动自行车、三轮车机械故障的检修实例

12.5.1 飞鸽牌电动自行车骑行掉链的检修实例

(1) 故障表现 有一辆飞鸽牌电动自行车在正常骑行的过程中,链条经常从飞轮或链轮上掉下来。

(2) 故障分析 根据故障表现,对故障原因进行分析:多数是由于链条过松引起的,其次是链轮、链条或飞轮没有在同一直线上,也会造成链条从飞轮上掉下来;若电动自行车中链轮或飞轮的齿部有磨损,也会与链条啮合变差,从而导致链条不正常工作,如图 12-42 所示。

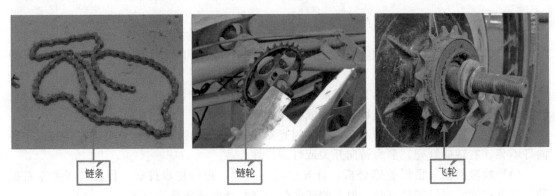

图 12-42 电动自行车掉链的主要检测点

(3) 故障检修 根据对该故障的分析,应先检查电动自行车的链条是否过松。

📖 **演示图解**

检查电动自行车链条的松紧度,如图 12-43 所示。

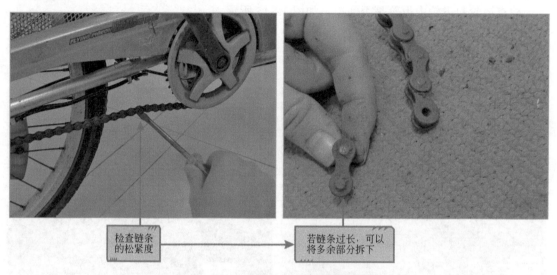

图 12-43 检查电动自行车链条的松紧度

经查看链条过松,对其进行适当的截取,故障仍存在,应检测链轮、链条和飞轮是否在同一直线上,若有偏差应进行调整。

📖 **演示图解**

检查电动自行车中链轮、链条和飞轮是否在同一直线上,如图 12-44 所示。

图 12-44 检查电动自行车中链轮、链条和飞轮是否在同一直线上

对后轮进行调整，链轮、链条和飞轮已在同一直线上，但仍有掉链现象发生，应进一步查看链轮和飞轮中齿轮是否磨损。

演示图解

检查链轮和飞轮中齿轮是否磨损，如图 12-45 所示。

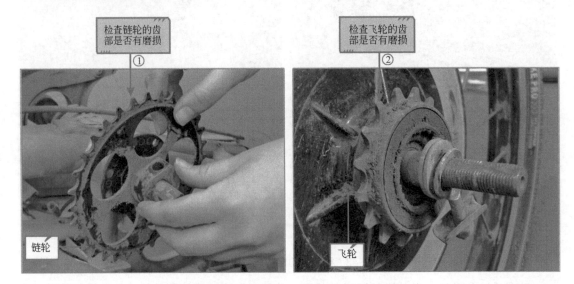

图 12-45　检查链轮和飞轮中齿轮是否磨损

链轮或飞轮中齿轮的磨损过大，对其进行更换后故障排除。

12.5.2　宝岛牌电动自行车刹车不灵的检修实例

（1）故障表现　有一宝岛牌电动自行车在行驶过程中使用前刹车进行刹车时，发现电动自行车不能减速，该车的前刹车采用的为钳形闸。

（2）故障分析　根据故障表现，对故障原因进行分析：可能是钳形闸中的闸皮与车圈之间的距离过远，导致按下闸把时钳形闸没有起到刹车的作用。引起钳形闸中闸皮与车圈距离过远，主要可能有以下几种情况：钢丝绳套有破损、钢丝绳与钢丝绳套被黏住或钢丝绳过长。按图 12-46 所示的故障检修流程对电动自行车进行故障排查。

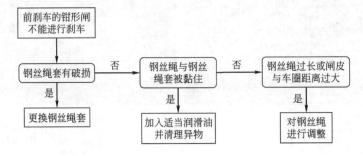

图 12-46　钳形闸故障的检修流程框图

图 12-47 所示为可能引起该故障的原因。

图 12-47　可能引起该故障的原因

（3）故障检修　根据故障分析，可首先检查钢丝绳套是否破损，若完好，再进一步检测钢丝绳与钢丝绳套是否被异物粘住，最后查看钢丝绳是否过长而引起故障。

演示图解

按图 12-48 所示，检查钢丝绳套是否有破损的现象。

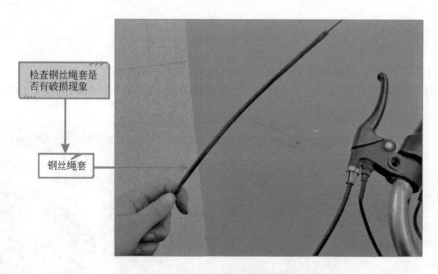

图 12-48　检测钢丝绳套是否有破损现象

经检查钢丝绳套没有破损，应进一步检查连接闸皮的钢丝绳与钢丝绳套内是否有异物，使得钢丝绳不能带动闸皮制动，造成刹车失灵。

演示图解

按图 12-49 所示，检查钢丝绳与钢丝绳套间是否有异物。

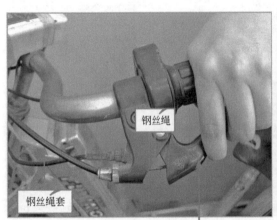

图 12-49 检查钢丝绳与钢丝绳套间是否有异物

经检查，钢丝绳与钢丝绳套内不存在异物，应进一步查看闸皮与车圈之间的距离是否过大。

演示图解

按图 12-50 所示，调整闸皮与车圈之间的距离。

通过对钢丝绳的固定螺母进行调整，使钢丝绳拉紧，并更换磨损的闸皮，最后再次使用前刹车时，电动自行车的故障排除。

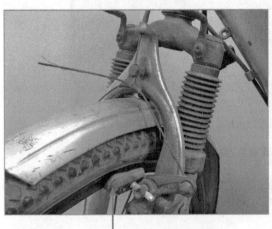

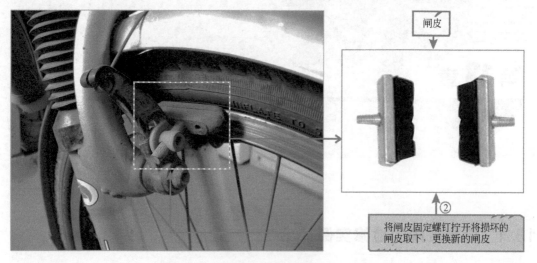

图 12-50 调整闸皮与车圈之间的距离

第13章 控制功能失常的检修实例精选

13.1 控制故障的检修实例

13.1.1 无刷电动自行车控制功能全无的检修实例

(1) 故障表现 一辆普通型无刷电动自行车,打开电源锁后,操作转把无反应,电动机不转,无法行车。

(2) 故障分析 正常情况下,打开普通型电源锁后即可对电动自行车各部件进行供电。当旋动转把时,由控制器接收从转把送来的调速信号,并送给电动机,驱动电动机转动。

根据故障表现,对故障原因进行分析:电动机不转动,则表明其未接收到调速信号或其无供电。引起该故障的原因主要有:

a. 闸把短路。当接通电源后即处于制动状态,常开触点闭合,将电动机断电,因此引起电动机无法运转。

b. 转把损坏或与控制器之间连接不良,调速信号失落。

c. 电动机霍尔元件损坏,或线圈断路。

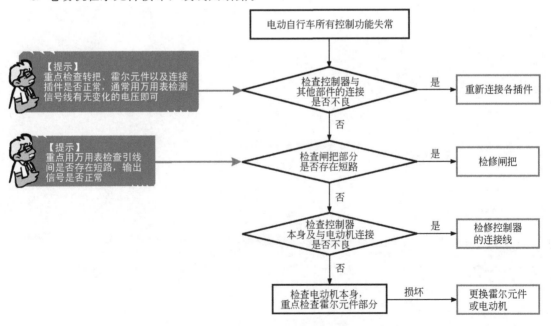

图 13-1 普通型无刷电动自行车所有控制功能失常的检修流程

d. 控制器本身损坏,无输出。

在检修该类故障时可按图 13-1 所示的检修流程对电动自行车进行故障排查。

(3) 故障检修 根据故障分析,先对各功能部件与控制器间的连接线进行检查。

演示图解

检查控制器与外部的连接线是否正常,如图 13-2 所示。

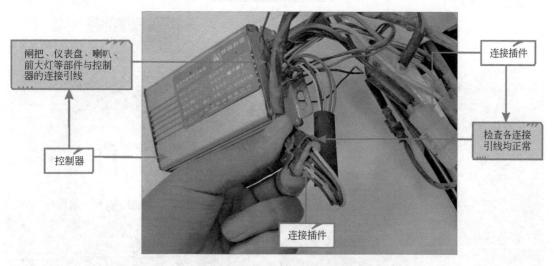

图 13-2　各连接线的检查方法

经实际检测后,发现各连接线均正常,也没有松动的现象,接下来则需要对闸把部分进行检测。开启电动自行车的电源锁后,为电动自行车通电,检测闸把与控制器之间的电压是否正常。

演示图解

检测闸把是否存在短路的故障,如图 13-3 所示。

经实际检测后,在未按下闸把时,闸把与控制器间的电压值为 0V,表明闸把存在故障,需对闸把进行更换。更换闸把时,选用匹配的闸把,更换后试车,发现故障排除。

相关资料

通常情况下,在未操作闸把时,控制电路对闸把输出高平信号(应不小于 4V 电压);当捏一下闸把时,其输出引线端电压应变为低电平(接近 0V),即在正常状态下,捏下闸把时对电动自行车进行切断电源操作。

13.1.2　飞鸽牌有刷电动自行车速度失控的检修实例

(1) 故障表现 一辆飞鸽牌有刷 36V 电动自行车接通电源后,电动机便高速运转,其速度不受转把的控制。

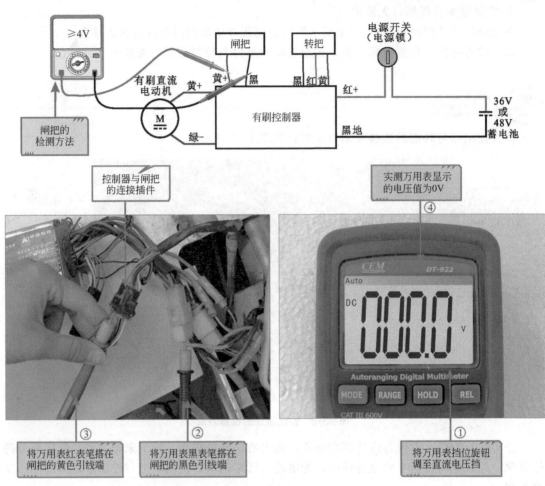

图 13-3　闸把的检测方法

(2) 故障分析　电动自行车速度失控故障也称为飞车故障。根据故障表现，对故障原因进行分析。引起电动自行车速度失控的原因主要是：

　　a. 转把损坏，输出与电源端短路，霍尔 IC 地线断路。
　　b. 控制器内部有损坏的元器件，通常控制器中功率管击穿容易出现该故障。

对于电动自行车的该类故障进行检修时，一般按照从简到难的顺序，首先排除转把的故障，若转把正常，再对控制器及其内部电路进行检修，逐步进行检测，找到故障元件，排除故障即可。

(3) 故障检修　根据故障分析，为确认具体故障部位，可先找到控制器与转把的连接线，对连接线部分进行检查。

演示图解

按图 13-4 所示，找到控制器与转把的连接线并检查是否有短路故障。

经实际检查发现，该电动自行车的控制器被检修过，各部件与控制器之间并没有通过插件接口连接，而是在引线上采用了铰接的连接方式，并进行了简单绝缘处理。对该部分重新进行绝缘处理后，进一步对转把进行检测。

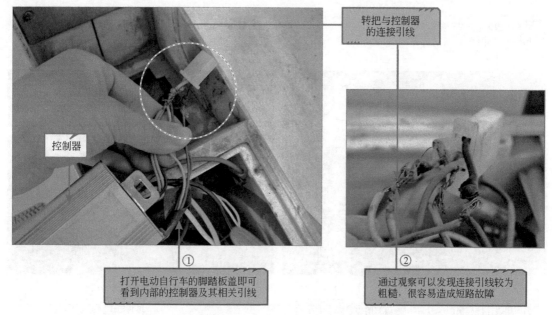

图 13-4 连接线的检查方法

> **特别提示**
>
> 对电动自行车的控制器或其他部件进行更换时,应选用与原部件相匹配的部件,连接部位应尽量使用接插件,以保证连接质量和绝缘效果。当确实无法满足插件匹配时,再采用线与线之间铰接的方式,但一定注意相铰接的两根引线正确,且应保证绝缘良好,避免出现连接粗糙、绝缘效果不佳的现象。

演示图解

对转把的供电电压进行检测,如图 13-5 所示。

经检测,转把的供电电压为 5.04V(正常),接下来则需要对转把在不同状态下输出的驱动信号进行检测。

演示图解

按图 13-6 所示,使用万用表检测转把输出的电压是否正常。

经检测发现,转把在不同状态下输出的驱动电压均为 4.24V,怀疑转把损坏(而正常时旋动转把,该信号线电压应在 0.8~4.24V 间变化)。以同型号的转把进行更换后,通电测试,发现电动机的速度仍不能准确控制,怀疑控制器出现故障,接下来应对控制器进行检测。

拆开控制器后,即可看到内部的各元器件,如图 13-7 所示。

经观察发现,该控制器内部有一只型号为 HFP50N06 的晶体管,该晶体管作为功率器件使用。怀疑该器件损坏,可使用万用表对其进行检测。

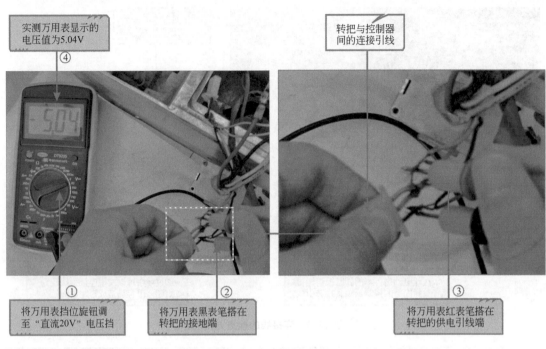

图 13-5 转把供电电压的检测方法

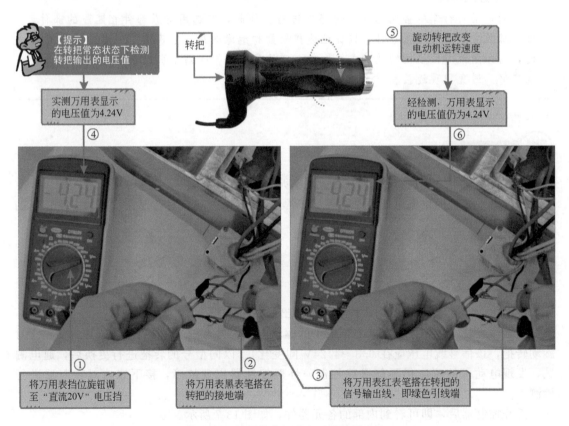

图 13-6 转把输出驱动电压的检测方法

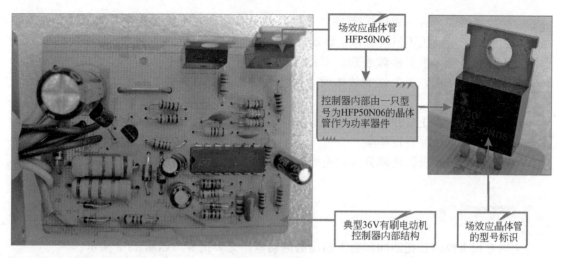

图 13-7 典型 36V 有刷电动自行车控制器

演示图解

使用万用表检测场效应晶体管是否正常，如图 13-8 所示。

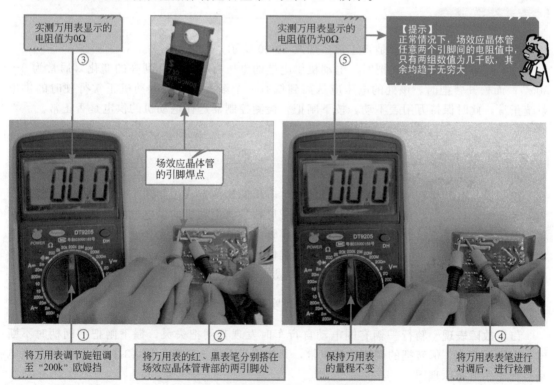

图 13-8 场效应晶体管的检测方法

经实际检测，场效应晶体管引脚间的阻值有几组趋近于 0Ω，怀疑该场效应晶体管击穿短路。以同型号的场效应晶体管进行更换后，电动自行车通电试机，故障排除。

13.1.3 钱江牌电动自行车刹车失灵的检修实例

(1) 故障表现 有一辆钱江牌 36V 无刷电动自行车，在行驶过程中均正常，但是在使用刹车功能时，电动机不但没有停止转动反而加速运行。

(2) 故障分析 根据故障表现，对故障原因进行分析：该电动自行车使用的电动机为 36V 无刷直流电动机，发生这类故障时，通常对闸把、电动机供电系统、控制器等进行重点检测。

首先检测闸把在正常和刹车不同状态下的输出电压是否正常，然后对电动机的供电进行排查，找到故障点，并进行排除。

(3) 故障检修 根据故障分析，先检测闸把送往控制器的驱动电压是否正常。

> **演示图解**

使用万用表检测转把不同状态下输出的驱动电压是否正常，如图 13-9 所示。

经检测，在未按下闸把时，万用表检测的电压值为 0V；按下闸把时，万用表检测的电压值为 3.9V，表明闸把可以正常工作，接下来应对电动机的供电进行检测。通常可以改变转把的工作状态，检测控制器送往电动机的供电电压是否正常。

> **演示图解**

检测电动机的供电电压是否正常，如图 13-10 所示。

经实际检测，当转动转把时，电动机供电端的电压有一个从低到高的变化（通常为 0～30V）；而松开转把时，该处的电压应从高到低有一个渐变，表明电动机正常行驶时的供电系统正常，此时保持万用表不动，按下闸把，检测控制器送往电动机的供电是否正常。

> **演示图解**

控制器与电动机在闸把按下状态下的供电电压的检测方法，如图 13-11 所示。

经检测，扳动电动自行车左、右任一闸把后，检测电动机的供电电压升为 37.5V，表明刹车的信号电压是直接加到控制器电路中功率管的控制极，使其完全处于导通的状态，使电动机的供电电压增加了五分之一左右。根据维修经验可知，引起该现象的原因主要是控制器内的激励脉冲调制集成块 TL494 损坏，对集成块进行更换后，试刹车操作，故障排除。

13.1.4 有刷电动自行车不制动的检修实例

(1) 故障表现 骑行一辆有刷电动自行车时发现其闸把失灵，握下闸把的闸柄时不断电，车速无变化，但转把的调速功能正常，其他声光系统也正常。图 13-12 所示为该有刷电动自行车的电路原理图。

(2) 故障分析 根据故障表现，结合图 13-12 对故障原因进行分析：握下闸把后电动自行车不断电，说明控制器芯片未检测到闸把送来的制动信号，该类故障多是由闸把开关损坏或控制器刹车电路断路故障引起的。

由图 13-12 可知，该电动自行车的控制器是由 ST926401Y（控制芯片）、NE555（PWM

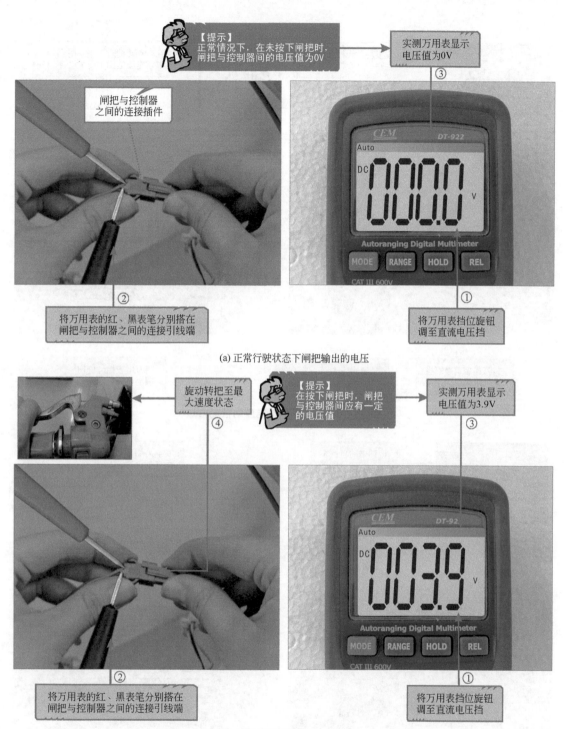

图 13-9 转把与控制器间驱动电压的检测方法

信号激励放大)、LM393(双电压比较器)等构成的。该电动自行车中的刹车电路主要是由 IC1(ST926401Y)④脚内部电路、VD2 和闸把开关 S1、S2 等部分构成的。

当未按动闸把开关 S1、S2 时,5V 电压经电阻器 R4 为 IC1④脚输入高电平,IC1 识别

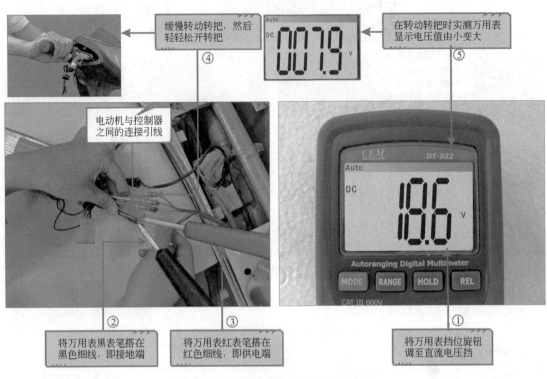

图 13-10　电动机供电电压的检测方法

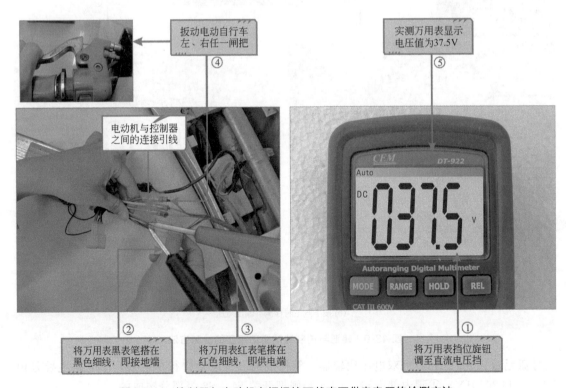

图 13-11　控制器与电动机在闸把按下状态下供电电压的检测方法

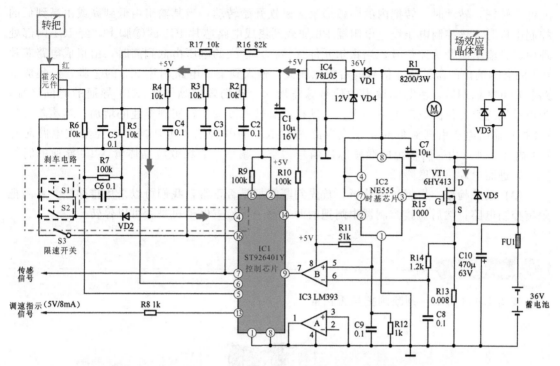

图 13-12　由 ST926401Y+ NE555+ LM393 构成的有刷控制器电路原理图

该高电平信号为不刹车信号,并由此控制其⑭脚输出正常的 PWM 信号,电动机转动。

当按下 S1、S2 任何一个开关时,机械开关闭合,IC1 的④脚电压经 VD2 后到地,从而变为低电平,IC1 识别低电平为刹车断电信号,切断⑭脚的输出,即停止输出驱动信号,电动机停转。

对该类故障进行排查时,一般先排查是否由闸把本身损坏造成的,若闸把正常,应重点对芯片 IC1 及 VD2 进行检查;若闸把不正常,应进行更换。

 相关资料

在图 13-12 所示控制器电路中,除上述闸把控制电路外,供电电路及驱动电路的具体工作过程如下:

蓄电池的 36V 供电电压经熔断器 FU1 和电容器 C10 滤波后,一路为电动机绕组进行供电,另一路经限流电阻器 R1 和电容器 C7 滤波后送入 IC2 的⑧脚端为其进行供电,同时经三端稳压器 IC4 后输出 5V 电压。

由三端稳压器输出的+5V 电压,一路送入到 IC1 的②脚端为其供电,同时送入 IC3 的⑧脚端为其供电,+5V 也为转把的霍尔元件进行供电。

驱动控制电路采用 IC1（ST926401Y）和 IC2（NE 555）产生驱动脉冲,经功率场效应晶体管 VT1 后驱动直流电动机。

当 IC1 得电启动后其⑭输出脉冲信号,送入 IC2 的②脚,经 IC2 处理后由③脚输出,经电阻器 R15 后驱动场效应晶体管 VT1 的控制栅极,此时电动机在脉冲信号的驱动下开始旋转。

调速控制电路的工作过程如下:

调速控制主要由霍尔元件（转把）、集成电路 IC1 以及外围元器件等进行控制。当霍尔元件（转把）转动时，转把内的圆弧形永久磁铁开始转动，当其输出由低到高或由高到低的控制电压时，该控制电压经过电阻器 R6 加载到集成电路芯片 IC1 的⑤脚上，经 IC1 内部处理由⑭脚输出激励脉冲信号。当霍尔元件（转把）输入的电压由低到高时，由集成电路芯片 IC1 的⑭脚输出的激励脉冲信号的占空比增大，输入到集成电路芯片 IC2 的②脚，经集成电路芯片 IC2 处理后，由③脚输出的信号脉宽增大，使场效应晶体管 VT1 导通的时间增加，为电动机绕组提供的驱动电流增大，电动机的旋转速度加快，实现车速的增加；当霍尔元件（转把）输出电压由高到低时，集成电路芯片 IC1 的⑤脚输入电压减小，经集成电路芯片 IC1 内部处理后由⑭脚输出的激励脉冲信号占空比减小，使场效应晶体管 VT1 导通的时间减小，进而电动机速度降低。

（3）故障检修 根据故障分析，首先判断闸把是否正常，我们可以采用排除法，将闸把脱离控制电路；然后短接控制器中闸把的两个端子，检查电动机是否可以停转。

演示图解

按图 13-13 所示，判断闸把是否正常。

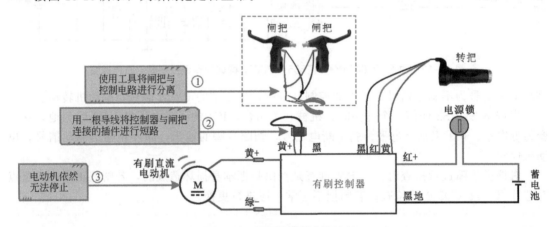

图 13-13 闸把性能的判断方法

经检查电动机仍无法停转，可以排除闸把的故障，怀疑故障应是由控制器内部元器件损坏引起的，应对控制器内的刹车电路部分进行检查。

演示图解

检测控制芯片 IC1 输入的刹车信号是否正常，如图 13-14 所示。

经检查发现，不论是否按下闸把，控制芯片 IC1④脚的电压始终为高电平，怀疑前级电路中有损坏的元器件。通过电路图可知，在前级电路中设置有二极管 VD2，接下来对该二极管 VD2 进行检测。

演示图解

二极管 VD2 的检测方法如图 13-15 所示。

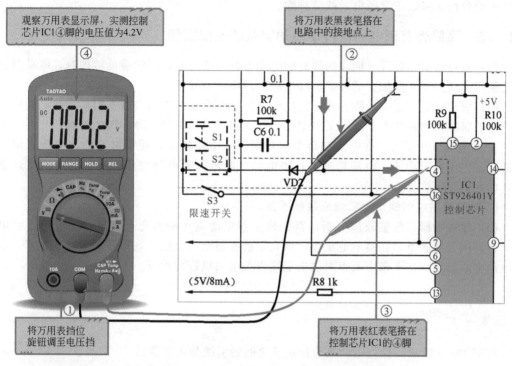

图 13-14 控制芯片 IC1 输入刹车信号的检测方法

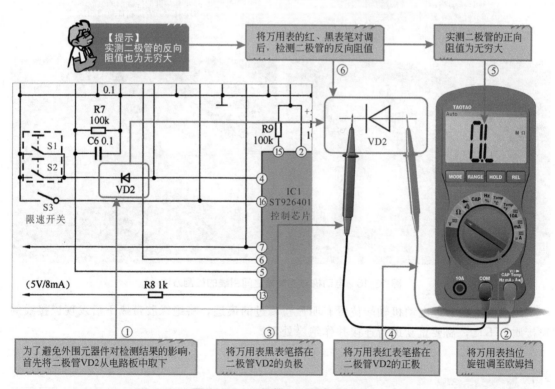

图 13-15 二极管 VD2 的检测方法

经检测发现,二极管 VD2 正、反向阻值均为无穷大,将二极管从电路板上拆卸后,再次测量其阻值仍为无穷大,说明二极管已损坏,用同型号二极管更换后,通电试车,握下闸把后电动自行车可以正常断电，故障排除。

13.1.5 飞鸽牌有刷电动自行车启动突跳的检修实例

(1) 故障表现 打开一辆飞鸽牌有刷电动自行车电源锁，缓慢旋动转把时，电动自行车启动瞬间出现向前突然加速的现象，即出现启动突跳的故障。

(2) 故障分析 根据故障表现，对故障原因进行分析：电动自行车启动突跳，表明其电动机在短时间内出现加电、断电又加电的动作。该故障常见的故障原因主要有：

a. 蓄电池电压不足。在电动自行车起步瞬间，电流较大，使蓄电池输出电压下降，控制器启动欠压保护功能，电动机断电；当电动机断电后蓄电池电压回升，电动机又开始工作，由此引起突跳故障。

b. 电动机供电引线出现断线或接触不良。

(3) 故障检修 根据故障分析，首先检查蓄电池电压是否充足。用万用表检查蓄电池时，将万用表红表笔搭在蓄电池正极，黑表笔搭在蓄电池负极，观察万用表读数正常，表明蓄电池电量充足，接下来应重点对供电引线以及电动机进行检查。

演示图解

按图 13-16 所示，检查电动机与控制器之间的引线是否正常。

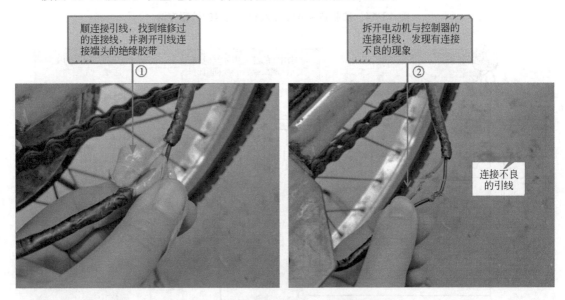

图 13-16 电动机与控制器之间引线的检测方法

经检测，在靠近电动机轴端位置有明显检修过的痕迹，将绝缘胶带撕下后发现连接线的连接质量不良，需要重新进行连接并作绝缘处理。

演示图解

重新连接连接线并进行绝缘处理，如图 13-17 所示。

将电动机引线接头重新连接，并用绝缘胶带包好，使其连接可靠。再次接通电动自行车

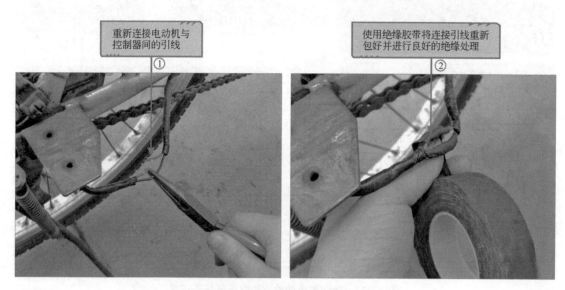

图 13-17 重新连接电动机引线接头

电源，旋动转把发现电动机可以正常启动，运转平稳，故障排除。

13.1.6 宝岛牌电动自行车全车没电无反应的检修实例

(1) 故障表现 一辆宝岛牌电动自行车打开电源开关后，仪表盘显示没电，喇叭和照明系统也不工作，旋动转把时电动机也不启动。

(2) 故障分析 根据电动自行车的故障表现，对故障原因进行分析：电动自行车仪表盘没电、喇叭和照明系统不工作、电动机不启动都表明电动自行车中的电源部分异常，应重点检查蓄电池和电源电路部分。

电动自行车全车没电的故障较为明显，可以首先检查蓄电池输出的电压是否正常，若蓄电池的电压过低需对蓄电池进行充电或修复；若蓄电池输出电压正常，则应对供电电路部分进行检查，从中找到故障点，排除故障即可。

(3) 故障检修 根据故障分析，可先使用万用表对蓄电池输出的电压值进行检测。

> **演示图解**

蓄电池输出电压的检测方法如图 13-18 所示。

经检测，蓄电池输出的电压值空载为 51.0V，表明蓄电池本身正常，由此可进一步对供电电路部分进行重点检测，即先对控制器的供电电压进行检测。

> **演示图解**

控制器供电电压的检测方法如图 13-19 所示。

经实际检测后，控制器供电电压异常，由此怀疑电动自行车不启动的故障可能是由控制器与蓄电池之间的连接引线断路或电源锁断路造成的。此时，可将电源锁与其他连接断开，检测电源锁是否正常。

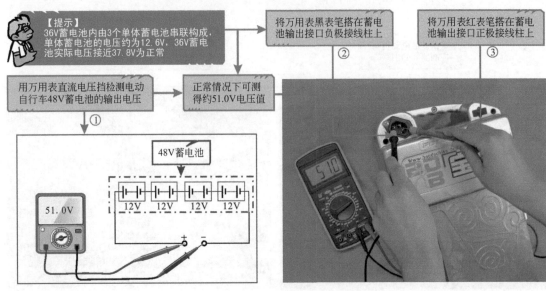

图 13-18 检测蓄电池输出的电压值是否正常

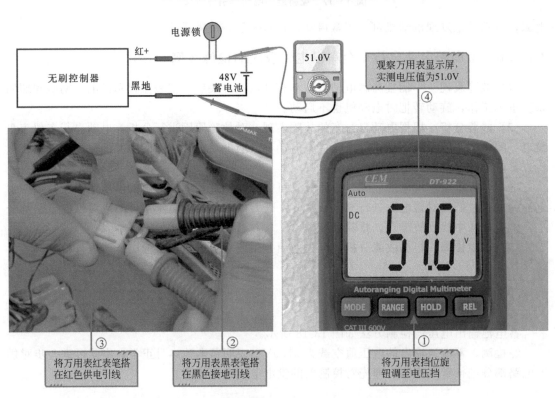

图 13-19 检测控制器供电电压是否正常

演示图解

电源锁的检测方法如图 13-20 所示。

经检测发现万用表在蜂鸣挡不响,而且显示阻值无穷大,怀疑电源锁本身损坏。用同型号的电源锁更换后,接通电源锁,仪表盘显示正常,喇叭和照明系统均能够正常使用,旋动

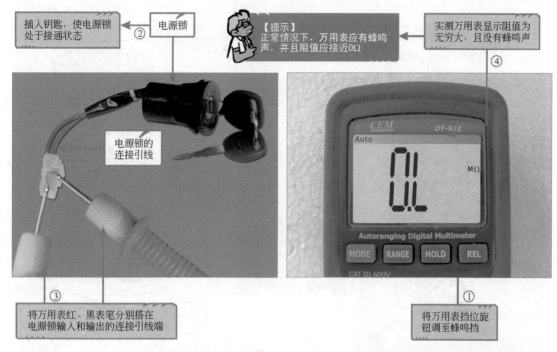

图 13-20　电源锁的检测方法

转把，电动机启动，平稳运转，故障排除。

13.1.7　典型有刷电动三轮车飞车故障的检修实例

（1）故障表现　一辆有刷电动三轮车出现飞车故障。

（2）故障分析　引起电动三轮车飞车故障的常见原因主要有转把损坏、或转把地线断路、或控制器损坏等。

在维修过程中，由于转把地线（黑色线）断线或转把地线插件接触不良导致飞车故障比较常见。

（3）故障检修　根据故障分析，可排查该电动三轮车转把地线的连接情况。将电动三轮车后车架支起，使两个后轮离地一段距离。

接通电动三轮车的电源锁，未旋动转把时，用一个木棒轻轻敲打转把连接线，发现电动机时转时停，说明该电动三轮车有时飞车有时正常，怀疑转把地线连接不良。

可用万用表的蜂鸣挡检测转把引线中黑色线两端之间的阻值，检查引线有无断路情况。

▶ 演示图解

转把地线通断的检测方法如图 13-21 所示。

经检测发现转把地线断路，更换地线，或用一个带绝缘皮的铜线重新跑线，连接牢固后通电试车，故障排除。

13.1.8　悍马牌有刷电动三轮车倒车功能失效的检修实例

（1）故障表现　悍马牌有刷电动三轮车能够正常正向行车，喇叭、前大灯等基本辅助功

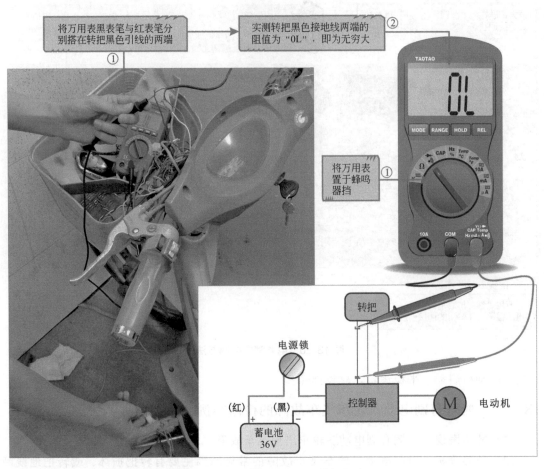

图 13-21 转把地线通断的检测方法

能也均正常,但将倒/顺开关扳至"倒"挡时没有任何反应。

图 13-22 所示为该有刷电动三轮车的整机接线图。

(2) 故障分析 电动三轮车除倒车功能外,其他功能均正常,说明故障发生在倒车控制部分,因此应重点检测倒车控制部分。

该电动三轮车为有刷电动三轮车,倒车功能一般由倒/顺开关、直流接触器配合实现,因此应重点检测这两个部件及相关线路。

(3) 故障检修 根据故障分析,首先接通整机总开关和电源锁,由蓄电池为整机供电。在满足供电条件下,直流接触器线圈得电,其常开触点应闭合。可用万用表检测直流接触器触点后级电路有无电压来判断其好坏。

演示图解

直流接触器的检测方法如图 13-23 所示。

实测电压值约为 60V,说明直流接触器正常。根据检修分析,怀疑倒/顺开关损坏。正常情况下,将倒/顺开关置于"倒"挡时,蓄电池电压经"倒"挡触点后为有刷电动机绕组供电,可通过检测倒/顺开关中"倒"挡触点部分的电压判断好坏。

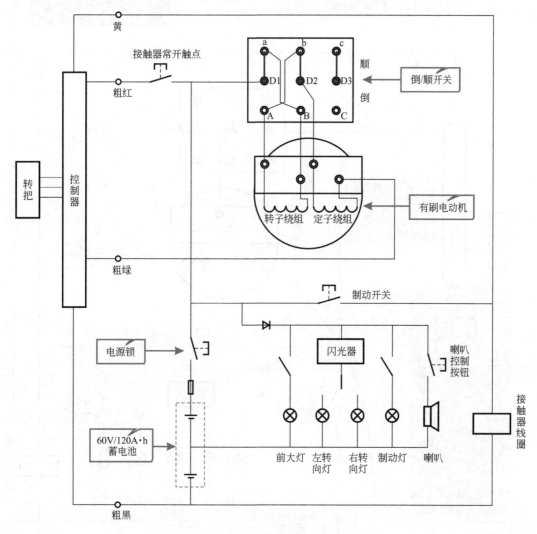

图 13-22 典型有刷电动三轮车的整机接线图

演示图解

倒/顺开关的检测方法如图 13-24 所示。

经检测倒/顺开关中"倒"挡触点电压为 0V，怀疑该触点内部开焊或线路断路。更换倒/顺开关后，通电试车，故障排除。

13.1.9 金奥牌无刷电动三轮车屡烧熔断器的检修实例

（1）故障表现 金奥牌无刷电动三轮车熔断器熔断，更换后通电试车，再次烧坏新换的熔断器。图 13-25 所示为该无刷电动三轮车的整机接线图。

（2）故障分析 在电动三轮车维修过程中，连续烧毁熔断器的故障比较常见。引起这种故障的主要原因是电气系统存在短路故障，例如：

a. 控制器损坏导致内部短路。

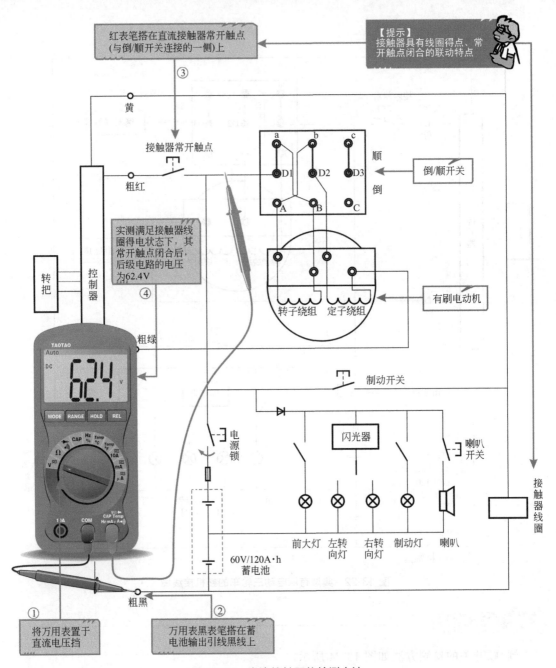

图 13-23 直流接触器的检测方法

b. 线路破损后短路。

c. 仪表短路。

d. 更换蓄电池后正、负极接反。

若出现故障的电动三轮车蓄电池部分未进行代换检修,主要针对前三种情况进行排查。一般,应首先判断该电动三轮车电气系统是否存在短路故障,可将蓄电池连接线及插头拔下,用万用表欧姆挡检测插头正、负极之间的电阻值,若检测电气供电电路阻值为 0Ω,说明电路有短路故障,需要进一步排查。

(3) 故障检修 根据故障分析,首先判断该电动三轮车电气系统是否存在短路故障。将

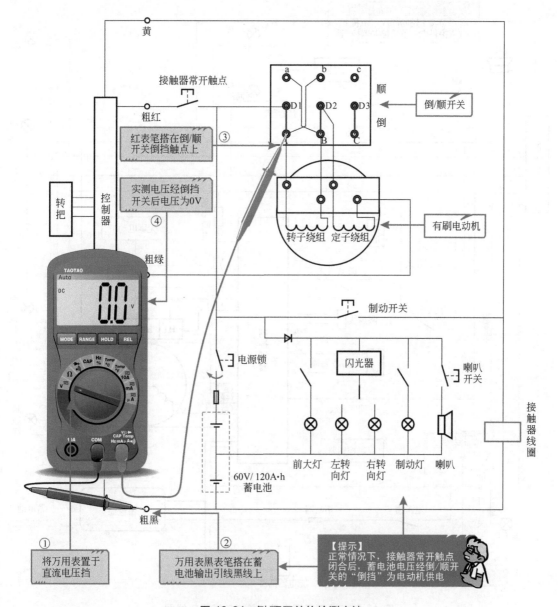

图 13-24 倒/顺开关的检测方法

蓄电池连接线及插头拔下,用万用表欧姆挡检测插头正、负极之间的电阻值。

演示图解

电动三轮车电气线路短路故障的排查方法如图 13-26 所示。

实测该电动三轮车电气线路的供电回路阻值接近 0Ω,说明线路有短路故障。

接下来,可采用拔插法排查出现短路的部件。首先拔开控制器供电插件,整机供电回路阻值仍为 0Ω,怀疑线路仍存在短路部件,接着将仪表供电插件拔开,此时阻值出现一定数值,由此怀疑仪表部分短路,更换仪表后故障排除。

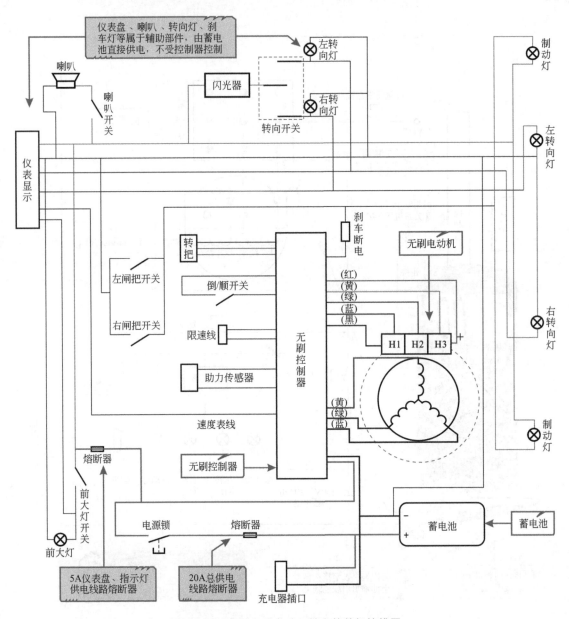

图 13-25 典型无刷电动三轮车的整机接线图

> **特别提示**
>
> 排查电动三轮车短路故障时,拔插法是比较有效且快速的判断方法。拔插法主要思路是,当拔下某一个部件时,整机总供电回路正、负极之间阻值恢复正常,则说明所拔下部件存在短路;若拔下后阻值仍为0Ω,说明线路中仍存在短路部件,逐一进行拔插,直到阻值恢复正常,找到短路部件或部位即可。
>
> 在实际检修中,控制器损坏、仪表短路较为常见。若出现打开前大灯或转向灯时熔断器熔断,则多为前大灯或转向灯灯座短路。

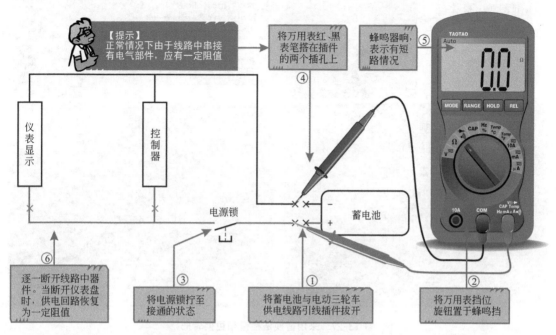

图 13-26 电动三轮车电气线路短路故障的排查方法

13.2 启动故障的检修实例

13.2.1 邦德牌电动自行车加电不启动的检修实例

(1) 故障表现 一辆邦德牌 48V 无刷电动自行车，拧动电源锁通电后，旋动转把不起作用，电动机不启动、不运转。

(2) 故障分析 根据故障表现，对故障原因进行分析：电动自行车通电后，旋动转把电动机不启动、不运转，多为电动机启动控制系统异常，重点检查与电动机启动控制相关的部件。例如：

a. 转把损坏。

b. 控制器内 MOS 管损坏。

c. 控制器内控制芯片损坏，可逐步进行检测，找到故障元件，排除故障即可。

(3) 故障检修 根据故障分析，为确认具体故障部位，可首先采用替换法来对怀疑故障部件进行替换。根据该类故障常见故障原因，首先排查转把故障。

演示图解

如图 13-27 所示，更换转把，排查转把故障。

更换转把后故障依旧，则说明该车故障多是由控制器部分引起的，此时为进一步确认故障，同样可采用替换法整体更换控制器。

经检查发现，用好的控制器代换后故障排除，则表明故障确实由控制器引起，此时则可对替换下的控制器进一步检查和判断。

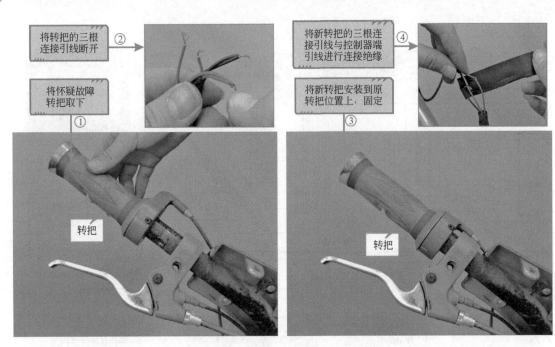

图 13-27 采用替换法检查和更换转把

演示图解

打开控制器外壳，用万用表检测控制器中功率管判断其好坏，如图 13-28 所示。

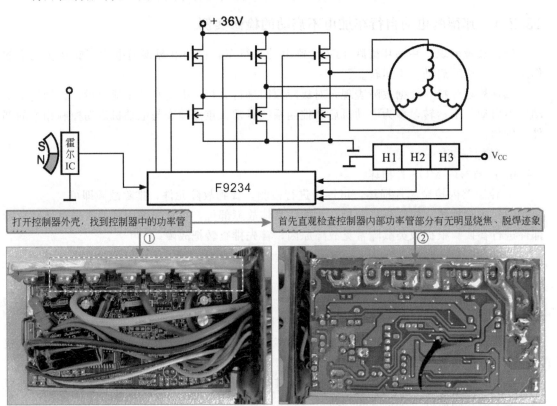

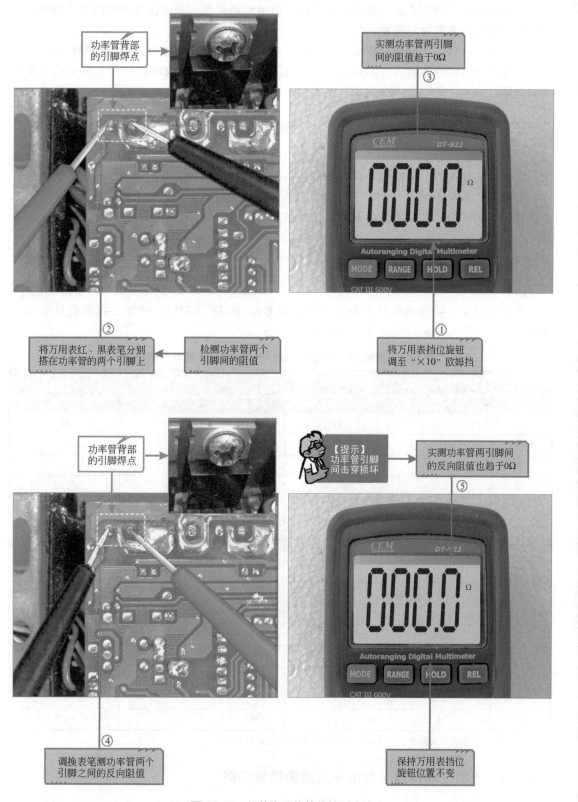

图 13-28 场效应晶体管的检测方法

经检测发现，功率管两引脚间的正、反向阻值均趋于零，表明该功率管已击穿损坏，选配相同规格的功率管进行更换。

功率管更换后，为确保检修质量，还应对控制器相关的控制芯片进行检测和判断（功率管的击穿可能直接导致该芯片的烧毁）。若该芯片损坏，也将导致电动自行车电动机不受控制的故障。

在断电的情况下，分别测量各引脚的阻值判断该芯片是否损坏，如图 13-29 所示。

经检测，该控制芯片（NEC F9234）的各引脚阻值均与正常值对照相差较大，怀疑该芯片已损坏，用同型号芯片更换后通电试车，故障排除。

正常情况下，该电动自行车控制器中控制芯片（NEC F9234）的各引脚阻值见表 13-1 所列，可作为实际检测时的重要参考依据。

表 13-1　控制芯片（NEC F9234）各引脚的正、反向对地阻值

引脚号	正向对地阻值 （黑表笔接地）/kΩ	反向对地阻值 （红表笔接地）/kΩ	引脚号	正向对地阻值 （黑表笔接地）/kΩ	反向对地阻值 （红表笔接地）/kΩ
①	4.1	12	⑯	4	11
②	3.9	8	⑰	4	7
③	3.9	10.5	⑱	4	7
④	3.9	10.5	⑲	4.1	11.5
⑤	4	12	⑳	4	11
⑥	0	0	㉑	4	8
⑦	3	4	㉒	4	11
⑧	4.2	12	㉓	4.1	11
⑨	4	11	㉔	4	9
⑩	3.5	11	㉕	3	3
⑪	3.5	12	㉖	4	11.5
⑫	4	9	㉗	4	10
⑬	4	9	㉘	3	4
⑭	3.8	5	㉙	0	0
⑮	4	7	㉚	4	11.5

注：该表中数值为正常情况下用 Tninipa ET-3010 型指针式万用表测得。

13.2.2　无刷电动自行车加电不启动的检修实例

（1）故障表现　一辆 36V 无刷电动自行车通电后，仪表盘显示均正常，但转动转把时，电动机不转动，无法正常行驶。图 13-30 所示为该电动自行车的控制电路原理图。

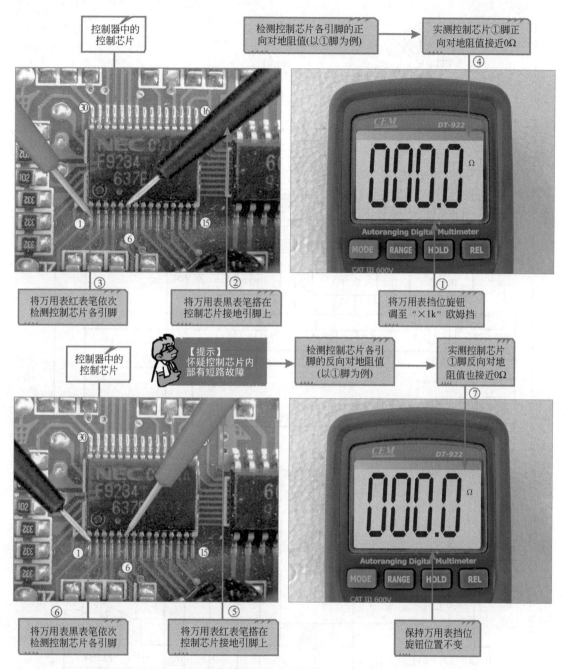

图 13-29 控制芯片（NEC F9234）的检测方法

（2）故障分析 根据电动自行车的故障表现，结合图 13-30 对故障原因进行分析：仪表盘显示均正常，表明蓄电池供电正常，供电部分也可以正常工作，结合维修经验，初步怀疑转把、控制器以及电动机部分可能存在异常，在对该电路进行检修时可结合电路原理图首先对各部件的控制关系进行分析，然后按由易到难的检修顺序进行排除故障。

由图 13-30 可知，该电路主要是由控制芯片 IC1（MC33035P）、三端稳压器 IC2 以及外围元器件构成的。其中蓄电池的 36V 电压经电阻器 R1 限流、电容器 C3 和 C2 滤波后送入三端稳压器 IC2（7812）的①脚，经其稳压后，由其③脚输出＋12V 电压，该电压经电容器

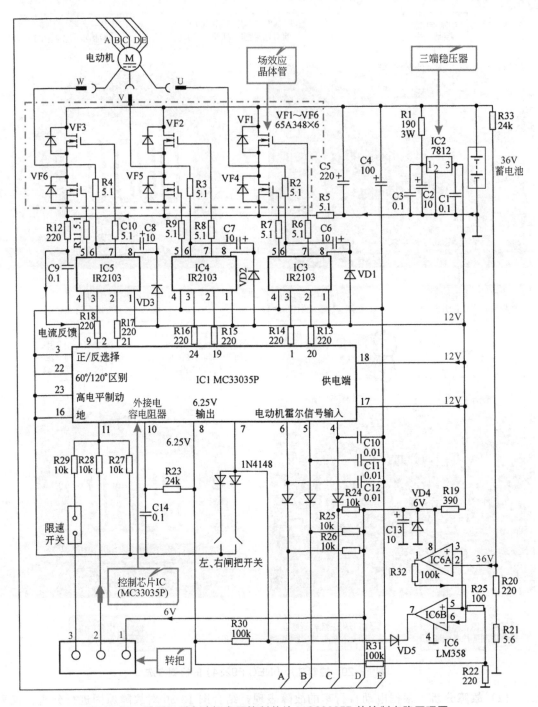

图 13-30 采用无刷电动机专用控制芯片 MC33035P 的控制电路原理图

C1 滤波后，送入 IC1 的⑱脚、⑰脚，为其提供工作电压；同时分别送入三个驱动器 IC3、IC4、IC5 的①脚供电。

另外，+12V 电压再经电阻器 R19 限流、稳压二极管 VD4 稳压、C13 滤波后输出+6V 电压，分别为 IC6 及转把供电。

在旋转转把时，转把的②脚输出的直流控制电压经 R28 送入 IC1 的⑪脚，当该直流电压从低到高变化时，IC1 的⑪脚电压相应也升高，经 IC1 内部电路处理后，输出 PWM 信号，使通过 IC3～IC5 驱动 VF1～VF6 的 PWM 脉冲变宽，电动机绕组电流加大，电动机转速提高。反之，电动机转速降低，进而实现电动自行车的调速功能。

(3) 故障检修 通过上述分析，可将电动自行车通电后，先对转把的供电电压进行检测。

演示图解

转把供电电压的检测方法如图 13-31 所示。

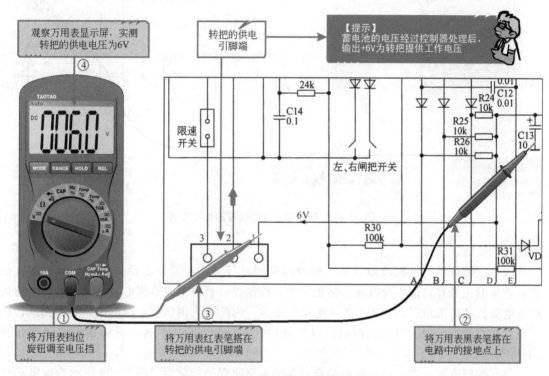

图 13-31 转把供电电压的检测方法

经检测，转把的供电电压为 5V（正常），接下来则需要对转把输出的驱动电压进行检测。

演示图解

转把送往控制器的驱动电压的检测方法如图 13-32 所示。

经实际检测后发现，转把输出的驱动电压一直为 0V，怀疑转把本身出现异常造成电动自行车控制功能失常，以同型号、性能良好的转把进行更换后，再次为电动自行车通电试运行，故障排除。

13.2.3 都市风牌电动自行车加电不启动的检修实例

(1) 故障表现 都市风牌的电动自行车接通电源后，旋动转把，电动机不旋转，出现无

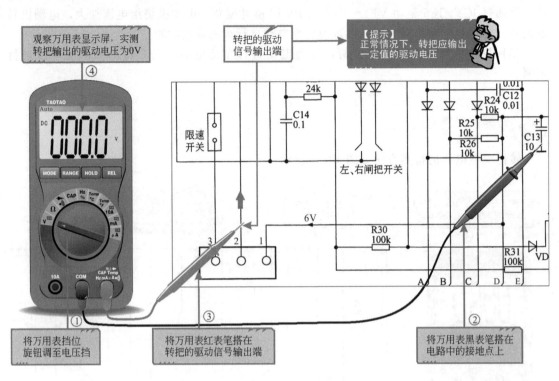

图 13-32 转把输出驱动信号的检测方法

法启动的故障。

(2) **故障分析** 根据故障现象,对故障原因进行分析:导致电动机不启动的因素有很多,常见的主要有转把本身损坏、闸把失常、控制器、蓄电池或直流电动机异常等。电动自行车电动机的正常运行,首先需要供电电压正常,因此可先确认蓄电池的电量是否充足,接下来再注意排查转把、闸把、控制器以及电动机本身等方面的故障。具体的检修流程如图 13-33 所示。

根据检修流程,进一步对该电动自行车的电路原理进行分析。图 13-34 所示为该电动自行车中所采用的 ZKC3615MZ 型有刷控制器的电路原理图。若检修中怀疑控制器本身故障,可以将该电路原理图作为重要的参考资料进行检测和维修。

该部分电路中主要的供电电路及驱动电路工作过程如下。

蓄电池的 36V 供电电压经熔断器 FU1 和电容器 C10 滤波后,一路为电动机绕组进行供电,另一路经限流电阻器 R1 和电容器 C7 滤波后送入 IC2 的⑧脚端为其进行供电,同时经三端稳压器 IC4 后输出 5V 电压。

由三端稳压器输出的 +5V 电压,一路送入到 IC1 的②脚端为其供电,同时送入 IC3 的⑧脚端为其供电,+5V 也为转把的霍尔元件进行供电。

驱动控制电路采用 IC1(ST926401Y)和 IC2(NE555)产生驱动脉冲,经功率场效应晶体管 VT1 后驱动直流电动机。

当 IC1 得电启动后其⑭输出脉冲信号,送入 IC2 的②脚,经 IC2 处理后由③脚输出,经电阻器 R15 后驱动场效应晶体管 VT1 的控制栅极,此时电动机在脉冲信号的驱动下开始旋转。

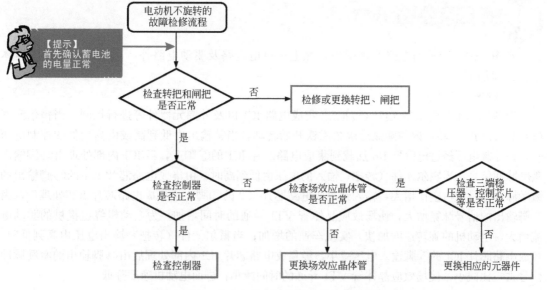

图 13-33　电动自行车不旋转的故障检修流程

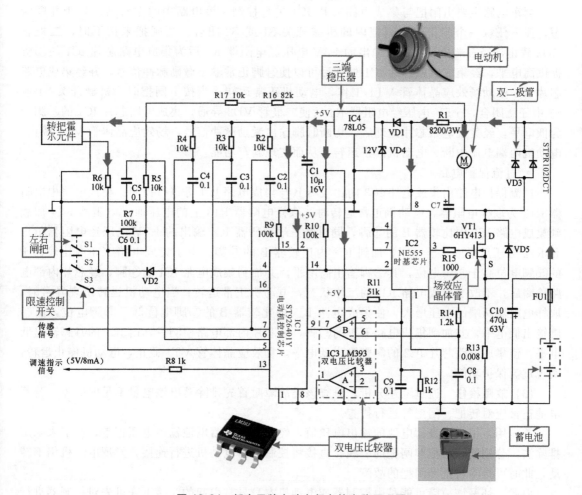

图 13-34　都市风牌电动自行车的电路原理图

相关资料

在图 13-34 所示的电路原理图中,除上述供电电路及驱动电路外,其他部分电路的具体工作过程如下。

- 调速控制电路

调速控制主要由霍尔元件(转把)、集成电路 IC1 以及外围元器件等进行控制。当霍尔元件(转把)转动时,转把内的圆弧形永久磁铁开始转动,当其输出由低到高或由高到低的控制电压时,该控制电压经过电阻器 R6 加载到集成电路芯片 IC1 的⑤脚上,经 IC1 内部处理由⑭脚输出激励脉冲信号。当霍尔元件(转把)输入的电压由低到高时,由集成电路芯片 IC1 的⑭脚输出的激励脉冲信号的占空比增大,输入到集成电路芯片 IC2 的②脚,经集成电路芯片 IC2 处理后,由③脚输出的信号脉宽增大,使场效应晶体管 VT1 导通的时间增加,为电动机绕组提供的驱动电流增大,电动机的旋转速度加快,实现车速的增加;当霍尔元件(转把)输出电压由高到低时,集成电路芯片 IC1 的⑤脚输入电压减小,经集成电路芯片 IC1 内部处理后由⑭脚输出的激励脉冲信号占空比减小,使场效应晶体管 VT1 导通的时间减小;进而电动机速度降低。

- 刹车电路

刹车电路主要由闸把与集成电路芯片 IC1 进行控制。该电路中的左右闸把处于并联状态,捏下任意一个闸把时,闸把内的机械开关 S1 或 S2 闭合。当闸把未按下时,二极管 VD2 截止,经三端稳压器 IC4 输出的+5V 电压经电阻器 R4 后为集成电路芯片 IC1 的④脚提供高电平,经集成电路芯片 IC1 处理后可以使⑭脚正常输出激励脉冲信号,并经集成电路芯片 IC2 驱动场效应晶体管 VT1 工作,电动机正常运转;当按下闸把时,机械开关 S1 或 S2 中任意闭合,+5V 电压经电阻器 R4 后使二极管 VD2 导通,集成电路芯片 IC1 的④脚变为低电平,经集成电路芯片处理后,切断⑭脚输出激励脉冲信号,场效应晶体管 VT1 截止,电动机两端电流中断,电动机停止运转,从而实现刹车功能。

- 过流保护电路

过流保护电路由集成电路 IC3 内比较器 B 与集成电路 IC1 等进行控制。在该电路中电阻器 R13 为取样电阻器,电动机正常运转时,取样电阻器 R13 上的电压通过电阻器 R14 加载到集成电路 IC3 内比较器 B 的⑥脚,同时经三端稳压器 IC4 输出的+5V 电压经电阻器 R11 和 R12 分压后形成基准电压,加到 IC3 内比较器 B 的⑤脚。由于集成电路 IC3 内比较器 B 的⑤脚电位高于⑥脚电位,其⑦脚输出高电平,并加到集成电路 IC1 的⑨脚,经芯片内部电路检测后,不改变集成电路 IC1 的工作状态,电动机正常运转;当电动机运转出现异常时,取样电阻器两端的电压增大,使集成电路 IC3 内比较器 B 的⑤脚电位低于⑥脚电位,由⑦脚输出低电平,并加到集成电路 IC1 的⑨脚,经芯片内部电路检测后,由 IC1 的⑭脚输出低电平,使集成电路芯片 IC2 的③脚输出低电平,场效应晶体管 VT1 截止,电动机停止运转,实现过流保护功能。

(3) 故障检修 通过上述分析,排查该类故障时首先排除蓄电池电量不足的故障,若蓄电池正常应对转把、闸把等进行排查。

首先用万用表检查蓄电池的输出电压值,经检测发现蓄电池输出电压正常,接下来采用排除法,分别断开转把和闸把的引线,直接将控制器与电动机进行连接,发现电动机仍不转动,此时可排除转把和闸把的故障。

由此,怀疑该故障可能是由控制器或电动机本身异常引起的,接下来可先对控制器进行检测和排查。

演示图解

按图 13-35 所示，首先检测控制器中场效应晶体管 VT1 是否正常。

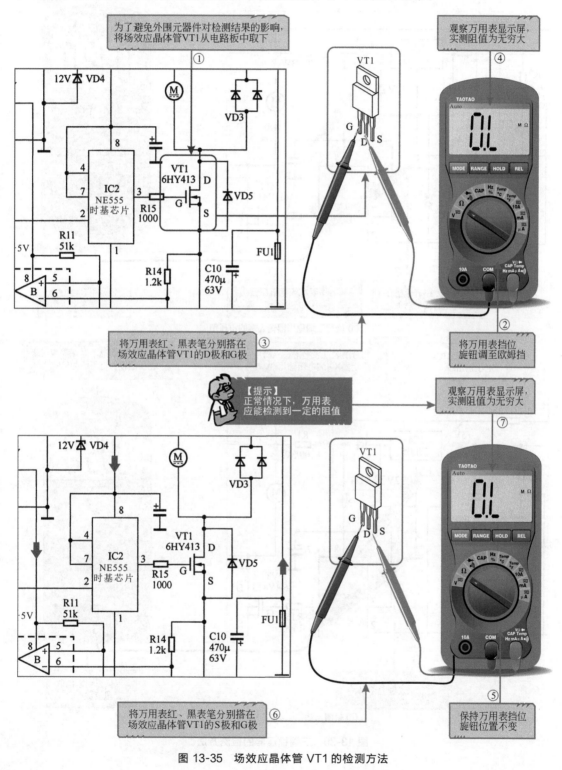

图 13-35 场效应晶体管 VT1 的检测方法

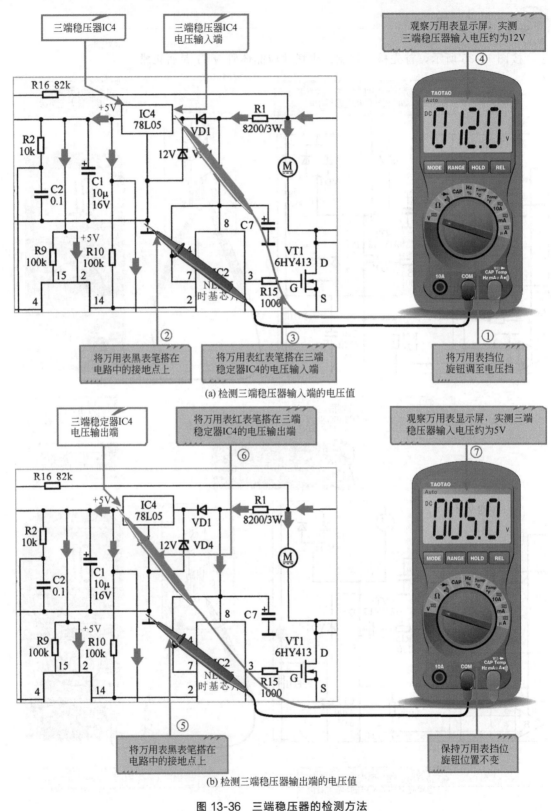

图 13-36 三端稳压器的检测方法

经检测发现，场效应晶体管 VT1 引脚间的阻值均为无穷大，表明该器件已击穿断路，应用同型号的场效应晶体管进行更换。为进一步确认控制器本身正常，可对三端稳压器以及其他元器件进行检查。

演示图解

三端稳压器 IC4 输入电压和输出电压的检测方法如图 13-36 所示。

经检测三端稳压器输入和输出的电压均正常，表明 IC1、IC3 的供电电压均正常，接下来可使用示波器检测 IC1 输出的脉冲信号是否正常。

演示图解

IC1 输出脉冲信号的检测方法如图 13-37 所示。

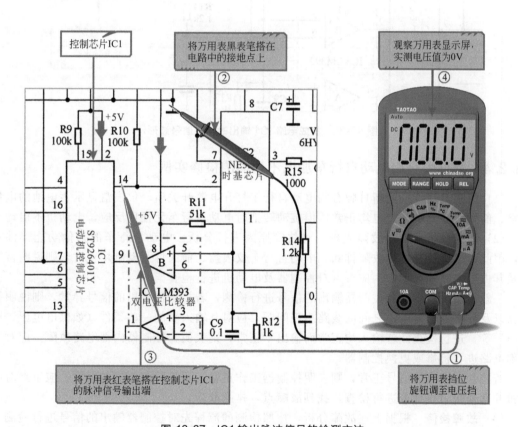

图 13-37　IC1 输出脉冲信号的检测方法

检测 IC1 输出的脉冲信号是否正常时，可使用万用表检测集成电路 IC1 输出引脚的驱动脉冲信号的平均电压值。经检测万用表测得电压值为 0V，正常值应为 2～4V，表明IC1无输出脉冲信号,可能损坏。采用同型号的器件进行更换后,通电试运行,故障排除。

相关资料

此外,还可以使用示波器检测IC1相应引脚输出的信号波形是否正常,正常情况下输出的脉冲信号应为图13-38所示。

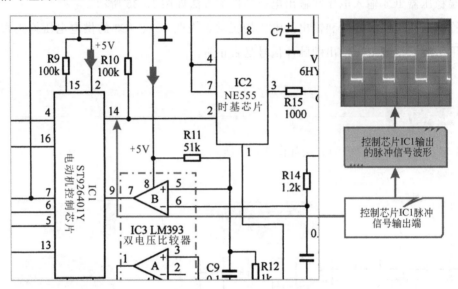

图13-38 集成电路IC1输出的脉冲信号波形

13.2.4 新日牌有刷电动自行车加电不启动的检修实例

(1) 故障表现 一辆新日牌有刷电动自行车打开电源开关后,仪表盘显示蓄电池的电量正常,前大灯及喇叭功能也均正常,但旋动转把时电动自行车无任何反应,电动机不启动。

(2) 故障分析 根据故障表现,对故障原因进行分析:电动自行车的其他功能部件正常,因此可以进行基本的故障排除。电动自行车仪表盘、前大灯及喇叭均正常,则说明蓄电池及其供电电路基本正常,应重点对控制器及电动机进行检查。

一般情况下,应先对控制器输出的信号进行检测,若控制器输出的信号异常,则说明控制器以及控制器与蓄电池之间的线路出现问题,应对其输入端的一些条件(如供电电压、调速信号等)进行检查。若输入均正常而输出不正常,则表明为控制器内部电路故障,应对其内部电路进行检修或更换控制器。

若控制器输出端信号正常,则表明控制器工作正常,可排除控制器的故障。应重点对电动机及其连接引线部分进行检查,找到故障点,排除故障。

(3) 故障检修 根据上述故障分析,按照检测的流程先对控制器输出的信号进行检测。

演示图解

控制器输出信号的检测方法如图13-39所示。

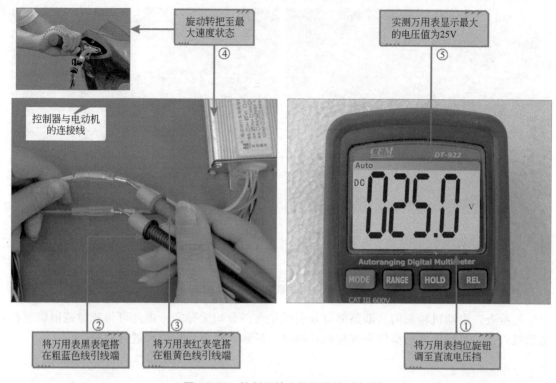

图 13-39 控制器输出信号的检测方法

经检测,电动自行车的控制器(有刷控制器)输出的信号(即驱动电压)随转把的旋转而变化,表明控制器、供电电路以及转把等均正常,怀疑电动机部分存在故障。

>>> **特别提示**

检测有刷电动自行车控制器送往电动机的信号(即驱动电压)时,可使电动自行车通电后,将转把旋转至最大速度的状态,然后检测控制器输出的电压值,如图13-40所示。

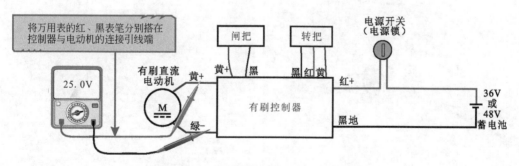

图 13-40 检测控制器输出电压的示意图

演示图解

按图 13-41 所示,先对电动机的供电线路部分进行检测。

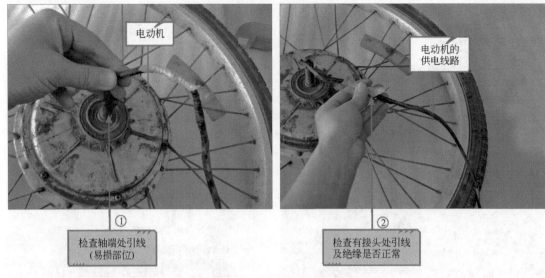

图 13-41　电动机引线的检测方法

经检查，电动机轴端的易断路部位及引线接头部均无异常，由此可将故障范围锁定在电动机内部，可按正常的操作规范将电动机进行拆解，对电动机内部进行检查。

演示图解

打开电动机后对内部进行检测，如图 13-42 所示。

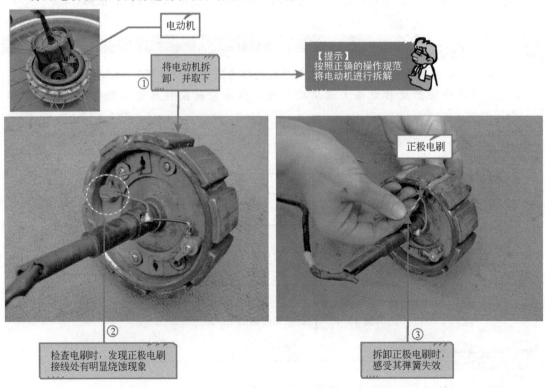

图 13-42　电动机内部的检测方法

经检查,发现电动机内部的正极电刷与电刷架连接处有严重的烧蚀现象。拆卸正极电刷时,感觉其电刷弹簧失去弹力,表明该电刷损坏。

更换损坏的正极电刷,打磨电刷与电刷架的接线端子,并将新的电刷固定牢固后,重装电动机,进行初步调试和通电前的检查后,通电试车故障现象消失。

13.2.5 捷安特牌电动自行车加电不启动的检修实例

(1) 故障表现 一辆捷安特牌电动自行车打开电源开关后,仪表盘显示蓄电池满电,喇叭及照明系统工作也正常,但旋转转把后电动机无任何反应,不启动。

(2) 故障分析 根据电动自行车的故障表现,对故障原因进行分析:电动自行车蓄电池供电正常且喇叭和照明系统工作正常,说明该电动自行车的蓄电池及电源供电电路均正常,而电动机不启动怀疑电动机及其相关的控制电路部分异常,应检查转把、闸把、控制器及电动机本身,按图13-43所示的故障检测流程对故障进行排查。

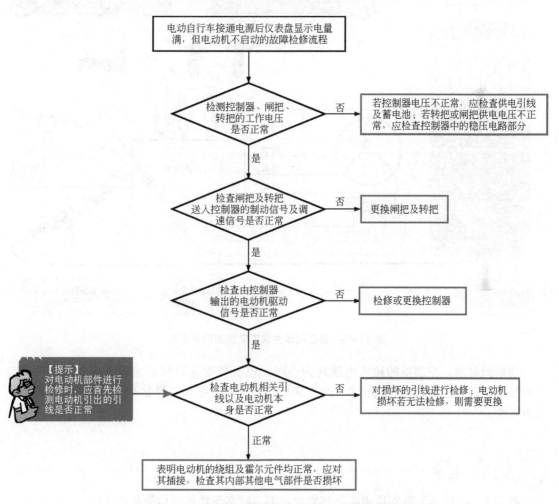

图13-43 电动自行车电源正常、电动机不转的故障检修流程

由以上检修流程可知,对于该类故障进行检修时,一般可先在通电状态下检测由蓄电池为控制器提供的供电电压,以及经控制器内部稳压后输送到闸把、转把的工作电压是否正常。

然后再用万用表分别检测闸把及转把送入控制器的制动信号及调速信号是否正常，若信号不正常，应对闸把和转把进行检修或更换；若信号正常，说明闸把及转把均正常。接下来可对控制器及电动机进行检测，逐步进行检测，找到故障元件，排除故障。

(3) 故障检修　根据故障分析，为确认具体故障部位，可首先对各部件的供电电压进行检测。

演示图解

按图13-44所示，使用万用表检测各功能部件的供电电压。

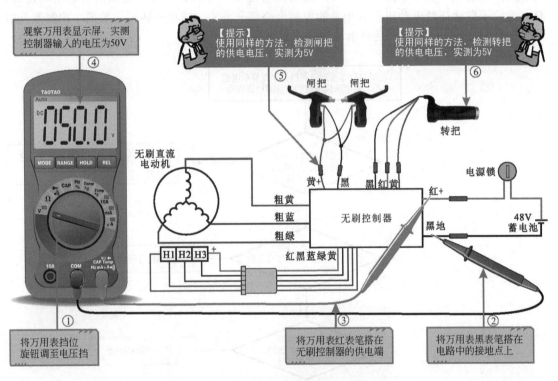

图13-44　各功能部件供电电压的检测方法

经检测发现，控制器的输入电压约为50V，控制器输入到闸把、转把的电压均为5V，说明控制电路中的供电电压均正常，接下来则需要检测转把和闸把在不同状态下输出的信号是否正常。

演示图解

按图13-45所示，分别检测转把和闸把在不同状态下输出的信号是否正常。

经实际检测，反复握紧和松开闸把时，万用表可测得闸把的信号在0～5V间跳动；旋转转把时，万用表检测转把输送到控制器信号线处的电压值在1～4.2V间变化，由此可见闸把和转把输出信号也正常。此时应对控制器输出的信号进行检测，判断控制器的性能是否良好。

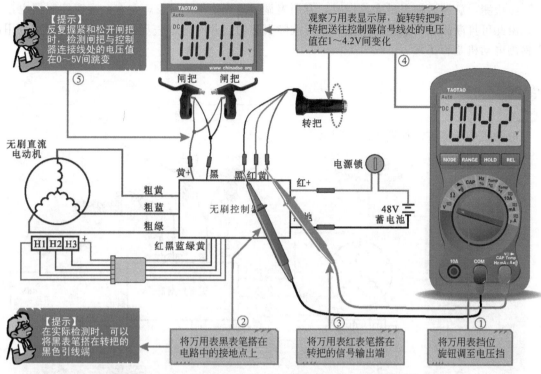

图 13-45 转把和闸把在不同状态下输出信号的检测方法

演示图解

按图 13-46 所示，使用万用表检测控制器送至电动机的信号是否正常。

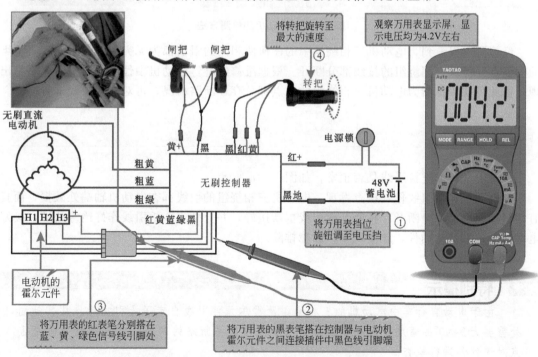

图 13-46 控制器输出信号的检测方法

经检测，旋转转把至最大速度时，万用表显示电压值均为 4.2V 左右，表明控制器也正常，由此可推断故障可能是由电动机本身故障引起的。此时为进一步确认故障，可使用万用表检测电动机是否正常。

演示图解

电动机的检测方法如图 13-47 所示。

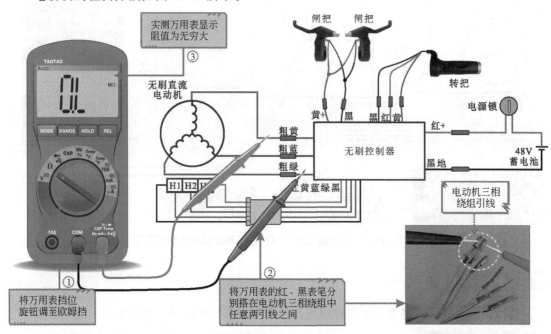

图 13-47　电动机的检测方法

经检测可以看到，电动机三相绕组中的任何两相间的阻值都为无穷大，表明电动机绕组的中性点开焊或三相绕组的接线部分断开。根据维修经验，电动机中性点开焊的情况不易出现，由此可初步推断为电动机三相绕组的接点部分存在断路情况，可对连接引线进行检查。

演示图解

检查电动机的连接引线是否正常，如图 13-48 所示。

顺电动机连接引线仔细检查发现，电动机三相绕组的引线都在电动机轴端处破损，而且有两根相线已经完全断开。将断开的引线重新接好，并分别将 3 根引线作好绝缘处理，接好电动机与控制器间插件，通电试车，故障排除。

>>> **特别提示**

由于电动自行车中电动机的三相绕组及霍尔元件引线自定子上引出后，从其轴端处需要大约 90°的弯度，所以该部件是一个比较容易断路的部位，在排除故障时可重点对该部件进行检查。

图 13-48　找到并排除损坏的连接引线

13.2.6　雅迪牌电动自行车加电不启动的检修实例

(1) 故障表现　打开一辆雅迪牌电动自行车的电源后,仪表盘显示正常,显示电源也正常,但是转动转把后电动机不运转。图 13-49 所示为雅迪牌电动自行车的供电原理图。

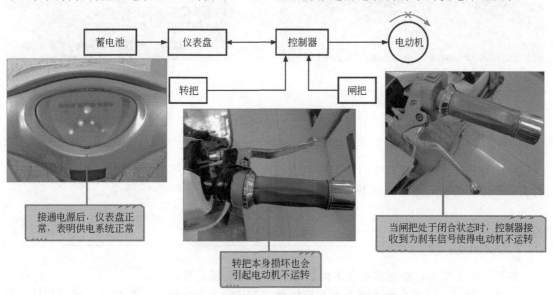

图 13-49　雅迪牌电动自行车的供电原理图

(2) 故障分析　根据电动自行车故障表现,结合图 13-49 对故障原因进行分析:仪表盘显示正常,说明该电动自行车的供电系统正常,初步怀疑闸把损坏,从而使得控制器一直处于"刹车"的状态,使得电动机不运行。若检测闸把正常,应进一步检测控制器中转把输入的电压信号是否正常,若转把无电压输出也会引起该故障。

由图可知,在排查该类故障时,应在确保供电正常的情况下先检测闸把的输出电压是否正常,若闸把异常,则需要对闸把进一步检修;若闸把正常,则应进一步检测转把的输出电压是否随转动转把的变化而变化，即判断转把是否正常。由此可逐步进行检测，找到故障元件，排除故障即可。

(3) 故障检修 根据故障分析，首先检测闸把输出的电压是否正常。

演示图解

按图 13-50 所示，检测闸把在不同状态下输出的电压是否正常。

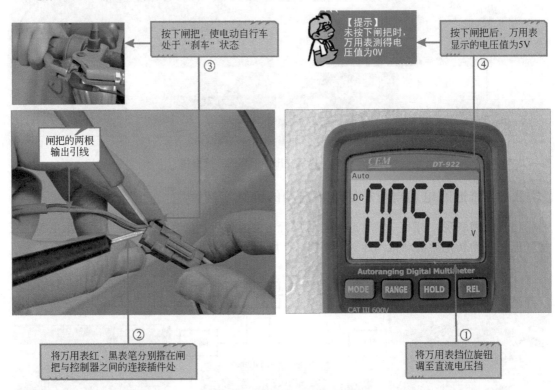

图 13-50 闸把的检测方法

经检测发现，闸把在通电后输出的电压应为 0V；当按下闸把后，此处的电压约为 5V，表明闸把输出的电压正常。接下来应测量转把性能是否良好。

演示图解

按图 13-51 所示，检测转把在不同状态下输出的电压是否正常。

经实际检测，转把在静止状态下与旋转状态下均没有电压输出，怀疑可能转把损坏。更换新的转把后，再通电试运行，电动自行车运转正常。

>>> 特别提示

值得注意的是，在检测转把时，为了安全起见，可以将电动自行车的后支架支起来，使驱动轮腾空检测，避免出现意外。

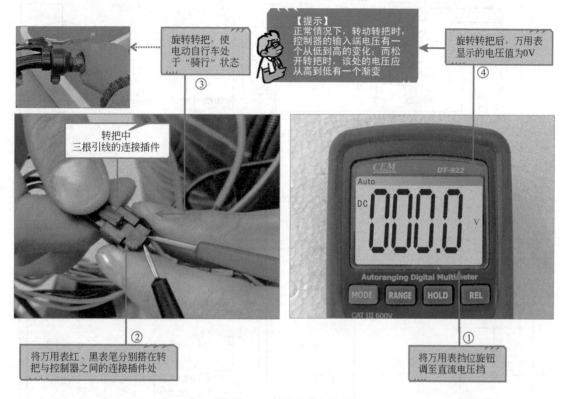

图 13-51 转把的检测方法

13.2.7 无刷电动自行车加电不启动的检修实例

(1) 故障表现 一辆无刷电动自行车通电后,仪表盘的电量显示正常,但转动转把时电动机不启动。

图 13-52 所示为电动自行车电路原理图。由图可知,该控制器仍为由 PIC16C54＋CD4069＋MC34063A 构成的无刷控制器电路。

(2) 故障分析 根据故障表现,对故障原因进行分析:该类故障为典型的供电正常、电动机不转动的故障。根据维修经验,总结引起该类故障的原因主要有:

a. 电动自行车闸把开关短路,使控制器一直处于接收断电信号状态,无输出,电动机无启动电流,因而不转动。

b. 转把损坏或无供电,导致控制器接收不到调速信号,同样不输出启动信号,电动机也无法启动。

c. 控制器内的蓄电池欠压保护电路不良,使在蓄电池电量满时也启动欠压保护电路,切断供电。

d. 控制器本身故障,无驱动信号输出,电动机无法启动。

(3) 故障检修 根据故障分析,首先将闸把与控制器间的连接插件拔开,旋动转把,电动机仍无反应,可排除闸把部分的故障。此时,可进一步对转把进行检测。

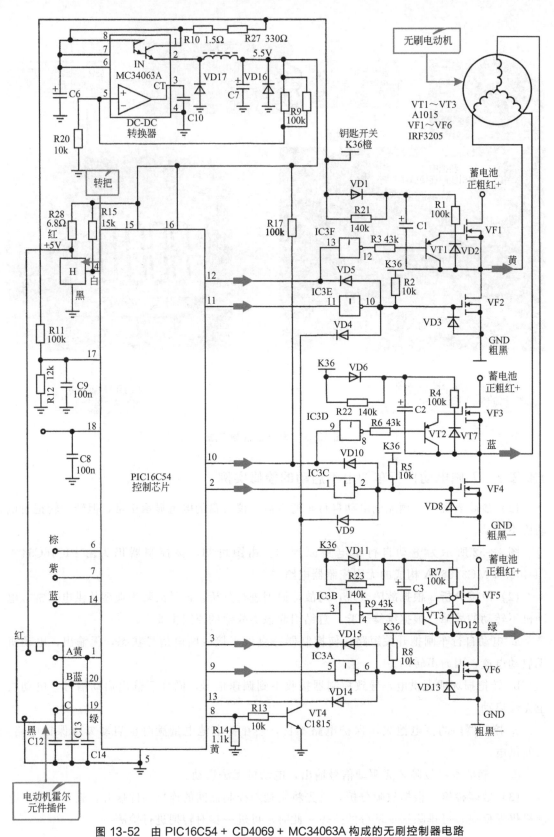

图 13-52 由 PIC16C54 + CD4069 + MC34063A 构成的无刷控制器电路

演示图解

按图 13-53 所示,使用万用表检测转把输出的驱动信号是否正常。

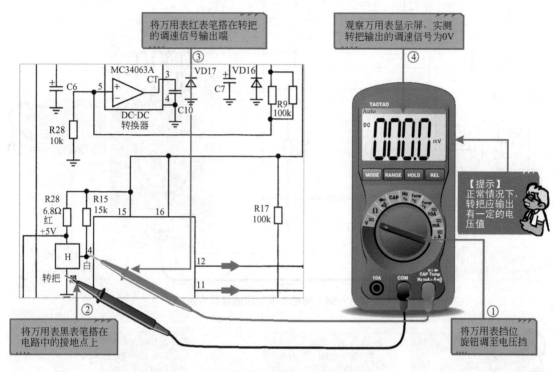

图 13-53 转把的检测方法

经检测发现,转把输出的调速信号为 0V,初步怀疑转把损坏。为进一步确认转把是否正常,还需要对转把的供电电压进行检测。

演示图解

按图 13-54 所示,使用万用表检测转把供电电压是否正常。

经检测,转把的供电电压也为 0V。根据电路原理图可以了解到,转把的供电电压是由蓄电池经控制器内部的电源转换电路转换后输出的,因此怀疑控制器内部的电源转换电路(MC34063A)出现故障,接下来应对控制器中的电源转换电路进行检测。

演示图解

按图 13-55 所示,检测电源转换电路(MC34063A)是否正常。

对电源转换电路进行检测后,发现电源转换电路输出的电压为 0V,正常情况下应输出约 5.5V 的直流电压,进一步检测其输入端①脚电压正常,即说明电源转换电路输入端电压正常,而无输出,由此可确认为芯片 IC2(MC34063A)本身损坏。用同型号芯片更换 IC2 后,通电试车,故障排除。

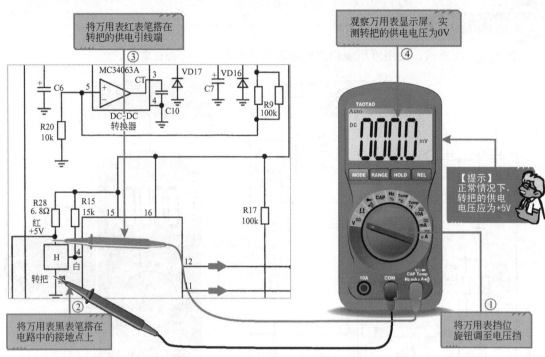

图 13-54 转把供电电压的检测方法

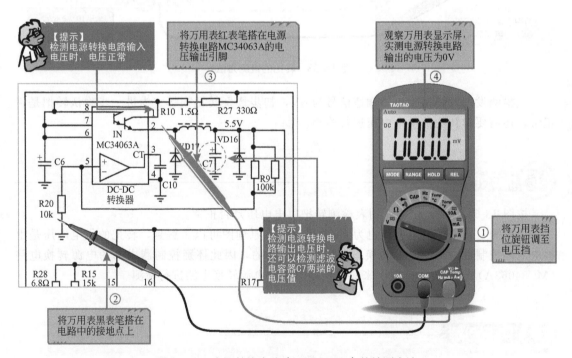

图 13-55 电源转换电路（MC34063A）的检测方法

13.2.8 都市风牌有刷电动自行车加电不启动的检修实例

（1）故障表现 一辆都市风牌电动自行车打开电源开关旋动转把时，电动机不启动，但其车灯及喇叭均正常，而且在旋动转把时能够听见电动机内部有明显的转动声音。

（2）故障分析　根据电动自行车的故障表现，对故障原因进行分析：电动自行车的声光系统均正常，说明电动自行车的电源及供电电路部分均正常；而电动机不启动，能够听见内部转动声音，且该电动机为有刷电动机，初步推断电动机内的电刷能够与换向器接触并转动，则说明由控制器输出的信号也正常。由此可初步确认为电动机内部出现故障，应重点对电动机进行检查，并检查内部电气部件是否正常。

（3）故障检修　根据故障分析，首先对电动机按照正确的操作步骤进行拆解，并检查电动机内部的电刷、换向器、绕组以及其他元器件。

首先，拆解电动机并查看内部结构，如图13-56所示。

图13-56　拆解电动机并查看内部结构

经拆解后发现该电动自行车的电动机为有刷有齿电动机，接下来则需要对电动机内部的换向器、转子绕组、电刷等进行检查。

演示图解

检查电动机内部的主要部件是否正常，如图13-57所示。

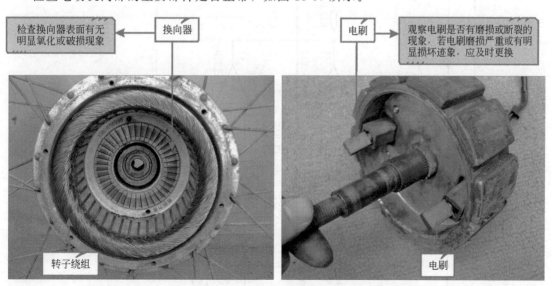

图13-57　电动机内部主要部件的检查方法

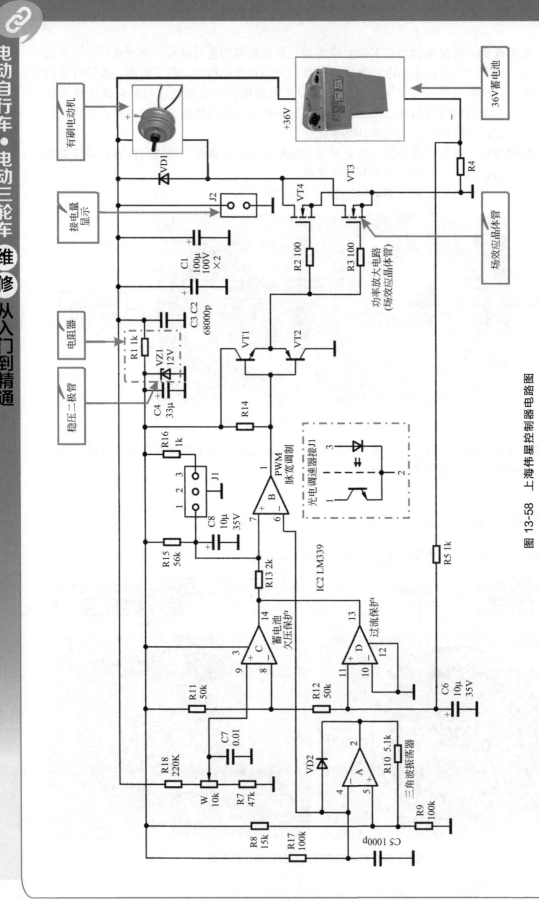

图 13-58 上海伟星控制器电路图

经检测发现，电动机的转子绕组、电刷和换向器均无异常现象，此时应进一步对电动机的相关齿轮进行检查。

经检查电动机内部轮齿磨损较为严重，无法向外传递动力，由此判断该电动机的电刷与换向器正常工作（电动机能够进行运转），电动机的齿轮部分失去传动力，无法输出动力驱动轮毂转动，此时用性能良好的、同型号的减速齿轮进行更换，再进行调整及通电前试验后，通电试车，故障排除。

13.2.9 有刷电动自行车加电不启动的检修实例

(1) 故障表现 一辆使用上海伟星有刷控制器的电动自行车接通电源后，仪表盘、车灯及喇叭可以正常工作，转动转把时电动机无动作。

(2) 故障分析 根据电动自行车的故障表现，对故障原因进行分析：故障产生后，应重点对闸把、转把、控制器以及电动机等进行检修。检修时可采用从易到难的方法，首先检查闸把中的传感器是否出现短路故障，若闸把异常，则会使控制器无法将驱动信号送入电动机中；若闸把正常，则应检查转把是否正常，若转把异常同样会造成电动机不启动的故障，依次对可能出现故障的部件进行检测，找到故障点，并排除故障。图13-58所示为上海伟星控制器电路图。

由图可知，上海伟星控制器电路接通36V蓄电池后，36V电压一路经J2接口供给电量显示电路，使电量显示电路可以正常工作；一路经限流电阻器R1限流、稳压二极管VZ1稳压、电容器C4滤波后得到+12V电压。+12V为IC2（LM339）的③脚进行供电，经限流电阻器R16限流后为转把进行供电；+12V电压通过电阻器R8与R9分压后为IC2 A的⑤脚提供基准电压，IC2 A与外围元件构成锯齿波振荡器，IC2 A④脚形成的锯齿波信号送到IC2B的⑥脚。IC2B⑦脚为调速电压，该电压与锯齿波信号比较就会形成脉宽调制（PWM）信号IC2B⑦脚的直流电压变化，会引起IC2B①脚输出的脉冲宽度发生变化。

由I2B①脚输出的信号，经过晶体管VT1与VT2的推挽放大后，驱动场效应晶体管VT3与VT4，使电动机运转。当光电转把进行调速时，由接口J1接收到控制电压，使IC2 B①脚输出的驱动信号脉宽增大，使晶体管VT1与VT2导通时间增加，场效应晶体管VT3与VT4导通周期也将增加，电动机转动速度增大。该车的刹车主要是依靠机械部件进行的。

> **特别提示**
>
> 在检测该类故障时，还可以先整理出检测的流程，根据检修流程对怀疑的部件进行检测，逐步找到故障点并排除故障，如图13-59所示。

(3) 故障检修 根据故障分析可知，由于该电动自行车中并未设有制动（刹车）电路，因此可以排除闸把传感器的故障。接下来应先对转把进行检测。

> **演示图解**

转把的检测方法如图13-60所示。

经实际检测，转动转把时万用表显示的电压值有明显的变化，表明转把可以正常工作。控制器通过接口J2连接仪表盘，仪表盘显示电量正常，表明控制器的供电正常，此时应当

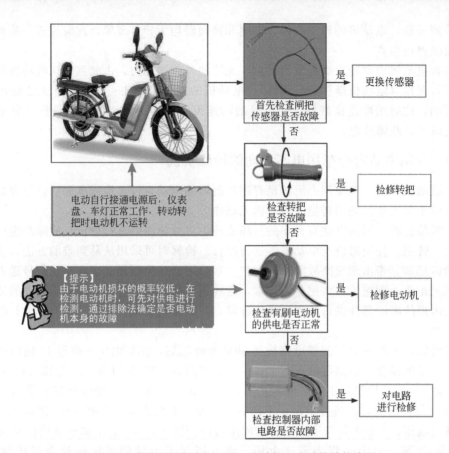

图 13-59 电动自行车电源正常、电动机不启动的检修流程

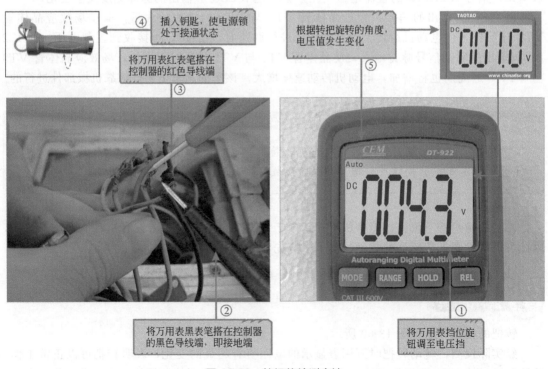

图 13-60 转把的检测方法

进一步对控制器输出的电压进行检测。

📖 演示图解

按图 13-61 所示，检测控制器送往电动机的电压是否正常。

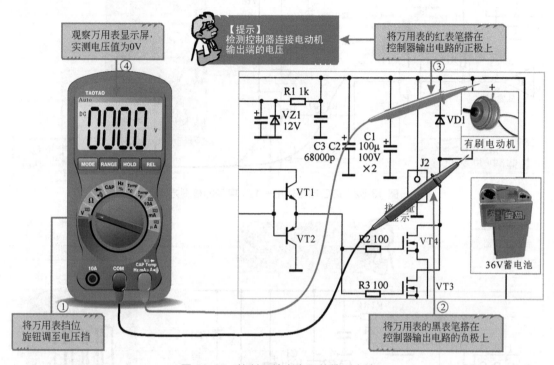

图 13-61　控制器输出电压的检测方法

经检测发现，控制器送往电动机的电压为 0V，由此可以将故障锁定在控制器内部电路中。根据电路分析，应当检测经稳压电路是否有 +12V 电压输出。

📖 演示图解

稳压电路输出电压的检测方法如图 13-62 所示。

经实际检测，稳压电路 +12V 电压输出正常，此时应进一步检测 IC2（LM339）的①脚是否有脉宽调制（PWM）信号输出，通常可以使用万用表检测该引脚的电压值是否正常。

📖 演示图解

控制器中脉冲调制信号的检测方法如图 13-63 所示。

经检测，IC2（LM339）①脚无输出，表明 IC2 芯片可能损坏，用性能良好的、同型号的芯片进行更换，再进行通电试运行，故障排除。

13.2.10　奥文牌电动自行车加电不启动的检修实例

(1) 故障表现　打开一辆奥文牌电动自行车电源锁后，仪表盘显示正常，电量显示也正

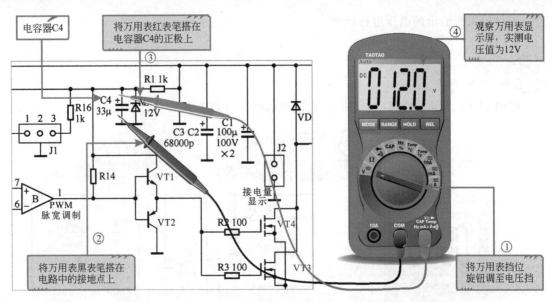

图 13-62 稳压电路输出+12V 电压的检测方法

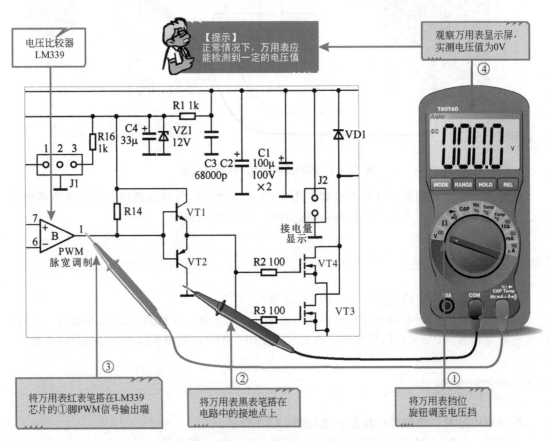

图 13-63 控制器中脉冲调制信号的检测方法

常,旋转转把时电动机不旋转。

(2) 故障分析　根据电动自行车的故障表现,对故障原因进行分析:首先可排除电量不足的故障。在维修过程中,出现该故障的原因主要有转把损坏、控制器损坏、电动机霍尔元件损坏、电动机本身损坏，可根据怀疑的部件逐步进行检测，找到故障部分，排除故障即可。

图 13-64 所示为该电动自行车中控制器的电路原理图。由图可知，该控制器为无刷控制器。

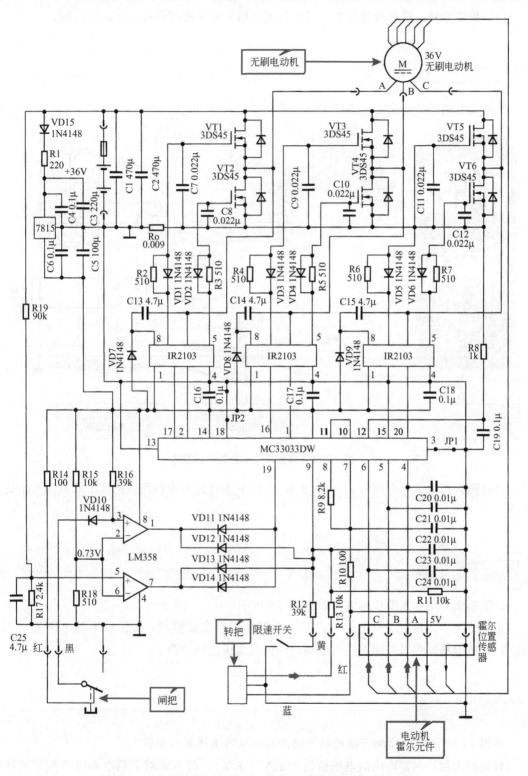

图 13-64　奥文牌 WML36/180G 型无刷控制器的电路原理图

由图可知，在奥文 WML36/180G 型无刷控制器中采用的控制芯片为 MC33033DW，在检修前可找到该芯片的内部，通过对控制芯片输入/输出的分析为故障检修提供方便。

(3) 故障检修　根据故障分析，可先使用万用表对转把的供电电压进行检测。

演示图解

转把供电电压的检测方法如图 13-65 所示。

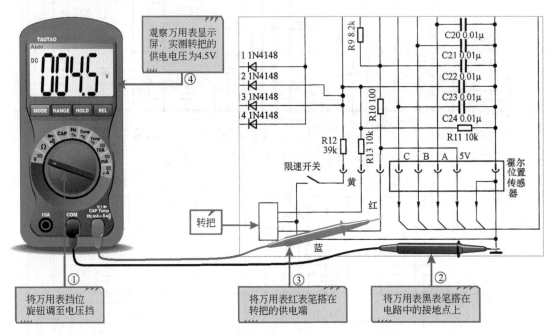

图 13-65　转把供电电压的检测方法

经检测转把的供电电压为 4.5V（正常），接下来可进一步检测转把输出的驱动电压是否正常。

演示图解

转把输出驱动电压的检测方法如图 13-66 所示。

正常情况下，转把应输出 1～4.2V 的电压值。经实际检测，转把输出的电压为 4.18V（正常），按检修流程对控制器送往电动机的供电电压进行检测。

演示图解

按图 13-67 所示，检测无刷控制器送往电动机的电压是否正常。

经检测无刷控制器输出的电压值约为 28V（正常），接下来对无刷电动机中霍尔元件的供电电压进行检测。

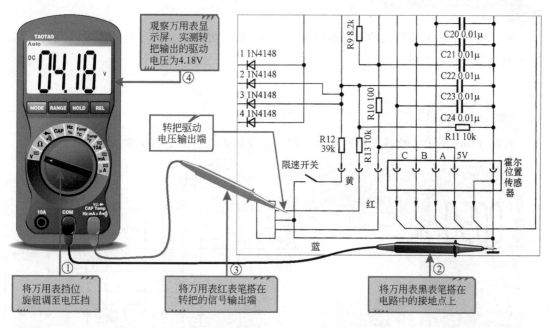

图 13-66 转把输出驱动电压的检测方法

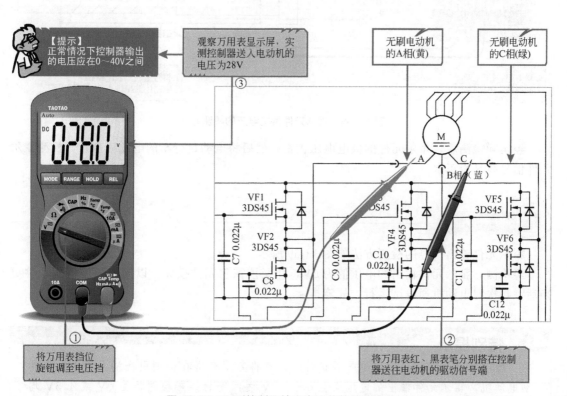

图 13-67 无刷控制器输出电压值的检测方法

相关资料

正常情况下,无刷控制器输出的电压应在 0~40V 之间,根据车型、型号的不同输出的电压值大小也有所不同。

演示图解

按图 13-68 所示,检测无刷电动机中霍尔元件的供电电压是否正常。

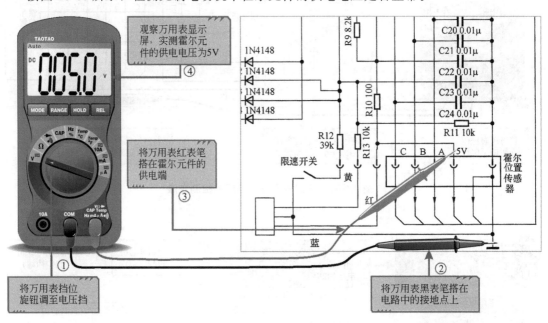

图 13-68　霍尔元件供电电压的检测方法

经实际检测后,霍尔元件的供电电压正常,然后将电动自行车的电源锁打开,检测霍尔元件信号线是否正常。

演示图解

霍尔元件输出信号的检测方法如图 13-69 所示。

经检测,霍尔元件输出的电压值为 0V,怀疑该霍尔元件损坏。以同型号的霍尔元件更换后,再次对电动机通电试运行,故障排除。

> **特别提示**
>
> 检测霍尔元件输出的信号是否正常时,可将万用表搭在检测引线端,用手慢慢转动电动机,霍尔元件输出的电压应在 0~4.2V 之间变化。若检测值为 0V 或 4.5V 均不变化,表明霍尔元件损坏。

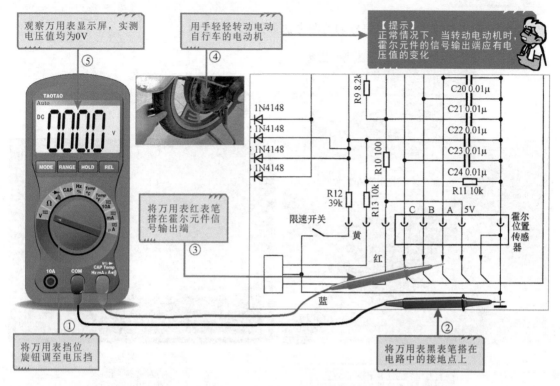

图 13-69 霍尔元件输出信号的检测方法

13.2.11 爱玛牌电动三轮车仪表显示正常、电动机不转的检修实例

(1) 故障表现 一辆爱玛牌 36V 无刷电动三轮车,仪表显示电量充足,按动前大灯、转向灯、喇叭等均正常,但旋动转把时电动机不转,电动三轮车无法工作。

(2) 故障分析 根据故障表现,说明电动三轮车供电正常,引起电动机不转的原因有四种可能性:

a. 闸把损坏。闸把触点短路导致一直处于制动断电状态,导致电动机不转。

b. 转把损坏。转把故障导致无法输出调速信号,电动机无法启动。

c. 电动机损坏。电动机内部异常,导致电动机不转。

d. 控制器损坏。控制器损坏导致控制功能失效,无法输出电动机驱动信号,电动机不转。

根据上述四个部件的故障概率和检修难易程度,一般首先排查闸把、转把故障,确定无异常后,然后对电动机、控制器进行检测。

(3) 故障检修 根据故障分析,首先排查闸把部分。拔开闸把与控制器之间的连接线路插件,旋动转把,电动机仍不转,应进行下一步检查。

检测转把输出的调速信号。在旋动转把过程中,用万用表直流电压挡检测转把与控制器连接插件处调速信号线上的电压值。

演示图解

电动三轮车转把输出调速信号的检测方法如图 13-70 所示。

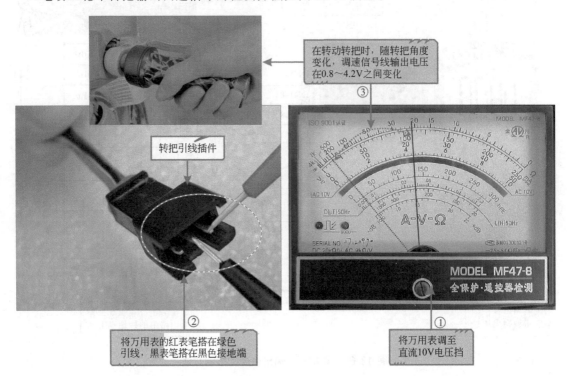

图 13-70 转把输出调速信号的检测方法

经检测转把输出的调速信号正常，说明转把也正常。接下来应对电动机进行检测。

特别提示

转把输出调速信号体现为电压值的变化，正常情况下，信号电压在 0.8～4.2V 由低向高变化。如电压无变化且小于 1V，则多为转把内部故障或转把线有短路，需要更换。如转把输出电压大于 1V 且随转把变化，则转把正常。

在故障电动三轮车中，所采用的电动机为无刷电动机。该类电动机内部的定子、转子及绕组损坏的概率极低，应重点检测霍尔元件部分。

接通电源锁，用手慢慢转动电动机的同时，用万用表电压挡检测电动机霍尔元件送往控制器的检测信号是否正常。

演示图解

电动三轮车电动机霍尔元件速度检测信号的检测方法，如图 13-71 所示。

实测该电动机 3 个霍尔元件输出信号在 0～5V 之间变化，说明电动机霍尔元件正常。

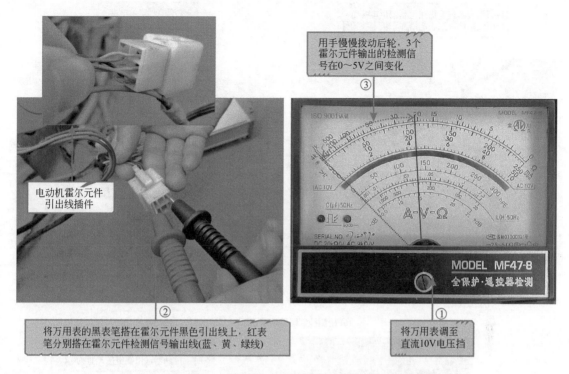

图 13-71 霍尔元件速度检测信号的检测方法

>>> **特别提示**

在无刷电动机中设有 3 个霍尔元件,若在电动机转动状态下检测三相霍尔输出电压均为 5V,说明霍尔元件短路,应更换电动机霍尔元件或电动机。

经上述检测了解到,该电动三轮车的闸把、转把、电动机均正常,接下来需要排查控制器部分。接通电源锁,旋动转把,用万用表直流电压挡检测控制器的供电和输出部分。

演示图解

检测控制器的供电电压和输出电压,如图 13-72 所示。

实测控制器供电电压约为 37.9V(正常),输出侧无任何电压,怀疑控制器内部损坏。用同规格控制器代换后,通电测试,电动机运转正常,故障排除。

>>> **特别提示**

正常情况下,控制器输出到电动机绕组的电压值应为 0~25V(最大速度时)。若无任何输出,则在满足供电正常、调速信号正常的前提下,说明控制器内部损坏。

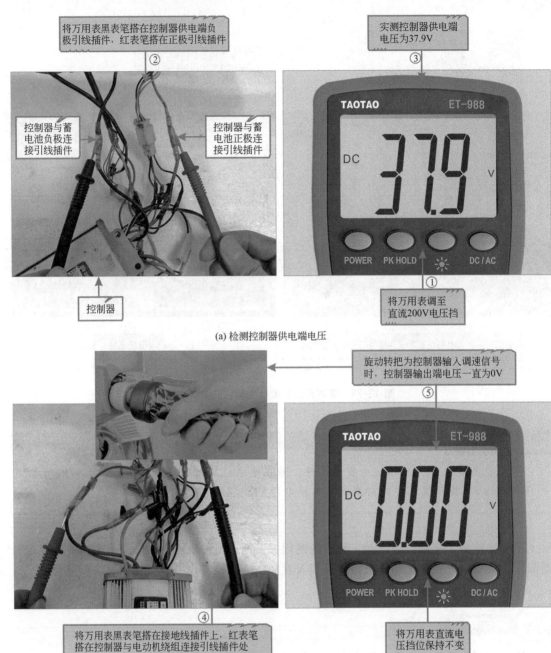

(a) 检测控制器供电端电压

(b) 检测控制器输出端电压

图 13-72 控制器供电电压和输出电压的检测方法

相关资料

在实际检修过程中需要注意，在更换控制器后，需要进一步检查电动三轮车电气系统有无短路故障，重点检查调速转把或电动机霍尔元件的插件，这些部位受潮短路是引起控制器内部元器件损坏的常见原因。

13.2.12 金夕阳牌电动三轮车仪表无显示、电动机不转的检修实例

(1) 故障表现 一辆金夕阳牌 48V 无刷电动三轮车打开电源锁后，仪表盘无任何显示，旋动转把时电动机不转，电动三轮车无法工作。

(2) 故障分析 根据故障表现，说明当前电动三轮车整车无电，可能出现的情况有：

a. 主供电电路中熔断器熔断。

b. 蓄电池损坏无输出。

c. 蓄电池连接线路开焊断路。

d. 电源锁损坏。

e. 蓄电池插头接触不良。

根据上述几种可能出现的情况，可首先对蓄电池输出电压进行检测，若无电压则说明故障存在于蓄电池内部，应对插头、内部接线等进行检查；如电压正常，说明故障存在于外部供电电路，重点检查熔断器、电源锁、供电电路有无断路等情况。

(3) 故障检修 根据故障分析，首先判断大致故障部位。用万用表直流电压挡检测蓄电池的输出电压时，实测蓄电池电压约为 48V，说明蓄电池本身正常。接下来需要对供电电路其他部件进行检测。

打开仪表盘前罩，检查发现该电动三轮车电源锁检修过，线路连接部分未使用接插件，而是将线路线芯绕接后缠绕绝缘胶带，线路连接比较混乱，怀疑接线部分异常，拆开绝缘胶带进行检查。

演示图解

检查电源锁引线与供电电路的连接情况，如图 13-73 所示。

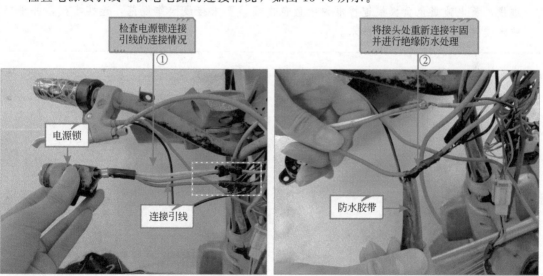

图 13-73　检查电源锁引线与供电电路的连接情况

检查发现电源锁引线与供电电路之间连接不牢固，重新连接后接通电源锁，仪表盘仍无显示，重新检查电源锁引线，发现电源锁引脚处焊点与引线已经断开，需要重新补焊（或更换电源锁）。

焊接电源锁引脚焊点，如图 13-74 所示。

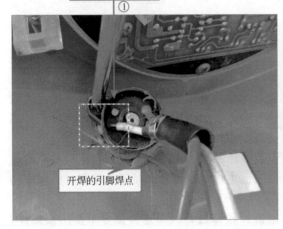

图 13-74　焊接电源锁引脚焊点

接通电源锁，再次通电试验，仪表盘显示正常，电动机转动正常，故障排除。

特别提示

若需要更换电源锁，在重装时需要注意，应将蓄电池红色正极线连接电源锁红色进线，蓄电池黑色负极线连接电源锁蓝色出线。要求接线操作规范，连接牢固，并用防水胶带进行缠绕固定和防水。

第14章 行驶及动力故障的检修实例精选

14.1 行驶异常的检修实例

14.1.1 爱玛牌电动自行车行驶速度慢的检修实例

(1) 故障表现 一辆爱玛牌 36V 无刷电动自行车在骑行时，旋动转把至最大后，速度没有明显提升，观察仪表盘并未显示蓄电池欠压。

图 14-1 所示为该电动自行车中控制器的电路原理图。由图可以看到，该控制器为采用 LB11820S 芯片和 IR2103 芯片组合的无刷控制器。

(2) 故障分析 根据故障表现，结合图 14-1 对故障原因进行分析：电动自行车即使在转把至最大速度位置时，车速仍偏低，表明其调速范围变窄。一般可能造成电动自行车调速异常及速度偏低的故障主要有：

a. 转把损坏，无法输出高速控制信号。

b. 蓄电池电量下降，电动机无法达到足够大的启动电流。

c. 控制器内部故障，引起输出驱动电流不足等。

排查故障时，可首先检查蓄电池电量是否充足，若蓄电池电量正常，则应对转把输出的调速信号进行检查，正常情况下其应能够输出 1~4.2V 的调速信号，若信号不正常或达不到最大值，表明转把故障，应更换转把或转把内的霍尔元件；若信号正常，则多为控制器内部电路故障，可顺其信号流程进行检测。

根据故障分析，该故障多与调速控制有关。该控制器的调速电路主要是由转把和控制芯片 LB11820S 构成，如图 14-2 所示。

在旋转转把时，转把内的霍尔元件在磁钢产生的磁场信号下，产生由低到高或由高到低的控制电压，该信号经过电阻器 R40 限流后，送到控制芯片 LB11820S 的㉒脚，经控制芯片处理后，输出 PWM 信号，经控制放大器 IR2103 为电动机绕组提供驱动电流。调速信号为较高电压时，功率管导通时间长，电动机的启动电流变大，达到提高电动机转速的目的，实现电动自行车的加速行驶。反之，电动机的转速降低，使电动自行车的行驶速度减慢。

通过电路分析可知，若排除转把和蓄电池故障，对控制器内部进行检测时，重点检测上述调速电路部分中的信号及相关元器件。

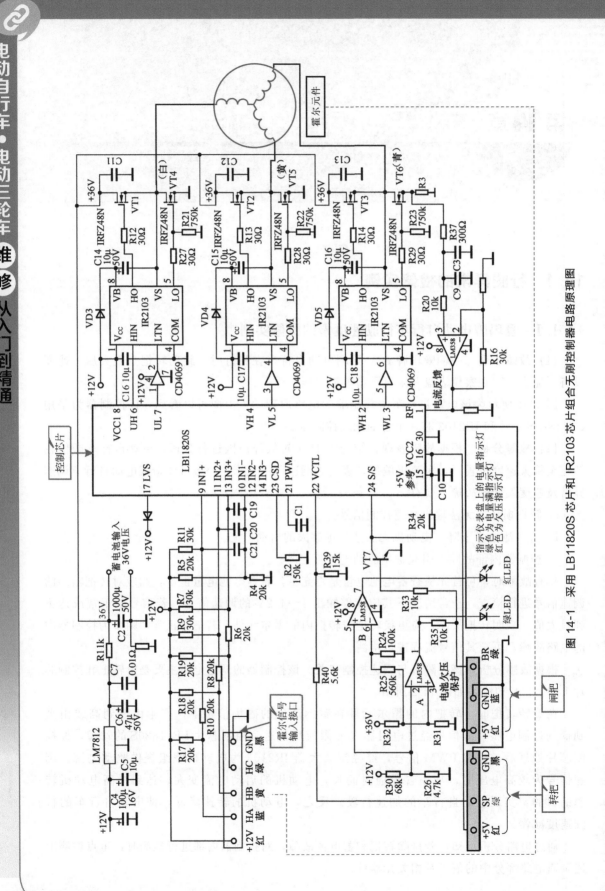

图 14-1 采用 LB11820S 芯片和 IR2103 芯片组合无刷控制器电路原理图

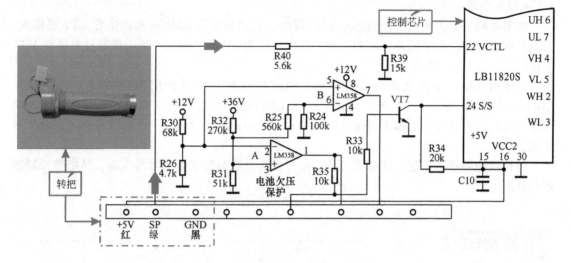

图 14-2 控制电路中调速电路部分

  相关资料

在图 14-1 所示控制器电路中，除上述调速电路外，其他部分电路的具体工作过程如下。

该控制器电路中的主要器件有控制芯片 LB11820S、半桥式放大器 IR2103、双运算放大器 LM358 和六反相器 CD4069。其中，控制芯片 LB11820S 主要用来调整控制、刹车控制、PWM 脉冲形成和欠压保护，半桥式放大器 IR2103 主要用于对激励信号的放大，双电压运算放大器 LM358 主要用于过载欠压检测，六反相器 CD4069 主要用于放大激励脉冲。由此可以将该控制电路划分为供电电路、激励脉冲电路、驱动电路、调整控制电路、相序控制电路和功率放大电路、刹车控制电路和保护电路。

- 激励脉冲形成电路

在该控制电路中控制芯片 LB11820S 的供电电压正常情况下，其内部的振荡器产生锯齿波脉冲，㉑脚外接时间常数元件，该脉冲作为触发信号控制 LB11820S 内部的 PWM 脉冲形成电路产生 6 路激励脉冲，经放大后从②～⑦脚输出，其中 3 个高端驱动脉冲从②脚、④脚、⑥脚输出，3 个低端驱动脉冲从③脚、⑤脚、⑦脚输出。

- 驱动电路

驱动电路主要采用 3 个半桥式放大器 IR2103。该电路中控制芯片 LB11820S 的⑧脚和⑮脚分别得到 12V 和 5V 供电电压后，内部开始工作，其②～⑦脚分别输出驱动信号，送入 3 个半桥式放大器 IR2103 中进行处理，然后驱动 VT1～VT6，最后驱动电动机三相绕组，使电动机旋转。

- 相序控制电路和功率放大电路

为了使电动机实现换向的功能，该控制电路中控制芯片 LB11820S 内部的转子定位解码器和电动机内的霍尔元件构成了相序控制电路，当控制芯片 LB11820S 工作后，由它输出的驱动信号使电动机旋转。当电动机旋转后，其内部的霍尔元件则产生位置传感脉冲信号，它们分别通过 R6、R8、R10 限流和 C19～C21 滤波后，送到控制芯片 LB11820S 中处理，其内部的转子定位解码器对这些信号处理，确保控制芯片输出的激励信号相位准确，然后再次进行启动电路，驱动电动机旋转。

• 刹车电路

刹车电路主要由闸把、控制芯片 LB11820S、运算放大器 LM358 和晶体管 VT7 等构成。电动自行车的左、右闸把并联接在一起，其中一端为 5V 的供电端，另一端通过晶体管 VT7 连接控制芯片 LB11820S。

当使用其中一个闸把进行刹车时，其内部的机械开关闭合使 VT7 截止，控制芯片 LB11820S 的⑮脚输出的 5V 电压通过 R34 为 LB11820S 的㉔脚提供高电平电压，被其内部电路处理后，使其②～⑦脚不再输出激励脉冲，从而使功率管截止，电动机停转，实现了刹车功能。

（3）故障检修　根据上述故障分析，按照检测的难易程度逐一对蓄电池、转把和控制器进行检测。

演示图解

按图 14-3 所示，用万用表检测蓄电池的输出电压。

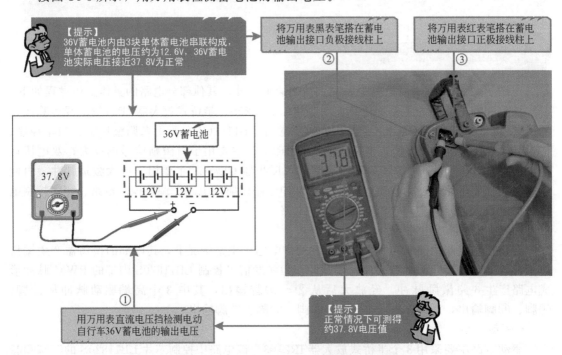

图 14-3　蓄电池输出电压的检测方法

经检测，蓄电池额定电压为 36V，用万用表检测其输出电压约为 37.4V，表明蓄电池电量充足。接下来可检测转把是否正常。

演示图解

用万用表直流电压挡检测转把输出的调速信号，如图 14-4 所示。

经检测发现，转把红色供电引线电压约为 4.33V（正常），绿色信号线的电压在旋动转把时在 1～4.2V 之间线性变化，说明转把也正常。由此，怀疑控制器内部电路异常，顺转

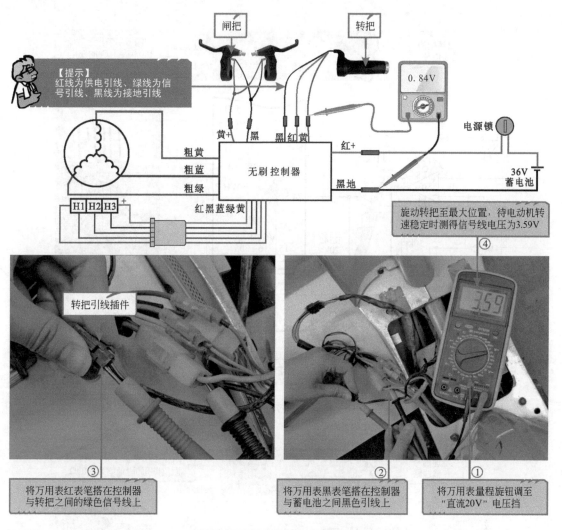

图 14-4 检测转把输出的调速信号

把输出的调速信号传输线路进行检测。

演示图解

按图 14-5 所示,用万用表检测控制芯片 LB11820S 调速信号端(㉒脚)的电压。

经检测发现,该引脚处电压只能在 0.2~2.5V 间变化,怀疑由转把到控制器芯片的㉒脚间有元器件损坏。

演示图解

按图 14-6 所示,用万用表检测调速信号传输电路中电阻器 R40 的好坏。

经检测发现,电阻器 R40 阻值约 160kΩ,与其标称阻值 5.6kΩ 偏差较大,怀疑该电阻器性能不良。用同型号同材料的电阻器更换 R40 后,重装控制器,通电试车,故障排除。

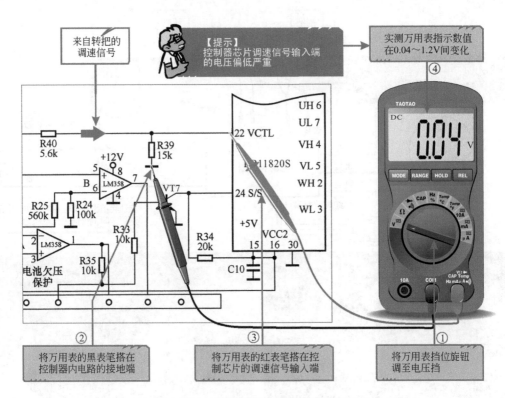

图 14-5　检测控制芯片调速信号端的电压

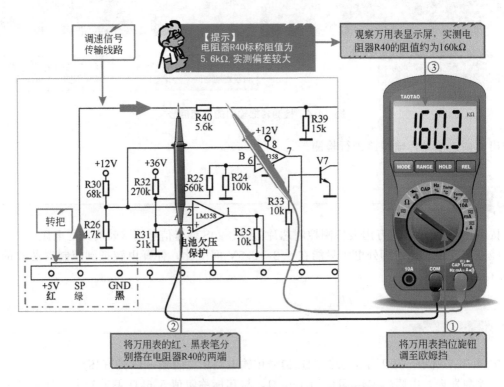

图 14-6　调速信号传输线路中主要元器件的检测

14.1.2 爱玛牌电动自行车骑行时间短的检修实例

(1) 故障表现 一辆爱玛牌 36V 无刷电动自行车蓄电池充满电后，只骑行很短的一段路程后，仪表盘上的电压指示灯点亮，电动自行车断电，无法正常骑行。

(2) 故障分析 根据故障表现，结合前文图 14-1 所示电动自行车控制器电路原理图对故障原因进行分析：

电动自行车仪表盘欠压指示灯亮，表明控制器内部的欠压保护电路动作。一般情况下，只有当蓄电池消耗电量接近放电终止电压时，控制器内的欠压保护电路才会动作，使电动自行车断电，以保护蓄电池不至于过放电损坏。

一般控制器欠压保护电路动作时主要有两种情况：一是蓄电池电量确实过低，需要对其进行充电；二是控制器内的欠压保护电路及其欠压取样电路部分故障，导致控制器欠压取样点偏高，蓄电池电量稍微下降后便启动保护。

根据上述故障现象描述，了解到蓄电池充满电后只骑行很短的路程便保护，则若排除蓄电池本身故障后，多是由控制器中的欠压取样电路不良造成的。

该电动自行车控制器电路原理图如图 14-1 所示，其蓄电池欠压保护电路部分主要由运算放大器 LM358 以及取样电阻器 R30、R26、R32、R31 和控制芯片 LB11820S 等构成，如图 14-7 所示。

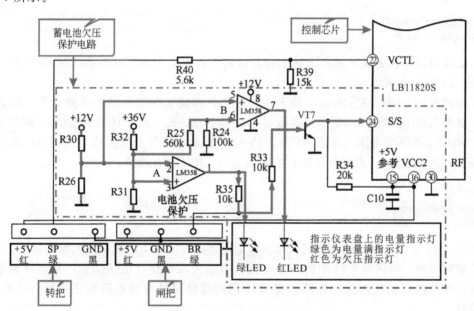

图 14-7 控制器中的欠压保护电路

该部分电路的基本信号流程如下。

当蓄电池的 +36V 电压充足时，电压比较器 LM358A 中的③脚电压高于②脚的电压，经过内部的电压比较后，①脚输出为高电平，通过 R35、R33 后输入到晶体管 VT7 中，此时 VT7 导通，控制芯片 LB11820S 的㉔脚通过晶体管到地，即变为低电平。芯片 LB11820S 检测后执行正常操作，驱动功率管工作。同时，通过电压比较器 LM358A 中的①脚输出的另一路通过连接插件为绿色发光管进行供电，使其发光，表明蓄电池的电量充足。而电压比较器 LM358B 中的⑤脚电位低于⑥脚的电位，其⑦脚则输出为低电平，红色发光管不能发光。

当蓄电池内的电量消耗低于约 31.5V（36V 蓄电池的放电终止电压）时，其中一路经取样电阻器 R32 和 R31 后输出的电压送于电压比较器 LM358A 中的③脚，12V 电压经取样电阻器 R30 和 R26 后输出的电压送于电压比较器 LM358A 中的②脚（基准电压端）。此时③脚的电压低于②脚的电压，经过内部的电压比较后，①脚输出低电平，从而使 VT7 截止，并且绿色发光管熄灭。当 VT7 截止后，控制芯片 LB11820S 中的⑮脚输出电压通过电阻器 R34 后为其㉔脚提供高电平。芯片 LB11820S 检测后，则不能输出激励脉冲，功率管停止工作，从而导致电动机停止转动。另一路则分别送入到电压比较器 LM358B 中的⑤脚和⑥脚，由于蓄电池内的电量过低，所以⑥脚的电位低于⑤脚的电位，其⑦脚输出高电平电压，通过连接插件为红色发光管进行供电，并使其发光，表明蓄电池处于欠压状态。

（3）故障检修 通过上述分析，排查该故障应首先排除蓄电池性能不良的故障，若蓄电池不正常，则应对蓄电池进行修复或更换；若蓄电池正常，应对控制器内的欠压保护电路部分进行检修。

首先用万用表检查在欠压指示灯亮时蓄电池输出的电压值（参照图 14-3）。经检测发现，蓄电池电压为 36.8V，只比刚充满电时下降很小，而且该电压为蓄电池正常电压范围（36V 蓄电池一般电压下降至接近 31.5V 时，才会启动欠压保护电路），表明蓄电池本身正常。由此，怀疑该故障由控制器内欠压保护电路异常引起，应对该电路部分进行检测和排查。

> **演示图解**

当电动自行车仪表盘显示欠压状态时，检测欠压电路中电压比较器 LM358③脚和②脚的电压，如图 14-8 所示。

经检测发现，LM358③脚电压低于②脚电压，由此引起欠压保护电路动作。而正常情况下，当蓄电池电压在 36.8V 时，经取样电阻器 R32、R31 后，送入 LM358③脚的电压应高于 LM358②的基准电压（基准电压由 12V 电压经两电阻器分压所得，12V 电压由三端稳压器提供，比较稳定）。由此怀疑取样电阻器 R32、R31 存在故障。

> **演示图解**

如图 14-9 所示，用万用表检测欠压取样电阻器 R32、R31 的电阻值判断好坏。

经检测发现，电阻器 R31 阻值明显变大，引起欠压取样点电压降低，从而导致蓄电池电压仍正常时便启动欠压保护电路。将 R31 用同规格同材料的电阻器更换后，通电试车，故障排除。

14.1.3 有刷电动自行车转速异常的检修实例

（1）故障表现 一辆有刷电动自行车在骑行时，出现电动机转速异常的情况。经检查后发现，控制器内的功率管已经处于击穿状态，更换该管后开始正常，但骑行一段时间后，在刹车频率较高时，又击穿功率管。

（2）故障分析 根据故障表现，并结合前文图 13-12 对故障原因进行分析：在电动自行车控制电路中一般均设有功率管的过流保护电路，当电动机运行时出现瞬间电流过大时，会启动过流保护电路，自动保护功率管。结合该电动自行车的故障表现可以了解到，屡烧功率管，怀疑过流保护电路异常。

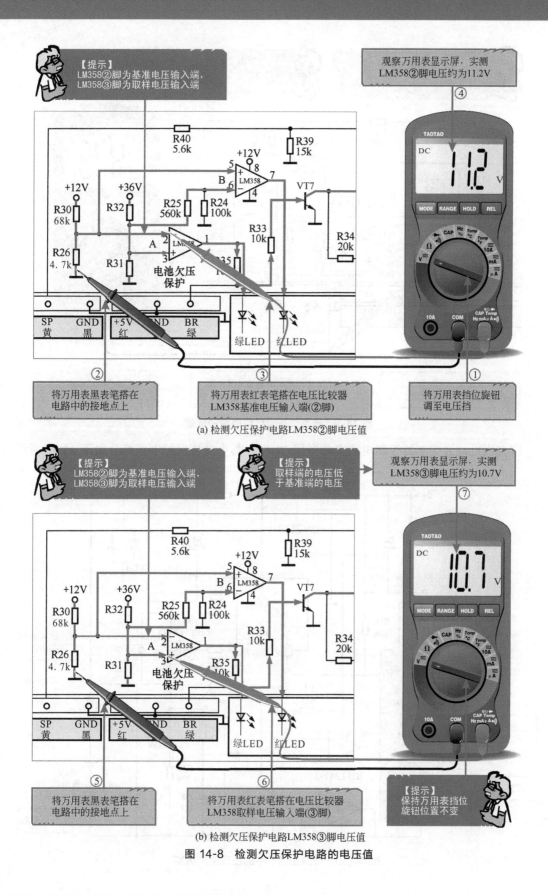

图 14-8 检测欠压保护电路的电压值

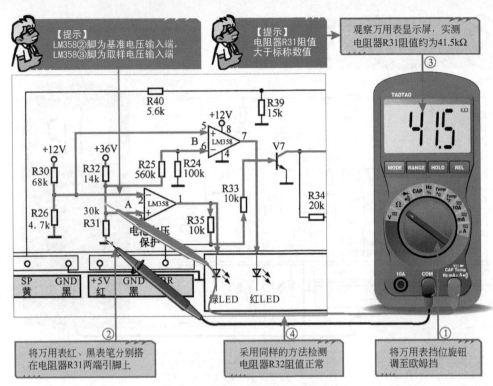

图 14-9 检测欠压取样电阻器的阻值

该有刷电动自行车的控制电路可参考图 13-12，其中过流保护电路部分如图 14-10 所示。

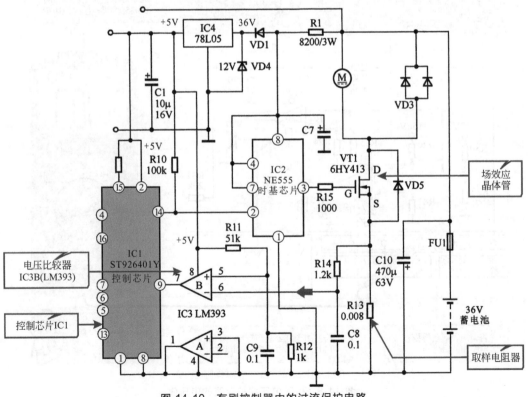

图 14-10 有刷控制器中的过流保护电路

由图可知，该过流保护电路是由电压比较器 IC3B、控制芯片 IC1、过流取样电阻器 R13 等部分构成的。

当电动机正常运转时，取样电阻器 R13 上的电压通过电阻器 R14 加载到集成电路 IC3 内比较器 B 的⑥脚；同时经三端稳压器 IC4 输出的+5V 电压经电阻器 R11 和 R12 分压后形成基准电压，加到 IC3 内比较器 B 的⑤脚。由于 IC3B 的⑤脚电位高于⑥脚电位，其⑦脚输出高电平，加到集成电路 IC1 的⑨脚，经芯片内部电路识别后，不改变集成电路 IC1 的工作状态，电动机正常运转。

当电动机运转出现异常等引起 VT1 过流时，取样电阻器两端的电压增大，使 IC3B 的⑤脚电位低于⑥脚电位，⑦脚输出低电平，并加到集成电路 IC1 的⑨脚，经芯片内部电路检测后，切断⑭脚的输出，电动机停止运转，实现过流保护功能。

对该类故障进行排查时，通常对该电路中的主要元器件（如取样电阻器、控制芯片、电压比较器等）进行检测，可逐步进行检测，找到故障元件，排除故障即可。

（3）故障检修 根据故障分析，先对取样电阻器的性能进行检测。

演示图解

取样电阻器性能的检测方法如图 14-11 所示。

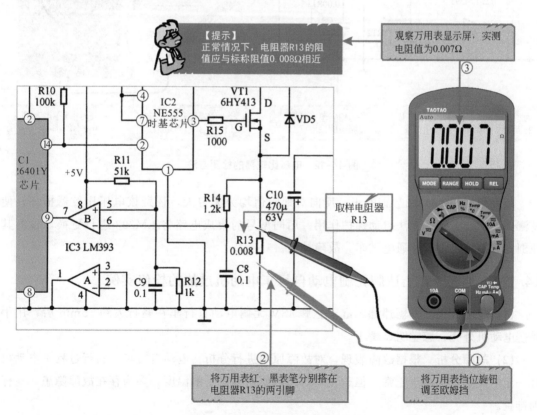

图 14-11 取样电阻器的检测方法

经检测，取样电阻器 R13 的实际电阻值与其标称阻值 0.008Ω 十分接近，表明电阻器本身正常。接下来可对电压比较器 LM393 进行检测。

演示图解

电压比较器的检测方法如图 14-12 所示。

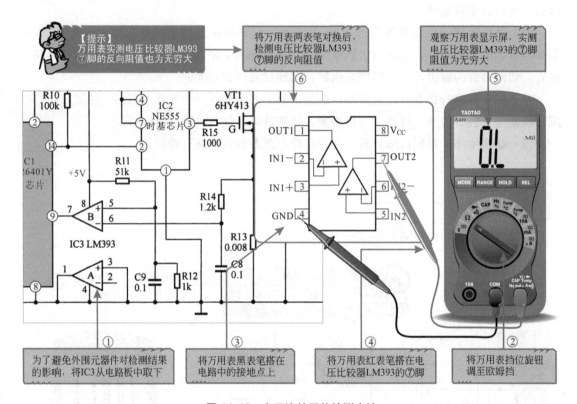

图 14-12 电压比较器的检测方法

经检测发现 LM393 ⑦脚的正、反向对地阻值均为无穷大，怀疑该电压比较器损坏，使过流保护功能失常，无法启动保护作用。用同型号的集成电路将 LM393 进行更换，检测其外围元器件均正常后，通电试车，故障排除。

14.1.4 邦德·富士达牌无刷电动自行车电动机过热的检修实例

(1) 故障表现　一辆邦德·富士达牌 48V 无刷电动自行车在骑行大约 15min 后，用手触摸电动机外壳，感觉明显烫手。

(2) 故障分析　根据故障表现，对故障原因进行分析：电动自行车在骑行过程中电动机有一定的发热情况属于正常，但若在短时间内便达到烫手的温度，多为存在故障隐患，应仔细排查。

电动机能够启动并运转表明该电动自行车的供电电路、控制电路等均正常，应重点对电动自行车机械部分和电动机部分进行检查。

检查机械部件比较简单,检查后轮阻力即可;检查电动机,可通过检查空载电流进行判断。若空载电流过高,多是由电动机内部绕组异常引起的,可对电动机进行拆解,然后进行检查。

(3) 故障检修 支起电动自行车后车梯,使其后轮悬空,用手拨动后轮,没有明显的阻力,表明其机械部分基本正常。

接着检测电动机启动状态是否正常,即通过检测电动机的启动电流,判断电动机空载电流大小。

演示图解

按图14-13所示,用数字式万用表电流挡检测电动机的启动电流。

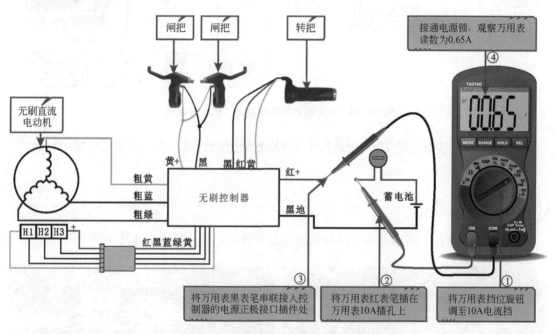

图14-13 检测电动机空载时的启动电流

经检测可知,该电动机的启动电流约为0.65A。

演示图解

按图14-14所示,转动转把至最大值,检测电动机高速运行电流。

使电动机以最高速度空转10s,测得电动机最高速时的运行电流为4.27A。那么,可以计算得到该电动机的空载电流=4.27A-0.65A=3.62A,远远大于电动机的正常空载电流(36V高速无刷电动机控制电流为1A,48V高速无刷电动机控制电流为0.6A),表明电动机的空载电流过大,应对电动机自身进行检查。

将电动机与控制器之间的连接插件拔下,用万用表欧姆挡检测电动机三相绕组两两间的阻值

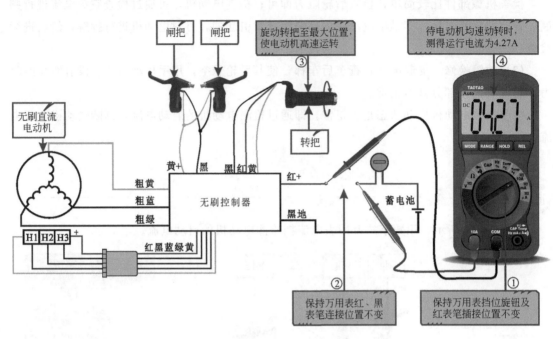

图 14-14　检测电动机高速状态下的运行电流

均完全一致，分别检查三相绕组与电动机外壳间的绝缘电阻也正常，怀疑电动机内部故障。

演示图解

按图 14-15 所示，将电动机按照规范操作进行拆解，并分离定子和转子部分。

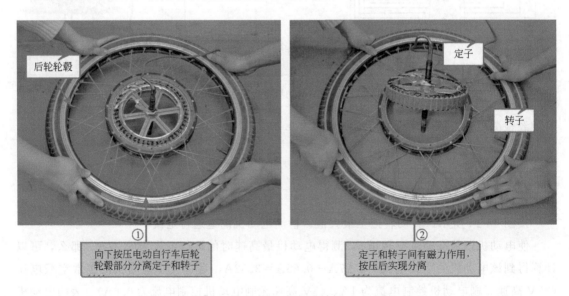

图 14-15　拆解电动机

拆解过程中发现，当分离定子和转子时很容易便可将其分离，未感觉到很明显的磁力作用。由此怀疑该电动机的转子磁钢部分严重退磁,用铁磁性金属物靠近时也能明显感觉到磁力消失。用同型号的磁钢将该电动机转子磁钢全部进行更换,然后将电动机进行重装,并进行初步调整和测试后,通电试车,大约 30min 后,用手触摸电动机外壳,只有温热的感觉,表明故障排除。

14.1.5 飞鸽牌电动自行车动力异常的检修实例

(1) 故障表现 一辆飞鸽牌 36V 有刷电动自行车在骑行时,车速有明显时快时慢现象,但仪表盘显示电压正常,喇叭、车灯也正常。

(2) 故障分析 根据故障表现,对故障原因进行分析:该电动自行车属于有刷电动自行车,其电动机为有刷电动机。一般采用有刷电动机的电动自行车出现车速时快时慢故障的原因主要有三种:蓄电池电量不足、电动自行车转把异常、电动机异常。

根据检修电动自行车先电源后负载的原则,首先对蓄电池进行检测,若蓄电池电量在正常范围内,然后对转把和电动机进行检测。

(3) 故障检修 根据故障分析,首先用万用表粗略判断蓄电池的电量是否充足。

演示图解

蓄电池输出电压的检测方法如图 14-16 所示。

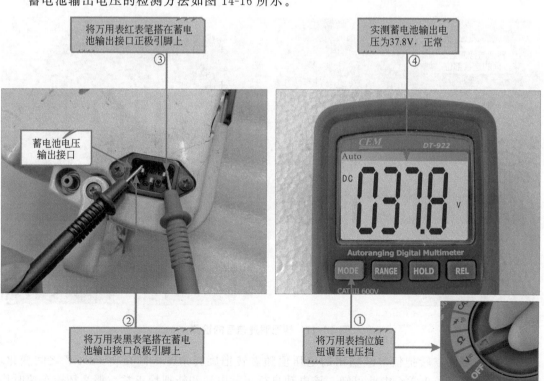

图 14-16 蓄电池输出电压的检测方法

经检测可知，该电动自行车蓄电池电压为 37.8V（正常），说明蓄电池电量比较充足。

> **特别提示**
>
> 用万用表直接检测蓄电池空载电压只能粗略判断蓄电池总电压是偏低还是偏高，不能直接说明电量的高低和蓄电池的好坏。一般来说，若蓄电池电压明显偏高或偏低，说明内部单体蓄电池可能有一个或多个电池异常。
>
> 正常空载情况下，36V 蓄电池电压应在 36~40.5V 之间（实测为 37.8V），48V 蓄电池电压应在 48~54V 之间（实测电压为 51V）。

演示图解

按图 14-17 所示，用万用表检测转把输出的调速信号是否正常。

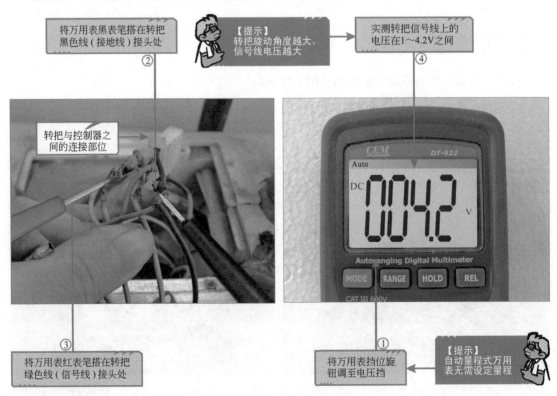

图 14-17　转把调速信号的检测

经检测可知，转把信号线输出的电压值随着转把旋转角度不同在 1~4.2V 之间变化，说明转把输出信号正常。由此可知，该电动自行车蓄电池和转把均正常，那么怀疑车速时快时慢故障多是由电动机异常引起的。

排查电动机故障，需要将电动机从车上拆下，并对电动机进行拆解，查找内部故障。

 演示图解

有刷电动机的拆卸方法如图 14-18 所示。

图 14-18 拆卸有刷电动机

拆开电动机后,将定子与转子分离,重点检查电动机内部的电刷、换向器有无异常。

 演示图解

按图 14-19 所示,检查有刷电动机的电刷和换向器。

检查发现,该有刷电动机中的一个电刷已经严重磨损,换向器周围有大量铁屑,应进行更换和清理。

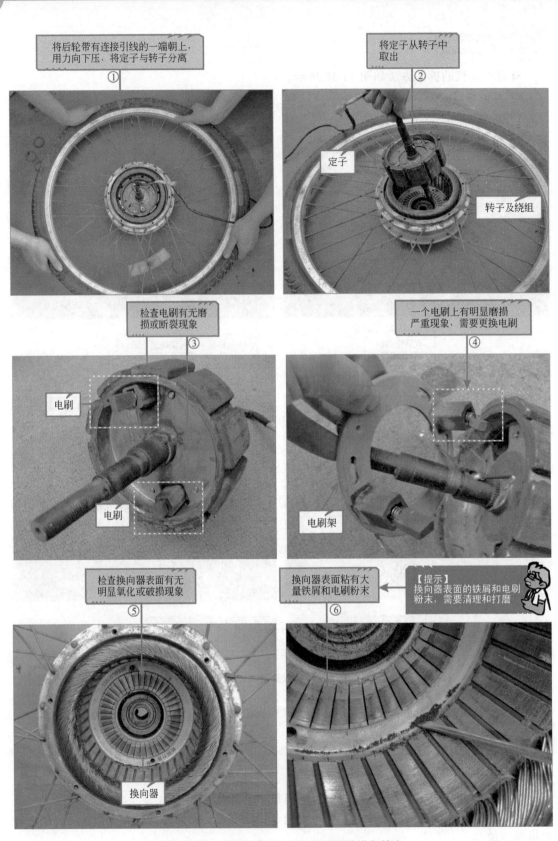

图 14-19 对有刷电动机内部组成部件进行检查

特别提示

在有刷电动机中，电刷通过压力弹簧压力接触到换向器上，也就是说电刷和换向器是靠弹性压力互相接触向转子绕组传送电流的，如图14-20所示。

当电刷磨损后，将导致无法与换向器良好接触，从而导致电动机转速时快时慢故障。

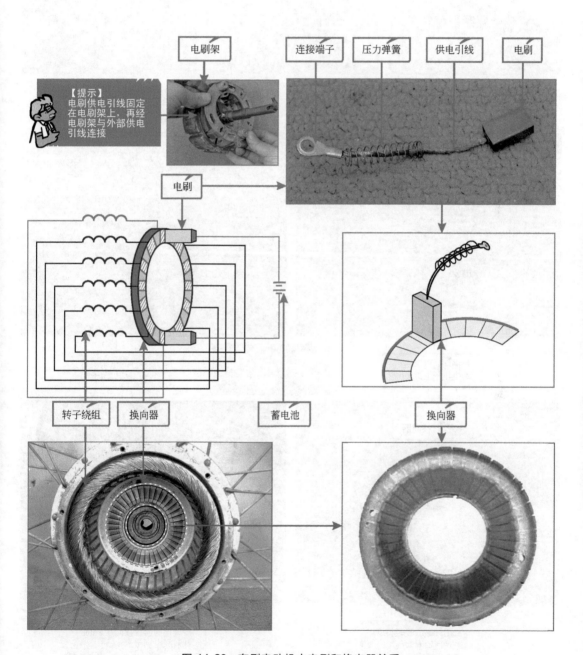

图 14-20　有刷电动机中电刷和换向器关系

演示图解

按图 14-21 所示,更换电刷,打磨和清理换向器。

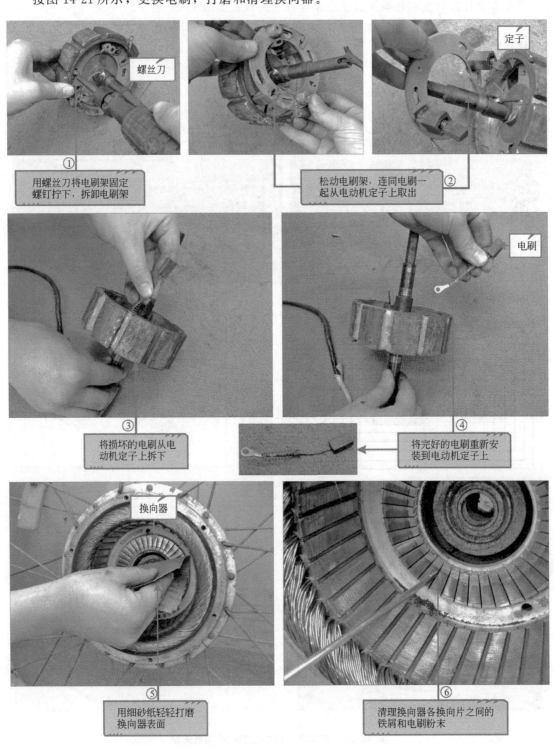

图 14-21 更换电刷、打磨和清理换向器

> **特别提示**
>
> 在更换电刷时需要注意，两个电刷需要同时更换，以确保电刷长度完全一致，满足相同压力接触换向器。

代换和清理完成后，重装电动机，并将其装回电动自行车中，接通电源锁试车，故障排除。

14.1.6 比德文牌电动自行车行驶有停顿感的检修实例

（1）故障表现　一辆比德文牌 36V 有刷电动自行车在行驶过程中转动转把时，电动自行车整车时走时停，有一种停顿感。

（2）故障分析　根据故障现象，对故障进行分析：

电动自行车引起该故障的原因较多，如供电系统中接触有不良现象，从而导致供电不正常；动力系统中零部件如刹车系统、转把损坏，也会引起该故障。

根据电动自行车检修中先电源后负载的原则，首先检查供电系统有无异常，然后对动力部件如转把、电动机等进行检测和排查。

（3）故障检修　根据对该故障的分析，首先检测电动自行车中蓄电池的电量是否正常。

演示图解

用万用表检测该电动自行车蓄电池输出电压，如图 14-22 所示。

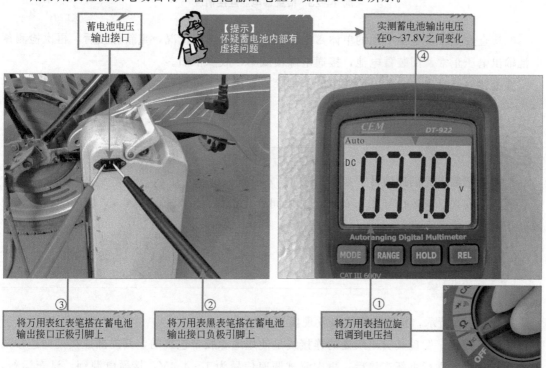

图 14-22　检测蓄电池输出电压

经检测发现，蓄电池电压有时为37.8V，轻轻晃动有时为0V，怀疑该蓄电池内部有虚焊情况，需要将蓄电池拆开进行检查。

演示图解

按图14-23所示，拆开蓄电池，检查蓄电池引线有无虚焊情况。

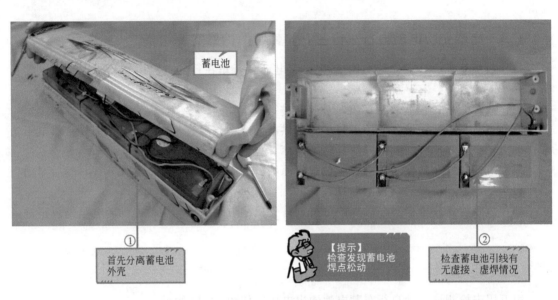

① 首先分离蓄电池外壳

【提示】检查发现蓄电池焊点松动

② 检查蓄电池引线有无虚接、虚焊情况

图14-23　检查蓄电池连接情况

经检查发现，蓄电池中间的单体蓄电池正极引线有虚接情况，重新焊接后，再次检测蓄电池输出电压正常，回装蓄电池，接通电源锁试车，故障依旧。

在上述检修过程中，蓄电池故障已经排除，则接下来可对转把进行检测。

演示图解

检测转把输出的调速信号，如图14-24所示。

经检测发现，调速信号在0.6~2.2V之间变化，相对正常值1~4.4V偏低，怀疑转把或转把引线异常。

演示图解

按图14-25所示，检查转把引线发现虚接故障。

检查转把时，发现其引出线处的连接线是使用绝缘胶带包裹的，其内部连接处的连接线有些虚连，将其进行重新连接后，再次测试调速信号为1~4.4V，接通电源锁，试车运行，故障排除。

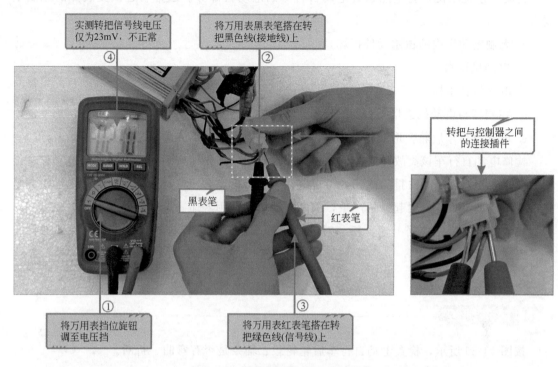

图 14-24 检测转把输出的调速信号

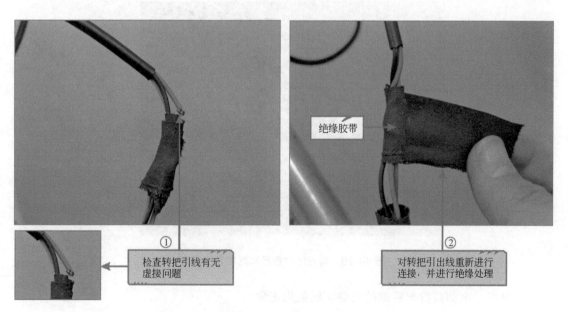

图 14-25 检查转把引线

14.1.7 踏浪牌无刷电动自行车行驶抖动的检修实例

（1）故障表现 一辆踏浪牌 48V 无刷电动车启动时车身有明显的抖动现象，且有时无法行车，动力系统出现异常。

（2）故障分析 根据故障表现，对故障原因进行分析：无刷电动自行车出现抖动的故障时多为动力系统不良，应重点检查电动自行车的电动机部分。通常引起该类故障的原因主要有：

a. 无刷电动机内的霍尔元件损坏。

b. 电动机进水。

c. 电动机轴承损坏。

d. 控制器与电动机连接不良。

e. 电动自行车后轮变形或辐条折断。

检修电动自行车该类故障时应先从外部部件入手，如先检查后轮、控制器与电动机连接引线等，若检查后还无法排除故障，再对电动机进行拆卸和检修，否则盲目拆卸电动机容易造成重装或调整不良，引起磨损严重，缩短电动机的使用寿命。

(3) 故障检修 根据上述分析，对电动自行车该故障进行排查。首先检查外部部件状态，判断正常与否。

演示图解

按图 14-26 所示，检查电动自行车后轮轮毂、辐条是否有弯曲、折断。

图 14-26 检查电动自行车后轮是否变形

经检查，电动自行车后侧的轮毂、辐条均正常。

演示图解

按图 14-27 所示，检查控制器与电动机的连接引线。

经检查，控制器与电动机连接正常。接下来，重点检查电动机部分。

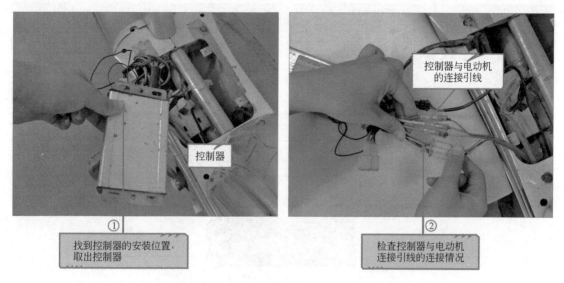

图 14-27　检查控制器与电动机的连接引线

>>> **特别提示**

根据电动自行车中控制器上的标识或控制器与电动机连接引线的根数，确认电动机的类型，如图 14-28 所示。由图可知，该电动自行车采用的电动机类型为无刷电动机。

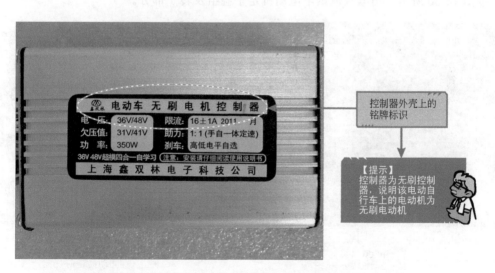

图 14-28　根据标识或电动机连接引线的根数确认电动机的类型

演示图解

按图 14-29 所示，拆解电动机，检查轴承部分。

检查电动机轴承有轻微磨损情况，更换电动机轴承。在重装电动机之前，还需要对霍尔

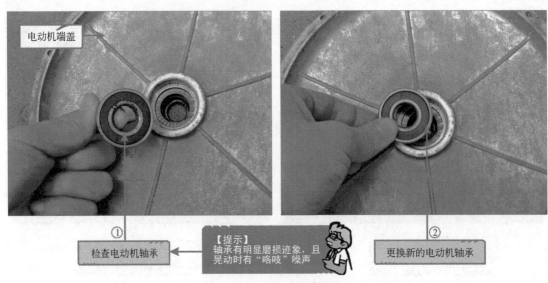

图 14-29 检查电动机轴承部分

元件进行检测，具体方法参照前面章节所述。若经检测某个霍尔元件损坏，则应将三个霍尔元件进行更换。

另外，还需要检查电动机转子有无锈蚀、受潮情况，若受潮则需要进行烘干处理。

演示图解

按图 14-30 所示，用电吹风烘干电动机定子绕组及转子部分。

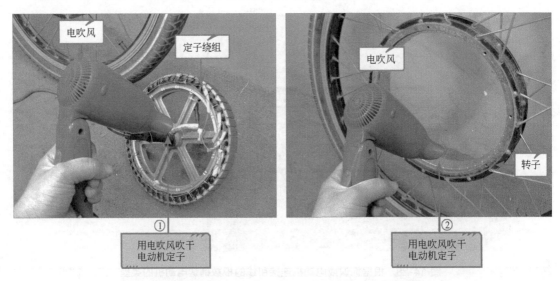

图 14-30 用吹风机烘干电动机定子绕组及转子部分

14.1.8 宗申牌电动三轮车仪表无显示、电动机时转时停的检修实例

（1）**故障表现** 一辆宗申牌 48V 有刷电动三轮车电动机出现时转时停的现象。

（2）**故障分析** 根据故障表现，电动机时转时停现象可能是供电虚、控制不良和电动机内部异常三个方面引起的。常见的几种情况有：
- a. 蓄电池电压处于欠压临界状态。
- b. 转把调速线连接处虚接。
- c. 控制器内驱动晶体管异常。
- d. 电动机内电刷磨损与换向器接触不良。
- e. 电动机内电刷导线虚焊。

(3) 故障检修 根据故障分析，首先接通电源锁，检查仪表显示电量充足，排除欠压情况；接着旋动转把，检查转把速度线输出调速信号、控制器输出驱动信号均正常，怀疑该电动三轮车的电动机故障。将电动机从电动三轮车车架上卸下，拧下电动机外壳固定螺母，将电动机拆开。

演示图解

电动三轮车有刷电动机的拆卸如图 14-31 所示。

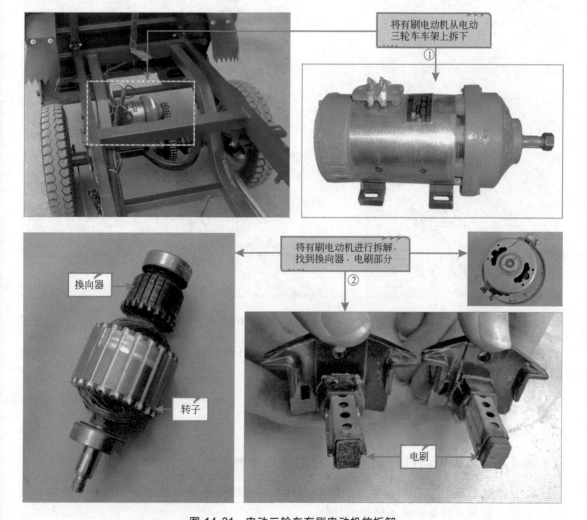

图 14-31　电动三轮车有刷电动机的拆卸

检查该有刷电动机内的电刷，发现电刷磨损严重，需要更换。选取同规格的电刷进行更换，确保维修可靠性。

演示图解

电动三轮车有刷电动机内电刷的更换操作，如图 14-32 所示。

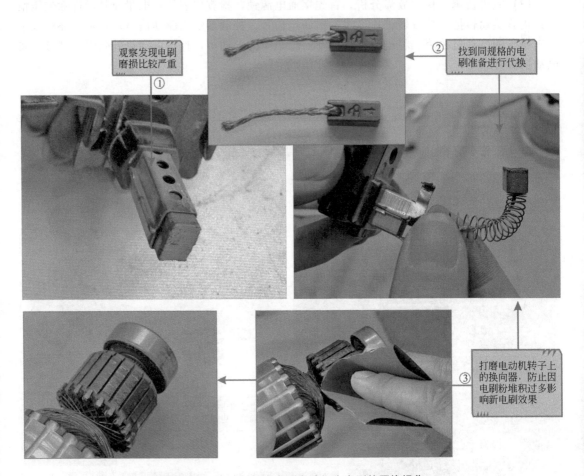

图 14-32　电动三轮车有刷电动机内电刷的更换操作

更换电刷后，将有刷电动机转子上的换向器进行打磨，确定无电刷粉残留后，重装电动机，最后通电试车，故障排除。

14.2　动力不足的检修实例

14.2.1　宝岛牌电动自行车速度不稳的检修实例

（1）**故障表现**　宝岛牌 48V 无刷电动自行车在行驶中出现时快时慢，速度不稳定，故障无规律，甚至有时电动机不转动的故障。

（2）**故障分析**　根据故障表现，对故障原因进行分析：由电动自行车故障无规律性的表现，基本可以判断为该电动自行车某个功能部件或器件性能变差、线路虚焊或接触不良的故障。根据维修经验，引起该故障的原因主要有以下几点：

　　a. 电动自行车主供电电路不良，导致输出的直流电压不稳定，引起控制器供电不良。
　　b. 转把内部异常，弹簧或霍尔元件不良，造成输出电压不稳。
　　c. 控制器内部相关元器件不良，引起输出的驱动信号不稳等。

（3）故障检修　　为确认具体故障部位，遵循先外后内、先简单后复杂的检修顺序。首先检查主供电电路部分是否正常，检测主供电电路在加电状态下能够保持50V左右，正常；调整转把在某一位置后，其输出的控制信号电压也能够保持稳定，表明转把也正常。

　　经初步排查可知，该电动自行车车速不稳的故障多是由控制器不灵引起的，下面对控制器部分进行检修。

演示图解

按图14-33所示，打开控制器外壳，检查控制器内有无明显虚焊故障。

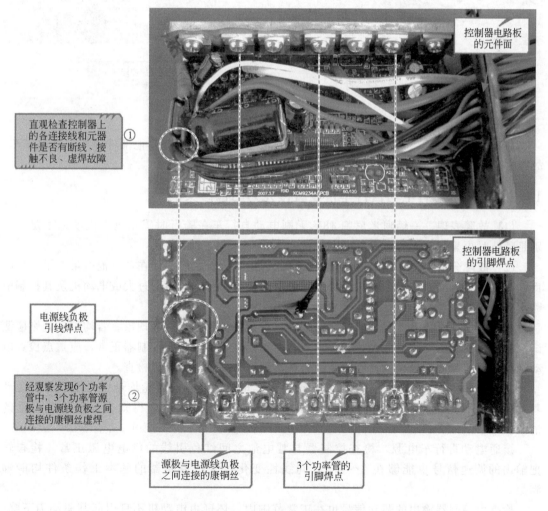

图 14-33　检查控制器虚焊故障

可以看到该无刷电动机控制器由 NEC F9234 单片机作为控制芯片。仔细检查发现，控制器 6 个功率管中有 3 个功率管引脚与电源线负极指引线焊接处虚焊。

演示图解

按图 14-34 所示，将电路板负极印制线与功率管引脚焊点重新焊接牢固。

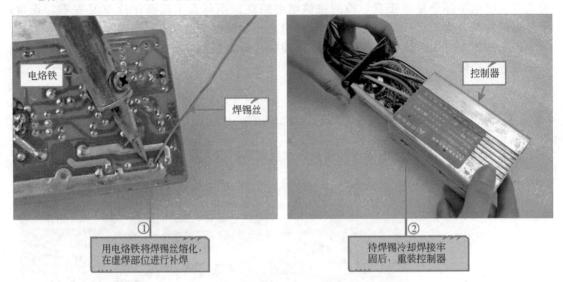

图 14-34　焊接电路板印制线与功率管

重新焊接牢固后，将控制器重装并安装到电动自行车中，与其他部件连接，通电试车，故障排除。

14.2.2　阿米尼牌电动自行车行驶缓慢无力的检修实例

(1) 故障表现　一辆阿米尼牌 48V 无刷电动自行车在骑行时感觉电动机动力不足，特别是爬坡时更显驱动无力，需要助力骑行。

(2) 故障分析　根据故障表现，对故障原因进行分析。一般，在蓄电池电量充足且性能良好的条件下，电动自行车骑行无力多是由电动自行车行车时阻力过大或电动机及其控制电路不良引起的。

通常可先排除其阻力过大问题，是否有过载、机械阻力过大等现象。若均正常，则应测试控制器输出的驱动信号能否达到要求，若驱动信号正常，表明控制器正常，应重点检查电动机部分；若驱动信号异常，应对控制器及其工作条件等部分进行检查。

(3) 故障检修　首先用支架支起电动自行车车架，使其前后轮均悬空，用手分别拨动其前后轮，感觉其前后轮的机械阻力均在正常范围内，询问用户得知也未有负载过重的情况。

接通电动自行车电源，检查控制器与蓄电池之间红色引线的供电电压正常。检查转把输出的调速信号也能够在 1～4.2V 间线性变化，表明控制器的基本工作条件均能够满足。

检查由控制器输出的驱动信号也在正常范围内，怀疑由电动机不良引起其驱动力下降。根据维修经验，多为电动机绝缘性能变差引起这种故障。

演示图解

用兆欧表检测电动机绕组的绝缘电阻，如图 14-35 所示。

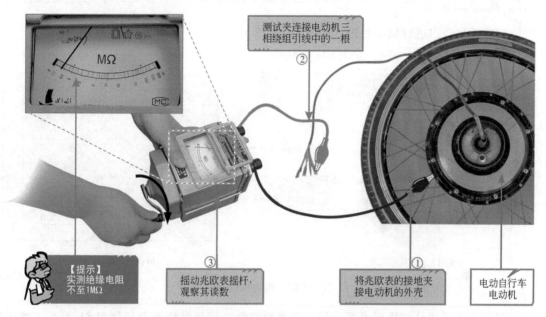

图 14-35　电动机绕组绝缘电阻的检测方法

经检查发现，该无刷电动机三相绕组的绝缘电阻较小，正常时应大于 2MΩ，怀疑其绕组绝缘不良。

演示图解

按图 14-36 所示，对怀疑绝缘性能不良的电动机进行拆解。

图 14-36　拆解电动机

检查发现电动机绕组有些潮湿，需要进行烘干处理。

演示图解

对电动机绕组进行烘干处理，如图 14-37 所示。

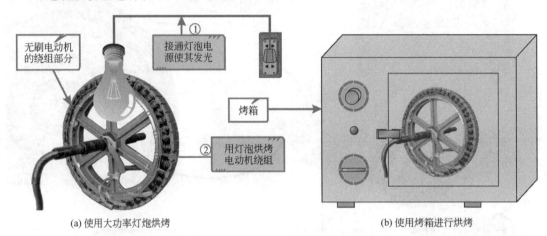

(a) 使用大功率灯泡烘烤　　　　　　　　(b) 使用烤箱进行烘烤

图 14-37　电动机烘干方法

最后在电动机绕组附近点亮一只大功率的灯泡，用其烘烤电动机绕组 6h 左右，或用烤箱进行烘烤。

烘干完成后，再次检测电动机绕组的绝缘阻值约为 25MΩ，以达到绝缘要求。将电动机重装并进行初步的调整和测试后，通电试车，电动自行车的续行里程达到基本要求，且明显感觉到电动机驱动力充足，爬坡也能够正常行驶，故障排除。

14.2.3　赛克牌电动自行车起步困难的检修实例

(1) 故障表现　一辆塞克牌 48V 无刷电动自行车，在接通电源锁转动转把时电动机抖动、不转，用手转动一下电动机后，电动机能够启动运转，但转速明显偏低，行驶无力。

(2) 故障分析　根据故障表现，对故障原因进行分析：该电动自行车属于明显动力不足故障。一般情况下，电动自行车动力不足主要有三个原因：蓄电池电量不足、控制器输出缺相、电动机霍尔缺相等。

排查故障时，一般根据先电源后负载的原则进行排查，即先检查蓄电池电量是否充足，若蓄电池电量正常，再对控制器和电动机进行检查。

(3) 故障检修　根据上述故障分析，首先对蓄电池电量进行检测。

演示图解

蓄电池电压的检测方法如图 14-38 所示。

经检测发现，蓄电池输出总电压为 51.8V（正常），排除蓄电池故障。接下来，逐一排查控制器和电动机故障。

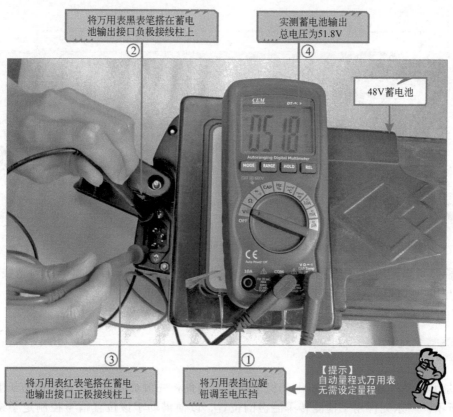

图 14-38　检测蓄电池输出总电压

演示图解

按图 14-39 所示，用万用表检测电动机的霍尔元件，判断电动机有无缺相故障。

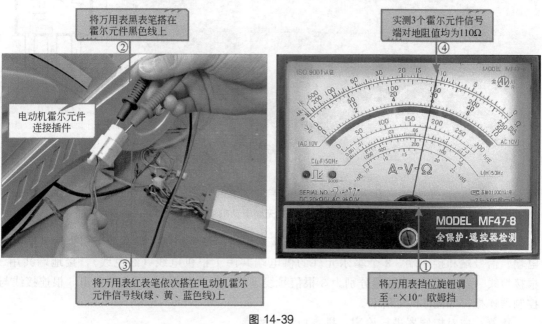

图 14-39

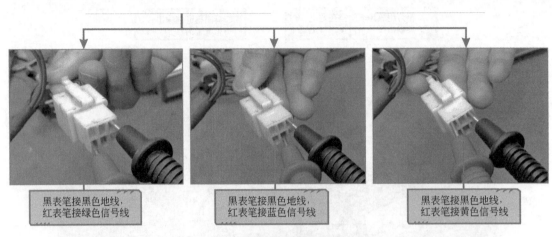

图 14-39　万用表检测电动机霍尔元件

经检测可知，用万用表采用比较法检测电动机的三个霍尔元件，信号线与地线的阻值、信号线与供电线的阻值十分接近，说明电动机霍尔元件也正常。

霍尔元件是电动自行车无刷电动机中的传感器件，一般被固定在电动机的转子上，如图 14-40 所示。霍尔元件用于检测转子磁极的位置，以便借助于该位置信号控制定子绕组中的电流方向和相位，并驱动转子旋转。

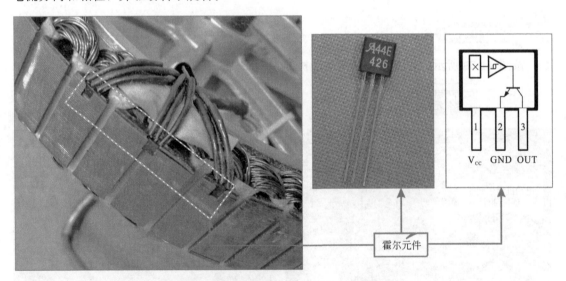

图 14-40　电动自行车无刷电动机中的霍尔元件

电动自行车无刷电动机中一般设有 3 个霍尔元件，每个霍尔元件有 3 个引脚，分别为供电端、信号端和接地端，3 个霍尔元件的供电端共用 1 根供电线（红色线），接地端共用 1 根接地线（黑色线），信号端分别为 3 根信号线（黄、绿、蓝线），因此共引出 5 根连接线与控制器连接，如图 14-41 所示。

接着，应对控制器进行检测，排查控制器故障。

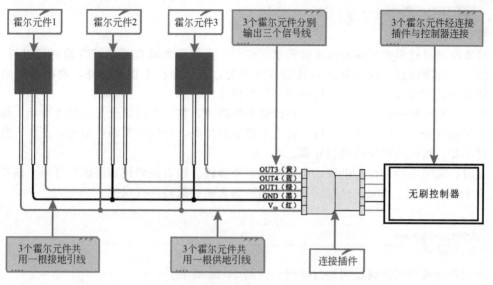

图 14-41 无刷电动机中霍尔元件的引脚关系

演示图解

按图 14-42 所示转动车轮，同时用万用表检测控制器蓝、绿、黄三相线输出电压。

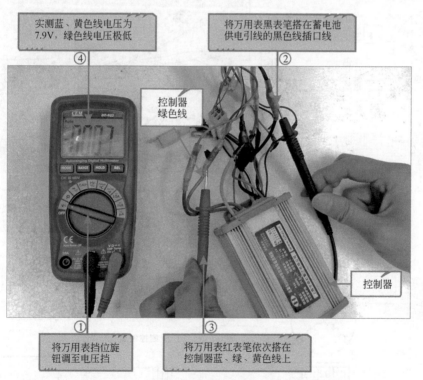

图 14-42 检测控制器输出

经检测发现，控制器绿线电压偏低严重，说明控制器此相输出异常，怀疑控制器内部损坏。

相关资料

检查电动自行车控制器和电动机霍尔元件时,可使用电动自行车综合检测仪进行检测。将检测仪与待测部件引线连接,打开检测仪开关,若检测仪上指示灯亮,说明所测部件正常;若检测仪对应指示灯不亮,说明所测部件异常。

例如,在对控制器蓝、绿、黄三相线输出检测时,将综合测试仪与三相线连接,综合测试仪上三相线分别对应三个指示灯,若三个指示灯均亮,说明控制器三相输出正常;若其中一个灯不亮,则说明对应输出相异常。

此时,关闭电动自行车电源,将损坏控制器拆卸。检查损坏控制器铭牌可知,该控制器参数为48V/350W,选配一只电压和功率相同的无刷控制器进行代换。

演示图解

将新控制器按照接线说明进行接线,如图14-43所示。

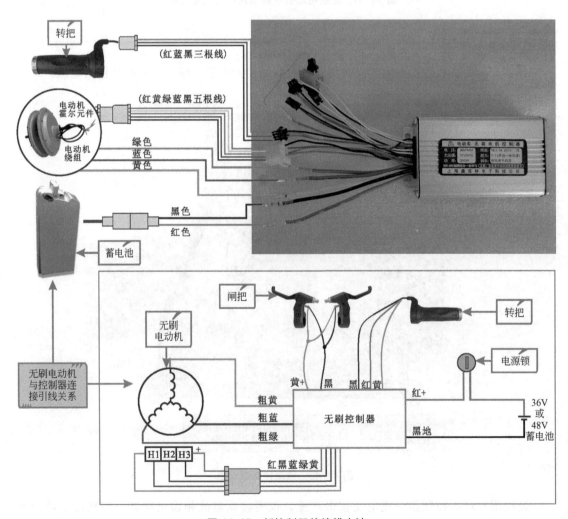

图14-43 新控制器的接线方法

> **特别提示**
>
> 在代换控制器应注意，除了选择电压、功率参数相同的控制器外，控制器刹车有效值也应相同（见图14-44），即若原控制器为电平刹车有效，所代换用控制器也应为低电平刹车有效。

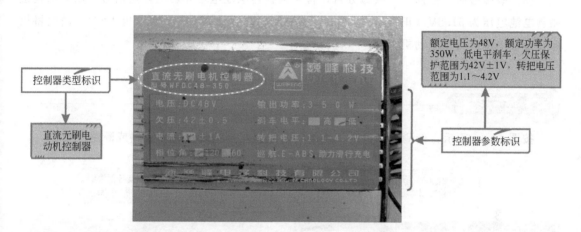

图 14-44 控制器上的参数信息

若现有配件只有高电平刹车控制器，可以将该电平刹车改为低电平刹车，调整方法如图14-45所示。

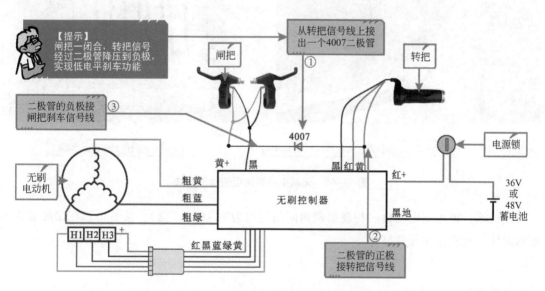

图 14-45 将高电平刹车有效控制器改为低电平刹车有效控制器

14.2.4 爱玛牌电动自行车电动机运转无力的检修实例

（1）**故障表现** 一辆爱玛牌48V无刷电动自行车打开电源锁，转动转把时电动机转动无力，骑车试行时明显动力不足。

(2) 故障分析 根据故障表现，对故障原因进行分析：

该电动自行车属于典型动力不足故障。可能的故障原因有蓄电池电量不足、电动自行车转把异常、电动机故障。

根据检修电动自行车先电源后负载的原则，首先对蓄电池电量进行检测，若蓄电池电量在正常范围内，然后对转把和电动机进行检测。

(3) 故障检修 根据上述故障分析，首先检查蓄电池电量和转把调速信号。用万用表检测蓄电池电压为51.8V（正常），转把信号端输出调速信号为1～4.2V（也正常），由此将故障锁定在电动自行车电动机上。

演示图解

按图14-46所示，检测无刷电动机绕组间的阻值，判断绕组有无短路或断路故障。

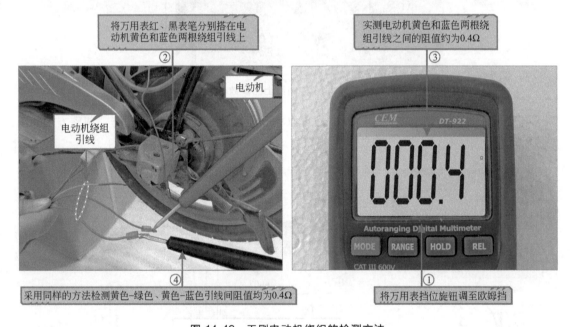

图14-46 无刷电动机绕组的检测方法

经检测，该无刷电动机三相绕组两两间阻值均为0.4Ω（正常）。接着，仍在接线端检测霍尔元件，判断霍尔元件好坏。

演示图解

检测霍尔元件信号线与接地线之间的阻值，如图14-47所示。

检测发现，3个霍尔元件信号线与接地线间阻值均为无穷大。然而，3个霍尔元件同时损坏的可能性较小，怀疑霍尔元件引线有断路故障。

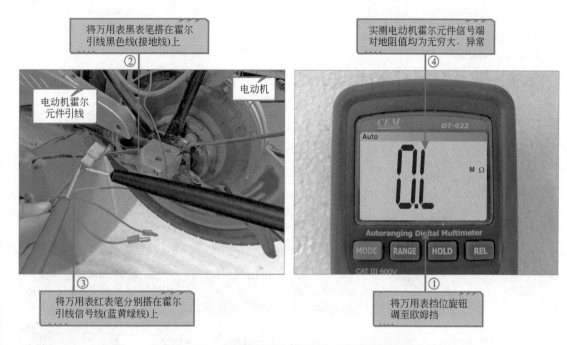

图 14-47 检测霍尔元件信号线与接地线之间阻值

演示图解

检查霍尔元件引线有无断路故障，如图 14-48 所示。

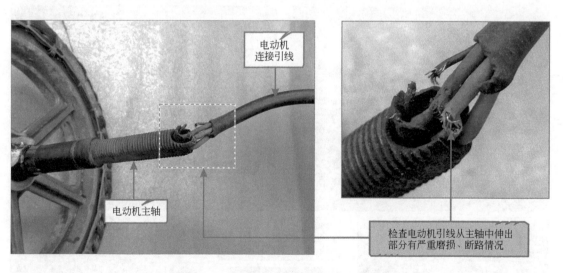

图 14-48 检查霍尔元件引线有无断路故障

检查发现，在电动机主轴弯曲部分霍尔元件引线有明显断路情况，重新连接绝缘后，再次检测发现，有 2 个霍尔元件信号线对地线阻值为 24.37MΩ（采用自动量程式 DT-922 型数字式万用表，黑表笔接黑色接地线、红表笔接信号线测得），另外 1 个霍尔元件信号线对地阻值为无穷大，怀疑该霍尔元件损坏，导致无刷电动机缺相，转动无力。

演示图解

按图 14-49 所示拆解电动机，更换霍尔元件。

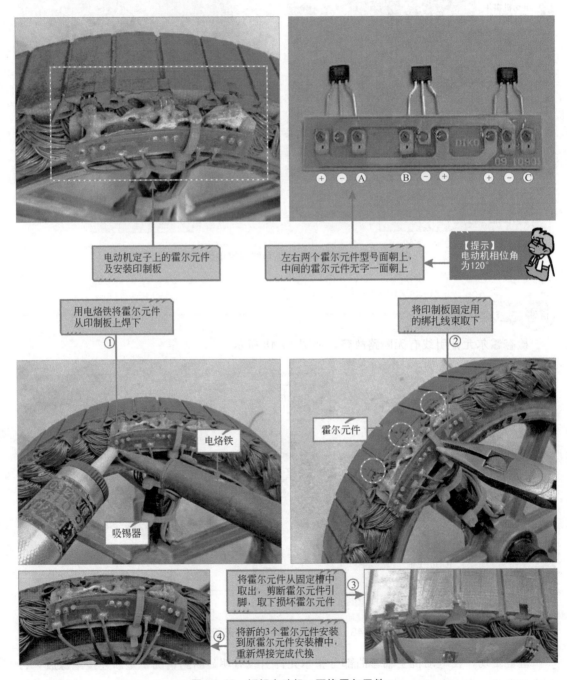

图 14-49 拆解电动机，更换霍尔元件

> **特别提示**

　　无刷电动机霍尔元件出现故障需要用同型号霍尔元件进行更换，且不论3个霍尔元件是否全部损坏，都需要同时更换。

　　代换霍尔元件时需要注意：代换霍尔元件安装方式应与原霍尔元件相同，即霍尔元件型号面向上，代换用的霍尔元件型号面也应向上，确保电动机相位角相同。

 相关资料

　　无刷电动机的相位角是无刷电动机的相位代数角的简称，指无刷电动机各绕组在一个通电周期中绕组内部电流方向改变的角度。电动车用无刷电动机常见的相位角有120°与60°两种。

　　霍尔元件安装的空间位置直接体现了无刷电动机的相位角类型，一般当3个霍尔元件均为有型号的一面向上安装时，该无刷电动机相位角为60°；若3个霍尔元件中间的霍尔元件型号面向下，两侧霍尔元件型号面向上，则该无刷电动机相位角为120°。

　　另外，在不对电动机进行拆解时，可通过电动机运转状态判断其相位角，即拔掉（断开）霍尔插头，然后打开电源锁，缓慢拧动转把，若电动机有动静则表示电动机为60°相位角电动机，若一点动静也没有则表示电动机为120°相位角电动机。

14.2.5　都市风牌电动自行车电动机启动无力的检修实例

　　(1) 故障表现　　一辆都市风牌36V有刷电动自行车在蓄电池充满电后骑行时，电动机启动和运转过程明显动力较小，车速较平时慢很多。

　　(2) 故障分析　　根据故障表现，对故障原因进行分析：该电动自行车属于典型动力不足故障。可能的故障原因有蓄电池电量不足、电动自行车转把异常、电动机故障。

　　根据用户描述，蓄电池较新且刚刚充满电，说明电量充足，排除蓄电池问题；转把也最近更换过，因此怀疑电动机故障。

　　(3) 故障检修　　根据故障分析，这里直接对有刷电动机进行检测和排查。

 演示图解

　　按图14-50所示，借助万用表检测有刷电动机供电引线之间的阻值。

　　经检测，有刷电动机供电引线之间阻值为4Ω，说明电动机内部电气部件基本正常。

> **特别提示**

　　在有刷电动机内部，电动机供电引线连接电刷，电刷与换向器接触，换向器连接电动机转子绕组，因此两根供电引线中串接有2个电刷、2个换向器的换向片、1根绕组引线，所测阻值为这些部件串联后的阻值，如图14-51所示。

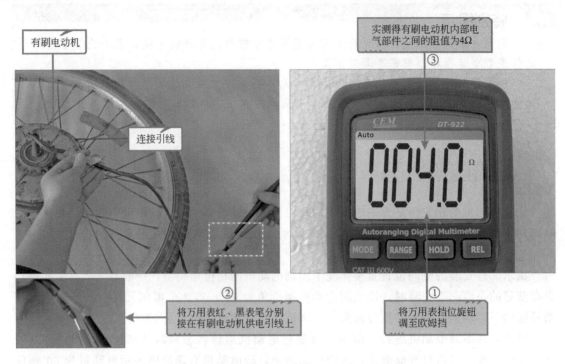

图 14-50 检测有刷电动机供电引线之间的阻值

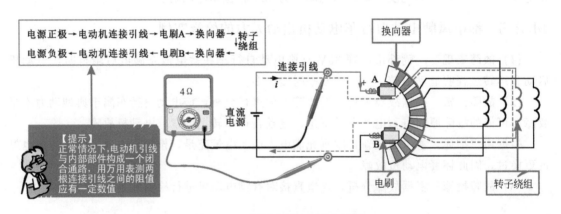

图 14-51 检测电动机引线示意图

因此，若实测有刷电动机供电引线应有一定阻值，则说明此时电刷、换向器、转子绕组连接良好；若阻值为无穷大，则说明上述线路中有断路故障，或当前电刷未接触换向器的导电片。

另外，由于有刷电动机的供电引线从电动机输出后需要弯曲近90°后，才能引入车体中部与控制器连接，因此应重点检查弯曲部分有无短路或断路情况，引线内部所连接电刷、换向器及转子绕组有无断路故障等。

若在改变引线状态时，发现万用表测量其阻值有明显变化，则一般说明引线中可能存在短路或断路故障，应更换引线或将引线重新连接好；若电阻值趋于无穷大，说明电动机供电引线线路中可能存在断路故障，如引线断路、电刷未与换向器接触、转子绕组断路等。

通过上述排查，怀疑电动机内部机械部件（如轴承、磁钢等部分）异常。

演示图解

检测电动机轴承有无异常，如图 14-52 所示。

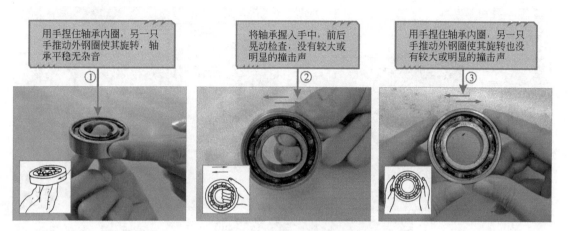

图 14-52 检测电动机轴承部分

经检查可知，电动机轴承状态良好，润滑脂充足，钢珠无损伤或移位现象，接下来，重点检查定子磁钢部分。

演示图解

检查有刷电动机定子磁钢部分，如图 14-53 所示。

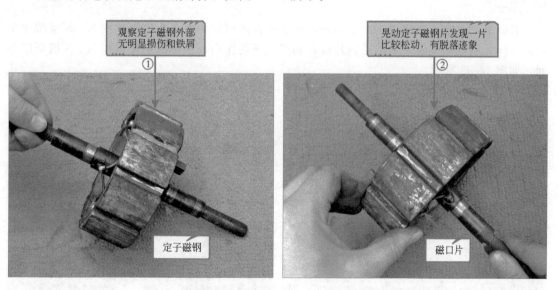

图 14-53 检查有刷电动机定子磁钢

检查发现，磁钢上有一片磁钢片松动，取下磁钢片，用 AB 胶重新粘连，待 AB 胶脚冷却固定后，对电动机进行重装。

演示图解

按图 14-54 所示,重装有刷电动机。

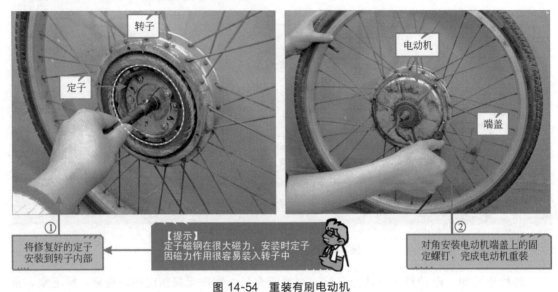

① 将修复好的定子安装到转子内部

【提示】定子磁钢在很大磁力,安装时定子因磁力作用很容易装入转子中

② 对角安装电动机端盖上的固定螺钉,完成电动机重装

图 14-54 重装有刷电动机

最后将电动自行车后轮连同有刷电动机一起装回电动自行车中,调整位置后,接通电源锁试车,故障排除。

相关资料

有刷电动机定子磁钢用于产生磁场,属于一种永磁体,由多个磁钢片按 N、S 极顺序排列;同样无刷电动机转子上的磁钢片也起到产生磁场作用,多个磁钢片也按 N、S 极顺序排列,如图 14-55 所示。

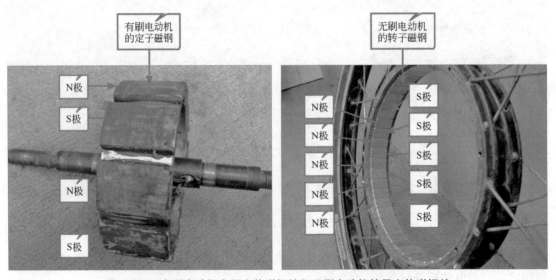

图 14-55 有刷电动机定子上的磁钢片和无刷电动机转子上的磁钢片

第15章 蓄电池及充电器故障的检修实例精选

15.1 充电故障的检修实例

15.1.1 博宇牌电动自行车充电器不能充电的检修实例

(1) 故障表现 一只博宇牌充电器为蓄电池进行充电时,接入市电及蓄电池时电源指示灯和充电指示灯不亮,无法为蓄电池进行充电,如图15-1所示。

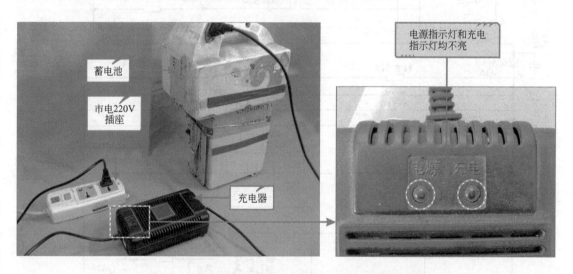

图15-1 充电器不能充电且电源指示灯不亮的故障表现

(2) 故障分析 根据故障表现,结合图15-2所示博宇牌充电器的电路原理图对故障原因进行分析:充电器电源指示灯不亮,表明其开关电源未工作,主电压无输出。打开充电器外壳,首先检查内部的熔断器是否熔断,如图15-3所示。

由图可以看到,熔断器表面均完好,经检测其阻值为0Ω,说明熔断器熔丝也正常。根据维修经验,熔断器正常,表明电路中负载部分无明显短路故障,应重点检查开关振荡电路部分。通常情况下,可使用万用表检测开关管D极电压(300V)是否正常,若开关管D极电压正常,而电源仍无输出,则说明开关管未工作,应检查启动电阻器、开关管有无极间开路、短路以及稳压控制电路是否正常等;若开关管D极无电压,一般应检测限流电路有无开路、电源线是否正常等。

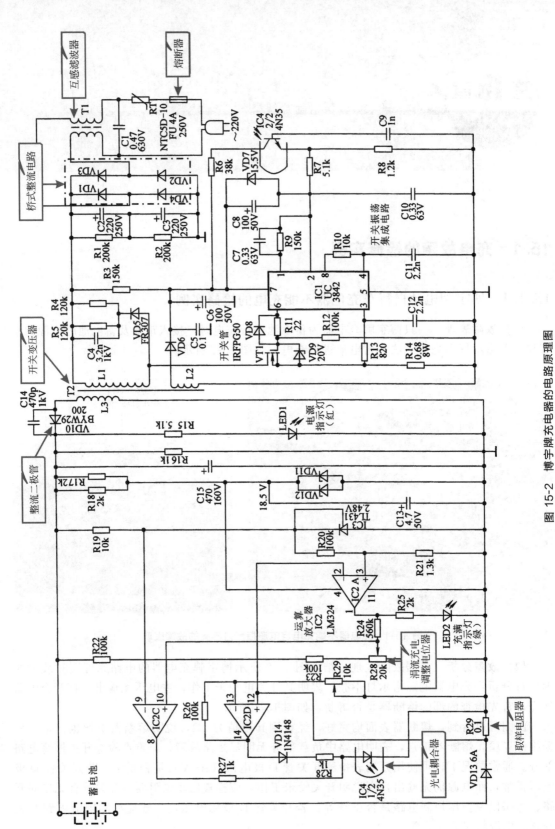

图 15-2 博宇牌充电器的电路原理图

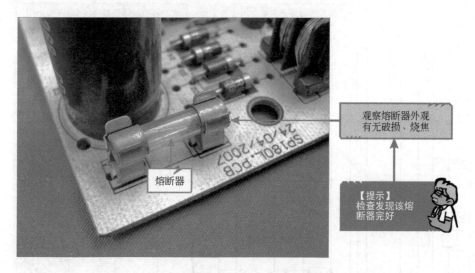

图 15-3　打开充电器外壳检查充电器内部熔断器状态

在进行检修前，首先对照其电路原理图，对电路结构及信号流程有一个大体了解；然后确定检测部位，找到待检测的元器件。图 15-3 所示为博宇牌充电器的电路原理图。

由图 15-2 可知，该充电电路的大体充电过程为：

交流 220V 电压经熔断器 FU、互感滤波器 T1 后送入桥式整流电路 VD1～VD4 进行整流，输出约 300V 直流电压，再经滤波电容器 C2、C3 滤波后，经启动电阻器 R3 加到开关振荡集成集成电路 IC1（UC3842）的⑦脚，为 IC1 提供启动电压。

同时，300V 直流电压经开关变压器 T2 的一次绕组 L1 加到开关晶体管 VT1 的漏极，开关晶体管的源极经 R14 后接地，栅极受开关振荡集成电路 IC1⑥脚控制。

IC1 的⑦脚接收到启动电压后，其内部的振荡器起振，IC1 的⑥脚输出开关振荡信号，使开关晶体管 VT1 开始振荡，由此使开关变压器 T2 的一次绕组中产生开关电流。

开关变压器 T2 的二次绕组 L2 输出交流电压经 VD6 稳压和 C5、C6 滤波后，一路作为正反馈电压加到 IC1 的⑦脚；另一路经限流电阻器加到光电耦合器 IC4 中，为光敏晶体管供电。

开关变压器 T2 的二次绕组 L3 输出开关脉冲信号，该交流信号经二极管 VD10 整流、C15 滤波后输出直流稳定的电压，为电动自行车的蓄电池进行充电。

除此之外，运算放大器 IC2（LM324）及外围电路构成其电压控制电路，光电耦合器 IC4、误差检测电路 IC3 等构成其稳压电路。

(3) 故障检修　根据故障分析，可首先检测开关晶体管的漏极 D 有无 300V 电压值，若电压正常，再进一步检测启动电阻器、开关晶体管本身等部分；若电压不正常，则检测交流输入电路及电源线是否正常。

演示图解

按图 15-4 所示，使用万用表检测开关晶体管漏极 D 的电压值。

经检测，该处电压约为 308V（正常），由此可说明该电路中的交流输入电路、整流滤波电路部分正常，接下来应重点对开关振荡电路进行检测和排查。

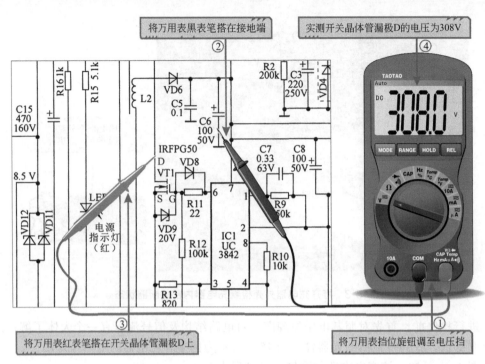

图 15-4 用万用表检测开关晶体管漏极 D 的电压值

演示图解

使用万用表检测开关晶体管两两引脚间的阻值,如图 15-5 所示。

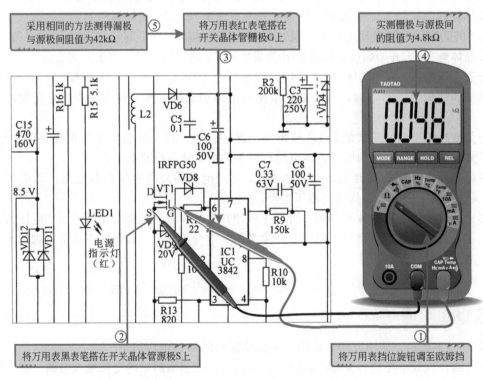

图 15-5 检测开关晶体管两两引脚间的阻值

实测时，开关晶体管引脚间均有一定的阻值，由此可以判断该开关晶体管基本正常。在交流输入、整流滤波及开关管均正常的条件下，开关电源不起振，由此可以推断故障应是由开关振荡电路部分不工作引起的，可用万用表直流电压挡检测开关振荡集成电路的启动电压是否正常。

演示图解

开关振荡集成电路启动电压的检测方法如图 15-6 所示。

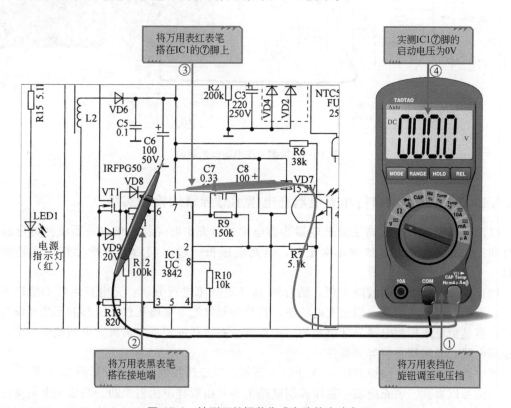

图 15-6　检测开关振荡集成电路的启动电压

观察万用表实测 IC1⑦脚启动电压为 0V，怀疑启动电路部分故障，应对启动电阻器 R3 进行检测。

演示图解

启动电阻器的检测方法如图 15-7 所示。

实测启动电阻器阻值为无穷大，怀疑电阻器损坏。将电阻器从电路板上焊下后重新检测，阻值仍为无穷大，说明电阻器已经损坏。用相同材料合格的电阻器进行替换后，通电实验，充电器指示灯亮，故障排除。

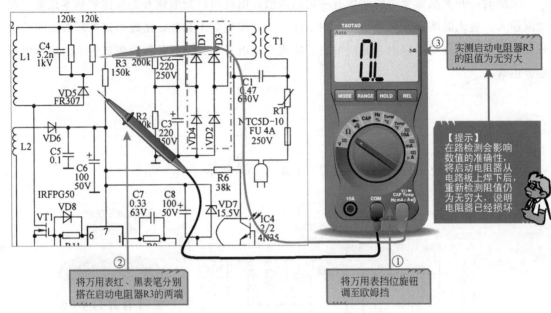

图 15-7 检测启动电阻器的阻值

15.1.2 博宇牌电动自行车充电器充电指示灯异常的检修实例

(1) 故障表现 一只博宇牌充电器为蓄电池进行充电时，接入市电及蓄电池时电源指示灯和充电指示灯均亮，能够正常充电，但充电很长一段时间后充电指示灯不能转换为绿灯。

(2) 故障分析 根据故障表现，结合图 15-3 对故障进行分析：充电指示灯不能转换为绿灯，表明充电器不能进入涓流充电状态，若排除蓄电池本身电压过低引起的无法充满电故障外，多是由稳压控制电路异常引起的，应重点检查取样电阻器、涓流充电调整电位器、误差检测电路、光电耦合器等元器件。

博宇牌充电器的电路原理图参照图 15-3 所示，其稳压控制电路部分如图 15-8 所示。

由图可以看到，该充电器中稳压控制电路主要是由取样电阻器 R29、涓流充电调整电位器 R28、误差检测电路 IC3（TL431）、光电耦合器 IC4（4N35）等部分构成的，检测时应重点对这些元器件进行检测或调整。

(3) 故障检修 首先用万用表检测蓄电池电压是否过低失效，若蓄电池失效，需要进行修复或更换。

演示图解

按图 15-9 所示，使用万用表检测充电器的输出电压是否正常。

经检测发现，该充电器输出电压高于 45V（偏高），表明其稳压控制电路部分异常。

用小螺丝刀适当旋动充电器的涓流充电调整电位器，发现该调整电位器失效，更换一只同规格的调整电位器后，对其阻值进行适当调整，在调整过程中用万用表检测充电器输出端的电压值，使其输出与被充电蓄电池匹配。

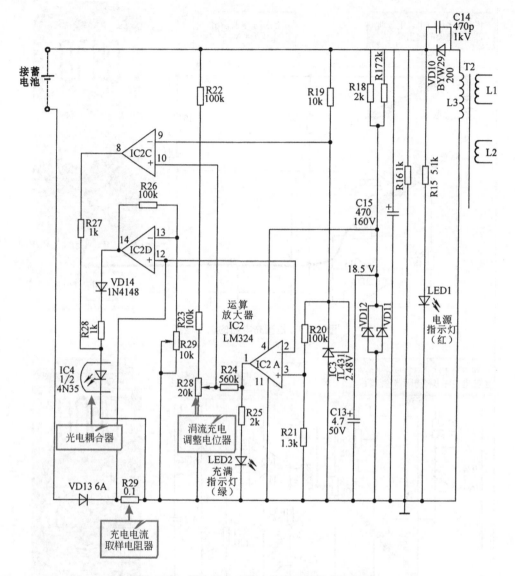

图 15-8 博宇牌充电器中的稳压控制电路部分

演示图解

如图 15-10 所示，使用万用表检测充电电流取样电阻器的好坏。

将电动自行车的巡航功能控制按钮进行更换后，接通电源锁，电动自行车正常行驶，并且可以实现定速，故障排除。

15.1.3 邦德·富士达牌电动自行车充电器不能浮充的检修实例

(1) 故障表现 一只邦德·富士达牌充电器对蓄电池充电时，输出电压过高，充电器不能进入浮充状态。

(2) 故障分析 充电器输出电压过高是检修充电器时一个较普遍的故障。该类故障主要是由稳压控制电路异常引起的，重点检查输出电压取样电路和开关振荡电路。

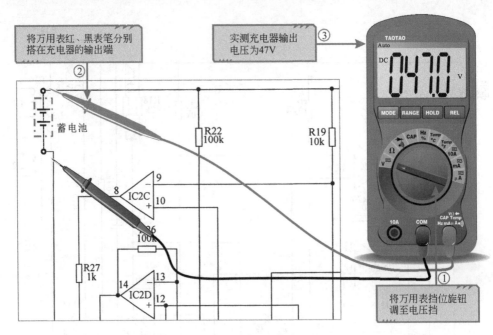

图 15-9 检测充电器的输出电压

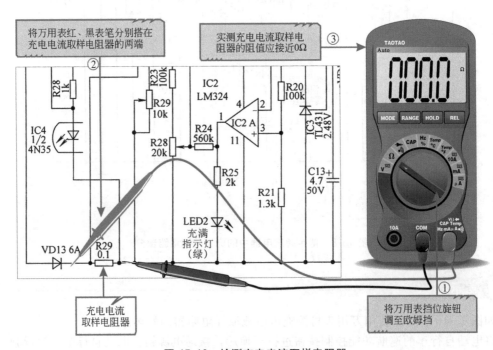

图 15-10 检测充电电流取样电阻器

在进行检修前,首先根据充电器的电路原理图进行初步的分析,找到基本的检测点或根据电路图标识参数信息作为检修的依据。图 15-11 所示为邦德·富士达牌充电器的电路原理图。

由图可知,该充电电路的大体充电过程为:

交流 220V 电压经互感滤波器 T1、熔断器 FU1 后送入桥式整流电路 VD1~VD4 进行整流,输出约 300V 直流电压,再经滤波电容器 C4 滤波后,经启动电阻器 R4 加到开关振荡集

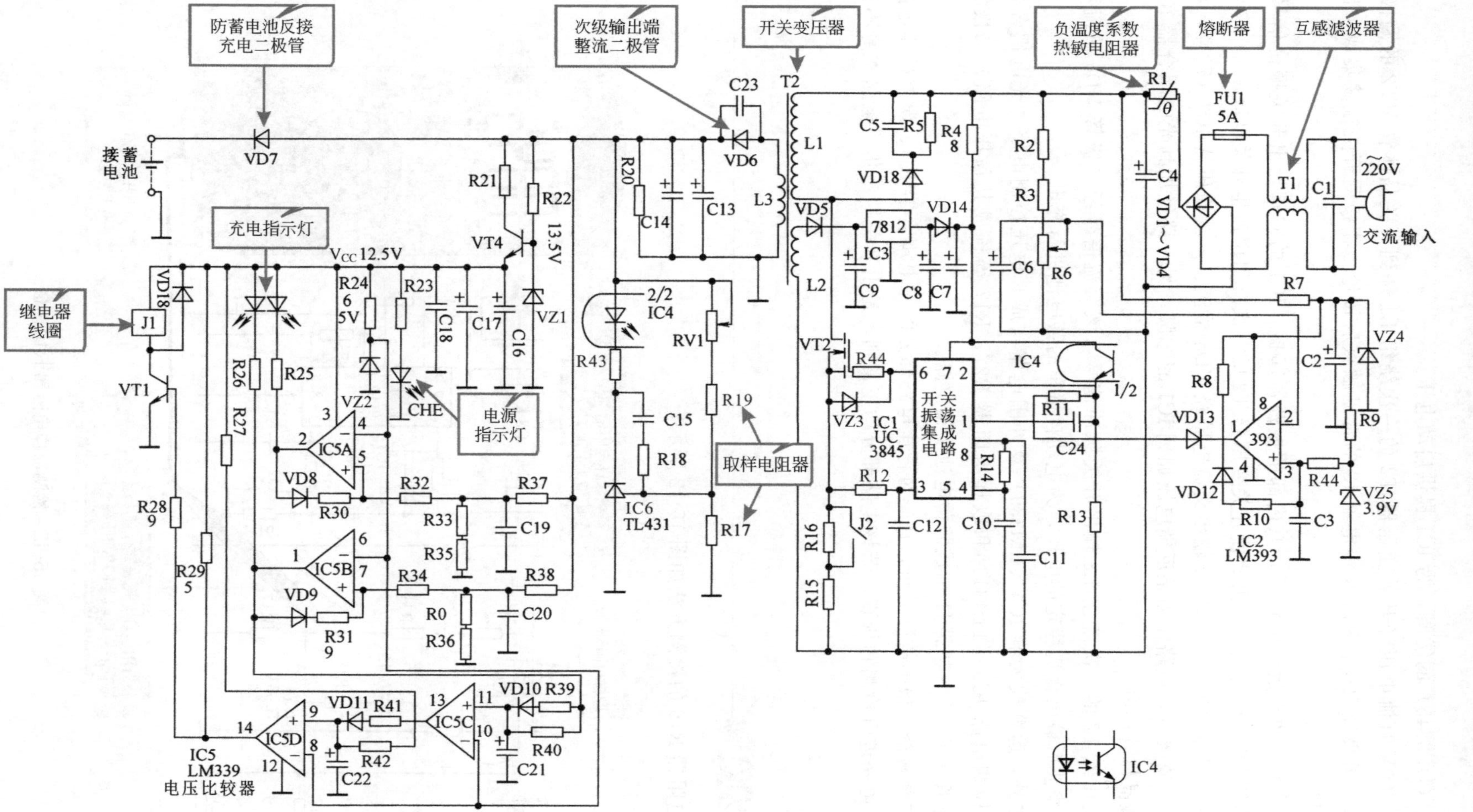

图 15-11 邦德·富士达牌充电器的电路原理图

成电路 IC1（UC3845）的⑦脚，为 IC1 提供启动电压。

同时，300V 直流电压经开关变压器 T2 的一次绕组 L1 加到开关晶体管 VT2 的漏极，开关晶体管的源极经 R15、R16 及继电器 J2 的常见触点后接地，栅极受开关振荡集成电路 IC1⑥脚控制。

IC1 的⑦脚接收到启动电压后，其内部的振荡器起振，IC1 的⑥脚输出开关振荡信号，使开关晶体管 VT2 开始振荡，由此使开关变压器 T2 的一次绕组中产生开关电流。

开关变压器 T2 的二次绕组 L2 输出交流电压经 VD5 整流、三端稳压器 IC3（7812）稳压和 C8、C7 滤波后，一路作为正反馈电压加到 IC1 的⑦脚；另一路经加到光电耦合器 IC4 中，为光敏晶体管供电。

开关变压器 T2 的二次绕组 L3 输出开关脉冲信号，该交流信号经二极管 VD6 整流和 C13、C14 滤波后输出直流稳定的电压，为电动自行车的蓄电池进行充电。

除此之外，运算放大器 IC5（LM339）及外围电路构成其电压控制电路，光电耦合器 IC4、误差检测电路 IC6（TL431）和取样电阻器 R27、R17 等构成其稳压电路，二极管 VD7、晶体管 VT1 及继电器 J1 构成防蓄电池反接电路。

(3) 故障检修 根据故障分析，首先对稳压电路部分的光电耦合器 IC4、误差检测电路 IC6 及取样电路进行检测和排查，若该电路部分均正常则多是由开关振荡集成电路本身不良引起的。

演示图解

取样电阻器 R19 的检测方法如图 15-12 所示。

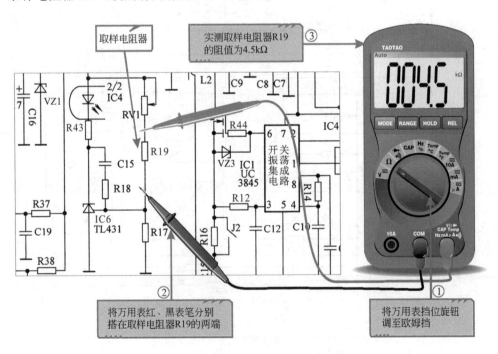

图 15-12　检测取样电阻器 R19 阻值

经检测取样电阻器阻值正常,接下来应对误差检测电路 IC6 进行检测。

> **演示图解**

按图 15-13 所示,检测误差检测电路 IC6 是否正常。

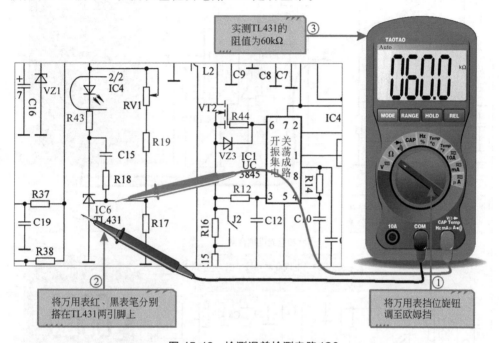

图 15-13　检测误差检测电路 IC6

经检测 TL431 引脚间阻值有异常,但由于受外围元器件影响,不可直接判断该器件损坏。一般对于误差检测电路,较多采用替换法进行检测,即用性能良好的 TL431 进行替换后,检查充电器输出电压是否仍过高。采用替换法检查 TL431 也正常,根据电路原理图连接关系,怀疑光电耦合器 IC4、电阻器 R43 或开关振荡集成电路 IC1 出现故障。

> **演示图解**

检测光电耦合器 IC4 及电阻器 R43 是否正常,如图 15-14 所示。

经检测上述元器件均正常,怀疑 IC1 性能不良,更换 IC1（UC3845）后,通电测试,故障排除。

值得注意的是,通电检测充电器时,应将熔断器取下,然后在熔断器座上串联一只40～100W 的灯泡,实现限流保护。而且,还可根据灯泡发光状态,初步判断充电器是否正常工作。一般,若灯泡发光强度很高且与直接接在 220V 时亮度相差不多,则表明电路中存在严重的短路故障。

15.1.4　南京西普尔 SP362.PCB 牌电动自行车充电器充电无反应的检修实例

(1) 故障表现　一只南京西普尔 SP362.PCB 牌充电器为电动自行车蓄电池进行充电时,不能充电,且充电器的电源指示灯和充电指示灯均不亮。

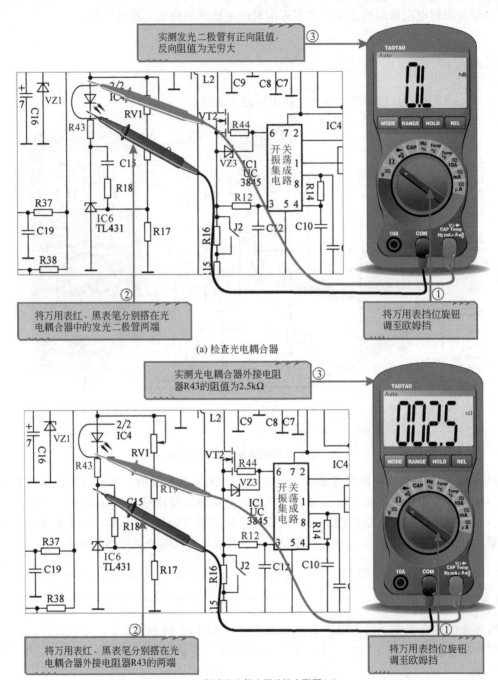

图 15-14 检测光电耦合器 IC4 和电阻器 R43

(2) 故障分析 根据故障表现,结合图 15-15 对故障进行分析:不能充电且电源指示灯不良,说明该充电器未工作,开关振荡电路未起振。打开充电器外壳后检查发现交流输入端的熔断器已熔断,且严重发黑,表明电路中存在严重短路的故障。

在进行检修之前,应首先对该充电器电路的结构特点和工作过程进行大致了解,然后进一步了解该电路的信号关系,理清检修的基本思路。

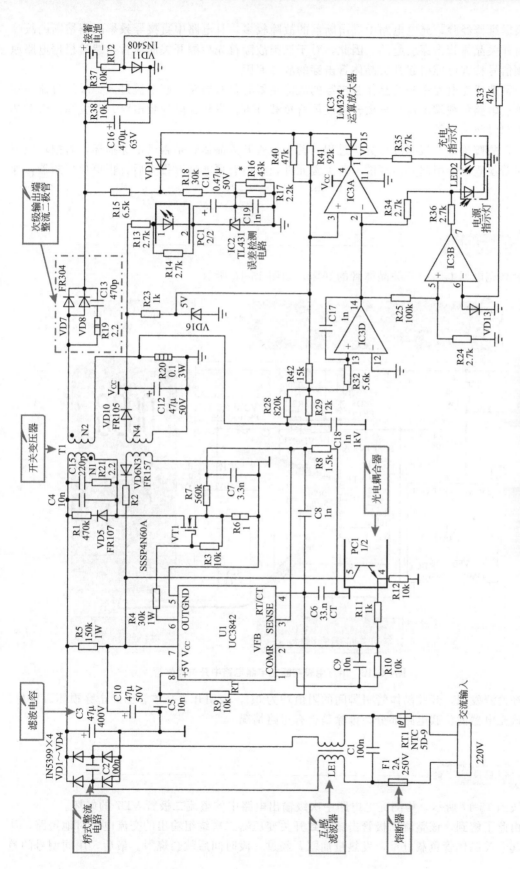

图 15-15 南京西普尔 SP362 PCB 牌充电器电路原理图

根据维修经验,充电电路中烧熔断器的故障较多,且电路中直接导致熔断器熔断的故障多是由开关晶体管击穿引起的。因此,对于该类故障首先检测开关晶体管,然后根据电路原理,顺信号检查可能引起开关晶体管击穿的故障原因。

通常造成充电器中开关晶体管击穿的故障主要有负载短路引起电流过大,瞬间过流击穿晶体管;电路负载端不良,导致开关晶体管负载过重,发热加剧导致击穿;开关晶体管散热不灵引起过热击穿等。

(3) 故障检修　根据故障分析过程,首先检查开关晶体管是否已击穿损坏,若损坏应更换,接着检查可能引起其击穿的一些关键元件,将所有可能情况排查后,再更换熔断器,通电测试。

演示图解

检测充电器电路中开关晶体管的好坏,如图15-16所示。

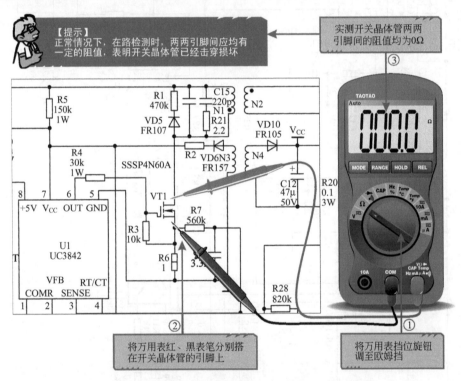

图 15-16　用万用表判断充电器电路中开关晶体管

经检测发现,开关晶体管引脚间的阻值均为0Ω,表明开关晶体管已经击穿损坏。接着,检查该充电器的负载电路部分,排除是否有短路情况。

演示图解

按图15-17所示,检测充电电路中次级输出电路中的整流二极管VD7的好坏。

由此了解到,该整流二极管击穿导致开关变压器二次绕组输出的交流电压对地短路,从而引起开关晶体管负载过重,发热量加剧,经过一段时间后就会烧毁。最后,用同型号的整

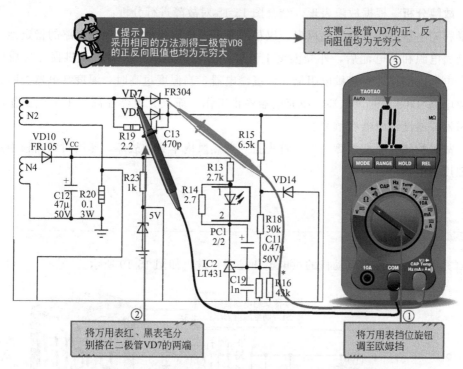

图 15-17 检测充电电路中次级输出电路中的整流二极管 VD7

流二极管、开关晶体管和熔断器进行更换后，通电检测，故障排除。

15.1.5 顺泰牌电动自行车充电器温度过高的检修实例

(1) 故障表现 一只顺泰牌充电器充电时，其外壳温度很高，用手感觉不到内部风扇转动所产生的气流。图 15-18 所示为顺泰牌充电器电路原理图。

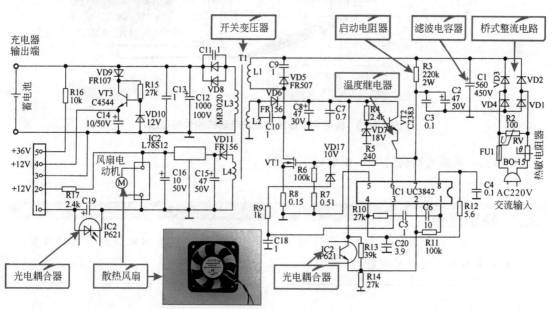

图 15-18 顺泰牌充电器电路原理图

(2) 故障分析 根据故障表现，结合图 15-18 对故障进行分析：

顺泰牌充电器内部带有散热风扇，以帮助充电器电路板散热，提高电路的稳定性。当将充电器接通电源和蓄电池后，外壳温度上升较快，可能是由于风扇电动机损坏造成的。此外，该充电器内部设计有热敏电阻器和温度继电器，当温度过高时，温度继电器会断开开关振荡集成电路（IC1）的供电端，使充电器停止工作。而该充电器在高温下依然工作，说明热敏电阻器或温度继电器有故障。

(3) 故障检修 根据故障分析，首先排除散热风扇本身的故障，然后对电路板中热敏电阻器及温度继电器进行检修。

演示图解

检测充电器散热风扇电动机的供电电压是否正常，如图 15-19 所示。

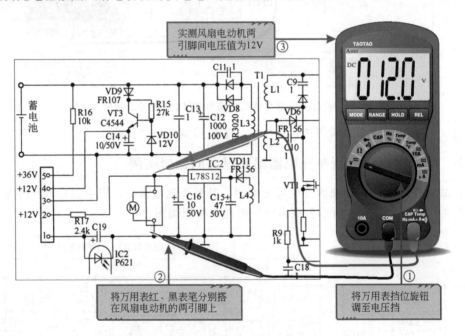

图 15-19　检测充电器散热风扇电动机的供电电压

经检测，风扇电动机的 12V 供电电压正常。

特别提示

按图 15-20 所示，将风扇电动机拆下后并对风扇电动机转轴部分进行润滑修复，重新安装后风扇可正常旋转。

将风扇的故障排除后，为进一步确认充电器是否良好，可对该电路板中的关键元器件（如热敏电阻器）进行检测。

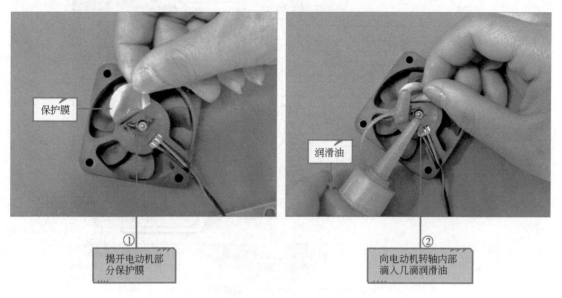

图 15-20 对风扇电动机转轴部分进行润滑修复

演示图解

检测充电路电路板上热敏电阻器是否正常，如图 15-21 所示。

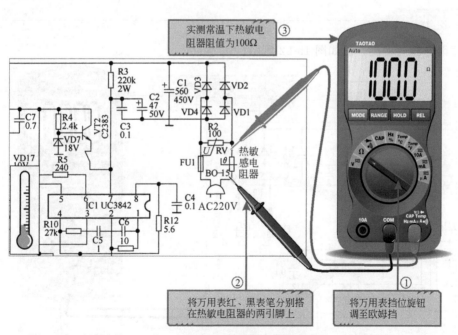

(a) 常温下检测热敏电阻器的电阻值

图 15-21

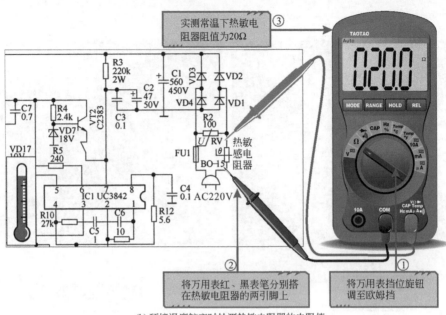

(b) 环境温度较高时检测热敏电阻器的电阻值

图 15-21　检测充电路电路板上热敏电阻器是否正常

经检测可以看到，当改变其环境温度时，热敏电阻器（属于负温度系数电阻器）的阻值有明显的变化，且随着温度的增加，热敏电阻器的温度下降，说明热敏电阻器性能正常。接下来，对该充电器中的控制器件（如温度继电器）进行检测。

演示图解

温度继电器的检测方法如图 15-22 所示。

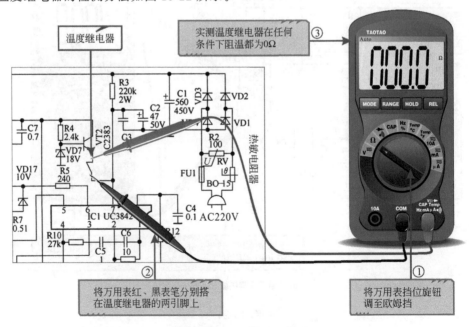

图 15-22　检测温度继电器

发现温度继电器在任何条件下阻值都为0Ω，怀疑该器件损坏。将温度继电器代换后，进行充电测试，故障排除。

15.1.6 奔达牌电动自行车充电器不能浮充的检修实例

（1）故障表现 一辆奔达牌电动自行车在行驶过程中有异常的响声，虽然仍可以正常行驶，但是在到达目的地时不能对蓄电池进行充电。

（2）故障分析 根据故障表现，对故障原因进行分析：

充电器不能浮充，可能是由于路途中颠簸使蓄电池中连接引线或连接接口发生脱焊现象引起的故障，应当重点对蓄电池内部引线等进行检查。

检查充电器的充电接口处是否发生脱落，若其正常，应当检查蓄电池内部的连接引线是否有开焊现象，并检查蓄电池中是否有异物，导致异常响声。图15-23所示为蓄电池无法充电检修流程图。

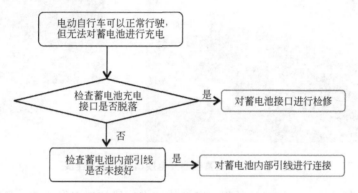

图 15-23　蓄电池无法充电检修流程图

（3）故障检修 可按图15-23所示的检修流程进行故障排查。

演示图解

按图15-24所示，检查蓄电池外观与接口是否发生松动。

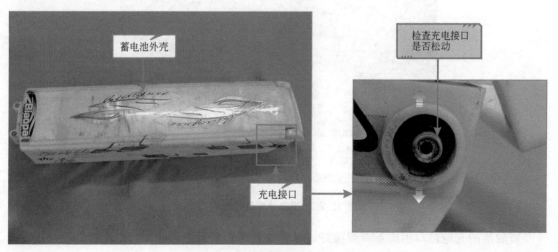

图 15-24　检查蓄电池外观与接口

经检查发现充电器充电接口有松动的故障。接下来,将蓄电池的外壳打开,观察充电器接口与引线的连接是否出现异常。

演示图解

检查蓄电池充电接口与引线的连接,如图 15-25 所示。

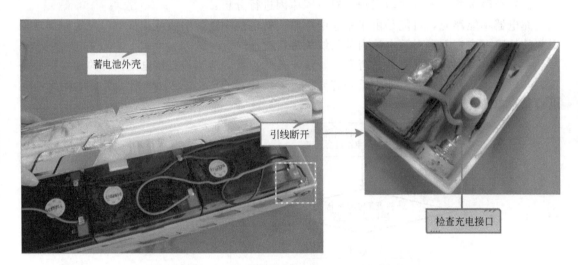

图 15-25　检查蓄电池充电接口与引线的连接

经检查发现蓄电池充电接口处的焊点断开,并有一段接口引线脱落,导致电动自行车在骑行中有异常响声;由于只是充电接口引线脱落,未影响到输出接口的电压输出,所以电动自行车仍能正常骑行,图 15-26 所示为该蓄电池电压输出接口。

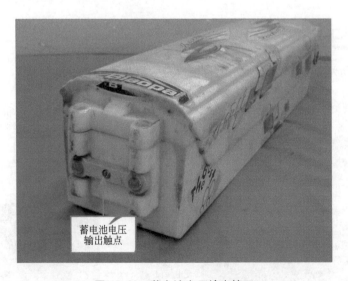

图 15-26　蓄电池电压输出接口

将脱落的充电接口引线重新焊接好,电动自行车在骑行中无异常响声,可以进行正常充电,故障排除。

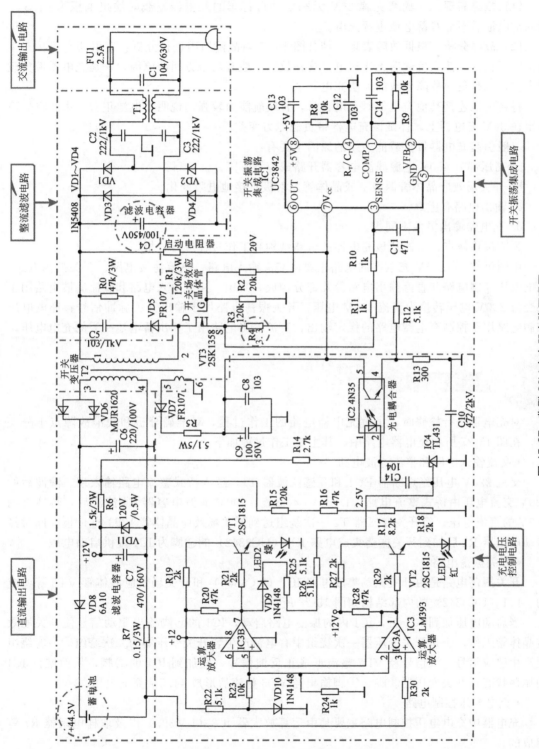

图 15-27 典型 36V 充电器电路原理图

15.1.7 塞克牌电动自行车充电器不能浮充的检修实例

(1) 故障表现　一辆塞克牌36V无刷电动自行车的充电器空载时输出电压为44.5V，接入蓄电池后不能对蓄电池进行充电。

(2) 故障分析　根据故障表现，结合图15-27对故障原因进行分析：充电器空载状态下输出电压正常，接入负载后无法充电，这种故障一般有两个方面的原因，一是充电器带负载能力差，二是负载故障导致的无法充电。

将蓄电池连接其他充电器时充电正常，且续航能力较强，说明蓄电池正常。由此将故障锁定在36V充电器上，怀疑该充电器带负载能力变差。

一般引起充电器带负载能力差的原因主要有：

a. 高压部分400V电源滤波电容器开路或容量下降。

b. 开关场效应晶体管源极（或晶体管发射极）接地电阻变化。

c. 输出电路有虚焊。

d. 充电器输出极性不同等。

为明确检修点，下面从该充电器的电路结构和工作过程进行分析。

由图可知，该36V充电器的电路主要由交流输入电路、整流滤波电路、开关振荡电路、充电电压控制电路和直流输出电路等几部分构成。其中，交流输入电路和整流滤波电路用于将交流220V电压转换为直流300V电压，开关振荡电路用于输出开关脉冲信号；充电电压控制电路用于控制充电器电路的稳定输出，直流输出电路用于输出蓄电池所需的充电电压。

相关资料

对充电器进行检修时，了解充电器电路的工作过程，对准确分析和找准故障点十分关键。在图15-27所示充电器电路中，其主要工作过程如下。

• 交流输入电路和整流滤波电路

交流220V电压经熔断器FU1和互感滤波器T1，送入桥式整流电路输入端。滤波后的220V交流电压由桥式整流电路VD1～VD4整流、400V滤波电容器C4滤波后，转换为约300V的直流电压，经开关变压器T2一次绕组送到开关场效应晶体管VT3的D极，同时经启动电阻器R1后加到开关振荡集成电路IC1（UC3842）的⑦脚为IC1提供启动电压。

• 开关振荡电路

开关振荡电路是由开关振荡集成电路IC1（UC3842）和开关场效应晶体管VT3等构成的。IC1（UC3842）的内部结构如图15-28所示。

当启动电压加到IC1后，IC1内的振荡电路启动，IC1的⑥脚输出驱动信号使开关场效应晶体管工作，于是开关变压器一次绕组中有电流产生，开关变压器的二次绕组⑤～⑥绕组便产生感应信号。该信号经VD7整流形成正反馈信号，叠加到IC1的⑦脚，从而维持IC1的振荡状态；开关变压器③脚、④脚输出经VD6整流后形成44.5V充电电压。

• 充电电压控制电路

充电器中充电电压控制电路主要是由运算放大器IC3（LM393）以及取样电阻器R7等组成的。

当充电器开始对蓄电池充电时，充电电流较大，蓄电池两端的电压会慢慢上升。R7为充电电流取样电阻器，电流大时R7上的压降则高，电流小时R7上的压降则低。正常充电

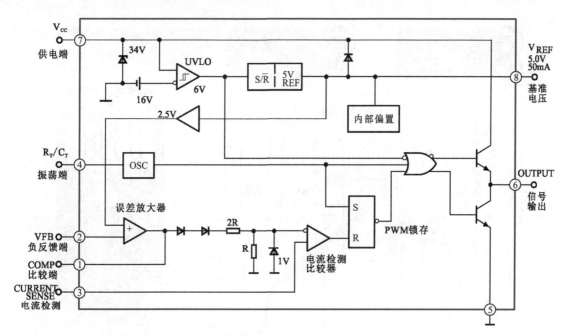

图 15-28 IC1（UC3842）的内部结构图

时，R7 上的压降大，送到 IC3A 的③脚的电压高于②脚。IC3A 的①脚则输出高电平，从而使 VT2 导通，红色指示灯亮。当充电完成时，充电电流减小，R7 上的电压降低，IC3A 的①脚的电压降低，使 IC3B 的⑥脚的电压降低，从而使⑦脚电压升高，VT1 导通，绿色指示灯亮，表示充电完成。

在充电完成时，运算放大器 IC3B 的⑦脚输出一个高电平信号，经二极管 VD9（1N4148）将高电平信号送至电压检测电路 IC4（TL431）的输入端，IC4 的阻抗降低，使流经光电耦合器 IC2 内部发光二极管的电流增大，经光敏晶体管将信号反馈到开关振荡集成电路 IC1 的②脚，使其内部振荡电路降低输出驱动脉冲信号占空比，使开关场效应晶体管 VT3（2SK1358）的导通时间缩短，输出电压降低，电流减小，完成反馈信号的工作过程。

(3) 故障检修 根据上述故障分析，应重点检测电路中的电容器 C4、电阻器 R4 和输出电路部分。

演示图解

按图 15-29 所示，借助万用表检测电容器 C4 的电容量，判断电容器 C4 的好坏。

经检测可知，400V 滤波电容器 C4 的电容量为 $99.8\mu F$，与标称值 $100\mu F$ 相近，说明该滤波电容器正常。接着，根据故障分析，检查开关场效应晶体管 VT3 源极所接电阻器 R4。

演示图解

借助万用表检测电阻器 R4 的电阻值，判断电阻器 R4 的好坏，如图 15-30 所示。

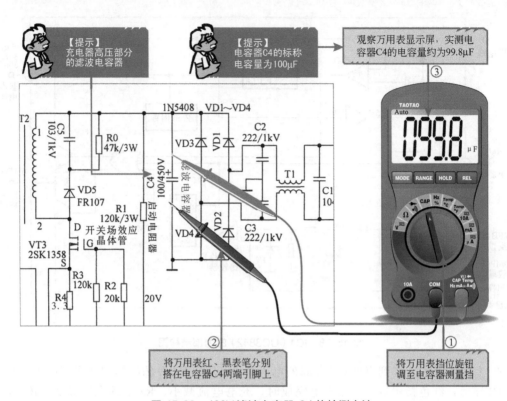

图 15-29　400V 滤波电容器 C4 的检测方法

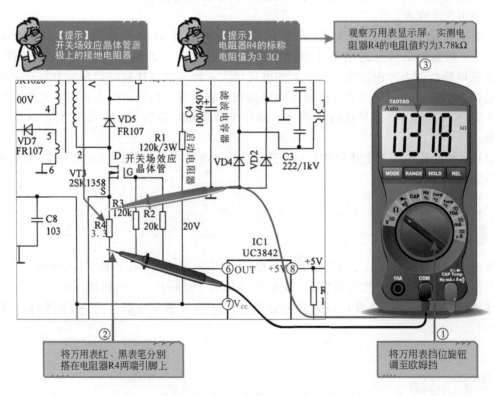

图 15-30　开关场效应晶体管源极接地电阻 R4 的检测方法

经检测可知，电阻器 R4 的电阻值为 3.78kΩ，与标称值 3.3Ω 相差较大，怀疑该电阻器损坏引起充电器工作异常。用同规格电阻器代换后，通电测试，故障排除。

15.2 蓄电池故障的检修实例

15.2.1 有刷电动自行车蓄电池续航能力差的检修实例

(1) 故障表现 电动自行车使用不到半年的时间后，行驶里程明显缩短，经检查发现蓄电池容量大幅下降。

(2) 故障分析 根据故障现象，对故障原因进行分析：电动自行车使用时间较短，蓄电池仍属于新电池的范围。根据维修经验，蓄电池容量大幅下降的原因主要有三个方面：一是蓄电池本身质量差；二是使用不当，经常对蓄电池进行过充电或过放电引起蓄电池容量下降；三是控制器欠压保护不良，使蓄电池一直处于过放电状态。

一般情况下为了确保蓄电池正常充、放电和延长蓄电池的使用寿命，在负载状态下，当蓄电池放电使电压下降接近放电终止电压时，控制器中的电压取样电阻器会检测到该信号，并将该信号送往仪表盘，使其欠压指示灯亮，提醒用户及时充电，实现对蓄电池的保护功能。

首先排查蓄电池因本身质量问题引起的容量下降，然后重点检查蓄电池的标配部件即充电器输出的电压是否存在过高或过低现象，引起蓄电池长期过充或欠充电。若上述均正常，则应检查控制器对蓄电池的欠压保护功能是否正常。

该电动自行车的控制电路如图 15-31 所示。由图可知，该控制电路中的欠压保护电路主要是由电压比较器 LM339 中的 G 部分、取样电阻器 R11、R12 及可变电阻器 RP1 等部分构成的，应重点对 LM339、R11、R12 及 RP1 等部分进行检修和调整。

由图可知，该电路中蓄电池欠压保护电路主要由 LM339 芯片 G（电压欠压比较器）与其他元器件等进行控制。当蓄电池输出 +36V 电压供电，通过电阻器 R11、可变电阻器 RP1 和电阻器 R12 取样后的电压加载到 G 的⑧脚；电压比较器的⑨脚为 5V 基准电压端，为比较器的同相输入端提供参考电压。

当蓄电池放电电压未达到 31.5V 时，经电阻器分压后，由分压点送入 LM339 芯片 G⑧脚的电位高于⑨脚电位（即⑧脚电压大于 5V），由⑭脚输出低电平，PWM 调制器正常工作，电动机正常运转。

当蓄电池不断进行放电，电压达到或接近 31.5V 时，LM339 芯片 G 的⑧脚电位低于⑨脚电位，于是由⑭脚输出高电平，通过二极管 D3 与电阻器 R7 使 LM339 芯片 E（PWM）的⑥脚电位超过⑦脚的锯齿波脉冲幅度，由①脚输出低电平，使驱动电路中的晶体管 VT1 截止、VT2 导通，使场效应晶体管 VT3 截止，电动机停止转动，实现欠压保护功能。通过调整可变电阻器 RP1 可以设置欠压保护电路的控制电压值。

(3) 故障检修 通过检查蓄电池的标识信息了解到，该蓄电池为正规厂家生产，并有产品质量合格的保证，排除其本身质量问题。

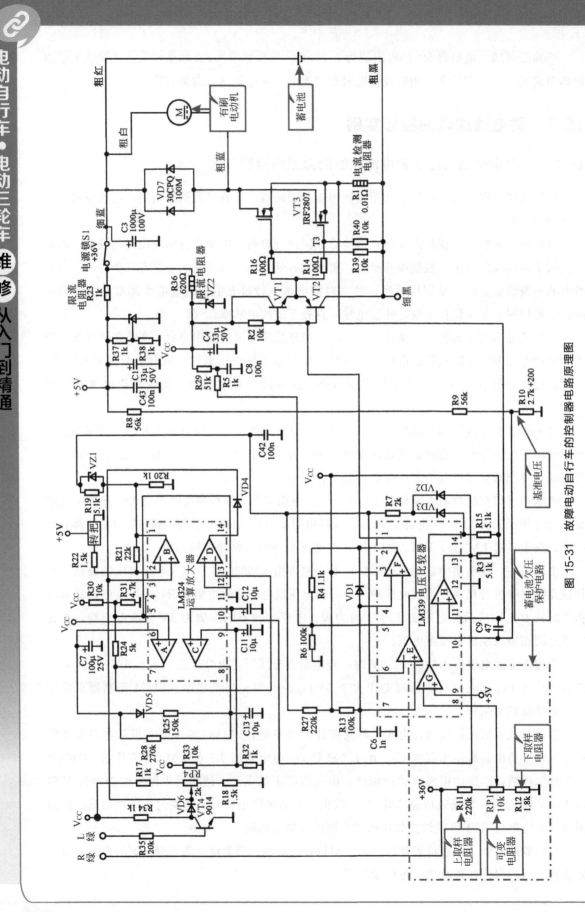

图 15-31 故障电动自行车的控制器电路原理图

演示图解

检测充电器输出电压，如图 15-32 所示。

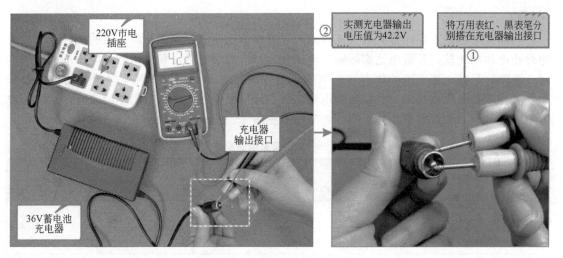

图 15-32　检测充电器输出电压

经检测，充电器输出电压值为 42.2V，表明充电器未有过充或欠充现象。由此怀疑控制器电路中的欠压保护电路欠压点过低，引起蓄电池损坏。但切不可盲目对控制器进行拆卸，首先可通过测试进行确认。可将蓄电池充满电后骑行，当电动自行车的欠压指示灯第 2 次亮时，在电动自行车蓄电池输出电压接口处测量其正、负极间的电压值。

演示图解

按图 15-33 所示，使用万用表检测蓄电池欠压时输出的电压值。

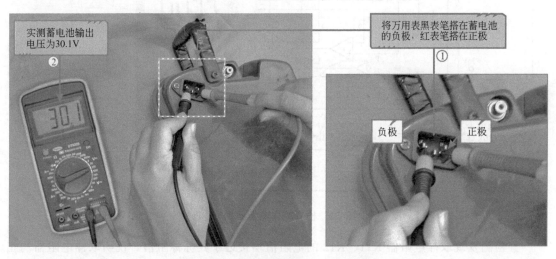

图 15-33　蓄电池欠压时输出的电压值

实测在电动自行车显示仪表盘显示欠压状态时，蓄电池输出电压为 30.1V，而正常情况下 36V 蓄电池的放电终止电压为 31.5V，说明控制器的欠压点过低，应对控制器内部电路进行维修或调整。

相关资料

判断充电器是否存在过充或欠充现象时，需要蓄电池实际电压与蓄电池的额定电压和充电终止电压相比较，若蓄电池实际输出电压在蓄电池的额定电压和充电终止电压范围内基本属于正常。另外，蓄电池的放电终止电压也是控制器对蓄电池进行欠压保护时的最低电压值，若控制器欠压点过低，会导致蓄电池电压下降至放电终止电压后仍继续放电，从而导致蓄电池过放电，引起容量大幅下降。各项参数见表15-1所列。

表 15-1　铅酸蓄电池参数　　　　　　　　　　　　　　　　V

参数	单格铅酸蓄电池	单体铅酸蓄电池（含6格）	36V 铅酸蓄电池（含3块单体蓄电池）	48V 铅酸蓄电池（含4块单体蓄电池）
额定电压	2	12	36	48
放电终止电压	1.75	10.5	31.5	42
充电终止电压	2.45	14.7	44.1	58.8

演示图解

使用万用表检测取样电阻器 R11、R12 是否正常，如图 15-34 所示。

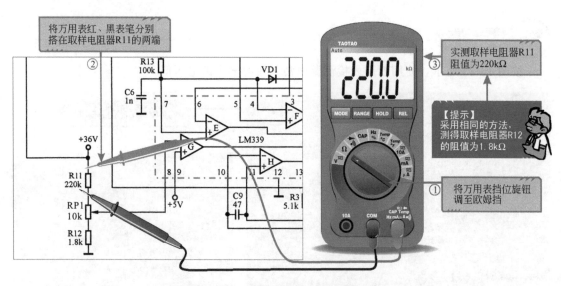

图 15-34　检测取样电阻器 R11、R12

经检测发现取样电阻器 R11、R12 的电阻值均接近于其标称阻值，说明取样电阻器均正常。接着，调整可变电阻器滑片的位置，并使其欠压点提升至 31.5V 或稍高于 31.5V，使控制器欠压保护功能正常工作。最后，对容量下降后的蓄电池进行放电或脉冲修复，使其容量恢复到 85% 以上后，即可装车使用。

相关资料

控制器是电动自行车的控制核心，其主要用于驱动电动机旋转；在转把的控制下改变电动机的驱动电流，实现调速；在闸把的控制下切断输出电流，实现刹车控制；对蓄电池电压进行检测，在蓄电池存储的电压接近"放电终止电压"时，通过显示仪表部分显示电量不足，当蓄电池达到终止电压时，通过取样电阻器将该信号送到比较器，由电路输出保护信号，切断电流以保护蓄电池不至于过放电；还有就是过流保护，保护电动机的启动电流在正常范围内，若启动电流过大或切断电源起到保护作用。

15.2.2 有刷电动自行车蓄电池存电能力差的检修实例

(1) 故障表现 电动自行车在蓄电池满电条件下存放几天后再使用时，接通电源便指示蓄电池电量不足，提示需充电。

(2) 故障分析 根据故障表现，对故障原因进行分析：电动自行车蓄电池放置一段时间后存电不足或无电，属于其自放电故障。该类故障多是由蓄电池供电导线对地短路、蓄电池内部故障引起的。

需要注意的是，在正常情况下，蓄电池自行放电是不可避免的。但如果每天蓄电池放电使其容量下降2%以上，则表明蓄电池存在自放电严重的情况，需要及时排查。

首先应排查出蓄电池本身以外的不良情况，如首先检查电源供电电路中某处导线存在轻微接地短路情况，若供电电路正常，则多是由蓄电池本身不良引起的，需要对蓄电池进行修复操作。

(3) 故障检修 根据故障分析，首先检测蓄电池供电电路中有无短路故障。

演示图解

使用万用表检测供电电路中是否存在短路故障，如图15-35所示。

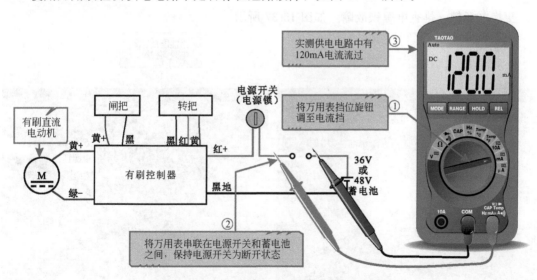

图15-35 检测供电电路中是否存在短路故障

经检测发现，在未接通电源锁时，万用表中便显示有 120mA 的电流流过，说明该供电电路中有电流流过，也就是说有电流回路。而该电流较小，怀疑供电引线有轻微短路的故障。

演示图解

按图 15-36 所示，使用万用表检测供电电路中是否有电流流过。

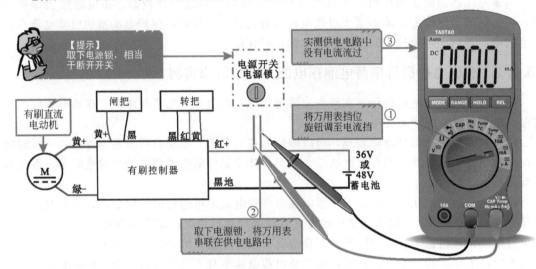

图 15-36　取下电源锁后测试供电电路中是否有电流流过

可以看到，万用表读数为 0A，说明短路情况被排除，怀疑之前的短路故障是由电源锁内部触片短路引起的。

演示图解

更换电源锁，排查电源锁故障，如图 15-37 所示。

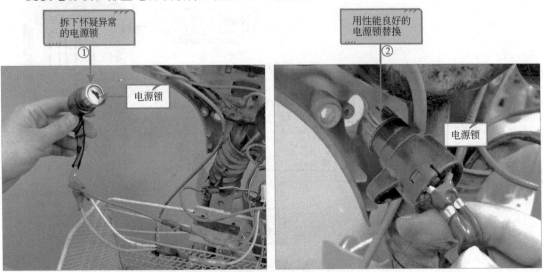

图 15-37　用性能良好的电源锁进行更换

用性能良好的电源锁进行更换后,供电电路中的电流为 0A,说明故障排除。

相关资料

若在初步的测量检测中,毫安表的读数为 0mA,表明该电动自行车的供电线路中绝缘良好。而引起蓄电池存放一段时间后电量下降的故障多是由蓄电池自身自放电引起的,此时应对蓄电池部分进行检修。

常见的引起蓄电池自放电的原因主要有:蓄电池电解液干涸;蓄电池中的电解液不纯净;蓄电池表面潮湿;蓄电池隔板脱落或腐蚀穿孔;蓄电池极板破损或活性物严重脱落;蓄电池存放过久,导致电解液浓度上下不均匀等,如图 15-38 所示。

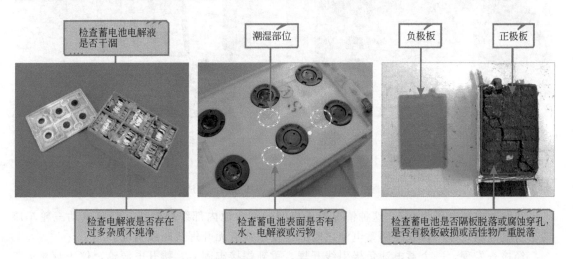

图 15-38　蓄电池自身故障引起自放电严重的原因

15.2.3　永盛牌电动三轮车仪表无显示、电动机不转的检修实例

(1) 故障表现　一辆永盛牌无刷电动三轮车接通电源锁后,仪表盘无任何显示,旋动转把时电动机不转,电动三轮车无法工作。

(2) 故障分析　根据故障表现,说明当前电动三轮车整车无电,可能出现的情况有:

a. 主供电电路中熔断器熔断。

b. 蓄电池损坏无输出。

c. 蓄电池连接线路开焊断路。

d. 电源锁损坏。

e. 蓄电池插头接触不良。

根据上述几种可能出现的情况,可首先对蓄电池输出电压进行检测,若无电压则说明故障存在于蓄电池内部,应对插头、内部接线等进行检查;如电压正常,说明故障存在于外部供电电路,重点检查熔断器、电源锁、供电电路有无断路等情况。

(3) 故障检修　根据故障分析,首先判断大致故障部位。用万用表直流电压挡检测蓄电池的输出电压。

演示图解

蓄电池输出电压的检测方法如图 15-39 所示。

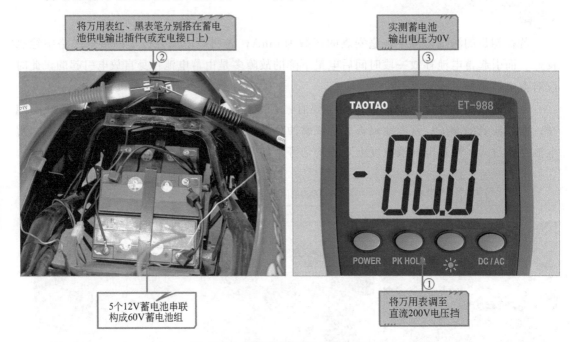

图 15-39 蓄电池输出电压的检测方法

实测蓄电池电压为 0V，这种情况属于典型的蓄电池内部线路断线。打开电动三轮车座椅下蓄电池箱，逐一检查两两蓄电池之间的连接引线有无开焊或断线情况。

经检查发现，一个蓄电池负极引线开焊，重新焊接牢固后，接开电源锁，仪表盘显示正常，电动机转动正常，故障排除。

15.2.4 美嘉牌无刷电动三轮车电动机转速慢、行车无力的检修实例

(1) 故障表现　一辆美嘉牌 60V 无刷电动三轮车电动机转速慢，行车无力。

(2) 故障分析　根据故障表现，引起电动三轮车电动机转速慢、行车无力的情况有：

a. 转把损坏。

b. 蓄电池容量不足或损坏。

c. 控制器或电动机损坏。

(3) 故障检修　根据故障分析，首先接通电源锁，用万用表直流电压挡检测转把输出的调速信号。实测转把旋到最大角度时，调速线送至控制器的调速电压为 4.2V（正常）。

接下来，排查蓄电池部分，打开电动三轮车座椅下部的蓄电池箱，检查蓄电池连接线有氧化现象，断开蓄电池极柱上的连接线，用蓄电池检测仪检测蓄电池电量。

电动三轮车蓄电池电量的检测方法如图 15-40 所示。

检测发现一个蓄电池电量过低，怀疑该蓄电池内部硫化严重，用新蓄电池替换掉异常的

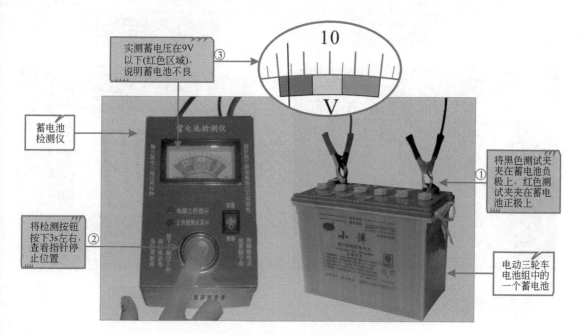

图 15-40 电动三轮车蓄电池电量的检测方法

蓄电池,并将蓄电池之间的引线按照串联关系连接完成后,通电试车,电动机转速恢复正常,故障排除。

15.2.5 宇峰牌电动三轮车充满电后启动时电量下降过快的检修实例

(1) 故障表现 宇峰牌 60V 电动三轮车在充满电后,仪表显示电量充足,但当旋动转把至最大角度时,仪表显示电量下降过快,四个电量指示灯仅剩余一个;松开转把后,四个指示灯又全亮,指示电量满。

(2) 故障分析 根据故障表现,蓄电池电量下降过快可能是蓄电池内部有故障,也可能为充电器异常。检修时,应首先排除充电器故障,然后针对蓄电池进行检查。

(3) 故障检修 根据故障分析,首先用万用表直流电压挡检测该电动三轮车充电器输出充电电压正常,且将该充电器与已知良好的 60V 蓄电池组连接后,各种指示状态也正常,说明充电器正常。

接下来,需要针对蓄电池进行检查,打开电动三轮车后车厢,用万用表检测每个蓄电池的电压值。

演示图解

电动三轮车蓄电池电压的检测方法如图 15-41 所示。

实测五个蓄电池中,有一个蓄电池电压为 9.8V,低于最低欠压保护值 10.5V,用蓄电池容量检测仪检测这个蓄电池的容量过低,说明该块蓄电池已经损坏。将损坏的蓄电池从电池组中分离出来,替换上一个新的蓄电池,或同时更换五块蓄电池后,重装车试验,故障排除。

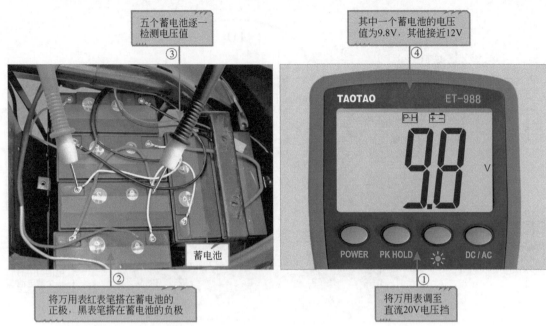

图 15-41　电动三轮车蓄电池电压的检测方法

第16章 电动自行车突发故障的检修实例精选

16.1 淋雨后突发故障的检修实例

16.1.1 阿米尼牌电动自行车淋雨后无法行驶的检修实例

（1）故障表现　一辆阿米尼牌36V无刷电动自行车在大雨中骑行过程中，电动机突然不转，但电动自行车仪表盘显示正常，照明系统及喇叭也正常。

（2）故障分析　根据故障表现，对故障原因进行分析：这辆电动自行车一直行驶正常，在淋雨后出现无法启动故障，而且电动自行车车仪表盘、照明系统、喇叭等均正常，说明电动自行车的供电系统正常，怀疑故障是由电动机进水引起的。

通常情况下，电动自行车的电动机均有一定密封性，但尽量不要在大雨天气或路面积水过多的情况下行车，否则骑行较长时间后，气密性一旦降低，就很容易导致电动机进水或内部潮湿。

对于电动机进水的故障，一般首先可采用烘干法，即用热源烘干电动机内部，看是否能够排除故障。若烘干后故障依旧，则说明是由电动机内部短路引起的，应重点对电动机的霍尔元件及引线部分进行检修。

> **▶▶▶ 特别提示**
>
> 需要注意的是，在电动机拆解前，仍需要先排查一下电动机控制电路部分（闸把、转把、控制器构成的控制电路）故障，若控制电路均正常，再按照上述分析步骤对电动机进行拆解和处理。

（3）故障检修　根据上述故障分析，首先排查电动机的控制电路部分是否存在故障。

> **演示图解**
>
> 按图16-1所示，首先拨开闸把开关引线与控制器的连接插件，排查闸把故障。
> 经检查发现，断开闸把引线后，电动机仍不能启动，排除因闸把引线短接导致电动机断电无法启动故障。接下来，通过简单操作排查转把故障。

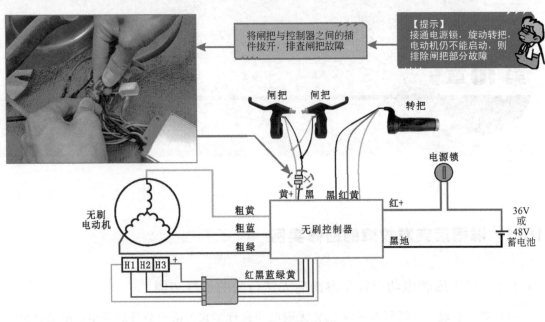

图 16-1 排查闸把故障

演示图解

通过导线短接法检查电动自行车转把故障,如图 16-2 所示。

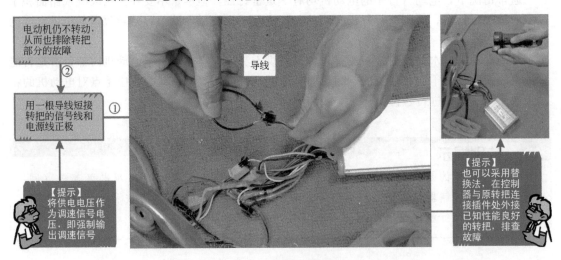

图 16-2 排查转把故障

经检查发现,电动机仍不转动,从而也排除转把部分的故障。接下来,还需要检查控制器是否正常。

演示图解

用万用表检测控制器驱动信号输出端有无信号输出,如图 16-3 所示。

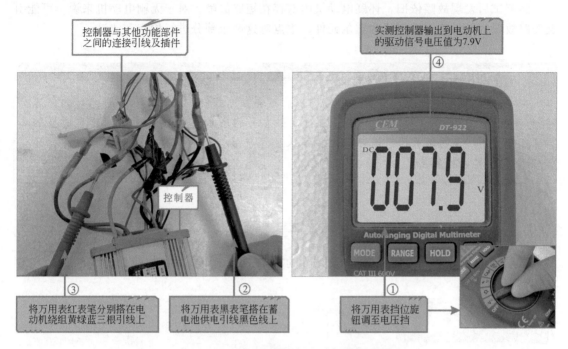

图 16-3 检测控制器输出端的驱动信号

经检查发现，控制器驱动信号输出端的电压值均在正常范围内，也排除了控制器的故障，由此将故障锁定在电动机部分。

演示图解

将电动机进行拆解，并将电动机放到阳光下进行晾干或用电吹风将电动机内部烘干，如图 16-4 所示。

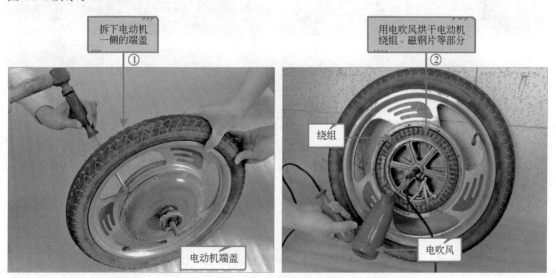

图 16-4 拆解电动机并进行烘干

经测试后发现故障依旧，怀疑电动机内部存在短路故障。对于无刷电动机来说，可能引起短路故障的部件主要有引线和霍尔元件，重点对这两个部分进行检查和测试。

>>> **特别提示**

在维修实践中发现，有些电动机进水后不会立刻损坏，但由于已经进水，内部容易产生锈蚀。若在这种情况下继续骑行，很容易将轴承磨损。若听到后轮有明显的"咯吱"声，说明轴承已经损坏，内部钢珠已经碎裂。因此，除了烘干电动机外，还需要更换电动机轴承。

演示图解

按图 16-5 所示，用万用表检测电动机霍尔元件，判断有无短路故障。

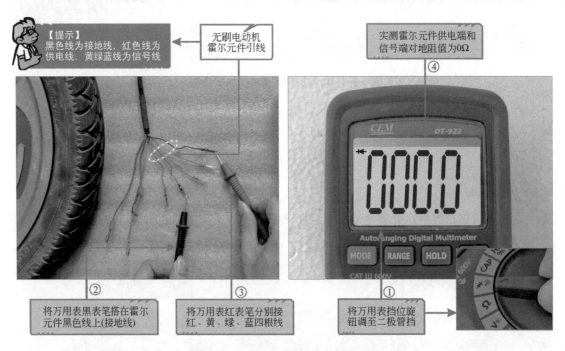

图 16-5 用万用表检测霍尔元件

可以看到，万用表显示读数为 0Ω，怀疑引线短路或霍尔元件短路。从接口插件处到电动机轴端检查引线均未发现异常，由此怀疑霍尔元件存在短路故障，应更换。

演示图解

按图 16-6 所示，选配同型号霍尔元件将电动机上的 3 个霍尔元件进行代换。

用同型号的霍尔元件进行替换后，将电动机重装并进行调整和测试，然后通电试车，故障排除。

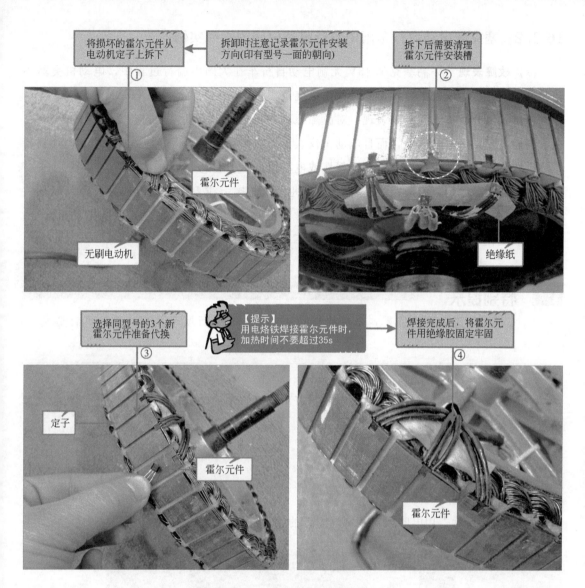

图 16-6 霍尔元件代换的方法

>>> **特别提示**

霍尔元件短路需要用同型号霍尔元件进行更换。不论霍尔元件是否全部损坏,都需要同时更换。

代换霍尔元件时需要注意:

(a) 代换的 3 个霍尔元件型号应完全相同,不能相混搭配。

(b) 代换霍尔元件安装方式应与原霍尔元件相同,即原霍尔元件型号面向上,代换用的霍尔元件型号面也应向上(保持电动机相位角相同)。

(c) 代换过程中,用电烙铁焊接霍尔元件不能超过 35s,否则可能烧毁霍尔元件。

(d) 将霍尔元件牢固粘在电动机定子上后,其引脚部分需要垫好绝缘纸,防止霍尔元件引脚与定子绕组接触。

16.1.2 塞克牌电动自行车雨中骑行突然停转的检修实例

(1) 故障表现　一辆塞克牌 48V 无刷电动自行车在大雨中骑行过程中，电动机突然不转，但电动自行车仪表盘显示正常，照明系统及喇叭也正常。

(2) 故障分析　根据故障表现，对故障原因进行分析：这辆电动自行车一直行驶正常，在淋雨后出现无法启动故障，而且电动车仪表盘、照明系统、喇叭等均正常，说明电动自行车的供电系统正常，可能是由控制器损坏或电动机进水引起的。

为明确故障原因，一般以控制器与电动机之间连接引线上的电压值作为故障判断的关键。若控制器输出到电动机驱动信号电压正常，说明控制器正常，应重点检查电动机部分；若控制器无任何输出，则说明多为控制器损坏。

> **特别提示**
> 在通电检测之前，需要首先将控制器附近的线束进行吹干处理，然后进行通电测试。

(3) 故障检修　根据上述分析，首先拆开电动自行车的脚踏板找到控制器，并将控制器附近的线束进行吹干处理。

演示图解

如图 16-7 所示，用电吹风对控制器附近的线束进行吹干处理。

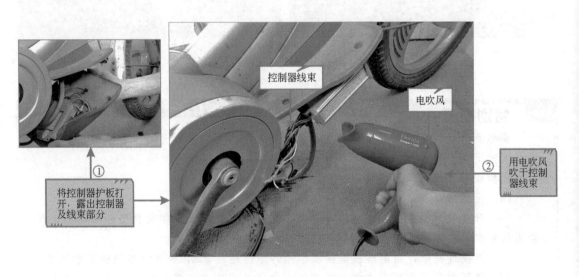

图 16-7　对控制器附近的线束进行吹干处理

📖 演示图解

用万用表检测控制器的输出电压，如图 16-8 所示。

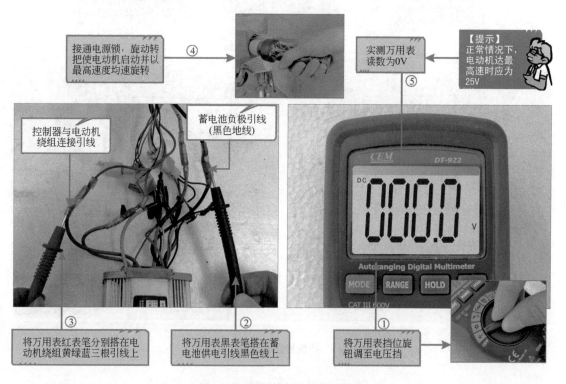

图 16-8 检测控制器的输出电压

经检测发现，控制器输出电压为 0V，说明控制器无输出。为进一步排查控制器故障，还需要确认控制器工作条件是否满足，即供电电压及调速信号是否正常。

根据分析可知，该电动自行车仪表盘灯均亮，说明供电电压正常，接下来应对调速信号进行检测。

📖 演示图解

如图 16-9 所示，旋动转把，检测转把输出的调速信号是否正常。

经检测发现，转把输出电压有 1～4.4V 变化，说明转把正常。由此可推断该故障是由控制器损坏引起的。

观察该电动自行车控制器的铭牌可知，其基本参数为 48V/350W 无刷控制器，用相同规格的控制器进行更换。

📖 演示图解

如图 16-10 所示，选配同规格的控制器进行代换。

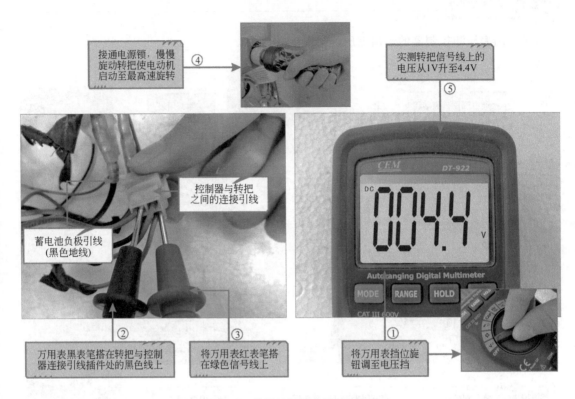

图 16-9 检测转把输出的调速信号

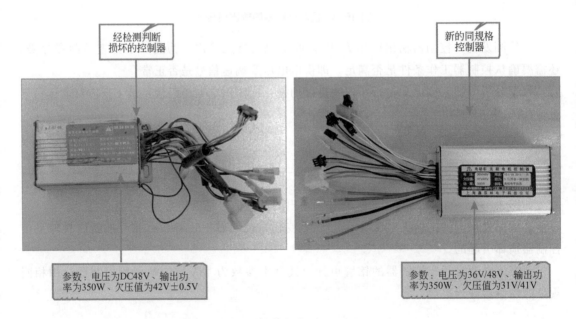

图 16-10 选配同规格的控制器进行代换

代换完成后缓慢旋动转把,检查电动机运转状态。若电动机反转,将控制器上的学习线断开重新连接,电动机运转正常后,将电动自行车脚踏板回装,故障排除。

16.2 正常行驶中突发故障的检修实例

16.2.1 津·阳光牌电动自行车突然停转的检修实例

(1) 故障表现　一辆津·阳光牌48V无刷电动自行车在正常骑行时，突然停止，旋动转把无反应，观察仪表盘显示正常，喇叭、车灯也正常，推行时发现阻力很大，有明显沉重感。

(2) 故障分析　根据故障表现，对故障原因进行分析：电动自行车出现故障之前仍正常骑行，且出现故障后仪表盘、指示灯等均正常，说明该车的蓄电池、转把等均正常，可能是控制器或电动机故障。可采用替换法进行排查，锁定故障范围。

(3) 故障检修　根据故障分析，用一台外置无刷电动机作为替换件，初步排查故障原因。

按图16-11所示，采用替换法排查控制器故障。

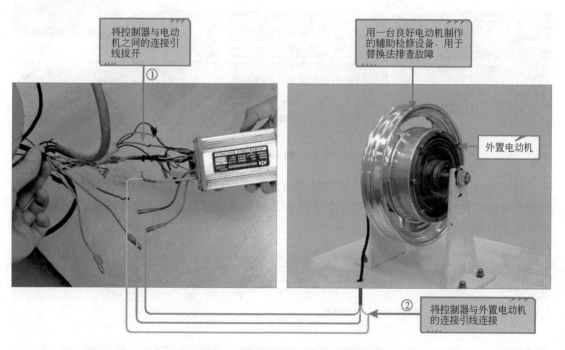

图16-11　采用替换法排查控制器故障

经检查发现转动转把时，外置电动机运转正常，因此排除控制器故障，由此可将故障锁定在电动自行车的电动机上，应对电动机进行检修。

用万用表检测电动机三根绕组引线两两间的阻值，判断电动机好坏，如图16-12所示。

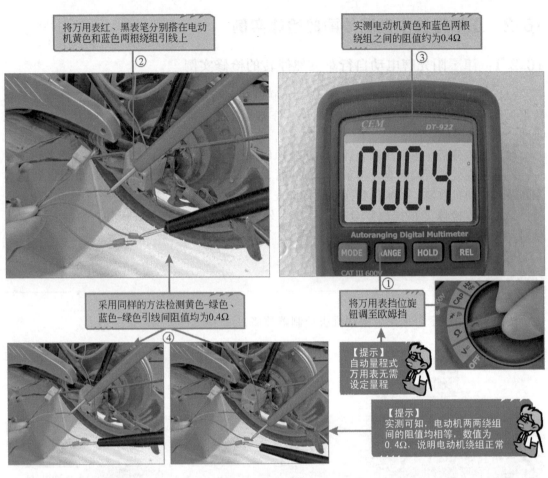

图 16-12 检测电动机绕组

经检测发现，该电动机三根绕组引线两两之间阻值相等，说明电动机绕组正常。接着用万用表检测电动机霍尔元件，发现霍尔元件也正常，由此怀疑电动机内部机械部件损坏，需要将电动机进行拆解。

演示图解

按图 16-13 所示，拆解故障电动机。

>>> **特别提示**

根据维修经验，除了用万用表检测电动机绕组阻值外，还可以通过电动机转动状态直接判断绕组有无短路或断路故障。

在电动机的三根绕组引线悬空的情况下，电动机用手空转应无阻力，任意两根相线短路，电动机有明显间断阻力，且阻力一致。若将无刷电动机绕组线与其他任意一根短路，没有阻力，说明其中一根绕组线存在断路故障。

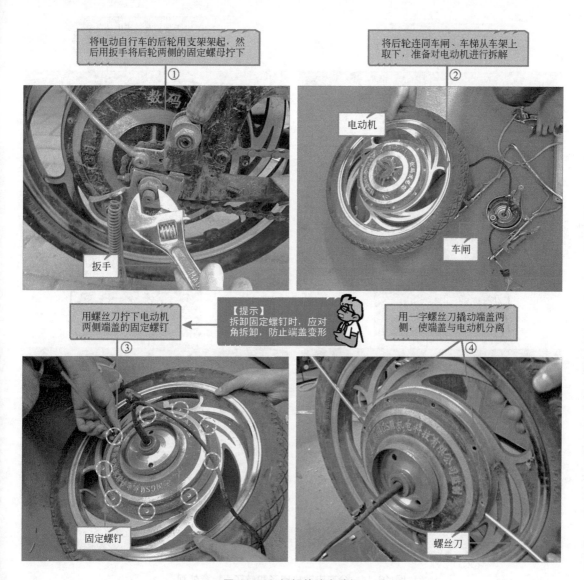

图 16-13 拆解故障电动机

演示图解

按图 16-14 所示,将电动机定子和转子分离,检查定子和转子有无明显损伤。

分离开电动机定子和转子后,明显看到电动机内部的转子磁钢和定子硅钢片上,已经严重的锈蚀,仔细观察发现全部为磨碎了的细铁粉,上述现象说明电动机曾经进水,内部的金属部分(硅钢片等)因为进水而锈蚀,又在使用的过程中将锈蚀部分的金属磨成了铁粉。

接下来,应对磁钢以及硅钢片上锈蚀的部分以及细铁粉进行仔细的清洁,检查能够恢复金属光泽。

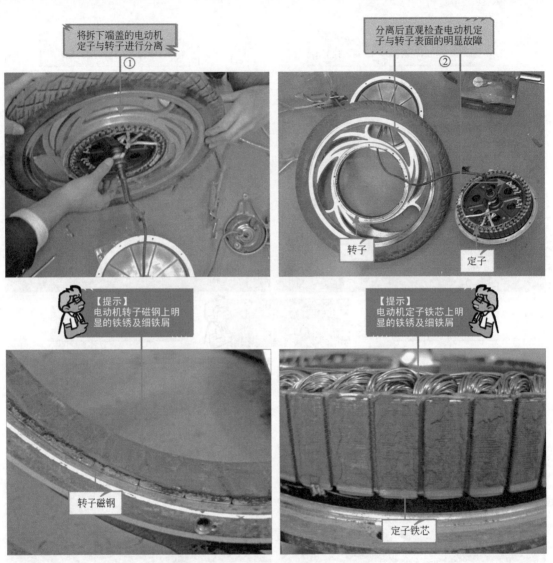

图 16-14 分离电动机定子和转子,检查外观

演示图解

如图 16-15 所示,清理电动机中的锈蚀。

在清理过程中发现,该电动机转子上的磁钢片已经松脱,稍用力擦拭便脱落,且脱落部位也严重锈蚀。由于损坏情况比较严重,准备更换电动机。

根据原电动机参数信息选取同规格电动机进行更换,如图 16-16 所示。

更换电动机后,将控制器与电动机引线连接牢固,接通电源进行调试,电动机运转正常,故障排除。

16.2.2 塞克牌电动自行车突然停转的检修实例

(1) 故障表现 一辆塞克牌 36V 无刷电动自行车经常载人骑行,在一次载人骑行中,

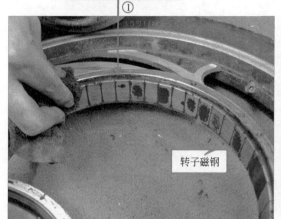

图 16-15 清理锈蚀

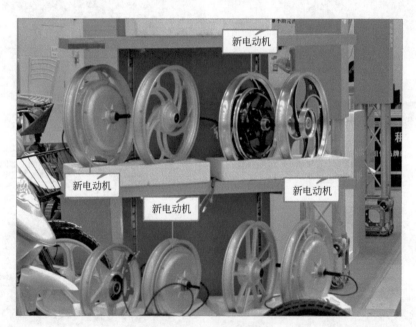

图 16-16 更换电动机

后轮出现"吱吱"噪声,当停下来检查后未发现异常;但当再次接通电源后,旋动转把,电动机不启动,拨动后轮也不转,出现抱死状态。

(2) **故障分析** 根据故障表现,对故障原因进行分析:该电动自行车经常载人骑行,且出现故障时也处于载人骑行状态,说明电动机后轮抱死可能与该车负载过重有关。

根据维修经验,后轮负载过重可能会引起电动机过热、端盖变形或控制器烧毁等故障,可根据各部件功能特性逐一排查。由于控制器烧坏后,电动机不启动,但不会出现抱死状态,由此推断应为电动机或后轮制动系统故障。

检修故障时,应首先排查电动机后轮的车闸有无故障或卡死状态。若车闸正常,则应对电动机进行检查,重点对电动机端盖和后轮轮毂部分进行检查。

(3) 故障检修 首先反复握紧和松开闸柄部分，感觉其刹车正常，弹簧恢复也很正常，说明其闸柄、闸线部分均正常。接下来可将后轮车闸部件进行简单拆卸，观察其内部有无卡死现象。

演示图解

按图 16-17 所示，拆卸电动自行车的后车闸，并进行初步检查。

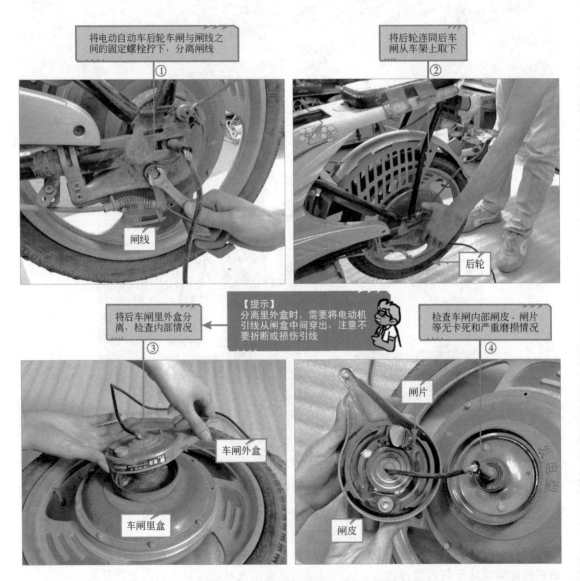

图 16-17 拆卸电动自行车的后车闸

经检查发现，该电动自行车后车闸采用胀闸结构，胀闸内外均正常，也未有严重摩擦的部位，说明胀闸正常。

接下来应重点对电动机部分进行检查。检查发现，电动机一侧端盖有轻微变形，怀疑其变形引起轴承部分卡死，导致后轮抱死，因此先用与该电动机相同型号的端盖进行更换。

> 演示图解

如图 16-18 所示，更换电动机变形端盖。

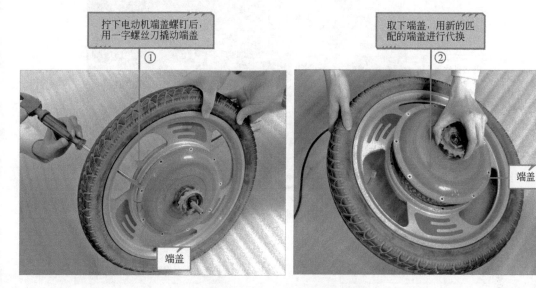

图 16-18 电动机端盖的代换

更换端盖后，重装后轮，通电试机，电动机能够稳定启动，并平稳转动，表明故障排除。说明该电动自行车由于长期负载过重引起电动机端盖变形，从而导致后轮抱死的故障。

> 特别提示

在上述故障排查中不难看出，在检修一些看似没有任何头绪的故障时，仔细询问用户以往的使用及维护状态，可能会对检修提供很多线索，少走弯路。

16.2.3 金狮牌电动自行车突然停转的检修实例

（1）**故障表现** 一辆金狮牌 64V 无刷电动自行车在骑行中突然停止，检查发现电动机抱死，用手拨动完全不动，推行也不动。

（2）**故障分析** 根据故障表现，对故障原因进行分析：该故障属于突发性故障，蓄电池、转把损坏的概率较小，且即使蓄电池或转把损坏，也不会引起电动机抱死、推行也不动的故障。电动机不转且抱死的故障原因一般多为控制器或电动机损坏，可通过简单操作进行排查。

（3）**故障检修** 根据故障分析，首先排查故障出现在控制器上还是电动机上，打开电动自行车后车座，找到控制器，如图 16-19 所示。

接下来，用万用表或电动自行车综合测试仪检测控制器输出信号，判断控制器是否正常。

> 演示图解

控制器输出信号的检测方法如图 16-20 所示。

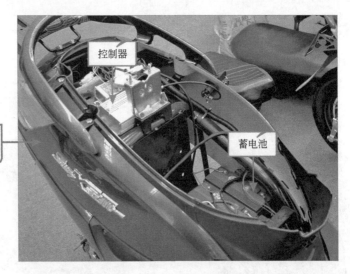

图 16-19 找到电动自行车上的控制器

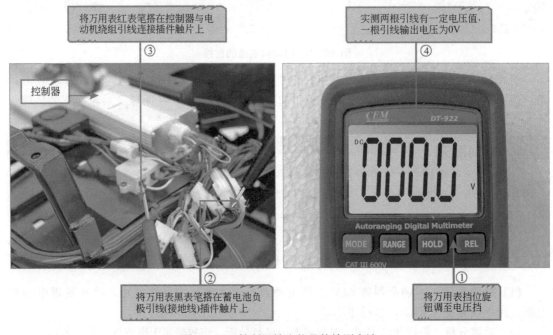

图 16-20 控制器输出信号的检测方法

经检测发现,控制器输出的三相驱动信号中,一相为 0V,即无输出,怀疑控制器损坏。用同规格控制器更换后,通电试车,电动机运转正常,恢复车座,故障排除。

>>> **特别提示**

根据维修经验,无刷电动机在骑行中突然出现的电动机抱死故障,推行后轮不转或特别沉重故障,大多是由控制器烧坏引起的。维修时可直接检测控制器好坏,进行故障排查即可。

在骑行中突发这种故障时，可以将控制器与电动机之间的连接引线都断开。若确实因控制器损坏导致电动机抱死，在断开连接引线后，电动机应可转动，此时可推行，大大减轻阻力，找到维修点更换控制器即可。

16.2.4 新日牌电动自行车突然断电的检修实例

(1) 故障表现 辆新日牌 48V 无刷电动自行车在行驶途中突然断电，仪表盘无任何指示，按动喇叭不响，车灯也不亮，转动转把无任何反应，电动机不转，但推行没有明显阻力。

(2) 故障分析 根据故障表现，对故障原因进行分析：该电动自行车仪表盘无显示、喇叭不响、车灯不亮，推断可能是由蓄电池断电引起的。

根据维修经验，在蓄电池使用中突然断电的原因主要有蓄电池盒内熔断器断、蓄电池内单体蓄电池之间连接引线断、电源锁引线脱落或损坏，可检查相应部位进行逐一排查。

(3) 故障检修 根据上述故障分析，依次对蓄电池盒内熔断器、蓄电池内连接引线和电源锁进行排查。

> **演示图解**

按图 16-21 所示，接通电源锁，试车验证电动自行车当前故障表现。

图 16-21 通电试车明确故障表现

经检查，该电动自行车整车处于无电状态，怀疑蓄电池无电压输出。接下来可先对蓄电池输出接口电压进行检测。

> **演示图解**

借助万用表检测蓄电池输出接口处的电压值，如图 16-22 所示。

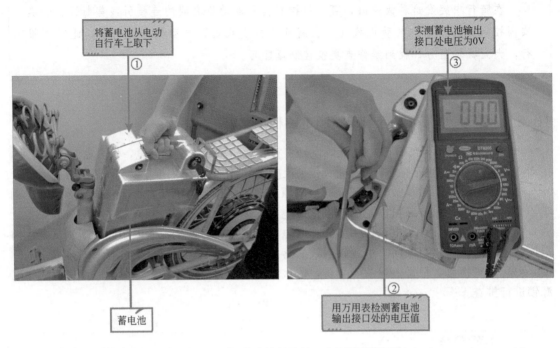

图 16-22 蓄电池输出接口电压的检测

经检测发现，蓄电池接口电压为 0V，由此判断可能为熔断器损坏，也可能连接引线断开。先对蓄电池熔断器进行检查。

演示图解

按图 16-23 所示，将蓄电池盒上的熔断器取出，检查熔断器好坏。

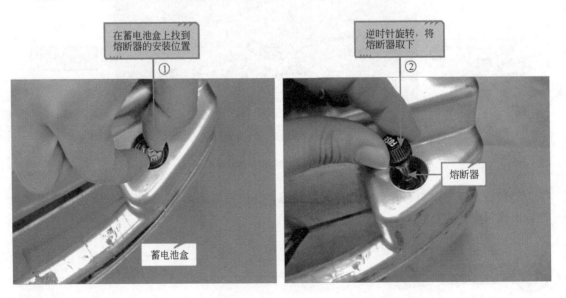

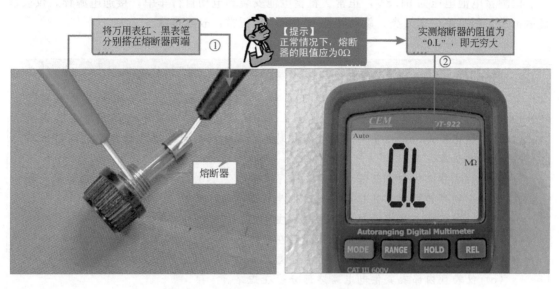

图 16-23 蓄电池熔断器的检查和测量

经检测发现，该熔断器阻值为无穷大，说明熔断器已经烧断，应对熔断器进行更换。一般 48V 蓄电池熔断器规格为 20A，选一只 20A 熔断器更换，然后再次检测蓄电池输出电压。

演示图解

更换熔断器后，再次检测蓄电池输出电压，如图 16-24 所示。

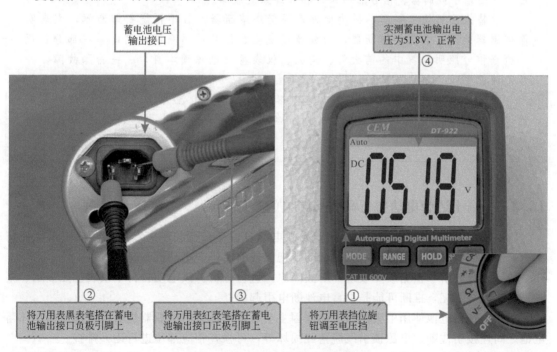

图 16-24 再次测量蓄电池输出电压

检测蓄电池电压为51.8V，正常。将蓄电池安装到电动自行车中，接通电源锁，仪表盘显示正常、喇叭响、车灯亮，旋动转把电动机运转正常，故障排除。

>>> **特别提示**

在电动自行车维修中，蓄电池熔断器有一定的规格要求，一般36V蓄电池需要15A熔断器，48V蓄电池需要20A熔断器，60V蓄电池则需要30A熔断器。若选用的熔断器规格较大，则无法实现过流保护功能；若选用的熔断器规格较小，则很容易再次烧断熔断器。

另外，当蓄电池内熔断器烧断后，除了更换熔断器外，还要查找引起熔断器烧断的原因，否则可能更换熔断器后，再次发生烧断故障。

一般，引起蓄电池熔断器烧断的原因主要有：
(a) 前大灯内部或其供电电路部分存在短路。
(b) 喇叭内部或其供电电路部分存在短路。
(c) 仪表盘内部或其供电电路路部分存在短路。
(d) 电源锁内部短路。
(e) 电动机内部短路。
(f) 控制器内部短路。
(g) 熔断器额定电流过小。

排查上述可能的故障原因，一般采用逐一断开法进行排查，即断开电动机与控制器之间插头，接通电源锁，检查是否仍烧熔断器。若不再烧断熔断器，则表明该故障是由电动机短路引起的，应维修或更换电动机；若仍烧熔断器，则排除电动机故障，应为主回路中控制器、信号照明系统和辅助系统故障。

用替换法更换控制器，再次检查是否仍烧熔断器。若不再烧断熔断器，则表明原控制器故障；若仍烧熔断器，则故障应发生在信号照明系统和辅助系统部分。逐一检查信号照明系统中的前大灯、喇叭、仪表盘及电源锁本身，一一排除故障，并锁定故障部位，解决故障。

在上述故障维修中发现，蓄电池内熔断器的额定电流为10A，小于48V蓄电池熔断器的额定电流，怀疑上述故障因熔断器额定电流过小引起，更换20A熔断器即可排除故障。

16.2.5 富士达牌电动自行车突然断电的检修实例

(1) 故障表现 一辆富士达牌48V无刷电动自行车在行驶中突然断电，仪表盘无任何指示，按动喇叭不响，车灯也不亮，转动转把无任何反应，电动机不转。

(2) 故障分析 根据故障表现，对故障原因进行分析：该电动自行车仪表盘无显示、喇叭不响、车灯不亮，推断可能是由蓄电池断电引起的。

一般，在蓄电池使用中突然断电的原因主要有蓄电池盒内熔断器烧断、蓄电池内单体蓄电池之间连接引线断、电源锁引线脱落或损坏等，可检查相应部位进行逐一排查。

(3) 故障检修 根据上述故障分析，依次对蓄电池盒内熔断器、蓄电池内连接引线和电源锁进行排查。

📺 演示图解

按图 16-25 所示,关闭电源锁,将蓄电池从电动自行车中取下。

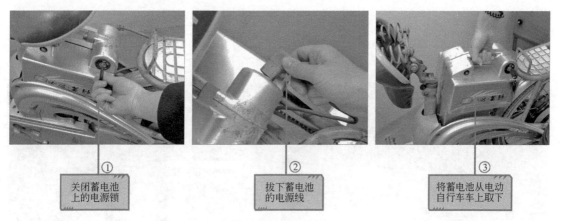

图 16-25　取下电动自行车蓄电池

📺 演示图解

借助万用表检测蓄电池输出接口处的电压值,如图 16-26 所示。

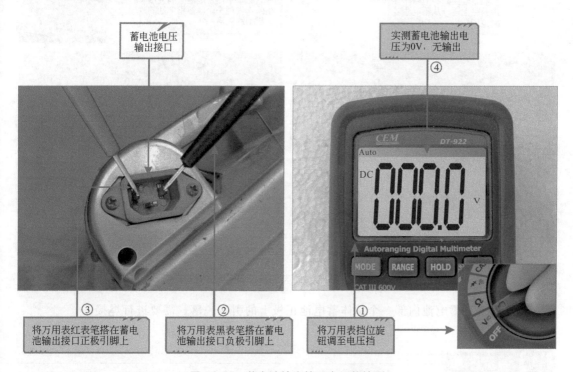

图 16-26　蓄电池输出接口电压的检测

经检测发现,蓄电池接口电压为 0V,怀疑该蓄电池内的连接引线有断路故障。接下来需将蓄电池外壳拆开进行检查。

演示图解

将蓄电池外壳打开，检查内部引线的连接情况，如图 16-27 所示。

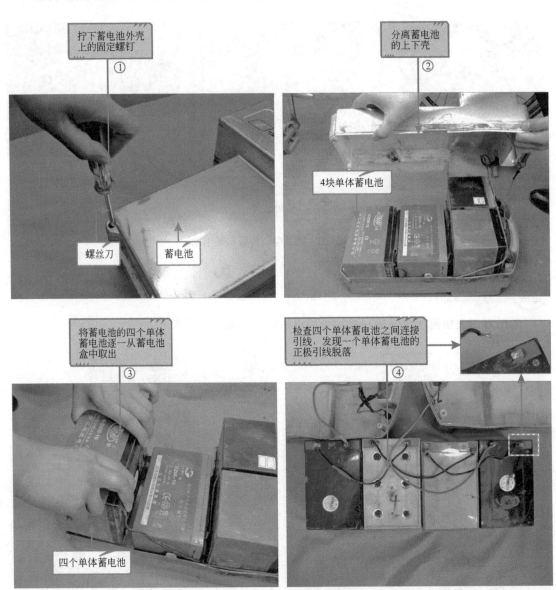

图 16-27　蓄电池外壳的拆卸及引线的检查

检查发现，蓄电池内部一个单体蓄电池正极上的引线脱落，需要进行焊接。

演示图解

重新焊接蓄电池的连接引线，如图 16-28 所示。

完成焊接后，在恢复蓄电池外壳前，可在蓄电池正、负极引线处检查蓄电池的总电压，检查焊接后是否恢复正常。

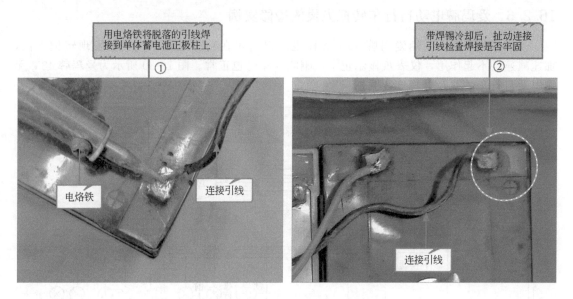

图 16-28 焊接蓄电池连接引线

> 演示图解

检测蓄电池正、负极引线上的总电压，如图 16-29 所示。

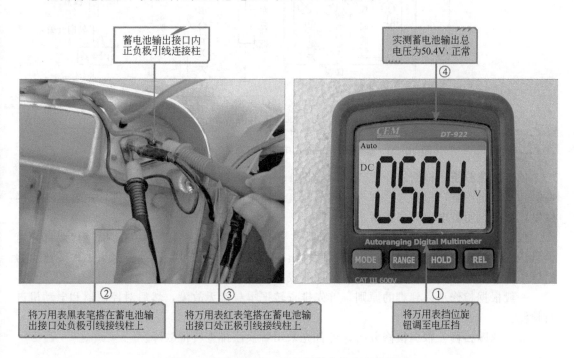

图 16-29 蓄电池正、负极引线上总电压的检测

根据实际检测可知，蓄电池输出总电压为 50.4V（正常），恢复蓄电池外壳，将蓄电池装入电动自行车中，通电试车，故障排除。

16.2.6 爱玛牌电动自行车转把失灵的检修实例

(1) 故障表现 一辆爱玛牌 48V 无刷电动自行车在骑行过程中,突然发现转把失灵,加速减速均不起作用,仪表盘显示正常,喇叭、车灯也正常。图 16-30 所示为爱玛牌 48V 无刷电动自行车的整车电气接线图。

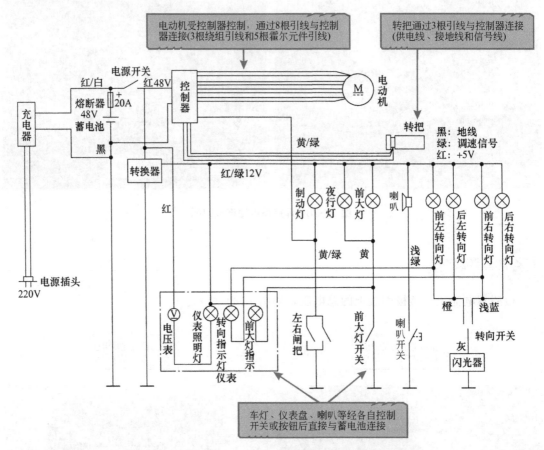

图 16-30 爱玛牌 48V 无刷电动自行车的整车电气接线图

(2) 故障分析 根据故障表现,结合图 16-30 对故障原因进行分析:仪表盘显示正常,喇叭和车灯也正常,根据这些部件在整车电气线路中的关系可知,这些部件均由蓄电池直接供电,由此说明蓄电池部分正常。

根据图 16-30 可知,与转把相关的部件主要有转把本身、控制器和电动机。转把将调速信号送入控制器中,经控制器识别处理后输出电动机的驱动信号,因此转把突然失灵可能的故障原因主要有转把本身损坏、控制器损坏或电动机损坏。

一般根据检修从易到难的原则,首先排查转把本身有无故障,然后对控制器和电动机进行检测。

(3) 故障检修 根据检修分析,可首先采用替换法排查转把故障。

按图 16-31 所示,在控制器上外接转把,检查能否控制调速。

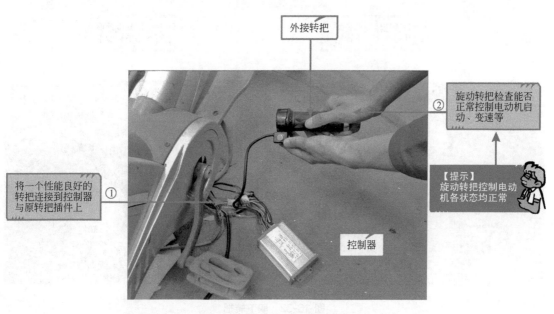

图 16-31 外接转把排查故障

经替换发现，电动机启动、变速均正常，由此说明控制器、电动机均正常，转把失灵故障应是由转把本身引起的。

演示图解

将车仪表盘罩取下，将转把与车内线路连接处断开，如图 16-32 所示。

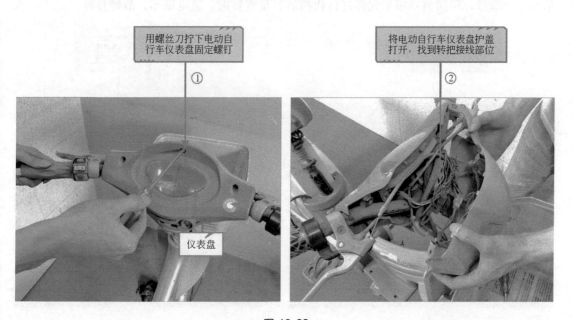

图 16-32

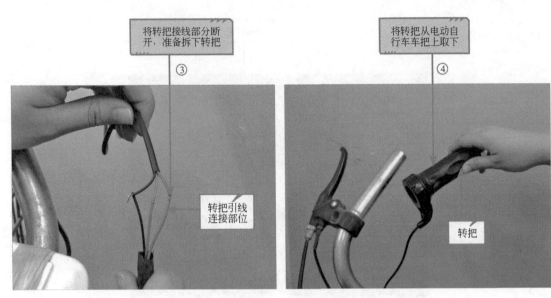

图 16-32 取下转把

将转把从电动自行车上取下,通过引线对转把内霍尔元件进行检测。

演示图解

如图 16-33 所示,检测转把内霍尔元件的好坏。

经检测发现,霍尔元件信号线对地线之间阻值为无穷大,怀疑霍尔元件内断路。根据霍尔元件上型号,用同型号霍尔元件进行代换后,重装转把,通电试车,故障排除。

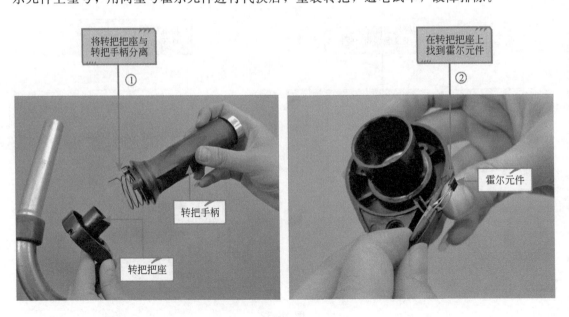

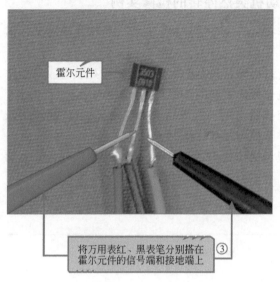
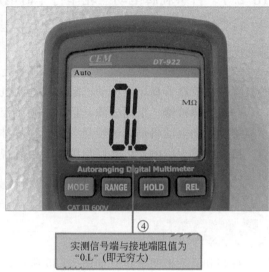

③ 将万用表红、黑表笔分别搭在霍尔元件的信号端和接地端上

④ 实测信号端与接地端阻值为"0.L"(即无穷大)

图 16-33 检测转把内的霍尔元件

 特别提示

在电动自行车故障排查中,直接更换转把排查故障既迅速又简单。但若手头有匹配的霍尔元件可代换,应尽量通过代换损坏部分达到排除故障的目的,节约维修成本,以防资源浪费。

相关资料

转把中的霍尔元件就是一个磁电传感器,它是将霍尔元件、放大器、温度补偿电路及稳压电源集成到一个芯片上的器件,图 16-34 所示为其电路原理图。该器件工作必须外加工作电压。

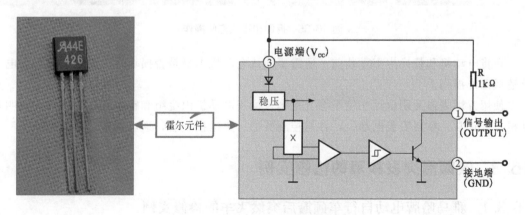

图 16-34 霍尔传感器电路原理图

16.2.7 百事利牌电动三轮车行车时电动机突然停转的检修实例

(1) 故障表现 百事利牌无刷电动三轮车在骑行中突然停转,且人力推行无法转动,不能前进,也无法倒车。

(2) 故障分析 根据故障表现,可以确定该电动三轮车的电动机处于抱死状态。通常这种故障是由控制器损坏、电动机故障或抱闸机械故障引起的,需要逐一排查。

(3) 故障检修 根据故障分析,首先将控制器与电动机之间的8根连接引线插件断开,然后用手拨动电动机仍无法转动,由此初步排除控制器损坏情况。

接着,将无刷电动机连同抱闸取下时发现,闸线处于刹紧状态,怀疑抱闸抱死导致电动机无法转动,将闸线松开,更换抱闸。

> **演示图解**

拆卸和更换抱闸操作,如图16-35所示。

图16-35 拆卸和更换抱闸操作

在将电动机和替换抱闸重装前,还需要确认电动机本身是否损坏,以避免重复拆装电动机造成意外损伤。

使用万用表或无刷电动三轮车综合检测仪检查电动机内绕组和霍尔元件均正常,说明电动机本身正常。重新安装电动机,并与控制器进行正确接线后,通电试车,故障排除。

16.3 颠簸后突发故障的检修实例

16.3.1 雅马哈牌电动自行车颠簸后突然飞车的检修实例

(1) 故障表现 一辆雅马哈牌48V无刷电动自行车在骑行中,因道路不平严重颠簸了一下，便突然加速，旋动转把失效，出现飞车故障，切断电源锁可停机，但一接通仍飞车。

（2）故障分析 根据故障表现，对故障原因进行分析：这辆电动自行车开始行驶正常，在一次突然颠簸后出现了故障，因此推断可能是由颠簸导致部件异常而引起的故障。

根据维修经验，电动自行车出现飞车故障主要有几种原因，一种是转把负极脱落或接触不良，另一种是控制器内功率管击穿损坏。但因控制器内功率管击穿损坏引发的飞车故障多发生在有刷电动自行车中，无刷电动自行车的控制器功率管击穿损坏后不会飞车。因此，将故障锁定在电动自行车的转把及引线部分。

（3）故障检修 根据故障分析，直接对电动自行车转把部分进行检查。

演示图解

按图 16-36 所示，检查转把与控制器之间的三根连接线连接情况。

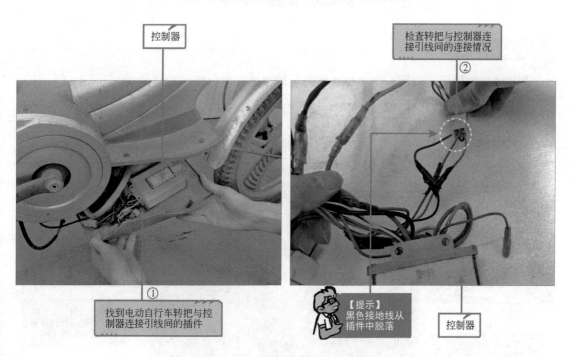

图 16-36 检查转把引线连接情况

经检查发现，在转把引线的红、绿、黑三根引线中，红、绿色线连接正常，黑色线（接地线）已经从插件中脱落，因此怀疑因转把接地线脱落引发飞车故障。

演示图解

将转把接地线重新插接好，如图 16-37 所示。

连接好后，接通电源锁试车发现，接通电源电动机便高速运转，飞车故障依旧。怀疑转把走线故障，应对转把三根引线通断进行检测。

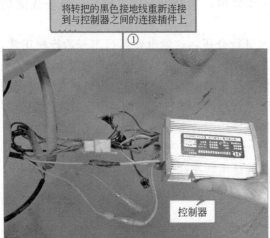

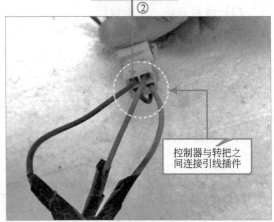

图 16-37　连接转把接地线

演示图解

如图 16-38 所示，使用万用表蜂鸣挡测量转把的三根引线。

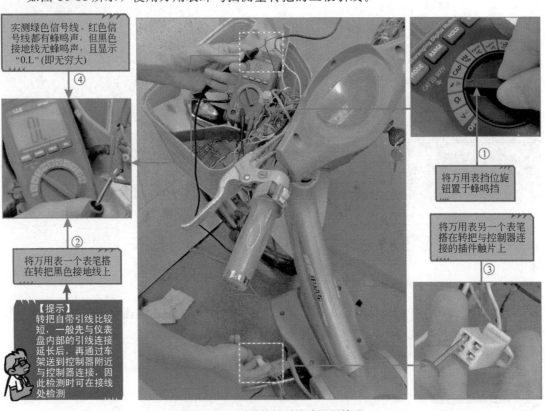

图 16-38　测量转把引线的通断情况

经检查发现，转把黑色接地线两端阻值为无穷大，且无蜂鸣声，说明接地线不通，怀疑引线中有断路情况。用新线替换转把黑色线，重新走线后，再次试车，故障排除。

> **特别提示**
>
> 　　检修故障时发现，转把黑色线露出的部分有明显拉伤情况，怀疑是电动自行车在颠簸时，被路面上突出的硬物挂伤转把接地线，进而导致了飞车故障。因此，在骑行电动自行车时，应尽量避免在不平整的道路上行驶，以免出现突发情况。
> 　　另外，目前很多电动自行车的无刷控制器中设有转把上电防飞车保护功能和转把运行防飞车功能，即转把接地线脱开后，接通电源锁，控制器不会起作用，此时电动机不转。这种情况下，虽然故障表现不同，但是引发的故障原因相同。维修人员应能够在检修中注意总结和积累经验，提高维修技能。

16.3.2　富士达牌电动自行车颠簸后突然降速的检修实例

（1）故障表现　一辆富士达牌电动自行车在行驶过程中，若出现颠簸或振动，电动机时转时停，但仪表盘显示均正常。

（2）故障分析　根据故障表现，对故障原因进行分析：仪表盘显示正常说明蓄电池以及供电电路部分正常。当电动自行车在颠簸时出现异常，可能控制部件有连接不良或断裂等故障，应重点对转把、闸把以及控制器部分进行检测，找到故障元件，排除故障即可。

（3）故障检修　通过上述分析，应先对转把输出的驱动信号进行检测。

演示图解

按图16-39所示，使用万用表检测转把输出的驱动信号是否正常。

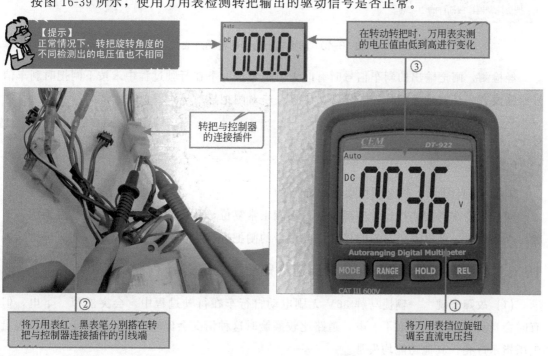

图16-39　转把输出驱动信号的检测方法

经检测，转把在不同工作状态下输出的驱动信号不同，表明转把可以正常工作。接下来，则应对闸把输出的信号进行检测。

演示图解

闸把输出信号的检测方法如图 16-40 所示。

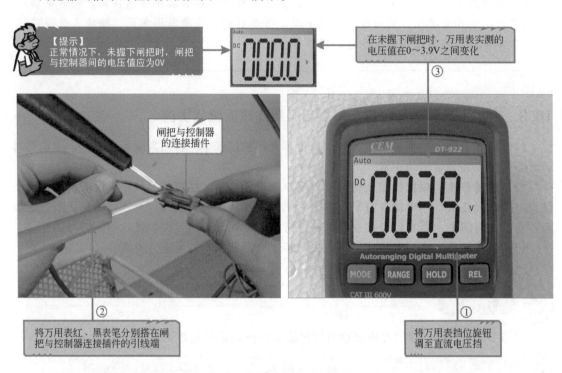

图 16-40　闸把输出信号的检测方法

经检测，闸把输出的刹车信号时有时无，正常情况下在行驶过程中未按下闸把时刹车信号始终没有，怀疑闸把部分存在异常，应进一步对闸把进行检查。

演示图解

如图 16-41 所示，检查闸把损坏的部分。

经检测发现闸把碰坏过，内部的触点不能正常复位，从而造成闸把在颠簸或振动状态下输出刹车信号，使电动机时转时停。以同型号的闸把进行更换后，通电试运行，故障排除。

16.3.3　捷马牌电动自行车颠簸后通电异常的检修实例

(1) 故障表现　一辆捷马牌 36V 无刷电动自行车在行驶过程中，会突然掉一下电，但有时会自动通电，有时通不上电，道路比较颠簸时这种情况会比较严重，在掉电瞬间仪表盘欠压指示灯亮，其他功能均失常。

(2) 故障分析　根据故障表现，对故障原因进行分析：在掉电时，仪表盘欠压指示灯

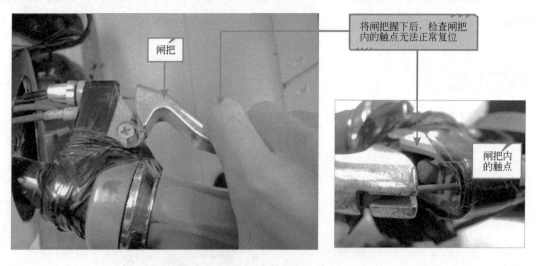

图 16-41　闸把中故障部位的检查方法

亮,说明控制器工作基本正常,能够检测到蓄电池无电压或电压过低。由于该电动自行车在道路颠簸时断电的故障比较严重,可能该电动自行车的供电系统有虚接或虚焊的情况,应重点沿供电电路及蓄电池内部引线进行排查。

(3)故障检修　根据故障分析,首先确认上述故障是蓄电池内部虚焊问题,还是蓄电池外部的供电电路异常。

演示图解

保持蓄电池与电动自行车供电引线连接,提起蓄电池进行晃动,如图 16-42 所示。

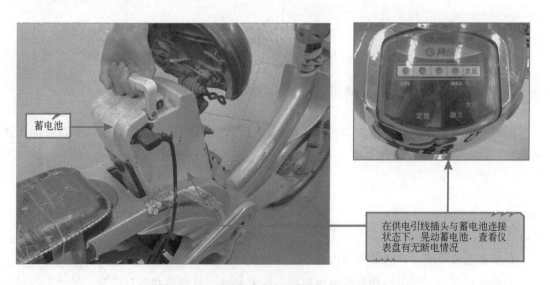

图 16-42　晃动蓄电池检查是否出现掉电情况

经检查发现,在晃动蓄电池过程中,仪表盘偶尔会显示掉电,由此怀疑蓄电池内部有虚接问题。

 演示图解

借助万用表检测蓄电池输出接口处电压值,如图 16-43 所示。

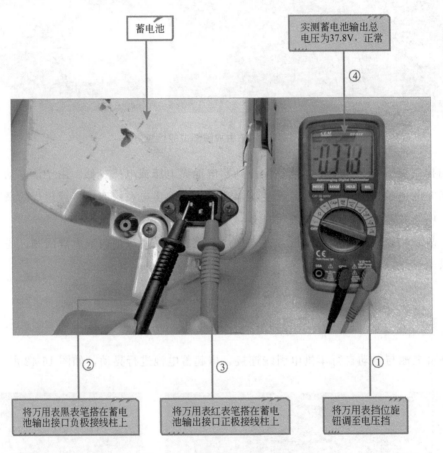

图 16-43 检测蓄电池输出电压

检测发现蓄电池输出电压为 37.8V(正常),接下来将蓄电池外壳拆开,检查内部连接情况。

 演示图解

拆卸蓄电池外壳,检查蓄电池内引线连接情况,如图 16-44 所示。

在检查过程中,用手拨动蓄电池内连接引线未发现引线脱落和虚焊情况,晃动引线同时用万用表检测蓄电池输出接口处的电压也未发现异常,说明蓄电池内部连接正常。

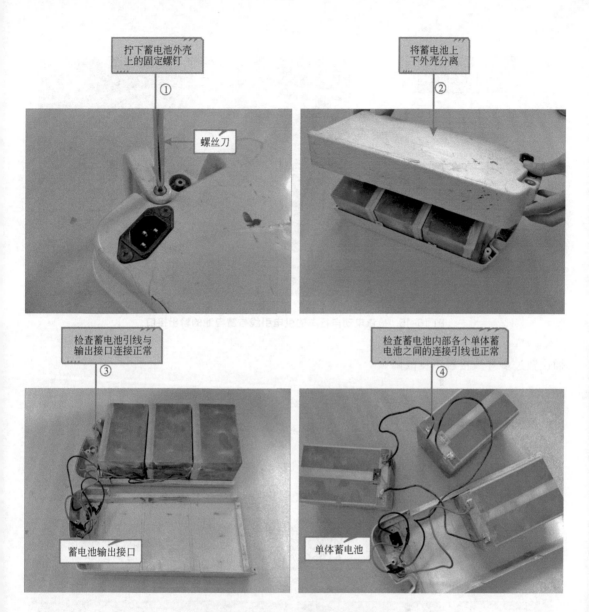

图 16-44 拆卸蓄电池，检查连接

此时，应将检修重点放在蓄电池外部的供电电路中。

根据上述检修过程不难发现，在车上晃动蓄电池时，偶尔出现断电情况，而蓄电池内部引线连接正常，由此怀疑电动自行车供电引线与蓄电池输出接口连接部分有问题。

演示图解

按图 16-45 所示，检查电动自行车的供电引线与蓄电池输出接口的连接情况。

经检查发现，蓄电池输出接口与电动自行车的供电引线插头有间歇松动情况，怀疑因拔

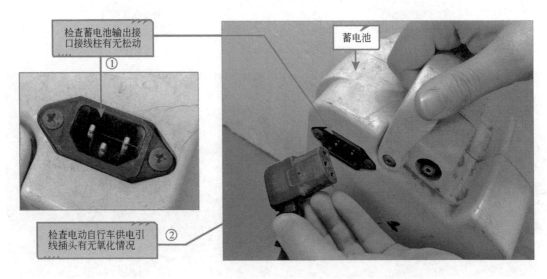

图 16-45　检查电动自行车的供电引线与蓄电池的输出接口

插次数过多导致接触不良故障。

演示图解

按图 16-46 所示,将蓄电池输出接口拆下进行更换。

将蓄电池安装到电动自行车上,通电试车,故障排除。

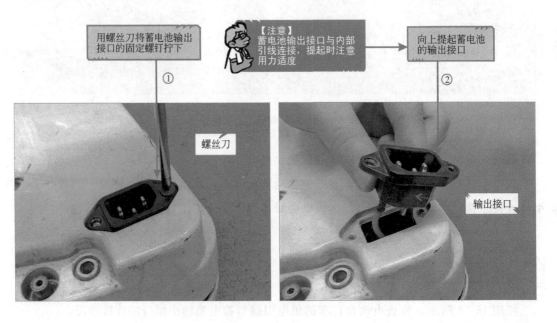

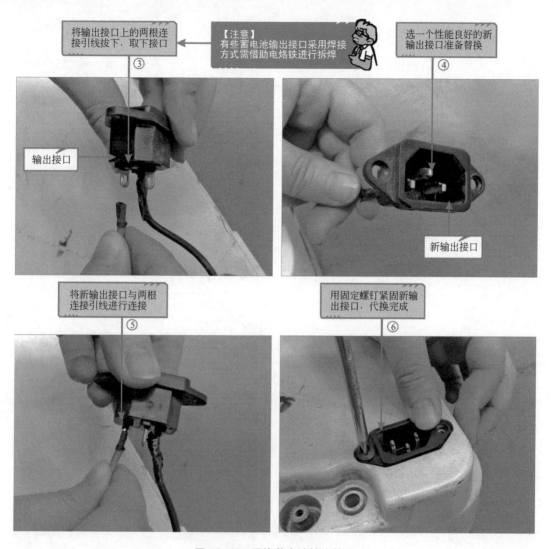

图 16-46 更换蓄电池输出接口

>>> **特别提示**

在电动自行车维修实践中,类似上述故障比较常见。最初维修时,由于怀疑故障与电动自行车供电系统有关,直接将检查的重点放在了蓄电池、电源锁、控制器、闸把等电气部件上,然而经检测这些电气部件均正常,检修一度陷入困难。

后经逐级分析,明确时断时连是典型接虚现象,围绕供电电路逐段检查,找到蓄电池接口与供电电路插头连接异常故障,有些因供电电路插头内部触片氧化导致接触不良,有些则因蓄电池输出接口与供电电路插头连接不紧密导致间歇松动。通常更换供电引线插头或蓄电池输出接口即可排除故障。

由此可知,一些看似不可能引发故障的部位,往往却是造成故障的关键所在。维修人员应在检修中细心观察和分析,提高维修效率。